憲法

第六版

憲法

第六版

芦部信喜
高橋和之補訂

岩波書店

第六版はしがき

日本国憲法生誕七〇年を迎える今、日本国憲法は重大な岐路に直面している。芦部先生が亡くなられてから一五年が経過した。芦部先生が築き上げられた日本国憲法の解釈体系は、この間に生起した様々な憲法問題の解決に指針を与えた。ある分野では、芦部憲法学が受け入れられ「生ける憲法」となった。しかし、芦部先生の主張と矛盾する方向に事態が進展している分野もある。もしこれを今芦部先生が観察されたならば、どのように反応されたであろうか。おそらく全体状況の変化を整序し直す新たな補助線を導入して解釈体系の再構築をみごとに成し遂げられたに違いない。こんな思いを反芻しながら今回の補訂作業を行った。

補訂の方針は、従来と同じである。法令の改廃と新たな重要判例を追加補充した。重要判例の選択とその説明には、私の見解が出すぎないように気を付けてはいるが、私の主観を完全に排除することは不可能である。本文と＊記号の中で私が補充した文章には「　」を付してあり、それ以外の補充には†が付してある。芦部先生の原文だけを知りたい方は、その部分をとばしてお読みいただきたい。

今回の補訂に際しても、岩波書店の方々の入念な調査に大いに助けられた。心より感謝いたします。

二〇一五年二月

高橋和之

第五版はしがき

今回の改訂も、基本的には前回と同様の方針に基づき、法令の制定・改正と重要な判例のアップ・デイトを中心に行っているが、一点だけ若干性格の異なる加筆を行っている。それは、違憲審査の方法に関してドイツ憲法裁判所が採用している比例原則の考え方を説明した部分である。

憲法訴訟論の領域は、芦部先生が最も大きな功績を残された分野であるが、それはアメリカにおける憲法訴訟論の研究に支えられたものであった。日本国憲法がアメリカ型の付随審査制を導入したことを考えれば、アメリカにおける違憲審査制がどのように機能しているかを研究し、それを参考にして日本における憲法訴訟のあり方を考えようとするのは当然のことであり、芦部先生がそのパイオニアとなられたのである。その研究成果をまとめられた論文集『憲法訴訟の理論』は、日本の憲法学に圧倒的な影響を与えた。芦部先生の説かれた憲法訴訟論は、今日においても通説的地位を保っているといってよいであろう。しかし、すべての学問分野でそうであるように、様々な観点から通説を見直そうとする動きは絶えることなく続いている。そのような動きの一つとして最近特に注目されるのは、違憲審査方法に関して、ドイツの判例・学説において広い支持を得るにいたった比例原則の考え方に依拠して芦部説を批判する議論である。ドイツにおける憲法訴訟論は、芦部先生がアメリカの憲法訴訟論を研究されていた当時は、まだ緒に就いたばかりで今日のような隆盛は迎えていなかった。しかし、その後、ドイツ憲法裁判所の重要判例が集積され、裁判所と学説との交流のなかでドイツの憲法訴訟論は目を見張るほどの発展を遂げるにいたった。それを研究する日本の憲法学者も輩出し、今では日本におけるドイツ憲法訴訟論の研究も飛躍的な発展をみせ多くの邦語文献が産出されている。折しも日本において法学教育の改革がなされ、そのなかで判例分析の仕方に関する新たな問題意識が醸成された。そこから生じたのが、日本の判例を芦部説的な審査基準論の枠組ではなく、ドイツ的な比例原則の枠組で読み解こうという試みである。

違憲審査の方法を審査の厳格度を異にする三つの基準を立てて考えていくという芦部説の考え方は、アメリカの最高裁判所の判例理論に由来する。それに依拠された芦部先生が、ドイツ型の比例原則に接しられたならば、どのように考えられたのかは、想像の域をでないが、まず両者の違いを明確に理解しようとされたであろうことだけは間違いない。両者の違いを理解した上で、日本においてはどのような審査方法がよいかを考えていく以外にないのである。その帰趨がどうなるかは、議論が始まったばかりの現段階では、予測は困難である。しかし、芦部説に対する重要な問題提起であるので、問題の所在は読者も知っておいた方がよいのではないかと考え、今回の改訂で加筆しておくことにした。それを通じて芦部説の特色もより深く理解してもらえるのではないかと期待している。

本改訂が成るについては、これまでと同様に岩波書店の方々に大変お世話になった。心より御礼申し上げます。

二〇一一年二月

高橋和之

第四版はしがき

著者の芦部先生が一九九九年に他界された後、必要最小限の補訂を加えた第三版を刊行したのが二〇〇二年のことである。それから今日までの五年弱の間に、本書は従来通り多くの人に利用していただくことができた。私としても、たいへんお世話になった先生に遅ればせながらご恩返しのまねごとぐらいはできたのかなと感じ、若干肩の荷の下りた思いがしている。

本書は、従来通り一般市民や法学部の学生等の方々に利用していただいたのに加え、新しくできた多くのロースクールにおいても、未習者コースの憲法の教科書に指定していただくことができた。そのため、今回の改訂にあたっても、このことをかなり意識することになった。ロースクールの教育では、事例分析の力を養うことを重要な目標の一つに掲げている。教材として扱う事例の中心となるのは、当然、裁判所の判例である。そこで、この五年間ほどの間に出された重要判例については、可能な限り言及する方針を立てた。しかし、この点については、私に躊躇がなかったわけではない。第一に、芦部先生は、本書で触れる判例を相当厳選されており、最近の判例を多く採り上げることは、先生の方針に反するのではないかという危惧があったからである。それでも、重要判例を見落とすよりは多すぎる方が害が少ないであろうと、自らを納得させた。しかし、もっと私を悩ませたのは、新しく触れる判例を芦部先生の叙述のどこに位置づけ、どのようなトーンで説明すべきかという問題である。これを誤ると、先生の考えの本筋をかえって見づらいものにしてしまいかねない。そうならないように細心の注意をはらったつもりではあるが、すぐ後で述べるように私の加筆部分は分かるようにしてあるので、あとは読者の判断に委ねたいと思っている。

本書の改訂は、第三版以降の新法令・新判例の補足を中心に行っているが、第三版の場合と同じ方針の下に、芦部先生の原文には原則として一切手をつけず、私が加筆・修正を行った箇所は［　］で囲むか、あるいは、†印が付してある。なお、巻末の参考文献については、芦部先生の判断を忖度することの限界を感じて、補充することを断念した。

本書が成るについては、岩波書店の方々に大変お世話になった。心から御礼申し上げたい。

二〇〇七年二月

高橋和之

第三版はしがき

本書の新版に補正を加えた補訂版が出版されたのは、一九九九年三月のことである。それから間もなくして、著者の芦部信喜先生は病に倒れられ、同年六月に帰らぬ人となられた。

本書には芦部憲法学のエッセンスが凝縮されている。先生は学問研究のスタイルとして専門的な論文の執筆を優先され、憲法制定権力、議会政、憲法訴訟などの領域で学界をリードする多くの論文を次々と発表されたが、それらを総合する憲法の体系的概説書の執筆にはなかなか取り組もうとされず、多くの人々が芦部憲法学の全体像を分かりやすく提示する体系書の出現を心待ちにしていた。そんな期待の高まる中で出版されたのが本書の初版で、一九九二年のことである。この初版は読者の圧倒的な支持を得た。これに応えて、先生も本書の一層の改善に努められ、一九九七年に新版を、さらに一九九九年にはその補訂版を出されたのである。新版補訂版に至り、先生自身も、ようやく納得のいく内容にすることができたとの感慨を漏らされたよし、聞いている。

新版補訂版の出版から三年経ち、この間に重要な新法令の制定・新判例の展開が見られたこともあり、そうした変化を補充して本書をアップ・デートする必要が感じられるようになった。その大役を思いがけずも私が引き受けることとなり、責任を痛感している。新法令・新判例等の中には、先生の説明・叙述に修正を必要とする性格のものもあるが、一方で芦部憲法学の到達点を原型のまま残したいという気持ちも強く働き、思案の結果、次のような方針をとることにした。まず、原型には一切手をつけないという基本方針の下に、本文中で加筆・修正が必要なときには、［ ］をつけて必要な文章を挿入した。本文外で補充説明を加えたときには、†印をつけてある。また、巻末に掲げられた参考文献については、版が改まったものは最新版に修正するとともに、一九九九年以降に出版された著書のなかで補充するに適すると考えられたものを、芦部先生がリストアップされた文献の性格を勘案しながら、私の判断で追加した。

本書は内容的には極めて高度であるが、叙述は簡易平明で読みやすいのみならず、平易な文章に込められた含蓄を味わいうるまでに読み込めば、現代憲法に関する高度な知識が自然に身につくよう工夫されている。日本国憲法の制定から半世紀を経、新たな世紀を迎えて様々な観点から憲法構造の再検討が行われている今、立憲主義の理念の一層の定着のために、本書がこれまでと同様に多くの人々の支持をうけ、再検討に際しての指針として役立てられることを切望している。

本書が成るについては、岩波書店の方々の並々ならぬ熱意があった。芦部先生もさぞかしお喜びのことと思う。ご協力に心より御礼申し上げたい。

二〇〇二年八月

高　橋　和　之

初版はしがき

本書は、一九八五年四月にスタートした放送大学でラジオによる全一五回の憲法講義(課目名「国家と法Ⅰ」)を担当した折に、教材として書いた『国家と法Ⅰ　憲法』を全面的に改訂したものである。

この講義は四年間続けられて終了したが、教材は本文僅かに一七〇頁程度の小著であるにもかかわらず、当初全く予想もしなかったほど多数の方々から利用して頂く光栄に浴した。著者としては感謝のほかはない。ただ、この講義は一回が四五分という短い時間のものであったので、私自身は教材を大学レベルを目指して執筆はしたものの、その内容には憲法の教科書として不十分な点が多々残された。それでも、大学の講義用テキストとしてだけでなく、司法試験など国家試験受験のための参考書としても使って頂けたのは、「私が書くのもおこがましいが、程度はかなり高く、一般の大学の法学部で行われている四単位の憲法講義で扱われる主要な論点は、ほぼ網羅されている」という、若干思い上がった「まえがき」の言葉をそのまま受け取って下さった研究者の皆さんや、学生その他一般の読者の方々の寛容の故である、と思われる。

このような方々のご好意に応えるためにも、私はできるだけ早い機会に、装を新たにして新版を刊行しなければならない、と考えてきた。しかし志思うに任せず、改訂の作業は大幅に遅れ今日に至ってしまったが、暇をみて少しずつ進めた補正の仕事も不完全ながらほぼ一段落したので、勇を鼓して印刷に付することにした。

新版で私が最も力を注いだのは、かなりの無理をして一五回分にまとめた旧著『国家と法Ⅰ』の章別を一般の教科書とほぼ同じ構成に改めるとともに、現段階に合わせて内容にかなり大幅な補正を加えたこと、それと並んで、憲法の全体を平易に理解することができるよう、小見出しや文章などについてできるかぎり注意したこと、である。説明の手薄な箇所や触れておいたほうが望ましかったと思われる論点は、校正の段階でいくつか気になったが、小さな著作には大著には見られぬそれなりのメリットもあるので、多くを望まず、不備な点は将来改訂の機会があった折に考慮することにしたいと思う。

＊

私は大学の講義を通じて、あるいは国家試験受験のため、憲法を学ぶ方々に望みたいことのいくつかを、今まで何回か書いたり話したりする機会をもったが、本書を読まれる皆さんには、初学者の方も多いと思うので、次の三点に心がけることの重要性を訴えたいと思う。

第一は、大学で基本課目として講義される憲法学は、高校における「現代社会」や「政治経済」の一環として授業される憲法と、大きく異なることである。最大の違いは、大学の憲法講義は、制度の枠組みの解説ではなく、その制度の沿革を探り、その趣旨、目的および機能を、それに関する諸々の見解の比較検討と対立しまたは絡み合う諸々の価値・利益の比較衡量とを通じて、具体的に明らかにし、一定の結論を導き出す論理構成の能力を養うこと、を目的にしているということである。多くの教科書が、重要な論点について、甲説・乙説・丙説などの諸学説を説き、その当否に検討を加えているのは、そのためと考えてよい。結論に達するいくつかの筋道のうち、いずれが最も適切か、その論旨の運びをよく会得するよう心がけることが、法学を学ぶうえできわめて重要なのである。短絡的にゴールインを急ぐと、明快ではあっても、浅薄な立論に終わるおそれが生じる。

第二は、近時憲法の教科書は昔と違って浩瀚となり、憲法の一般理論のほか人権についても統治についても、微に入り細にわたって論じられている場合が少なくないので、細部に目を奪われることもありうるが、それらの問題を考える場合でも、近代憲法の本質や制度の沿革、趣旨ないし目的を骨太に理解し、憲法のバックボーンを踏まえた議論が望まれることが多いことである。そこで、憲法が、国家権力を制限し一定の権能を各国家機関に授権する法、制限し授権することによって人権を保障する法、であるところに本質がある点に思いを至し、そういう観点から憲法の意味やその現代における問題状況を検討し、国家権力の濫用から憲法を擁護するための制度的装置のあり方を探究する心がまえをもつことが、必要になろう。憲法における立憲主義・自由主義・民主主義などの関係を理解することの重要性がよく説かれることには、それなりの理由が十分あると言える。

もっとも、これは、中学・高校で社会科や政治経済によく親しんだ者にとっても、かなり取りつきにくい問題である。若干の大学の学生諸君から、憲法は抽象的で分かりにくいという感想を聞いたり、あるいはそういう感想文を雑誌で読んだりすることがあるのも、その証左と言えようか。憲法の一般理論すなわち憲法総論に当たる部分の扱い方は、人によってかなり大きく異なるので、一概には言えないが、抽象的と思えても、憲法の実質的最高法規性という観念を重視する私のような立場からすれば、大体の筋道は是非ともよく理解してほしい憲法学の基礎である。その点では、本書の憲法総論の部の説明は、小著であることを考えて立ち入ることを差し控えた箇所も少なくないので、不十分ないし不完全のそしりを免れないであろう。関心のある方は、私の見解については『憲法学Ⅰ』(有斐閣、一九九二年)を参照して頂ければ幸いである。また、巻末に掲げた参考文献を参考にして、各自最も適当だと考える方法により、足らざるところを補うようにすることも、理解を深めるうえで得策と思う。

第三は、日本国憲法では人権を裁判によって保障する制度(違憲審査制)が新たに導入されて、憲法問題が裁判所を通じて具体的に論議されるようになったことである。本書が主要な人権判例を註記したり、判例ないし学説で用いられる合憲性審査の基準について意を払ったのは、そのためである。ただ、この点でも、判例の特色や学説との相違について説明が必ずしも行き届いていないので、理解に困難を覚える場合は、参考文献を参照してほしいが、私の考え方については、たとえば『憲法判例を読む』(岩波書店、一九八七年)の参看を乞いたい。

＊

本書が成るについては、岩波書店編集部の高林良治君の熱心なお勧めと行き届いたご協力にまず感謝しなければならない。筑波大学教授の戸波江二君には、『国家と法Ⅰ』を執筆する際に大変お世話になったが、本書についても初校ゲラ刷に目を通して頂き、いくつか教示を受けた。厚く謝意を表したいと思う。最後に、岩波書店から改訂新版を刊行することを了解して下さった放送大学教育振興会の関係の方々にも、この欄をかりて御礼を申し上げる。

一九九二年一二月

芦部信喜

新版［第二版］はしがき

初版が刊行されてから今日までの四年間に、予想を超える多数の読者諸氏に利用して頂くことができたことは、著者として感謝のほかはない。

この間、増刷の度ごとに、許される範囲内で若干の補訂をこころみてきたが、それでは到底まかない切れないほど、法制の変更や新しい判例の誕生によって補正を必要とする箇所が増加してきた。また、初版で遺脱した項目ないし説明不十分な事項について増補を要望する読者からの声も、最近とみに多くなってきている。そこで、初版はしがきに述べたような、高い水準を保ちつつ憲法の全体を平易かつ簡潔に説く、という本書のねらいを堅持して必要な改訂を加えたものを、憲法施行五〇周年を記念する意味をも込め、新版として刊行することにした(もっとも、初版も、その元になった『国家と法Ｉ　憲法』を全面的に改訂した新版として刊行されたので、今回の新版は実質的には第三版である)。

今回の新版では、初版の構成をほとんどそのまま踏襲した。そのため、裁判所の違憲審査権が「憲法の保障」の章で扱われていることなど、一般の概説書とやや異なる部分もある。しかしこれは、『国家と法Ｉ』の骨組みを元に初版が書かれたという経緯を何か具体的な形として残しておきたいと考えたからで、とくに大きな意味はない。そういう構成上の形式を除けば、憲法を大学の講義で学習するうえで重要な論点は、ほとんどすべて取り上げられているので、なお説明の不十分な点は少なくないけれども、これで初版にあった不備はほぼ解消されたのではないか、と思われる。新たに付した判例索引も評価していただけると思う。初版同様、多くの方々から温かく迎えて頂くことができれば、このうえない喜びである。

近時刊行の概説書をみると、日本の判例等で用いられる元号年に西暦年を併記したり、もっぱら西暦年を用いるものも目につくが、本書では判例については、判決原本どおりすべて元号年のみとした。そのほうが、広く使用されている『憲法判例百選ＩⅡ』や『憲法の基本判例』の方式と一致するので、便宜でもあろう。昭和については二五、平成については八八を加えると、西暦年が容易にわかるので、了承を乞いたい。なお、各章の末尾にそこで扱われた論点に関する参考文献を掲げ、読者の立ち入った勉学に便宜を供しようとも考えたが、膨大な文献の中から若干のものを選ぶのは難しく、選択が主観的になるおそれもあるので、初版同様、不完全なものであることをお詫びしつつ、本書の末尾に参考文献表を一括して掲げるにとどめた。

本書が成るについては、岩波書店の方々に大変お世話になった。心から御礼を申し上げる。

一九九七年二月

芦　部　信　喜

〔追記〕　新版の第二刷以降、新判例を入れたり表現を改めたり補筆するなど、増刷のたびに若干の補正を施してきたが、それが今回の補正によりかなり広く及ぶことになったので、新版補訂版という形に改めた。論旨や全体の頁数には変更はない。

〔判例出典等略称〕

最　判　最高裁判所判決
最大判　最高裁判所大法廷判決
最　決　最高裁判所決定
最大決　最高裁判所大法廷決定
高　判　高等裁判所判決
地　判　地方裁判所判決
地　決　地方裁判所決定
簡　判　簡易裁判所判決
民　集　最高裁判所民事判例集
刑　集　最高裁判所刑事判例集
裁集民事　最高裁判所裁判集民事
高刑集　高等裁判所刑事判例集
下刑集　下級裁判所刑事裁判例集
行裁例集　行政事件裁判例集
訟　月　訟務月報
判　時　判例時報
判　タ　判例タイムズ

目次

第六版はしがき
第五版はしがき
第四版はしがき
第三版はしがき
初版はしがき
新版［第二版］はしがき

第一部　総　論

第一章　憲法と立憲主義……3
一　国家と法……3
二　憲法の意味……4
1　形式的意味の憲法と実質的意味の憲法（4）
2　立憲的憲法の特色（5）
三　憲法の分類……7

1 伝統的な分類(7)　2 機能的な分類(9)
四 憲法規範の特質……9
1 自由の基礎法(10)　2 制限規範(10)　3 最高法規(11)
五 立憲主義と現代国家——法の支配……13
1 法の支配(13)　2 「法の支配」と「法治国家」(14)
3 立憲主義の展開(15)　4 立憲主義の現代的意義(16)
第二章 日本憲法史……18
一 明治憲法の特色……18
1 民主的要素と反民主的要素(18)　2 明治憲法の運用(21)
二 日本国憲法の成立経過……22
1 憲法変革問題の起因(22)　2 日本国憲法の制定経過(22)
三 日本国憲法成立の法理……27
1 日本国憲法の自律性(27)
2 日本国憲法の民定性——八月革命説(29)
四 日本国憲法の法源……32
1 成文法源(32)　2 不文法源(33)
第三章 国民主権の原理……35

一　日本国憲法の基本原理……35
1　前文の内容(35)　2　基本原理相互の関係(36)
3　前文の法的性質(37)
二　国民主権……39
1　主権の意味(39)　2　国民主権の意味(40)
三　天皇制……44
1　国民主権と天皇制(44)　2　象徴天皇(45)　3　天皇の権能(47)
4　天皇の公的行為(51)　5　皇室経費(52)

第四章　平和主義の原理……54
一　憲法九条成立の経緯……55
1　平和主義の起源(55)　2　平和主義の意図(55)
二　戦争の放棄……56
1　戦争の放棄の内容(56)　2　自衛戦争の放棄(57)
三　戦力の不保持……59
1　自衛権の意味(59)　2　戦力の意味(60)
3　自衛力・自衛権の限界(63)
四　交戦権の否認……67

五　安保体制……67
1　安保条約の内容（67）　2　安保条約の問題点（68）
3　駐留軍の合憲性（70）

第二部　基本的人権

第五章　基本的人権の原理……75
一　人権宣言の歴史……75
1　人権宣言の萌芽（76）　2　人権宣言の誕生（76）
3　人権宣言の普及（77）　4　人権宣言の社会化（78）
5　人権の国際化（79）
二　人権の観念……80
1　人権の固有性・不可侵性・普遍性（80）
2　人間の尊厳性――人権の根拠（82）
三　人権の内容……83
1　自由権・参政権・社会権（83）　2　分類の相対性（84）
3　制度的保障（86）
四　人権の享有主体……87
1　天皇・皇族（88）　2　法　人（89）　3　外国人（91）

第六章　基本的人権の限界……98
一　人権と公共の福祉……98
1　二つの考え方(99)　2　一元的内在制約説(100)
3　比較衡量論(102)　4　二重の基準論(103)
二　特別な法律関係における人権の限界……106
1　特別権力関係の理論とその問題点(106)　2　公務員の人権(108)
3　在監者の人権(108)
三　私人間における人権の保障と限界……110
1　社会的権力と人権(110)　2　人権の私人間効力──二つの考え方(111)
3　直接適用説の問題点(115)　4　間接適用説の内容(116)
5　事実行為による人権侵害(117)
第七章　包括的基本権と法の下の平等……119
一　生命・自由・幸福追求権……119
1　幸福追求権の意義(119)　2　幸福追求権から導き出される人権(121)
3　プライバシーの権利(122)　4　自己決定権(126)
二　法の下の平等……127
1　平等の観念の歴史(127)　2　憲法における平等原則(129)
3　法の下の平等の意味(129)　4　平等違反の違憲審査基準(131)

5 平等の具体的内容(133)　6 尊属殺重罰規定の合憲性(139)
7 議員定数不均衡の合憲性(140)

第八章　精神的自由権(一)――内心の自由……149
一　思想・良心の自由……149
1 精神的自由の基本をなす自由(149)
2 思想・良心の自由の保障の意味(150)
二　信教の自由……153
1 明治憲法の信教の自由(154)　2 信教の自由の内容と限界(155)
3 国家と宗教の分離の原則(政教分離の原則)(159)
三　学問の自由……168
1 学問の自由の内容(168)　2 学問の自由の保障の意味(170)
3 大学の自治(171)

第九章　精神的自由権(二)――表現の自由……175
一　表現の自由の意味……175
1 表現の自由の価値(175)　2 表現の自由と知る権利(175)
3 アクセス権(178)
二　表現の自由の内容……180

1 報道の自由(181)　2 性表現・名誉毀損的表現(189)
3 営利的言論の自由(192)
三 表現の自由の限界……193
1 二重の基準の理論(193)　2 事前抑制の理論(198)
3 明確性の理論(205)　4「明白かつ現在の危険」の基準(208)
5「より制限的でない他の選びうる手段」の基準(210)
四 集会・結社の自由、通信の秘密……213
1 集会の自由(213)　2 集団行動の自由(216)
3 結社の自由(219)　4 通信の秘密(221)
第一〇章 経済的自由権……224
一 職業選択の自由……224
1 意義と限界(224)　2 規制の合憲性判定の基準(226)
二 居住・移転の自由……230
1 その内容と性質(230)　2 海外渡航の自由(231)
3 国籍離脱の自由(232)
三 財産権の保障……233
1 考え方の変化(233)　2 財産権保障の意味(233)
3 財産権の一般的制限(234)　4 財産権の制限と補償の要否(237)

5　正当な補償（240）

第一一章　人身の自由……242

一　基本原則……242

1　奴隷的拘束からの自由（242）　2　適正手続（243）

二　被疑者の権利……246

1　不法な逮捕・抑留・拘禁からの自由（246）　2　住居等の不可侵（248）

三　被告人の権利……249

1　公平な裁判所の迅速な公開裁判を受ける権利（249）

2　証人審問権・喚問権（250）　3　弁護人依頼権（251）

4　自己負罪の拒否（251）　5　自　白（253）

6　事後法と「二重の危険」の禁止（253）　7　残虐刑の禁止（254）

第一二章　国務請求権と参政権……256

一　国務請求権（受益権）……256

1　請願権（256）　2　裁判を受ける権利（257）

3　国家賠償および補償請求権（259）

二　参政権……260

1　意　義（260）　2　選挙権の法的性格（261）　3　選挙権の要件（262）

第一三章　社会権……267
一　生存権……268
1　憲法二五条(268)　2　生存権の法的性格(269)　3　環境権(271)
二　教育を受ける権利……273
1　学習権と国の責務(273)　2　教育権の所在(275)
3　義務教育の無償(276)
三　労働基本権……276
1　労働基本権の内容と性格(276)　2　労働基本権の制限(278)
3　公務員の労働基本権(278)　4　公務員の政治活動の自由(281)

第三部　統治機構

第一四章　国会……287
一　権力分立の原理……287
1　総説(287)　2　権力分立制の現代的変容(289)　3　政党(290)
二　国会の地位……292
1　国民の代表機関(292)　2　国権の最高機関(295)
3　唯一の立法機関(295)

三　国会の組織と活動……299
1　二院制(299)　2　選挙制度(301)　3　国会議員の地位(307)
4　国会の活動(309)
四　国会と議院の権能……312
1　国会の権能(313)　2　議院の権能(315)
第一五章　内　閣……322
一　行政権と内閣……322
1　行政権の概念(322)　2　独立行政委員会(323)
二　内閣の組織と権能……325
1　内閣の組織(325)　2　文　民(325)　3　内閣総理大臣(326)
4　内閣の権能と責任(327)　5　総辞職(329)
三　議院内閣制……330
1　議院内閣制の本質(330)　2　日本国憲法における議院内閣制(332)
3　衆議院の解散(334)
第一六章　裁　判　所……336
一　司法権の意味と範囲……336
1　司法権の概念(336)　2　司法権の範囲(338)

3　法律上の争訟（338）　4　司法権の限界（341）
二　裁判所の組織と権能……347
1　裁判所の組織（347）　2　特別裁判所の禁止（347）
3　下級裁判所の裁判官（348）　4　最高裁判所の構成と権限（349）
5　最高裁判所裁判官の国民審査（350）　6　最高裁判所規則制定権（352）
7　裁判の公開（353）　8　陪審制（354）
三　司法権の独立……356
1　司法権独立の意義（356）　2　司法権独立の内容（357）
第一七章　財政・地方自治……360
一　財　政……360
1　財政民主主義（360）　2　租税法律主義（360）　3　予　算（362）
4　決算審査（364）　5　公金支出の禁止（365）
二　地方自治……366
1　地方自治の本旨（367）　2　地方公共団体の機関（368）
3　条　例（369）
第一八章　憲法の保障……374
一　憲法保障の諸類型……374

1 抵抗権(375)　2 国家緊急権(376)
二 違憲審査制……377
1 違憲審査権の根拠(377)　2 違憲審査権の性格(378)
3 付随的違憲審査制の特質(380)　4 違憲審査の主体と対象(384)
5 違憲判断の方法と判決(387)
三 憲法改正の手続と限界……392
1 硬性憲法の意義(392)　2 憲法改正の手続(393)
3 憲法改正の限界(396)　4 憲法の変遷(399)
参考文献……401
判例索引
事項索引

装幀　道吉　剛

第一部　総　論

第一章　憲法と立憲主義

一　国家と法

一定の限定された地域(領土)を基礎として、その地域に定住する人間が、強制力をもつ統治権のもとに法的に組織されるようになった社会を国家と呼ぶ。したがって、領土と人と権力は、古くから国家の三要素と言われてきた。

この国家*という統治団体の存在を基礎づける基本法、それが通常、憲法と呼ばれてきた法である。

国家概念　国家の考え方は、立場の違いによっても、社会学的にみるか、法学的にみるか、政治学的にみるかによっても、著しく異なる。三要素から成り立つと言われる場合は、社会学的国家論である。これを法学的にみた国家論として著名なものが、国家法人説である(第二章一2、第三章二2(一)参照)。もっとも、国家三要素説には有力な批判もある。なお、憲法学では、たとえば人権を「国家からの自由」と言う場合のように、国家権力ないし権力の組織体を国家と呼ぶことも多い。

二　憲法の意味

憲法を勉強するには、まず、憲法とは何かを明らかにしなければならない。研究の対象を正確に捉えることは、あらゆる学問の出発点である。

憲法の意味を本格的に解明しようとすると、憲法がどのようにしてつくられてきたのか、どのような思想に支えられて登場したのか、という憲法思想史の背景を専門的に研究しなければならないが、ここでは、憲法の意味とその法的特質に関する基本的な事柄について概説的に説明するにとどめる。

1　形式的意味の憲法と実質的意味の憲法

憲法の概念は多義的であるが、重要なものとして三つ挙げることができる。

㈠　**形式的意味**　これは、憲法という名前で呼ばれる成文の法典（憲法典）を意味する場合である。形式的意味の憲法と呼ばれる。たとえば、現代日本においては「日本国憲法」がそれにあたる。この意味の憲法は、その内容がどのようなものであるかには関わらない。

㈡　**実質的意味**　これは、ある特定の内容をもった法を憲法と呼ぶ場合である。成文であると不文であるとを問わない。実質的意味の憲法と呼ばれる。この実質的意味の憲法には二つのものがある。

(1)　固有の意味　国家の統治の基本を定めた法としての憲法であり、通常「固有の意味の憲法」と呼ばれる。国家は、いかなる社会・経済構造をとる場合でも、必ず政治権力とそれを行使する機関が存在しなければならないが、この機関、権力の組織と作用および相互の関係を規律する規範が、固有の意味の憲法である。この意味の憲法はいかなる時代のいかなる国家にも存在する。

(2) 立憲的意味　実質的意味の憲法の第二は、自由主義に基づいて定められた国家の基礎法である。一般に「立憲的意味の憲法」あるいは「近代的意味の憲法」と言われる。一八世紀末の近代市民革命期に主張された、専断的な権力を制限して広く国民の権利を保障するという立憲主義の思想に基づく憲法である。その趣旨は、「権利の保障が確保されず、権力の分立が定められていない社会は、すべて憲法をもつものではない」と規定する有名な一七八九年フランス人権宣言一六条に示されている。この意味の憲法は、固有の意味の憲法とは異なり、歴史的な観念であり、その最も重要なねらいは、政治権力の組織化というよりも権力を制限して人権を保障することにある。

以上の三つの憲法の観念のうち、憲法の最もすぐれた特徴は、その立憲的意味にあると考えるべきである。したがって、憲法学の対象とする憲法とは、近代に至って一定の政治的理念に基づいて制定された憲法であり、国家権力を制限して国民の権利・自由を守ることを目的とする憲法である。そのような立憲的意味の憲法の特色を次に要説する。

2 立憲的憲法の特色

(一) 淵　源　立憲的意味の憲法の淵源は、思想史的には、中世にさかのぼる。中世においては、国王が絶対的な権力を保持して臣民を支配したが、国王といえども従わなければならない高次の法(higher law)があると考えられ、根本法(fundamental law)とも呼ばれた。この根本法の観念が近代立憲主義へと引きつがれるのである。

もっとも、中世の根本法は、貴族の特権の擁護を内容とする封建的性格の強いものであり、それが広く国民の権利・自由の保障とそのための統治の基本原則を内容とする近代的な憲法へ発展するためには、ロック(John Locke, 1632-1704)やルソー(Jean-Jacques Rousseau, 1712-78)などの説いた近代自然法ないし自然権(natural rights)の思想によって新たに基礎づけられる必要があった。この思想によれば、①人間は生まれながらにして自由かつ平等であり、生来の権利(自然権)をもっている、②その自然権を確実なものとするために社会契約(social contract)を結び、政府に権力の行使を委任する、そして、③政府が権力を恣意的に行使して人民の権利を不当に制限する場合には、人民は政府に抵抗する権利を有する。

このような思想に支えられて、一七七六年から八九年にかけてのアメリカ諸州の憲法、一七八八年のアメリカ合衆国憲法、一七八九年のフランス人権宣言、九一年のフランス第一共和制憲法などが制定された。

(二) **形式と性質**　立憲的憲法は、その形式の面では成文法であり、その性質においては硬性(通常の法律よりも難しい手続によらなければ改正できないこと)であるのが普通であるが、それはなぜであろうか。

(1) 成文憲法　まず、立憲的憲法が成文の形式をとる理由としては、成文法は慣習法に優《まさ》るという近代合理主義、すなわち、国家の根本的制度についての定めは文章化しておくべきであるという思想を挙げることもできるが、最も重要なのは近代自然法学の説いた社会契約説である。それによれば、国家は自由な国民の社会契約によって組織され、その社会契約を具体化したものが根本契約たる憲法であるから、契約である以上それは文書の形にすることが必要であり、望ましいとされたのである。

(2) 硬性憲法　また、立憲的憲法が硬性(rigid)であることの理由も、近代自然法学の主張した自然権および社会契約説の思想の大きな影響による。つまり、憲法は社会契約を具体化する根本契約であり、国民の不可侵の自然権を保障するものであるから、憲法によってつくられた権力である立法権は根本法たる憲法を改正する資格をもつことはできず(それは国民のみに許される)、立法権は憲法に拘束される、したがって憲法の改正は特別の手続によって行わなければならない、と考えられたのである。*

*軟性憲法　世界のほとんどすべての国の憲法は硬性である。しかしイギリスには憲法典が存在せず(その点で不文憲法の国と言われる)、種々の歴史的な理由から、実質的意味の憲法は憲法慣習を除き法律で定められているので、国会の単純多数決で改正することができる。このように通常の立法手続と同じ要件で改正できる憲法を軟性(flexible)憲法と言う。

三　憲法の分類

1　伝統的な分類

憲法の意味の理解を助けるために、憲法はいろいろの観点から類別されてきた。

(一)　憲法の形式・性質・制定主体による分類

まず、①形式の点からして、成典か不成典か、つまり成文の法典が存在するかどうか、②性質の点からして、硬性か軟性か、つまり、改正が単純多数決で成立する通常の立法の場合と同じか、それよりも難しく、特別多数決(三分の二、ないし五分の三)、またはそれに加えて国民投票を要件としているかどうか、③憲法を制定する主体の点からして、君主によって制定される欽定《きんてい》憲法か、国民によって制定される民定憲法か、君主と国民との合意によって制定される協約憲法か、という区別などがある、と説かれてきた。

しかし、このような伝統的な分類は、必ずしも現実の憲法のあり方を実際に反映するものではないことに注意しなければならない。たとえば、①については、イギリスのように単一の成文憲法典をもたない国もあるが、イギリスでも、実質的に憲法にあたる事項は多数の法律で定められており、基本的な事項は、実際には、容易に改正されない。ところが、②にいう硬性の程度が強い憲法でも、実際にはしばしば改正される国は少なくない。

(二) 国家形態による分類

また、憲法の定める国家形態ないし統治形態に関する分類として、①君主が存在するかどうかによる君主制*か共和制かという区分、②議会と政府との関係に関して、大統領制か議院内閣制かという区分、③国家内に支邦(州)が存在するかどうかによる連邦国家か単一国家かという区分、なども伝統的に説かれているが、これらも憲法の分類自体としてはそれほど大きな意味をもつものではない。たとえば、君主制でも、イギリスのように民主政治が確立している国もあり、共和制でも、政治が非民主的な国は少なくない(したがって、民主制か独裁制かという観点からの分類の方が意味がある)。大統領制や議院内閣制にも、いろいろの形態がある(たとえば、両者の混合形態もあるし、同じ大統領制でも、アメリカのような民主的なもの、南米ないし中近東の諸国のような独裁的なもの、の別がある)。

＊君主制　歴史的にみると、君主制は、絶対君主制から立憲君主制(君主の権能に制限が加えられる君主制。君主は単独では行為し得ず、大臣の助言に基づくことを要し、大臣は不完全ながら議会のコントロールに服する。明治憲法の天皇制はこの例である)、さらに議会君主制(君主に助言をする大臣が議会に政治責任を負う。現在のイギリス君主制はこの例である)へと発展してきている。

2　機能的な分類

このような形式的な分類に対して、戦後、憲法が現実の政治過程において実際にもつ機能に着目した分類が主張されるようになった。たとえば、レーヴェンシュタイン(Karl Loewenstein, 1891-1973)という学者は、①規範的憲法、すなわち、政治権力が憲法規範に適応し、服従しており、憲法がそれに関係する者すべてによって遵守されている場合、②名目的憲法、すなわち、成文憲法典は存在するが、それが現実に規範性を発揮しないで名目的にすぎない場合、③意味論的(semantic)憲法、すなわち、独裁国家や開発途上国家によくみられるが、憲法そのものは完全に適用されていても、実際には現実の権力保持者が自己の利益のためだけに既存の政治権力の配分を定式化したにすぎない場合、という三類型を提唱して注目されている。

このような存在論的(ontological)な分類は、主観的な判断が入る可能性がある点で問題もあるが、立憲的意味の憲法が、どの程度現実の国家生活において実際に妥当しているのかを測るうえで、有用なものであると言えよう。

四　憲法規範の特質

以上述べてきたところのまとめを兼ねて、近代憲法の特質を箇条的に列挙すると、次のようになる。

1　自由の基礎法

近代憲法は、何よりもまず、自由の基礎法である。それは、自由の法秩序であり、自由主義の所産である。もちろん、憲法は国家の機関を定め、それぞれの機関に国家作用を授権する。すなわち、通常は立法権、司法権、行政権、および憲法改正手続等についての規定が設けられる。この国家権力の組織を定め、かつ授権する規範が憲法に不可欠なものであることは言うまでもない。しかし、この組織規範・授権規範は憲法の中核をなすものではない。それは、より基本的な規範、すなわち自由の規範である人権規範に奉仕するものとして存在する。

このような自由の観念は、自然権の思想に基づく。この自然権を実定化した人権規定は、憲法の中核を構成する「根本規範」*であり、この根本規範を支える核心的価値が人間の人格不可侵の原則(個人の尊厳の原理)である。

*根本規範　純粋法学の創唱者として著名なケルゼン(Hans Kelsen, 1881-1973)は、一切の実定法の最上位にあってその妥当性(通用力)の根拠となる、思惟のうえで前提された規範を根本規範と呼んだが、ここで言う根本規範はそれと異なり、実定法として定立された法規範である。それは、「憲法が下位の法令の根拠となり、その内容を規律するのと同じように、憲法の根拠となり、またその内容を規律するものである」(清宮《きよみや》四郎)。

2　制限規範

憲法が自由の基礎法であるということは、同時に憲法が国家権力を制限する基礎法であることを意味する。このことは、近代憲法の二つの構成要素である権利章典と統治機構の関係を考えるうえで、とくに重要である。

本来、近代憲法は、すべて個人はたがいに平等な存在であり、生まれながら自然権を有するものであるということを前提として、それを実定化するという形で制定された。それは、すべての価値の根源は個人にあるという思想を基礎においている。したがって、政治権力の究極の根拠も個人(すなわち国民)に存しなくてはならないから、憲法を実定化する主体は国民であり、国民が憲法制定権力の保持者であると考えられた。*このように、自然権思想と国民の憲法制定権力の思想とは不可分の関係にあるのである。また、国民の憲法制定権力は、実定憲法においては「国民主権」として制度化されることになるので、人権規範は主権原理とも不可分の関係にあることになる(第一八章三3図表参照)。

* 憲法制定権力　憲法をつくり、憲法上の諸機関に権限を付与する権力(〔英〕constituent power,〔仏〕pouvoir constituant,〔独〕verfassungsgebende Gewalt)。制憲権とも言われる。国民に憲法をつくる力があるという考え方は、一八世紀末の近代市民革命時、とくにアメリカ、フランスにおいて、国民主権を基礎づけ、近代立憲主義憲法を制定する推進力として大きな役割を演じた。フランスのシェイエス(Emmanuel J. Sieyès, 1748-1836)が『第三階級とは何か』(一七八九年)を中心に展開した見解がその代表である。制憲権と国民主権との関係につき、第三章二2(二)参照。

3　最高法規

憲法は最高法規であり、国法秩序において最も強い形式的効力をもつ。日本国憲法九八条が、「この憲法は、国の最高法規であつて、その条規に反する法律、命令、詔勅及び国務に関するその他の行為の全部又は一部は、その効力を有しない」と定めているのは、その趣旨を明らかにしたものである。*

もっとも、憲法が最高法規であることは、憲法の改正に法律の改正の場合よりも困難な手続が要求されている硬性憲法であれば、論理上当然である。したがって、形式的効力の点で憲法が国法秩序において最上位にあることを「形式的最高法規性」と呼ぶならば、それは硬性憲法であることから派生するものであって、とくに憲法の本質的な特性として挙げるには及ばないということになろう。

最高法規としての憲法の本質は、むしろ、憲法が実質的に法律と異なるという点に求められなければならない。つまり、憲法が最高法規であるのは、その内容が、人間の権利・自由をあらゆる国家権力から不可侵のものとして保障する規範を中心として構成されているからである。これは、「自由の基礎法」であることが憲法の最高法規性の実質的根拠であること、この「実質的最高法規性」は、形式的最高法規性の基礎をなし、憲法の最高法規性を真に支えるものであること、を意味する。

日本国憲法第十章「最高法規」の冒頭にあって、基本的人権が永久不可侵であることを宣言する九七条は、硬性憲法の建前(九六条)、およびそこから当然に派生する憲法の形式的最高法規性(九八条)の実質的な根拠を明らかにした規定である。

このように、憲法の実質的最高法規性を重視する立場は、憲法規範を一つの価値秩序と捉え、「個人の尊重」の原理とそれに基づく人権の体系を憲法の根本規範(basic norms)と考えるので、憲法規範の価値序列を当然に認めることになる。この考えが、人権規定の解釈や憲法保障の問題においてどのような役割を果たすかについては、後に述べることにする(第五章―第一三章・第一八章)。

＊国法秩序の段階構造　国法秩序は、形式的効力の点で、憲法を頂点とし、その下に法律→命令(政令、府省令等)→処分(判決を含む)という順序で、段階構造をなしているものと解することができる。この構造は、動態的には、上位の法は下位の法によって具体化され、静態的には、下位の法は上位の法に有効性の根拠をもつ、という関係として説明される(ケルゼンの法段階説)。

なお、憲法の最高法規性と関連して、憲法九八条の列挙から「条約」が除外されていることが問題になるが、これは条約が憲法に優位することを意味するわけではない。両者の効力の優劣関係については後述する(第一八章二4(二)(1)参照)。条約は公布されると原則としてただちに国内法としての効力をもつが、その効力は通説によれば、憲法と法律の中間にあるものと解されている。実務の取扱いもそうである。ただ、九八条二項に言う「確立された国際法規」すなわち、一般に承認され実行されている慣習国際法を内容とする条約については、憲法に優位すると解する有力説がある。地方公共団体の条例・規則は、「法律・命令」に準ずるものとみることができるので(第一七章二3参照)、それに含まれると解される。

五　立憲主義と現代国家——法の支配

近代立憲主義憲法は、個人の権利・自由を確保するために国家権力を制限することを目的とするが、この立憲主義思想は法の支配(rule of law)の原理と密接に関連する。

1　法の支配

法の支配の原理は、中世の法優位の思想から生まれ、英米法の根幹として発展してきた基本原理である。それは、専断的な国家権力の支配(人の支配)を排斥し、権力を法で拘束することによって、国民の権利・

自由を擁護することを目的とする原理である。ジェイムス一世の暴政を批判して、クック(Edward Coke, 1552-1634)が引用した「国王は何人の下にもあるべきではない。しかし神と法の下にあるべきである」というブラクトン(Henry de Bracton, ?-1268)の言葉は、法の支配の本質をよく表わしている。

法の支配の内容として重要なものは、現在、①憲法の最高法規性の観念、②権力によって侵されない個人の人権、③法の内容・手続の公正を要求する適正手続(due process of law)、④権力の恣意的行使をコントロールする裁判所の役割に対する尊重、などだと考えられている。

2 「法の支配」と「法治国家」

「法の支配」の原理に類似するものに、戦前のドイツの「法治主義」ないしは「法治国家」の観念がある。この観念は、法によって権力を制限しようとする点においては「法の支配」の原理と同じ意図を有するが、少なくとも、次の二点において両者は著しく異なる。

(一) 民主的な立法過程との関係

第一に、「法の支配」は、立憲主義の進展とともに、市民階級が立法過程へ参加することによって自らの権利・自由の防衛を図ること、したがって権利・自由を制約する法律の内容は国民自身が決定すること、を建前とする原理であることが明確になり、その点で民主主義と結合するものと考えられたことである。これに対して、戦前のドイツの法治国家(Rechtsstaat)の観念は、そのような民主的な政治制度と結びついて構成されたものではない。もっぱら、国家作用が行われる形式または手続を示すものにすぎない。したがって、それは、いかなる政治体制とも結合しうる形式的な観念であった。

㈡　「法」の意味　第二に、「法の支配」に言う「法」は、内容が合理的でなければならないという実質的要件を含む観念であり、ひいては人権の観念とも固く結びつくものであったことである。これに対して、「法治国家」に言う「法」は、内容とは関係のない（その中に何でも入れることができる容器のような）形式的な法律にすぎなかった。そこでは、議会の制定する法律の中身の合理性は問題とされなかったのである。

もっとも、戦後のドイツでは、ナチズムの苦い経験とその反省に基づいて、法律の内容の正当性を要求し、不当な内容の法律を憲法に照らして排除するという違憲審査制が採用されるに至った。その意味で、現在のドイツは、戦前の形式的法治国家から実質的法治国家へと移行しており、法治主義は英米法に言う「法の支配」の原理とほぼ同じ意味をもつようになっている。

3　立憲主義の展開

㈠　**自由国家の時代**　近代市民革命を経て近代憲法に実定化された立憲主義の思想は、一九世紀の「自由国家」の下でさらに進展した。そこでは、個人は自由かつ平等であり、個人の自由意思に基づく経済活動が広く容認された。そして、自由・平等な個人の競争を通じて調和が実現されると考えられ、権力を独占する強大な国家は経済的干渉も政治的干渉も行わずに、社会の最小限度の秩序の維持と治安の確保という警察的任務のみを負うべきものとされた。当時の国家を、自由国家・消極国家とか、または軽蔑的な意味をこめて夜警国家と呼ぶのは、その趣旨である。

㈡　**社会国家の時代**　しかし、資本主義の高度化にともなって、富の偏在が起こり、労働条件は劣悪化し、独占的グループが登場した。その結果、憲法の保障する自由は、社会的・経済的弱者にとっては、貧乏の自由、空腹の自由でしかなくなった。そこで、そのような状況を克服し、人間の自由と生存を確保するためには、国家が、従来市民の自律にゆだねられていた市民生活の領域に一定の限度まで積極的に介入し、社会的・経済的弱者の救済にむけて努力しなければならなくなった。こうして、一九世紀の自由国家は、国家的な干渉と計画とを必要とする社会国家(積極国家ないし福祉国家とも呼ばれる)*へと変貌することになり、行政権の役割が飛躍的に増大した。

＊社会国家・福祉国家　社会国家(Sozialstaat)は主としてドイツで用いられることばであり、福祉国家(welfare state)は主としてイギリスで用いられることばである。その内容は必ずしも明確ではないが、おおよそ、国家が国民の福祉の増進をはかることを使命として、社会保障制度を整備し、完全雇用政策をはじめとする各種の経済政策を推進する国家であると言えよう。わが国では、かつて、福祉国家論は国家独占資本主義の矛盾をおおいかくすイデオロギー的理論であるという批判が学説の一部に強かった。そのような問題点があるとしても、現実の経済・社会に照らして、プラス面の実現を強化していくことが必要である。

4　立憲主義の現代的意義

㈠　立憲主義と社会国家

立憲主義は、国家は国民生活にみだりに介入すべきではないという消極的な権力観を前提としている。そこで、国家による社会への積極的な介入を認める社会国家思想が、立憲主義と矛盾しないかが問題となる。しかし、立憲主義の本来の目的は、個人の権利・自由の保障にあるのであるから、その目的を現実の生活において実現しようとする社会国家の思想とは基本的に一致すると考えるべきである。この意味において、社会国家思想と(実質的)法治国家思想とは両立する。戦後ドイツで用いられてきた「社会的法治国家」という概念は、その趣旨である。

(二) 立憲主義と民主主義

また、立憲主義は民主主義とも密接に結びついている。すなわち、①国民が権力の支配から自由であるためには、国民自らが能動的に統治に参加するという民主制度を必要とするから、自由の確保は、国民の国政への積極的な参加が確立している体制においてはじめて現実のものとなり、②民主主義は、個人尊重の原理を基礎とするので、すべての国民の自由と平等が確保されてはじめて開花する、という関係にある。民主主義は、単に多数者支配の政治を意味せず、実をともなった立憲民主主義でなければならないのである。*

このような自由と民主の結合は、まさに、近代憲法の発展と進化を支配する原則であると言うことができよう。戦後の西欧型民主政国家が「民主的法治国家」とか「法治国家的民主政」と言われるのは、そのことを示している。

*自由主義と民主主義　戦前の憲法学——とくにワイマール憲法時代のドイツ——では、自由主義を否定しても民主主義は成り立つという見解が有力であった。しかし、宮沢俊義が説いたとおり、「リベラルでない民主制は、民主制の否定であり、多かれ少なかれ独裁的性格を帯びる。民主制は人権の保障を本質とする」、と考えるのが正しい。

第二章　日本憲法史

わが国には、明治時代以前は、立憲主義的な成文憲法は存在せず、近代的憲法の歴史は一八八九年（明治二二年）の大日本帝国憲法（以下、明治憲法と言う）から始まる。

一　明治憲法の特色

1　民主的要素と反民主的要素

明治憲法は、立憲主義憲法とは言うものの、神権主義的な君主制の色彩がきわめて強い憲法であった。

㈠　**反民主的要素**　まず、主権（この意味について第三章二1参照）が天皇に存することを基本原理とし、この天皇の地位は、天皇の祖先である神の意志に基づくもの*とされた。「大日本帝国ハ万世一系ノ天皇之ヲ統治ス」（一条）とは、この天皇主権の原理を明示したものである。また、天皇は、神の子孫として神格を有するとされ、「神聖ニシテ侵スヘカラス」（三条）と定められた。さらに、天皇は、「国ノ元首ニシテ統治権ヲ総攬《そうらん》」（四条）する者、すなわち、立法・司法・行政などすべての国の作用を究極的に掌握し統括する権限を有する者とされた。

ただ、皇室の事務に関する大権(天皇の権能のこと)のほか、栄典の授与に関する大権、とくに、軍の統帥に関する大権(一一条)が一般国務から分離・独立し、それに対する内閣・議会の関与が否定されていたことは、重大な問題であった。**

*神勅　本文に言う「神の意志」とは、皇祖天照大神《あまてらすおおみかみ》が、皇孫(瓊瓊杵尊《ににぎのみこと》)を日本国に降臨せしめた際に賜わったと『日本書紀』の伝える勅語に表明されている考えを言う。この勅語は、日本国(葦原千五百秋之瑞穂国《あしはらのちいほあきのみずほのくに》)は皇祖の子孫が王として統治すべき国であり、皇位は天壌《てんじょう》とともに(天地と同じように)無窮に栄えるであろう、という趣旨のことをうたっており、「天祖の勅《みことのり》」とか「天壌無窮の神勅」または単に「神勅」と呼ばれた。明治憲法時代、万世一系の君主国の根拠はここにあると説かれた。

**統帥権の独立　統帥とは、本来は、作戦用兵の目的を達するために陸海軍を統括して活動させる国家作用を言う。この作用は性質上、専門的知識をもって機密裡に迅速に行われることが必要であるので、国務大臣の輔弼《ほひつ》(大臣助言制)の外に置かれ、天皇が単独で行うべきものとされた。しかし実際には、政府からまったく独立の地位にあった軍令機関(陸軍参謀総長・海軍軍令部総長)が輔弼の任を務めた。軍国主義が支配的になるにともない、陸海軍大臣が武官であったため、憲法一二条の定める軍の編制・装備などに関する事項(これは国務大臣の輔弼に属するもの)も、統帥事項だとされ、軍部の独裁を導く引き金となった。

(二) 民主的要素

他方、明治憲法には立憲的諸制度も採用されており、それらが日本の近代化に果たした役割はきわめて大きいが、それぞれ不完全な面を有していた。権利・自由は保障されてはいたものの、それは人間が生まれながらにもっている生来の自然権(人権)を確認するという形のものではなく、天皇が臣民に恩恵として与えたもの(臣民権)であった。各権利が「法律の留保」*(Vorbehalt des Gesetzes)をともなうもの、すなわち、「法律の範囲内において」保障されたにすぎず法律によれば制限が可能なもの、であったのは、そのためである。

統治機構の分野でも次のように民主性に欠ける点が少なくなかった。①権力分立制はとられていたが、それぞれの機関は天皇の大権を翼賛する機関にすぎなかった。すなわち、帝国議会は天皇の立法権に「協賛」し(五条)、各国務大臣は所管の行政権につき天皇を「輔弼」し(五五条)、裁判所は司法権を「天皇ノ名ニ於テ」行う(五七条)こととされていた。②法治主義の原則も形式的法治主義(第一章五2参照)にとどまり、権力を法によって制限するという観念は稀薄であった。③議会の権限は立法の面でも(六条—九条)、予算についても(六六条—七一条)、緊急事態に対する措置に関しても(一三条・一四条・三一条)、大きく制限されており、政府や軍部に対するコントロールの力はきわめて弱く、また、公選に基づかない貴族院が衆議院と同等の権能をもち(たとえば、三八条—四〇条)、衆議院を抑制する役割を果たした。④さらに、「国務各大臣ハ天皇ヲ輔弼シ其ノ責ニ任ス」(五五条)とされ、大臣助言制(君主の国務上の行為は必ず大臣の助言を必要とするという立憲的な制度)が採用されていたが、それは各国務大臣が単独でその所管事項について輔弼(助言)するということであり、内閣制度は憲法上の制度ではなかった。各国務大臣は天皇に対して責任を負うだけで、憲法上は議会に対して責任を一切負わなかったのである。

＊法律の留保　この言葉は、はじめO・マイヤー(Otto Mayer, 1846-1924)によって、国民の権利・自由に対する制限は、行政権には許されず、立法権(法律)に留保されるべきだという、行政権の恣意を抑制する原則として、用いられた。しかし、法律による行政の原理が確立するとともに、この言葉は、法律に基づくかぎり権利・自由の制限・侵害は可能という意味に使われることになった。

2　明治憲法の運用

このような神権主義的な色彩のきわめて濃い立憲君主制を基本とする明治憲法をできるだけ自由主義的に解釈しようとした立憲的な学説の影響や、政党の発達とともに、大正から昭和のはじめにかけていわゆる「大正デモクラシー」が高揚し、政党政治が実現した。その結果、天皇制は事実上、国務大臣の議会に対する責任の原則に裏づけられた、イギリスと同じような議会君主制(第一章三1㈡参照)として機能した。しかし、その後、軍部の勢力が増大しファシズム化が進展して、天皇機関説事件*などが起こり、明治憲法の立憲主義的な側面は大きく後退してしまった。

*天皇機関説　国家は法的に考えると一つの法人、したがって意思を有し、権利(具体的には統治権)の主体である、と説く国家法人説が、一九世紀ドイツでイェリネク(Georg Jellinek, 1851-1911)によって体系化され、支配的な学説となった。この理論は、君主、議会、裁判所は、国家という法人の「機関」であること、国家はその機関を通じて活動し、機関の行為が国家の行為とみなされること、君主に主権が存するとは、君主が国家の最高の意思決定機関の地位を占めるということにほかならないこと、などを内容とする(もっとも、国会、内閣、裁判所ないし天皇を「国家機関」と呼ぶことは、ただちに国家法人説を前提にしていることを意味しない)。これを日本にあてはめたのが、天皇機関説である。

天皇機関説は、天皇が主権者であり、統治権の総攬者であることを否定する理論ではないが、天皇を国家の最高機関と位置づけ、主権をその機関意思だと構成したために、日本の軍国主義化が進むにともなって、「国体」(本章二2㈠参照)に反する異説とされ、政府は一九三五年、この説の代表者だった美濃部達吉の著書を発売禁止処分に付し、すべての公職から追放した。世に天皇機関説事件と呼ばれる事件が、これである。

二　日本国憲法の成立経過

1　憲法変革問題の起因

一九四五年(昭和二〇年)、第二次世界大戦において日本は連合国に無条件降伏し、ポツダム宣言を受諾した。そして、連合国軍(実際はアメリカ軍)の占領下において、一九四七年に新たに日本国憲法が制定されるに至った。明治憲法が破棄され、日本国憲法が制定された最も大きな直接の原因は、ポツダム宣言の受諾、占領、連合国軍総司令部の強い指示などの外からの圧力にあったが、明治憲法それ自体にも、統帥権の独立をめぐる問題など改正を必要とする内在的な理由が存在していたことを看過してはならない。

2　日本国憲法の制定経過

日本国憲法の制定経過は大きく二つの段階に分けられる。第一段階は、一九四五年八月一四日のポツダム宣言の受諾以降、一九四六年二月一三日に総司令部(最高司令官マッカーサー元帥)からいわゆるマッカーサー草案を手渡されるまでの経緯であり、この段階では、日本政府の独自の草案作成が進められた。第二段階は、日本政府にとっては革命的とも言える変革を要求するマッカーサー草案を受諾するかしないかという形で、総司令部との関係で制定過程が推移していくそれ以降の経緯である。

㈠　ポツダム宣言の受諾　ポツダム宣言は日本の降伏の条件を定めたもので、さまざまな条項を含んでいたが、憲法制定との関係で問題となったのは次の二つの条項であった。

一〇項「……日本国政府ハ、日本国国民ノ間ニ於ケル民主主義的傾向ノ復活強化ニ対スル一切ノ障碍ヲ除去スベシ　言論、宗教及思想ノ自由並ニ基本的人権ノ尊重ハ確立セラルベシ」

一二項「前記諸目的ガ達成セラレ且日本国国民ノ自由ニ表明セル意思ニ従ヒ平和的傾向ヲ有シ且責任アル政府ガ樹立セラルルニ於テハ連合国ノ占領軍ハ直ニ日本国ヨリ撤収セラルベシ」

このポツダム宣言との関連で深刻な問題となったのは、日本の「国体」が護持されるかどうかであった。「国体」は、①天皇に主権が存することを根本原理とする国家体制、②天皇が統治権を総攬《そうらん》するという国家体制、③天皇を国民のあこがれの中心とする国家体制、という三つの異なる意味に用いられた。①と②は法学的概念、③は道徳的・倫理的概念であり、ポツダム宣言の受諾によって護持されるのかどうかが議論の的となったのは、①と②の意味の国体である。

日本政府は、ポツダム宣言は国民主権主義の採用を必ずしも要求するものではなく、国体は護持できると考えていた。したがってまた、ポツダム宣言には必ずしも明治憲法の改正の要求は含まれておらず、明治憲法を改正しなくとも、運用によって宣言の趣旨に沿う新しい政府をつくることは可能であると考えていた。しかし、ポツダム宣言(一二項)は、国民主権の原理を採用することを要求していたと解すべきであるから(資料によると連合国軍総司令部もそう解していた)、そうだとすれば、明治憲法を改正しないままにしておくことは不可能であったと言わなければならない。

(二) 松本委員会の調査

一九四五年一〇月九日、東久邇宮《ひがしくにのみや》内閣に代わって幣原喜重郎《しではらきじゅうろう》を首班とする内閣が誕生した。幣原首相は、一〇月一一日総司令部を訪問した際に、最高司令官から明治憲法を自由主義化する必要がある旨の示唆を受け、同月二五日、国務大臣松本烝治を長とする憲法問題調査委員会(松本委員会）を発足させた。

松本国務大臣は、①天皇が統治権を総攬せられるという大原則には変更を加えない、②議会の議決を要する事項を拡充し、天皇の大権事項を削減する、③国務大臣の責任を国務の全般にわたるものたらしめるとともに、国務大臣は議会に対して責任を負うものとする、④国民の権利・自由の保障を強化するとともに、その侵害に対する救済方法を完全なものとする、という四原則に基づいて改正作業を進めた。

②、③の原則は、議会による天皇や政府のコントロールを強化しようとするもので、君主の権力が強いドイツ型の立憲君主制から、議会の権力が強いイギリス型の議会君主制へ移行する姿勢がみられる。また、④の原則も人権保障のより厚い保護を図るものである。しかし、①の原則は、統治権の総攬者としての天皇の地位を温存しようとするものであり、「国体」護持の基本的立場がここに現われている。

この四原則に基づいて松本案が起草され、二月八日に総司令部に提出された。

㈢ マッカーサー三原則

一九四六年二月一日、松本案が正式発表前に毎日新聞にスクープされ、それによって松本案の概要を知った総司令部は、その保守的な内容に驚いた。そして、総司令部の側で独自の憲法草案を作成することにした。マッカーサーは、草案の中に次の三つの原則を入れるよう幕僚に命じた。マッカーサー三原則またはマッカーサー・ノートと呼ばれるものが、それである。

① 天皇は、国の元首の地位にある。皇位の継承は、世襲である。天皇の職務および権能は、憲法に基づき行使され、憲法の定めるところにより、国民の基本的意思に対して責任を負う。

② 国家の主権的権利としての戦争を廃棄する。日本は、紛争解決のための手段としての戦争、および自己の安全を保持するための手段としてのそれをも、放棄する。日本はその防衛と保護を、今や世界を動かしつつ

ある崇高な理想に委ねる。いかなる日本の陸海空軍も決して許されないし、いかなる交戦権も日本軍には決して与えられない。

③　日本の封建制度は、廃止される。皇族を除いて華族の権利は、現在生存する者一代以上に及ばない。華族の授与は、爾後どのような国民的または公民的な政治的権力を含むものではない。予算の型は、英国制度に倣うこと。

(四)　マッカーサー草案の提示

完成した総司令部案(いわゆるマッカーサー草案)は二月一三日に日本政府に手渡された。これがきわめてドラマティックな総司令部案の提示という事件である。この会談には、日本側から吉田茂外務大臣、松本烝治国務大臣等が出席した。その席上、総司令部側から、松本委員会の提案は全面的に承認すべからざるものであり、その代わりに、最高司令官は基本的な諸原則を憲法草案として用意したので、この草案を最大限に考慮して憲法改正に努力してほしい、という説明があった。日本側は、突如としてまったく新しい草案を手渡され、それに沿った憲法改正を強く進言されて大いに驚いた。そして、その内容について検討した結果、松本案が日本の実情に適するとして総司令部に再考を求めたが、一蹴されたので、総司令部案に基づいて日本案を作成することに決定した。*

*押しつけ憲法論　総司令部が草案作成を急いだ最大の理由は、二月二六日活動を開始することが予定されていた極東委員会(連合国一一カ国の代表者から成る日本占領統治の最高機関)の一部に天皇制廃止論が強かったので、それに批判的な総司令部の意向を盛りこんだ改正案を既成事実化しておくことが必要かつ望ましい、と考えたからだと言われる。もっとも、草案の起草は一週間という短期間に行われたが、総司令部では、昭和二〇年の段階から憲法改正の研究と準備がある程度進められており、アメリカ政府との間で意見の交換も行われていた。一九四六年一月一一日に総司令部に送付された「日本統治制度の改革」と題するＳＷＮＣ

C―二二八(国務・陸軍・海軍三省調整委員会文書二二八号)は、総司令部案作成の際の指針となった重要な文書である。

二月一三日の会議では、このような草案を指針とすること、日本政府が何もしない場合には最高司令官が直接日本国民に訴えることなどが指示され、その後も憲法の基本原理の修正は認められなかったので、日本国憲法は「押しつけられた」非自主的な憲法であり、全面改正すべきだ、という意見が強くなった。しかし、押しつけの要素があったとしても、それがただちに全面改正の理由になるかは、きわめて問題である(本章三参照)。

(五) 憲法改正草案要綱・憲法改正草案　総司令部案に基づく日本案の起草作業は、それを日本語に翻訳するというかたちで、まず三月二日案にまとめられ、その後総司令部側との折衝を通じて、三月六日に「憲法改正草案要綱」が決定され、国民に公表された。その後、四月一七日に、この改正草案要綱を口語で文章化した「憲法改正草案」(内閣草案)が作成され、正式の大日本帝国憲法改正案となった。

(六) 帝国議会の審議　内閣草案の公表に先立つ四月一〇日、はじめて女性の選挙権を認めた普通選挙制による総選挙が行われ、五月二二日に第一次吉田内閣が成立した。内閣草案は、明治憲法七三条の定める手続に従い、六月二〇日、新しく構成された第九〇回帝国議会の衆議院に、帝国憲法改正案として提出された。衆議院は、原案に若干の修正を加えたのち、八月二四日圧倒的多数をもってこれを可決し、貴族院に送付した。貴族院の審議は八月二六日に始まり、ここでも若干の修正が施され、一〇月六日これも圧倒的多数をもって可決された。衆議院がその修正に同意し、帝国議会の審議が完了したので、改正案は、枢密院の審議を経て、一一月三日「日本国憲法」として公布された。

日本国憲法は、一九四七年五月三日から施行された。

三　日本国憲法成立の法理

以上に概観されたとおり、日本国憲法の成立にはさまざまな政治的要因が複雑にからみあっており、その制定過程には法理論的に検討しなければならない重要問題が少なくない。とくに、国民の自由意思が働いたかどうかが、最大の争点である。

1　日本国憲法の自律性

一国の憲法はその国の国民の自由意思に基づいて制定されなければならない。この原則に反して、ある国の憲法制定に他国が強圧的に介入する場合には、内政不干渉の原則、憲法の自主性・自律性の原則違反の問題が生じる。日本国憲法の場合は種々の議論があるが、総司令部からの強要的要素はあったとしても、憲法自律性の原則は、法的には、損なわれていなかったと解するのが妥当であると思われる。

㈠　国際法的にみて

第一に、日本国憲法の制定に外国の意思が関与したという問題については、次の諸点を考慮しなければならない。すなわち、①ポツダム宣言は、連合国が日本に対して行った無条件降伏の一方的命令ではなく、不完全ながらも、連合国と日本の双方を拘束する一種の休戦条約の性格を有するものであると解されること、②この休戦条約は、内容的には、国民主権の採用、基本的人権の確立など、明治憲法の改正の要求を含むものと解されること、したがって、③連合国側には、日本側の憲法改正案がポツダム宣言に合致しないと判断した場合には、それを遵守することを日本に求める権利をもっていたと解することができること、である。条約上の権利に基づいて、一定の限度で、一国の憲法の制定に関与することは、必ずしも内政不干渉の原則ないし憲法の自律性の原則に反するものではない。

また、他国を占領した者は「占領地ノ現行法律ヲ尊重」すべきことを要求している一九〇七年のハーグ陸戦法規(陸戦ノ法規慣例ニ関スル規則)を援用して、日本国憲法の制定は国際法に反するという意見もあるが、陸戦法規は交戦中の占領に適用されるものであるから、日本の場合には適用なく、休戦条約(特別法)が陸戦法規(一般法)よりも優先的に適用される。

(二) 国内法的にみて

第二に、国民の自律的な決定に基づいて日本国憲法が制定されたかどうかが問題となる。しかし、この点についても、次の諸点が総合的に考慮されなければならない。

(1) 日本国憲法の自律性は、(一)で述べたように、ポツダム宣言の受諾・降伏文書の署名によって本来条件付きのものであったこと。

(2) この条件の原則を定めたポツダム宣言では、日本国民の自由意思による民主的平和的政治形態の樹立(国民主権の原理)あるいは基本的人権の尊重の原理が定められていたが、それは近代憲法の一般原理であり、この原理に基づいて憲法を制定することは国家の近代化にとって必要不可欠であったこと。

(3) 終戦直後の日本政府は、ポツダム宣言の歴史的意義を十分に理解することができず、自分の手で近代憲法をつくることができなかったこと。

(4) これに反して、当時公表された在野の知識人による憲法草案や世論調査から判断すると、マッカーサー草案発表前後の時期には、かなり多くの国民が日本国憲法の価値体系に近い憲法意識をもっていたと言えること、そして、政府も帝国議会における審議の段階では、マッカーサー草案の基本線を積極的に支持していたこと。

(5) 完全な普通選挙により憲法改正案を審議するための特別議会が国民によって直接選挙され、審議の自由に対する法的な拘束のない状況の下で草案が審議され可決されたこと。

(6) 極東委員会からの指示で、憲法施行一年後二年以内に改正の要否につき検討する機会を与えられながら、政府はまったく改正の要なしという態度をとったこと。

(7) 日本国憲法が施行されて以来、憲法の基本原理が国民の間に定着してきているという社会的事実が広く認められること。

これらの諸点を総合して考えると、日本国憲法の制定は、不十分ながらも自律性の原則に反しない、と解することができるのではないかと思われる。

2 日本国憲法の民定性——八月革命説

(一) 上諭と前文の矛盾

次に、日本国憲法と明治憲法との関係が問題になる。すなわち、日本国憲法は、その上諭によると、天皇が明治憲法七三条の改正規定による改正を裁可して公布したということになっており、形式的には、明治憲法の改正として成立したもの(欽定憲法)である。しかし、憲法前文は、「日本国民は、……代表者を通じて行動し」、「主権が国民に存することを宣言し、この憲法を確定する」と規定し、日本国民が国民主権の原則に基づいて制定した民定憲法である旨を宣言している。そこで、この矛盾をどのように解するか、とくに、天皇主権を定める明治憲法を国民主権の憲法へと全面的に改正することは、法的に許されないのではないか、という疑問が生ずる。というのは、そもそも、憲法改正規定による憲法改正には一定の限界があり、その憲法の基本原理を改正することは憲法の根本的支柱を取り除くことになってしまうので、それは一種の自殺行為であると考えられ(詳細は第一八章三3参照)、明治憲法に関しても、学説上、天皇主権や天皇が統治権を総攬するという「国体」(本章二2(一)参照)の変革は法的には不可能であると考えられていたからである。

㈡ **八月革命説の内容**　国民主権を基本原理とする日本国憲法が明治憲法七三条の改正手続で成立したという理論上の矛盾を説明する最も適切な学説として、大要次のような趣旨の宮沢俊義の八月革命説を挙げることができる。

(1) 明治憲法七三条の改正規定によって、明治憲法の基本原理である天皇主権主義と真向から対立する国民主権主義を定めることは、たしかに法的には不可能である。

(2) しかし、ポツダム宣言は国民主権主義をとることを要求しているので、ポツダム宣言を受諾した段階で、明治憲法の天皇主権は否定されるとともに国民主権が成立し、日本の政治体制の根本原理となったと解さなければならない。つまり、ポツダム宣言の受諾によって法的に一種の革命があったとみることができる。

(3) もっとも、この革命によって明治憲法が廃止されたわけではない。その根本建前が変わった結果として、憲法の条文はそのままでも、その意味は、新しい建前に抵触する限り重要な変革をこうむったと解さなければならない。たとえば、明治憲法七三条については、議員も改正の発案権を有するようになったこと、議会の修正権には制限はなくなったこと、天皇の裁可と貴族院の議決は実質的な拘束力を失ったこと、国体を変えることは許されないという制限は消滅したこと、を認めなければならない。

(4)　したがって、日本国憲法は、実質的には、明治憲法の改正としてではなく、新たに成立した国民主権主義に基づいて、国民が制定した民定憲法である。ただ、七三条による改正という手続をとることによって明治憲法との間に形式的な継続性をもたせることは、実際上は便宜で適当であった。

以上の八月革命説には有力な批判*もあるが、この説の説くように、日本国憲法は、国民自身が自らの憲法制定権力に基づいて新たに制定したものである、と解するのが妥当であろう。そう解すれば、明治憲法七三条は「便宜借用」されたにとどまり、その手続による改正という形式をとったからといって、明治憲法から日本国憲法への「法的連続性」が確保されると考えることは、法的には不可能だと言うほかはない。

*八月革命説批判　帝国議会審議の段階で、国務大臣金森徳次郎は、ポツダム宣言を受諾したからといって、ただちに天皇主権主義が崩壊し、国民主権主義が確立したのではなく、ただ明治憲法を国民主権主義の憲法に改めることを日本が債務として負ったにとどまる、という解釈をとった。この考え方が成り立つためには、何よりも、憲法改正の手続によりさえすれば憲法の最も基本的な原理すら変更することが許される、という改正無限界説が理論的な前提として認められなければならない。この点につき政府は、あいまいな点もあるが、明治憲法一条・四条の「国体」規定も憲法改正の手続によって変えられる、という立場をとった。もっとも、改正限界説をとりながら、天皇が債務を履行するために改正の限界を破る改正案を帝国議会に提出し、審議の過程で「日本国憲法」を制定するという主権者たる国民の意思が議会を通じて顕現した、と解する学説もある。しかし、この説は、理論的には理解しにくい。また、この説が、八月革命説は「徹底した国際法優位の一元論を前提せずには成立しえない」という命題から出発している点にも、疑問がある。法秩序を認識するうえで一元論が正しいとしても(私はそう思う)、国際法が優位するという法の理論が成り立つわけではない(宮沢も消極的であった)。また、解釈論の次元で国際法と国内法のいずれが優位するかは、当該国家の国内法の定めるところに委ねられており、明治憲法下においては憲法優位説が有力であった(日本国憲法

下でも同じ)。しかし、八月革命説は法理論としての国際法優位の一元論とも、解釈理論としての条約優位説とも関係なく、成り立つのである。

なお、八月革命説にはもう一つ、日本の国家主権と国民主権を不可分なものとして捉える立場から、占領によって国家主権が否定された以上、国民主権の働く余地はなかった、という批判もある。たしかに、国家主権を構成する国家権力の最高性と独立性の二つ(第三章二1参照)は伝統的に不可分なものと解されてきたが、その国家主権が条約によって制約されることもあり、また、それが大きく制約されている状態であっても、国民主権の存立そのものが認められなくなってしまうわけではない。

四　日本国憲法の法源

法源は多義的な概念であるが、ここに法源とは、最も一般的に用いられる「法の存在形式」という意味の法源を言う。

1　成文法源

法の存在形式には成文法と不文法(または慣習法)とがあるが、近代国家に至って成文法源が最も重要な法源となっている。実質的意味の憲法も、その多くが成文化(実定化)されるようになった。*

＊日本国憲法の成文法源　国の最高法規としての日本国憲法のほか、①法律としては、皇室典範、皇室経済法、国事行為の臨時代行に関する法律、国籍法、請願法、人身保護法、生活保護法、教育基本法、国会法、公職選挙法、議院における証人の宣誓及び証言等に関する法律、内閣法、[内閣府設置法]、国家行政組織法、

国家公務員法、地方自治法、裁判所法、検察庁法、恩赦法、財政法、会計検査院法などがあり、ほかに、②議院規則、③最高裁判所規則、④条約（日米安全保障条約、国際連合憲章、経済的・社会的及び文化的権利に関する国際規約、市民的及び政治的権利に関する国際規約等）、⑤条例（公安条例、青少年保護条例等）がある。

2 不文法源

有権解釈（国会・内閣など最高の権威を有する機関が行った解釈）によって現に国民を拘束している憲法制度から不文法源が形成され、成文法源を補充する役割を果たす。広く憲法慣習または憲法慣習法と呼ばれるものが、それである。判例も不文法源として重要な意味を有する。判例については後に説くこととし（第一八章二5㈢）、憲法慣習について概説しておく。

(1) 憲法も「生ける法」であるから、時代の変化に対応するために、慣例ないし慣習と言われるものが成立する。この慣習は、長期間にわたって反復・持続され、不変かつ明確な意味を有し、それに一種の規範としての価値を認める国民の合意（規範意識）が存在する、という要件が充たされると、イギリス法に言う習律（convention）とほぼ同じ法的性格をもつものになる。しかし習律は、国会・内閣を政治的に拘束する力を有するが、裁判所を拘束せず、したがって、法を変更したり、また、法の部分を構成するものではない。

(2) 憲法慣習には、①憲法に基づきその本来の意味を発展させる慣習、②憲法上の明文の規定が存在しない場合にその空白を埋める慣習、③憲法規範に明らかに違反する慣習、という三つの類型がある。右の慣習のうち問題になるのは、③の慣習である。これに憲法習律としての法的性格を認めることはできるが、それ以上の、慣習と矛盾する憲法規範を改廃する法的効力を認めることは、硬性憲法の原則に反し、許されないと解すべきであろう。

このような法源としての憲法慣習の問題は、憲法改正と対比して論議される憲法変遷の問題でもある（第一八章三4参照）。

第三章　国民主権の原理

一　日本国憲法の基本原理

日本国憲法は、国民主権、基本的人権の尊重、平和主義の三つを基本原理とする。これらの原理がとりわけ明確に宣言されているのが憲法前文である。

1　前文の内容

前文とは、法律の最初に付され、その法律の目的や精神を述べる文章であり、憲法前文の場合には、憲法制定の由来、目的ないし憲法制定者の決意などが表明される例が多い。もっとも、その内容はそれぞれの国の憲法によって異なる。日本国憲法前文は、国民が憲法制定権力の保持者であることを宣言しており、また、近代憲法に内在する価値・原理を確認している点で、きわめて重要な意義を有する。

前文は四つの部分から成っている。一項の前段は、「主権が国民に存すること」、および日本国民が「この憲法を確定する」ものであること、つまり国民主権の原理および国民の憲法制定の意思(民定憲法性)を表明している。ついで、それと関連させながら、「自由のもたらす恵沢」の確保と「戦争の惨禍」からの解放という、人権と平和の二原理をうたい、そこに日本国憲法制定の目的があることを示している。それを受けて、一項後段は、「国政は、国民の厳粛な信託によるものであつて、その権威は国民に由来し、その権力は国民の代表者がこれを行使し、その福利は国民がこれを享受する」と言い、国民主権とそれに基づく代表民主制の原理を宣言し、最後に、以上の諸原理を「人類普遍の原理」であると説き、「われらは、これに反する一切の憲法、法令及び詔勅を排除する」として、それらの原理が憲法改正によっても否定することができない旨を明らかにしている。

二項は、「日本国民は、恒久の平和を念願」するとして、平和主義への希求を述べ、そのための態度として、「平和を愛する諸国民の公正と信義に信頼して、われらの安全と生存を保持しようと決意した」と宣言する。三項は、国家の独善性の否定を「政治道徳の法則」として確認し、四項は、日本国憲法の「崇高な理想と目的を達成すること」を誓約している。

2　基本原理相互の関係

前文に盛られた国民主権主義、人権尊重主義、平和主義の原理は、次のように相互に不可分に関連している。

㈠　**人権と主権**　第一に、基本的人権の保障は、国民主権の原理と結びついている。専制政治の下では、基本的人権の保障が完全なものとなりえないことは当然であり、民主主義政治の下ではじめて人権保障が確立する。先に指摘した前文一項の文章は、明らかに、国民主権およびそれに基づく代表民主制の原理（狭義の民主主義）が基本的人権の尊重と確立を目的とし、それを達成するための手段として、不可分の関係にあることを示している。

自由（人権）は「人間の尊厳」の原理なしには認められないが、国民主権、すなわち国民が国の政治体制を決定する最終かつ最高の権威を有するという原理も、国民がすべて平等に人間として尊重されてはじめて成立する。このように、国民主権（民主の原理）も基本的人権（自由の原理）も、ともに「人間の尊厳」という最も基本的な原理に由来し、その二つが合して広義の民主主義を構成し、それが、「人類普遍の原理」とされているのである（第一八章三3図表参照）。

㈡　国内の民主と国際の平和　第二に、人間の自由と生存は平和なくして確保されないという意味で、平和主義の原理もまた、人権および国民主権の原理と密接に結びついている。国内の民主主義と国際的平和の不可分性は、近代憲法の進化を推進してきた原則だと言ってよい。

3　前文の法的性質

以上のような基本原理を明らかにしている日本国憲法の前文は、憲法の一部をなし、本文と同じ法的性質をもつと解される。したがって、たとえば前文一項の、「人類普遍の原理……に反する一切の憲法、法令及び詔勅を排除する」という規定は、憲法改正に対して法的限界を画し、憲法改正権を法的に拘束する規範であると解される（憲法改正権の限界については、第一八章三3参照）。

しかしながら、これは前文に裁判規範としての性格まで認められることを意味しない。裁判規範とは、広い意味では裁判所が具体的な争訟を裁判する際に判断基準として用いることのできる法規範のことを言うが、狭い意味では、当該規定を直接根拠として裁判所に救済を求めることのできる法規範、すなわち裁判所の判決によって執行することのできる法規範のことを言う。前文の規定は抽象的な原理の宣言にとどまるので、少なくとも狭い意味での裁判規範としての性格はもたず、裁判所に対して前文の執行を求めることまではできない、と一般に解されている。この点に関して問題となるのが、前文二項の、「われらは、全世界の国民が、ひとしく恐怖と欠乏から免かれ、平和のうちに生存する権利を有する」という文章に示されている「平和的生存権」*である。学説では、右規定の（狭い意味での）裁判規範性を認めることはできるとし、平和的生存権を新しい人権の一つとして認めるべきであるという見解も有力である。しかし、平和的生存権は、その主体・内容・性質などの点でなお不明確であり、人権の基礎にあってそれを支える理念的権利と言うことはできるが、裁判で争うことのできる具体的な法的権利性を認めることは難しい、と一般に考えられている。

＊平和的生存権　平和的生存権という考えは、自衛隊違憲訴訟において、一九六〇年代から主張されたものである。平和的生存権は、「平和を享受する権利」を意味し、憲法九条の戦争の放棄の原則との関連で、平和を人権として捉えるという意図に基づくものである。具体的には、基地付近の住民が基地の撤廃を裁判所に求める場合の「訴えの利益」を基礎づけるために主張された。しかし、判例においては、長沼事件（第四章三3(1)＊参照）一審判決は、平和的生存権を訴えの利益の一つの根拠として認めたが、二審判決はこれを否定し、最高裁判所でも前文二項の裁判規範性は実質的に認められなかった。

二　国民主権

国民主権の原理は、絶対主義時代の君主の専制的支配に対抗して、国民こそが政治の主役であると主張する場合に、その理論的支柱とされた観念で、近代市民革命の成立以後、国家統治の根本原理として近代立憲主義憲法において広く採用されている。もっとも、その原理の内容を具体的にどのように理解するかについてはさまざまの見方が示されてきており、現在もなお活発な議論が展開されている。

1　主権の意味

主権の概念は多義的であるが、一般に、①国家権力そのもの(国家の統治権)、②国家権力の属性としての最高独立性(内にあっては最高、外に対しては独立ということ)、③国政についての最高の決定権、という三つの異なる意味に用いられる。これは歴史的な理由に基づく。すなわち、主権という概念は、絶対主義君主が中央集権国家をつくりあげていく過程において、君主の権力が、封建領主に対しては最高であること、ローマ法王・神聖ローマ皇帝に対しては独立であることを基礎づける政治理論として主張された概念であった。ところが、「朕は国家なり」の思想が支配していた専制君主制国家では、三つの主権概念は「君主の権力」という形で統一的に理解されていたが、その後、君主制の立憲主義化にともなって国家の概念も変化し、君主の権力と国家権力とは区別して考えられるようになり、主権の概念が三つに分解したのである。

㈠　**統治権**　①の国家権力そのものを意味する主権とは、国家が有する支配権を包括的に示すことばである。立法権・行政権・司法権を総称する統治権(Herrschaftsrechte, governmental powers)とほぼ同じ意味で、日本国憲法(四一条)に言う「国権」がそれにあたる。統治権という意味の主権の用例は、ポツダム宣言八項「日本国ノ主権ハ、本州、北海道、九州及四国並ニ吾等ノ決定スル諸小島ニ局限セラルベシ」という規定にみられる。

㈡　**最高独立性**　②の国家権力の最高独立性(国家権力の主権性とも言われる)を意味する主権は、主権概念の生成過程から言えば、本来の意味の主権の概念である。憲法前文三項で、「自国の主権を維持し」という場合の主権がその例であるが、そこでは国家の独立性に重点が置かれている。

㈢　**最高決定権**　③の国政の最高の決定権としての主権とは、国の政治のあり方を最終的に決定する力または権威という意味であり、その力または権威が君主に存する場合が君主主権、国民に存する場合が国民主権と呼ばれる。憲法前文一項で「ここに主権が国民に存することを宣言し」という場合の主権、および一条で「主権の存する日本国民の総意」という場合の主権がこれにあたる。

2　国民主権の意味

「国民主権」がいかなる意味・内容を有するかについては、さまざまの議論があるが、ここでは、次の二点を注意しておきたい。

㈠　**主体について**　第一は、国民主権の観念は、本来、君主主権との対抗関係の下で生成し、主張されてきたもので、君主主権であることは国民主権ではなく、国民主権であることは君主主権ではない、という相反する関係にあることである。したがって、主権は君主にあるのでも国民にあるのでもなく、国家にあるとか、主権は天皇を含む国民全体にあるとか、という趣旨の説明は、戦後よく主張されたが、政治的な配慮に基づく考え方で、理論的には正当とは言い難い。

戦前のドイツで支配的な学説であった国家法人説は、先にふれたように(第二章一2＊参照)、国家は法的に考えると法人、すなわち権利(統治権)主体であり、君主はその最高機関であると説き、君主主権か国民主権かは、国家の最高意思を決定する最高機関の地位に君主がつくか国民がつくかの違いにすぎない、と主張した。そして、「主権」という概念は国家権力の最高独立性を示す本来の概念としてのみ用いるべきであるとし、君主主権か国民主権かという近代憲法が直面した本質的問題を回避しようとした。それは、急激な民主化を好まない一九世紀ドイツの立憲君主制に見合った理論であった。

この国家法人説は、明治憲法の下では天皇機関説に具体化され、憲法の神権主義的性格を緩和する役割を果たした。しかし、国民主権の確立した日本国憲法の下では、もはやその理論的有用性をもたない。

(二) 権力性と正当性の両契機

第二に注意を要するのは、国民主権の原理には、二つの要素が含まれていることである。一つは、国の政治のあり方を最終的に決定する権力を国民自身が行使するという権力的契機であり、他の一つは、国家の権力行使を正当づける究極的な権威は国民に存するという正当性の契機である。

もともと国民主権の原理は、国民の憲法制定権力(制憲権)の思想に由来する(第一章四2参照)。国民の制憲権は、国民が直接に権力を行使する(具体的には、憲法を制定し国の統治のあり方を決定する)、という点にその本質的な特徴がある。ところが、この制憲権は、近代立憲主義憲法が制定されたとき、合法性の原理に従って、自らを憲法典の中に制度化し、①国家権力の正当性の究極の根拠は国民に存するという建前ないし理念としての性格をもつ国民主権の原理、および、②法的拘束に服しつつ憲法(国の統治のあり方)を改める憲法改正権に転化したのである(そのため改正権は、「制度化された制憲権」とも呼ばれる。この点につき、なお、第一八章三3参照)。

以上のような国民主権の原理に含まれる二つの要素のうち、主権の権力性の側面においては、国民が自ら国の統治のあり方を最終的に決定するという要素が重視されるので、そこでの主権の主体としての「国民」は、実際に政治的意思表示を行うことのできる有権者(選挙人団とも言う)を意味する。また、それは、国民自身が直接に政治的意思を表明する制度である直接民主制と密接に結びつくことになる。もっとも、国民主権の概念に権力的契機が含まれていると言っても、憲法の明文上の根拠もなく、国の重要な施策についての決定を国民投票に付する法律がただちに是認されるという意味ではない(憲法上認められるのは、国民投票の結果がただちに国会を法的に拘束するものでない諮問的・助言的なものに限られよう)。主権の権力性とは、具体的には、憲法改正を決定する(これこそ国の政治のあり方を最終的に決定することである)権能を言う。

これに対して、主権の正当性の側面においては、国家権力を正当化し権威づける根拠は究極において国民であるという要素が重視されるので、そこでの主権の保持者としての「国民」は、有権者に限定されるべきではなく、全国民であるとされる。また、そのような国民主権の原理は代表民主制、とくに議会制と結びつくことになる。

日本国憲法における国民主権の観念には、このような二つの側面が併存しているのである。* したがって、国家権力の正当性の淵源としての国民は「全国民」であり、すべて「国家権力は国民から発する」、ということになる。しかし同時に、国民(有権者)が国の政治のあり方を最終的に決定するという権力性の側面も看過してはならない。そのように考えるならば、憲法九六条において憲法改正の是非を最終的に決定する制度として定められている国民投票制(第一八章三2(二)参照)は、国民主権の原理と不可分に結合するものと解されよう。

＊ナシオン主権とプープル主権　フランスでは、市民革命期に君主主権を否定して制定された新しい立憲主義憲法の主権原理として、ナシオン(nation)主権をとるかプープル(peuple)主権をとるか争われ、この二つの対立が第二次大戦後の憲法にまで及んでおり、日本でも「国民主権」をその概念を用いて説明する学説が少なくない。しかし、もしナシオンの意味を「国籍保持者の総体としての国民(全国民)」、プープルの意味を「社会契約参加者(普通選挙権者)の総体としての国民(人民)」と解すれば、二つの主権原理は、本文に説いた主権主体としての「全国民」と「有権者団」の区別に対応するが、ナシオンは、具体的に実存する国民とは別個の、観念的・抽象的な団体人格としての国民の意だと一般に解されており、またプープルも、「今日では性別・年齢別の差なく文字どおりの『みんな』」だと解する説が有力であることに、注意すべきである。しかも、同じプープル主権を説く場合でも、「主権」の意味について、「統治権」と解する説もあれば権力の正当性の究極的根拠と解する説もあるなど、見解に大きな相違がみられる。

三　天皇制

1　国民主権と天皇制

以上のように、日本国憲法は国民主権主義を採用したが、天皇制そのものは、連合国軍総司令部の意向もあり（第二章二2㈢引用のマッカーサー・ノートを参照）、象徴天皇制という形で存置された。しかし、明治憲法の天皇制と日本国憲法の天皇制とでは、原理的に大きな違いがある。

㈠　地位の根拠の相違

明治憲法においては、天皇の地位は天照大神《あまてらすおおみかみ》の意思、つまり神勅（第二章一1㈠参照）に基づくとされていたのに対して、日本国憲法においては、天皇の地位は「主権の存する日本国民の総意に基く」（一条）ものとされる。したがって、天皇制は絶対的なもの、不可変更的なものではなく、国民の総意により可変的なものとなった。

㈡　性格の相違

明治憲法においては、天皇は神聖不可侵の存在とされ、天皇の尊厳を侵す行為は不敬罪（昭和二二年法一二四号による改正前の旧刑法七四条）によって重く処罰されたが、戦後は、天皇の人間宣言*（一九四六年元旦）によって天皇の神格性が否定されるとともに、不敬罪は廃止され、日本国憲法では天皇を神の子孫として特別視する態度はとられていない。

＊人間宣言　長文の詔書であるが、その中の次の一節が人間宣言と言われるものである。「朕ハ爾等《なんじら》国民ト共ニ在リ、常ニ利害ヲ同ジウシ休戚《きゅうせき》ヲ分タント欲ス。朕ト爾等国民トノ間ノ紐帯ハ、終始相互ノ信頼ト敬愛トニ依リテ結バレ、単ナル神話ト伝説トニ依リテ生ゼルモノニ非ズ。天皇ヲ以テ現御神《あきつみかみ》トシ、且日本国民ヲ

以テ他ノ民族ニ優越セル民族ニシテ、延《ひい》テ世界ヲ支配スベキ運命ヲ有ストノ架空ナル観念ニ基クモノニ非ズ。」

㈢ **権能の相違**　明治憲法における天皇は、統治権の総攬者《そうらんしゃ》であって、国家のすべての作用を統括する権限を有するとされたが、日本国憲法における天皇は、後述するように、形式的・儀礼的な「国事に関する行為のみを行ひ、国政に関する権能を有しない」(四条)。

2　象徴天皇

日本国憲法は、天皇の地位について、「天皇は、日本国の象徴であり日本国民統合の象徴であ」る(一条)と定める。

㈠ **象徴の意味**　象徴とは、抽象的・無形的・非感覚的なものを具体的・有形的・感覚的なものによって具象化する作用ないしはその媒介物を意味する。たとえば、白百合の花は純潔の象徴、鳩は平和の象徴であるとされる。象徴ということばは、もともとは文学的・心理学的なことばであるが、法の規定において用いられないわけではない。たとえば、イギリスのウェストミンスター法(一九三一年)前文は、「王位(Crown)は、英連邦の構成国の自由な結合の象徴であり、これらの構成国は国王に対する共通の忠誠によって統合されている」と定めている。ただ、日本国憲法の場合は、人間である天皇そのものが国の象徴とされている点で特異であるが、しかし、近時、同じような例は、一九七八年のスペイン憲法五六条(「国王は、国の元首であり、国の統一及び永続性の象徴である」と定める)などにもみられる。

㈡ **天皇象徴の意味**　およそ、君主制国家では、君主は、本来、象徴としての地位と役割とを与えられてきた。明治憲法の下でも、天皇は象徴であったと言うことができる。しかし、そこでは、統治権の総攬者としての地位が前面に出ていたために、象徴としての地位は背後に隠れていたと考えられる。日本国憲法では、統治権の総攬者としての地位が否定され国政に関する権能をまったくもたなくなった結果、象徴としての地位が前面に出てきたのである。したがって、憲法一条の象徴天皇制の主眼は、天皇が国の象徴たる役割をもつことを強調することにあるというよりも、むしろ、天皇が国の象徴たる役割以外の役割をもたないことを強調することにあると考えなければならない。

もっとも、同じ象徴と言っても、統治権の総攬者たる地位と結びついた場合の象徴性と、「国政に関する権能」を一切有しない原則と結びついた場合の象徴性とは、本質的に異なることに注意しなければならない。

㈢ 皇位継承

天皇の地位の継承については、憲法二条が、「皇位は、世襲のものであ」ると規定する。世襲制は、本来、民主主義の理念および平等原則に反するものであるが、日本国憲法は天皇制を存置するためには必要であると考えて、世襲制を規定したものであろう。そういう世襲制を憲法が認めている以上、女子の天皇即位を否定して男系男子主義を採用する(皇室典範一条)ことも、憲法一四条の男女平等の原則の例外として許されることになる。なお、皇位の継承等の皇室に関する事項は皇室典範が規律している。皇室典範は、明治憲法の下では、議会の関与の及ばない、憲法と対等の地位にある独自の法規範であったが、日本国憲法においては、「国会の議決」によって定められる法律の一形式となり、その性格は大きく変わっている。

3　天皇の権能

日本国憲法は、天皇の権能を大幅に限定している。

(一)　権能の範囲　憲法は、「天皇は、この憲法の定める国事に関する行為のみを行ひ、国政に関する権能を有しない」と定め(四条)、具体的な行為を六条・七条に列挙している。

(二)　権能の性質　ここに言う「国事に関する行為」と「国政に関する権能」の区別は、ことばのうえからは必ずしも明らかではない。しかし、憲法に列挙されている国事行為の内容を吟味し、象徴天皇制の趣旨等を勘案すると、国事行為とは、政治(統治)に関係のない形式的・儀礼的行為を言うと解される。この点で天皇は君主と言えるか、また日本国の元首であるかどうか、が争われている。*

*天皇は君主か元首か　君主は、①その地位が世襲で伝統的な権威をともなうこと、②統治権、少なくとも行政権の一部を有することなどが、主要な要件とされる。君主制が民主化され君主の権能が名目化されてくるにしたがって、②の要件は不要だという意見が有力となっている。この考えによれば、天皇を君主と呼ぶことも可能である。

元首の要件でとくに重要なものは、外国に対して国家を代表する権能(条約締結とか大使・公使の信任状を発受する権能)であるが、天皇は外交関係では、七条五号・八号・九号の「認証」(一定の行為が正規の手続で成立したことを公に証明する行為)、「接受」(接見する事実上の行為)という形式的・儀礼的行為しか憲法上は認められていない。したがって、伝統的な概念によれば、日本国の元首は内閣または内閣総理大臣ということになる(多数説)。もっとも、右のような形式的・儀礼的行為を行う機関でも、元首と呼んで差しつかえないという説もある。また、事実上、来日する外国の大使・公使の信任状の宛先は天皇であり、天皇が受理するのが慣行となっている。諸国の元首の権能が名目化しつつあることを考えあわせると、天皇を君主と呼ぶことができるとすれば、同時に元首と呼ぶことも許されると解することもできるが、わが国では、元首という概念それ自体が何らかの実質的な権限を含むものと一般に考えられてきたので、天皇を元首と解すると、認証ないし接受の意味が実質化し、拡大するおそれがあるところに、問題がある。

このように考えると、天皇が君主であるか、元首であるか、という名目の問題よりも、それぞれの概念がいかに構成され、天皇が憲法上いかに位置づけられ、いかなる権能を行うことが認められているか、という実質の問題を明確にすることが、より重要であるということになろう。

㈢　権能行使の要件（内閣の助言と承認）　天皇の権能の範囲が国事行為に限定されたことと並んで、天皇の国事行為が厳格な規律の下に置かれていることもまた、重要な特徴である。憲法三条は、権能行使の要件について、「天皇の国事に関するすべての行為には、内閣の助言と承認を必要とし、内閣が、その責任を負ふ」と定めている。天皇のすべての国事行為に対して内閣の「助言と承認」（これは一つの行為であり閣議は一回開けばよいが、天皇の発意を内閣が応諾する形の閣議は認められない）が必要とされることから、その行為の結果については内閣が自ら責任を負うとともに、天皇は無答責とされることになる。

内閣の助言と承認をめぐる問題のうちで最も議論されているのは、「助言と承認」と行為の実質的決定権との関係である。と言うのは、天皇の行う国事行為は、「認証」「接受」や「儀式」のように、それ自体が形式的・儀礼的行為であるものと、行為の実質的決定を他の国家機関が行うことが憲法で明記されている*ことの結果、形式的・儀礼的行為になるものとに大別されるが、国事行為のうち国会の召集（七条二号）、とくに衆議院の解散（同三号）は、それ自体政治性の強い行為であるにもかかわらず、憲法上実質的決定権の所在が（臨時会の召集に関する五三条を除くと）明確でないからである。その点をいかに解するかについては、最も問題になる解散権を例にとって言えば、大別して二つの考え方がある。

＊国事行為の実質的決定権の所在　たとえば、内閣総理大臣は「国会の指名」(六条一項・六七条一項)、最高裁判所長官は「内閣の指名」(六条二項)、憲法改正は国民投票(九六条)、法律は両議院の可決(五九条一項)、外交関係の処理・官吏の任免・政令の制定は内閣(七三条二号・四号・六号)、条約は内閣と国会(七三条三号)、国務大臣の任免は内閣総理大臣(六八条)によって、実質的に決定される。

第一は、天皇の国事行為は本来すべて形式的・儀礼的行為であり、「助言と承認」はそのような形式的行為に対して行うことが要求されているのであるから、「助言と承認」は実質的決定権を含まないと説く見解である。したがって、この説は、いかなる機関が衆議院の解散を実質的に決定するかの根拠を憲法七条以外の他の条項に求めなければならないことになる。その点について二つの見解がある。一つは、衆議院の内閣不信任決議にともなう解散について規定した憲法六九条を根拠に、しかも、衆議院の不信任決議が可決された場合にのみ、内閣が衆議院を解散することができると考える説であり(A説)、他の一つは、権力分立制・議院内閣制を採用している憲法の全体的な構造に根拠を求め、不信任決議とかかわりなく内閣の自由な解散権を認める説である(B説)。

第二は、内閣の「助言と承認」は実質的決定権を含む場合もあると解する見解である。この説は、内閣が「助言と承認」を行う前提として行為の実質的決定を行っても、その結果として天皇の国事行為が形式的・儀礼的なものになるならば、憲法の精神に反しないと主張する。そこで、憲法七条三号の衆議院の解散という国事行為に対する内閣の「助言と承認」を根拠として、内閣の自由な解散決定権が認められるとする(C説)。

この問題は、そもそも憲法の条文の不備に由来するもので、どの見解が正当であるかを決めることは難しい。しかし、A説(六九条説)については、六九条は必ずしも真正面から内閣に解散権があることを定めた規定ではないが、そう解することのできる余地を多分に残しているので、論理は一貫するけれども、政党内閣制の下では多数党の支える内閣に対し不信任決議が成立する可能性は稀であるため、解散権を行使できる場合が著しく限定されてしまう、という問題がある。B説(制度説)は、明快で有力説であるが、その根拠とする権力分立制・議院内閣制がそれほど一義的な原則ではないので(第一五章三1)、それから内閣の自由な解散権を導き出すことは困難ではないか、という疑問がある。C説(七条説)をとれば、七条に言う「助言と承認」は内閣による実質的決定を含まない場合と含む場合の二つが存在することになり、その点で問題もあるが、解散権の所在を憲法上確実に根拠づけるためには、他の説よりも適切であると思われる(国会の召集権の場合も同様である)。* 実際の運用でも、そう解されており、それが慣習法化したとみることもできる(解散については、なお第一五章三3参照)。

＊召集権の所在　臨時会については、内閣に召集の実質的決定権があることが憲法上明記されているので(五三条)、それを類推解釈すれば、常会・特別会の場合も同様である、という説もある。A説は、当然この解釈をとる。しかし、こういう類推解釈が成り立つか疑問である。

㈣　権能の代行　天皇の権能は、天皇が成年に達しないとき、精神もしくは身体の重患または重大な事故により、自ら国事行為を行うことができないときは、摂政によって代行される(憲法五条、皇室典範一六条以下参照)。摂政を置くまでに至らない場合(たとえば海外旅行や長期にわたる病気の場合)は、「国事行為の臨時代行に関する法律」により、臨時の代行が国事行為を行う(憲法四条二項)。臨時代行の順位は摂政の場合(皇室典範一七条)と同じである。

4　天皇の公的行為

天皇は、国家機関として国事行為を行うが、その他に、当然のことながら私人として私的行為(たとえば生物学の研究)を行うことができる。ところが、さらに、天皇は、国会開会式に参列し「おことば」を朗読され、国内を巡幸し、外国元首を接受ないし接待し、親書・親電を交換する等の行為も行っている。これらの行為は、憲法六条・七条所定の国事行為には含まれず、また、純然たる私的行為とみなすことにも問題がある。そこで、これらを象徴としての地位に基づく公的行為*として認め、国事行為に準じて内閣のコントロールが必要だと解されている。

天皇を象徴として認めている以上、天皇の行う国事行為以外の行為が多かれ少なかれ公的な意味をもつことは否定できない。したがって、天皇の国事行為以外の公的行為を象徴としての地位に基づくものとして認める考え方(象徴行為説)が学説の多数に支持されていることにも、相当の合理的な理由はある。しかし、この説は、象徴に積極的意味を付与することになること、公的行為の範囲が明確でないこと、摂政や天皇の代行は公的行為を行うことができるか疑問が残ることなど、問題も少なくない。そこで、公的行為は天皇の公人としての地位にともなう当然の社交的・儀礼的行為である、と解する説(公人行為説)も有力である。ただ、この説にも、象徴行為説と同じく(あるいはそれ以上に)、公的行為の範囲が明確でないという問題がある。

こう考えると、このような公的行為を認めず、天皇は国事行為を行う他は、私的行為を行うことができるにすぎない、と説く学説が注目される。この説は、国内巡幸や外国元首との親書等の交換は私的行為だとするが、国会開会式・外国の国家儀式への参列や国内の各種大会への出席行為は憲法七条十号の「儀式を行ふ」に含まれるとし、その限度で国事行為の観念を拡張して考える見解である。この国事行為以外に公的行為を認めない考え方(国事行為説)は、天皇の行為を限定的に捉えようとする点でたしかに合理性が認められるが、ただ、「儀式を行ふ」とは通常は儀式を主催し執行する意味であるから、それに儀式や各種の式典に参列する行為まで含めて解することは、文理上かなり難点がある。そこで、国事行為に密接に関連する公的行為のみが認められる(たとえば、外国元首の社交的接受や、社交的な外国訪問は、国事行為としての外国大公使の接受に、「おことば」は国事行為としての国会の召集に、それぞれ準ずる行為である)という説(準国事行為説)もある。公的行為の範囲をしぼる意図は妥当であるが、「密接に関連する」の意味が必ずしも明確でないところに、問題がある。「おことば」のみを憲法上の習律(第二章四2)とみる説もある。

＊公的行為の範囲　これに属する行為として、本文に例示したもののほか、外国公式訪問、外国の国家儀式への参列、国民体育大会・植樹祭など各種大会への出席、園遊会、正月の一般参賀などの公的行事、謁見などがある。

5　皇室経費

戦後新しい憲法の施行とともに、天皇の財産(御料《ごりょう》)および皇族の財産(これを合わせて皇室財産と言う)は、「国に属する」ことになったので、天皇および皇族の活動に要する費用は、「すべて……予算に計上して国会の議決を経なければならない」(八八条)。予算に計上される皇室経費には、次の三つの区別がある(皇室経済法三条)。

(一) **内廷費**　「天皇並びに皇后、太皇太后、皇太后、皇太子、皇太子妃、皇太孫、皇太孫妃及び内廷にあるその他の皇族の日常の費用その他内廷諸費に充てるもの」、すなわち、「御手元金《おてもときん》となるもの」を言う。これは、「宮内庁の経理に属する公金」ではない(同四条)。

(二) **宮廷費**　「内廷諸費以外の宮廷諸費に充てるもの」を言う。これは、宮内庁が経理する公金である(同五条)。

(三) **皇族費**　「皇族としての品位保持の資に充てるために、年額により毎年支出するもの及び皇族が初めて独立の生計を営む際に一時金額により支出するもの」、また、「皇族であつた者としての品位保持の資に充てるために、皇族が皇室典範の定めるところによりその身分を離れる際に一時金額により支出するもの」を言う(同六条)。これも宮内庁の経理に属する公金ではない。

右のような憲法の趣旨を徹底させるため、憲法は別に、「皇室に財産を譲り渡し、又は皇室が、財産を譲り受け、若しくは賜与することは、国会の議決に基かなければならない」と定めている(八条)。これは、皇室に再び大きな財産が集中したり、皇室が特定の個人ないし団体と特別の関係を結び不当な支配力をもつことになるのを防止することを目的とする。一定の種類の行為については、その度ごとに国会の議決を経ることを要しない(皇室経済法二条)。

第四章　平和主義の原理

日本国憲法は、第二次世界大戦の悲惨な体験を踏まえ、戦争についての深い反省に基づいて、平和主義を基本原理として採用し、戦争と戦力の放棄を宣言した。

これまで、世界的に、さまざまの戦争廃絶の努力がなされてきた。その主要なものとしては、国際法には、一九一九年の国際連盟規約、一九二八年の戦争抛棄ニ関スル条約(不戦条約)、一九四五年の国際連合憲章などが存在し、また、憲法には、古くは一七九一年のフランス憲法に始まり、第二次世界大戦後の多くの憲法、たとえば一九四六年のフランス第四共和制憲法、四八年のイタリア共和国憲法、四九年のドイツ連邦共和国基本法(憲法と同義)、七二年の大韓民国憲法などで戦争放棄の規定が設けられた。しかし、これらはいずれも侵略戦争の制限ないし放棄にかかわるものにとどまっている。これに対して、日本国憲法は、第一に、侵略戦争を含めた一切の戦争と武力の行使および武力による威嚇を放棄したこと、第二に、それを徹底するために戦力の不保持を宣言したこと、第三に、国の交戦権を否認したことの三点において、比類のない徹底した戦争否定の態度を打ち出している。

一　憲法九条成立の経緯

1　平和主義の起源

平和主義原理が日本国憲法に採用された背景には、一九四一年(昭和一六年)八月の大西洋憲章(侵略国の非軍事化の原則)、四五年七月のポツダム宣言(軍国主義者の勢力の否定、戦争遂行能力の破砕、軍隊の武装解除)、四六年二月のマッカーサー・ノート(戦争の放棄、軍隊の不保持、交戦権の否認)など、国際的な動向、とりわけアメリカを中心とする連合国側の動きがあるが、それに加えて、日本側の意向も反映されているとみることができる。とくに日本国憲法制定当時の幣原首相の平和主義思想が、マッカーサー・ノートの一つのきっかけになっていたと考えられる。

一九四六年(昭和二一年)一月二四日に幣原首相はマッカーサー元帥を訪問し、憲法改正問題を含めて、日本の占領統治について会談した際に、戦争放棄という考えを示唆したと伝えられている。幣原は、それが天皇制を護持するために必要不可欠だと考えたのである。したがって、日本国憲法の平和主義の規定は、日本国民の平和への希求と幣原首相の平和主義思想を前提としたうえで、最終的には、マッカーサーの決断によってつくられたと解される。日米の合作とも言われるのは、その趣旨である。

2　平和主義の意図

日本国憲法は、日本の安全保障について、前文で、「平和を愛する諸国民の公正と信義に信頼して、われらの安全と生存を保持しようと決意した」と述べ、国際的に中立の立場からの平和外交、および国際連合による安全保障を考えていると解される。このような構想に対しては、しばしば、それが他力本願の考えであるという批判がなされるが、日本国憲法の平和主義は、単に自国の安全を他国に守ってもらうという消極的なものではない。それは、平和構想を提示したり、国際的な紛争・対立の緩和に向けて提言を行ったりして、平和を実現するために積極的行動をとるべきことを要請している。すなわち、そういう積極的な行動をとることの中に日本国民の平和と安全の保障がある、という確信を基礎にしている。

二　戦争の放棄

前文の平和主義は憲法九条に具体化されている。

九条一項は、まず、「日本国民は、正義と秩序を基調とする国際平和を誠実に希求し」と述べて、戦争放棄の動機を一般的に表明したのちに、「国権の発動たる戦争」、「武力による威嚇」、および「武力の行使」の三つを放棄する。

1　戦争の放棄の内容

㈠　戦争の意味　「国権の発動たる戦争」とは、単に戦争というのと同じ意味である。「戦争」は、宣戦布告または最後通牒(紛争の平和的解決のための交渉を打ち切り、最終的な要求を提示し、受諾拒否の場合は戦争または武力の使用など自由行動をとる旨述べた外交文書)によって戦意が表明され戦時国際法規の適用を受けるものを言う。広く、国家間における武力闘争のことを言う場合もある。「武力の行使」とは、そういう宣戦布告なしで行われる事実上の戦争、すなわち実質的意味の戦争のことである。満州事変、日中戦争などがこれにあたる。また、「武力による威嚇」とは、一八九五年の独仏露の対日三国干渉のように、武力を背景にして自国の主張を相手国に強要することである。九条一項は、このように、国際法上の戦争も、事実上の戦争も放棄し、あわせて、戦争の誘因となる武力による威嚇をも禁止したのである。

㈡ **九条一項の意味**　もっとも、以上の戦争の放棄には、「国際紛争を解決する手段としては」という留保が付されている。従来の国際法上の通常の用語例(たとえば不戦条約一条参照)によると、「国際紛争を解決する手段としての戦争」とは、「国家の政策の手段としての戦争」と同じ意味であり、具体的には、侵略戦争を意味する。このような国際法上の用例を尊重するならば、九条一項で放棄されているのは侵略戦争であり、自衛戦争は放棄されていないと解されることになる(甲説)。これに対して、従来の国際法上の解釈にとらわれずに、およそ戦争はすべて国際紛争を解決する手段としてなされるのであるから、一項において自衛戦争も含めてすべての戦争が放棄されていると解すべきであると説く見解(乙説)も有力である。

2 自衛戦争の放棄

㈠ **九条二項の意味**　甲説をとっても、二項について、「前項の目的を達するため」に言う「前項の目的」とは、戦争を放棄するに至った動機を一般的に指すにとどまると解し、二項では、一切の戦力の保持が禁止され、交戦権(本章四参照)も否認されていると解釈すれば、自衛のための戦争を行うことはできず、結局すべての戦争が禁止されていることになるので、乙説と結論は異ならなくなる。これが通説であり、従来、政府もほぼこの立場をとってきた。

ただし、九条一項は侵略戦争のみを放棄しているとして、前述の甲説の解釈をとる一方で、二項については、「前項の目的を達するため」とは「侵略戦争放棄という目的を達するため」ということであり、したがって、二項は、侵略戦争のための戦力は保持しないとの意であり、また交戦権の否認は交戦国がもつ諸権利は認めないとの意を述べるにとどまると解する説もある。

(二) 自衛戦争合憲説の問題点

しかし、この説には次のような問題がある。①日本国憲法には、六六条二項の文民条項以外は、戦争ないし軍隊を予定した規定がまったく存在しないこと、②憲法前文は、日本の安全保障の基本的あり方として、「平和を愛する諸国民の公正と信義に信頼」するという、具体的には国際連合による安全保障方式を想定していたと解されること、③仮に侵略戦争のみが放棄され、自衛戦争は放棄されていないとすれば、それは、前文に宣言されている格調高い平和主義の精神に適合しなくなること、④自衛のための戦力と侵略のための戦力とを区別することは、実際に不可能に近いこと、したがって、自衛戦争が放棄されず、自衛のための戦力が合憲だとすれば、結局、戦力一般を認めることになり、二項の規定が無意味になりはしないかという疑問が生ずること、⑤自衛戦争を認めているとするならば、なぜ「交戦権」を放棄したのかを合理的に説明できないのではないか、という疑問も出ること、などがそれである。

三　戦力の不保持

憲法九条二項前段は、「前項の目的を達するため、陸海空軍その他の戦力は、これを保持しない」と定めている。ここに言う「戦力」とは何かという問題は、自衛隊の合憲性と関係して、最も争われてきた論点である。

1　自衛権の意味

この戦力論争について述べる前に、自衛権の概念について説明しておくことが必要である。自衛権およびそれを前提とする自衛力の考え方が、後述するように、政府の自衛隊合憲論の柱となっているからである。

自衛権とは、通常、外国からの急迫または現実の違法な侵害に対して、自国を防衛するために必要な一定の実力を行使する権利、と説かれる。そして、自衛権を発動するためには、①防衛行動以外に手段がなく、そのような防衛行動をとることがやむを得ないという必要性の要件、②外国から加えられた侵害が急迫不正であるという違法性の要件、③自衛権の発動としてとられた措置が加えられた侵害を排除するのに必要な限度のもので、つり合いがとれていなければならないという均衡性の要件、が必要であるとされる。

この意味での自衛権は、独立国家であれば当然有する権利である。国連憲章五一条において、個別的自衛権として認められている（もっとも、これは本来、国連が必要な措置をとるまでの応急措置として認められているもので、その発動、適用範囲について右に述べたような厳しい条件に服する)。日本国憲法でも、このような自衛権まで放棄したわけではない。* しかし、自衛権が認められているとしても、それにともなう自衛のための防衛力・自衛力の保持が認められるかどうかは、後述するように、重大な争いのあるところである。

＊集団的自衛権　自衛権には、個別的自衛権と国連憲章で新しく認められた集団的自衛権の二つがあるが、後者は、他国に対する武力攻撃を、自国の実体的権利が侵されなくても、平和と安全に関する一般的利益に基づいて援助するために防衛行動をとる権利であり、日本国憲法の下では認められない。日米安保条約の定める相互防衛の体制も、日本の個別的自衛権の範囲内のものだ、と政府は説いてきている(本章五2参照)。〔ところが政府は、二〇一四年の閣議決定により、これまで自衛権発動のための条件として挙げていた「わが国に対する急迫不正の侵害がある場合」を変更し、「わが国あるいはわが国と密接な関係のある他国に対する武力攻撃が発生し、これによりわが国の存立が脅かされ、国民の生命、自由および幸福追求の権利が根底から覆される明白な危険がある場合」とし、この変更に対応して自衛隊法等の関連法律の改正を提案することを表明した。そうなった場合、集団的自衛権を部分的に認めることになるのではないか、そうだとすると憲法九条に反するのではないかとの疑問が提起されている。〕

2　戦力の意味

憲法で保持を禁止されている「戦力」とは何かについて、学説は一般に厳格に解釈しているが、政府はそれをゆるやかに解する立場をとる。

(1)　最も厳格な解釈は、戦争に役立つ可能性のある一切の潜在的能力を「戦力」だとする説である。それによると、軍需生産、航空機、港湾施設、核戦力研究などの一切が戦力に該当することになり、戦力の範囲が広がりすぎるきらいがある。

(2) 通説は、戦力とは、軍隊および有事の際にそれに転化しうる程度の実力部隊であると解している。軍隊とは、外敵の攻撃に対して実力をもってこれに対抗し、国土を防衛することを目的として設けられた、人的・物的手段の組織体を言う。

なお、この点に関連して、軍隊と警察力との違いが問題となるが、両者の相違点としては、①その目的が、軍隊は外国に対して国土を防衛することにあるのに対して、警察力は国内の治安の維持と確保にあること、②その実力内容が、それぞれの目的にふさわしいものであること、の二点を挙げることができる。つまり、軍隊とは、具体的には、組織体の名称は何であれ、その人員、編成方法、装備、訓練、予算等の諸点から判断して、外敵の攻撃に対して国土を防衛するという目的にふさわしい内容をもった実力部隊を指す。

この解釈を一貫させていけば、現在の自衛隊は、その人員・装備・編成等の実態に即して判断すると、九条二項の「戦力」に該当すると言わざるをえないであろう。*

＊「武力なき自衛権」論　本文に言う結論をとれば、自衛権はあると言っても、その自衛権は、外交交渉による侵害の未然回避、警察力による侵害の排除、民衆が武器をもって対抗する群民蜂起、などによって行使されるものにとどまる、ということになる。しかし、この「武力なき自衛権」の考え方には、自衛権は当然に武力すなわち戦力をともなうものだとの立場から、戦力を放棄した日本国憲法の下では自衛権は実質的に放棄されていると解すべきである、とする有力な異論もある(この説によれば、警察力であっても、外からの侵害排除の任務と権限を国から与えられれば、法的には軍事力すなわち戦力となる)。また、これと反対に、自衛隊は違憲状態にあるが、自衛権がある以上、「攻撃的な装備、作戦をもたず、通常の警察・消防で

は対処できない災害や紛争に対処するための自衛組織である最小限防御力」の域をでない軍事力の保有は許される、という説もある。この説は、政府の解釈に限りなく近づく。

(3) 政府は、憲法制定当初は、この学界の通説と同じ解釈に立っていた。一九五〇年(昭和二五年)朝鮮戦争の勃発を機に総司令部から七万五〇〇〇人から成る警察予備隊の創設を要求されたが、その時点で、政府は、警察予備隊はあくまでも「警察」を補うものであるという理由で、合憲であると説明していた。その前提には、「戦力」とは警察力を超える実力部隊を意味するという解釈があった。

ところが、昭和二七年に警察予備隊が保安隊と警備隊に改組・増強されたことにともなって、政府の解釈が変更され、「戦力」とは、近代戦争遂行に役立つ程度の装備・編成を備えたものであるとされるに至った。そして、保安隊・警備隊のような近代戦争遂行能力をもたない実力組織は戦力にあたらず、合憲であると説明された。これは、警察力と戦力の中間に、そのいずれにも属さない(したがって憲法に違反しない)実力部隊がありうる、という考え方である。

その後、昭和二九年に日米相互防衛援助協定(Mutual Security Act＝MSA協定)が結ばれ、日本は防衛力を増強する法的義務を負うことになり(八条)、それを受けて自衛隊法が制定され、保安隊・警備隊は自衛隊へと改組された。自衛隊の任務は、主として、「わが国の平和と独立を守り、国の安全を保つため、直接侵略及び間接侵略に対し我が国を防衛すること」(自衛隊法三条)とされ、防衛目的が正面から掲げられるに至った。そこで、自衛隊は軍隊ではないかが国会で激しく論議された。

このような動きに対応して、昭和三〇年ごろから、政府は、より積極的な解釈をとるようになり、それがその後の政府の公定解釈となっている。それによると、自衛権は国家固有の権利として、憲法九条の下でも否定されていない。そして、自衛権を行使するための実力を保持することは憲法上許される。つまり、自衛のための必要最小限度の実力は、憲法で保持することを禁じられている「戦力」にあたらない、というものである。ここに言う「自衛のための必要最小限度の実力」とはいかなるものかは必ずしも明確でないが、政府はそれについて、他国に侵略的な脅威を与えるような攻撃的武器は保持できないと説明してきている。

3　自衛力・自衛権の限界

以上のような解釈にはいくつかの問題があり、学説上も裁判所でも争われてきた。*

(1)　第一は、自衛力の限界は具体的にはどこにあるかという問題である。政府は、保持できるのは近代戦争遂行能力をもたない防衛用の兵器のみで、他国に対して侵略的脅威を与えるようなものであるとか、性能上相手国の国土の壊滅的破壊のためにのみ用いられるものは保持できないとしているが、兵器の目的や性能によって、攻撃的兵器と防衛的兵器を区別することは非常に難しくなっている。この点に関して、とくに、核兵器の保持が問題となるが、かつて政府は、防衛的な小型のものであれば、保有することは憲法上可能である、しかし、政策として非核三原則により保有しないこととしている、と説いた。核兵器拡散防止条約と原子力基本法でも保有は禁止されている。

＊自衛隊裁判　自衛隊の合憲性については、裁判でも何回か争われた。次の三つの事件が注目される。

(1)　恵庭《えにわ》事件　第一八章二3(一)＊＊参照。

(2)　長沼事件　防衛庁［二〇〇六年法改正により、防衛省に昇格］が北海道長沼町の山林にミサイル基地を建設しようとしたところ、それに反対する地元住民が、基地建設のために保安林の指定を解除した処分の取消しを求めて争った事件である。一審判決は、自衛隊が憲法九条に言う「戦力」に該当し、違憲である、と判示したが(札幌地判昭和四八・九・七判時七一二号二四頁)、控訴審は、住民に訴えの利益はないとして原判決を取り消すとともに、自衛隊の存在等が憲法九条に反するかどうかの問題は「統治行為」(本来は裁判の対象となりうるが、高度に政治的な行為である等の理由により、司法審査の範囲外に置かれる行為。「政治問題」とも言う。第一六章一4㈢参照)に属し、それが一見きわめて明白に違憲、違法であると言えない場合には、司法審査の範囲外にある、と判示した(札幌高判昭和五一・八・五行裁例集二七巻八号一一七五頁)。最高裁は、訴えの利益の観点からのみ原告の主張を斥け、自衛隊の合憲性の問題には何ら触れないまま訴訟を終結させた(最判昭和五七・九・九民集三六巻九号一六七九頁)。

(3)　百里基地事件　第六章三2＊(4)参照。

(2)　第二に、自衛権がどこまで及ぶかが問題となる。政府は、わが国に急迫不正の侵害が行われた場合に、他にやむを得ない措置として、相手国の基地を攻撃することは、合理的な自衛の範囲に含まれるとしてきた。

(3)　第三に、自衛隊の海外出動の問題がある。政府は、自衛隊の任務が国土を防衛することに限定されていることを根拠に、海外出動は認められないという立場をとってきた。この点に関してとくに問題となるのは、自衛隊が国連軍＊に参加できるかということである。国連憲章四三条に基づく正規の国連軍は、戦闘・武力行使を任務としているので、自衛隊の参加は許されない。また、憲章上の根拠はないが、国連決議に基づいて行われる国連平和維持活動(Peace Keeping Operation＝ＰＫＯ)のうち、通常武力の行使をともなう平和維持軍(ＰＫＦ)はもとより、原則として武力行使をともなわない停戦監視団についても、武力行使と無縁とは言い切れないので、政府は、参加は憲法上許されないわけではないとしつつ、自衛隊法上は自衛隊にこのような任務は与えられていないとして、日本に対する自衛隊の派遣要請を拒否し、経済的援助ないし選挙監視団への文民参加など他の側面で国連に協力してきた。しかし、一九九〇年から九一年にかけての中東湾岸危機および湾岸戦争を契機として人員による国際貢献の必要性が強調され、「武力の行使」をともなわないことを条件に国連平和維持活動への自衛隊の部隊参加を認める法律制定の動きが活発となり、一九九二年(平成四年)「国際連合平和維持活動等に対する協力に関する法律」(PKO協力法)が成立した。** この法律に基づいて、自衛隊はすでに何回か海外に出動している。†

自衛隊の海外出動が合憲か否かは、武力行使の有無と深くかかわるが、それは自衛隊の憲法適合性という本質的な問題を措《お》いて論じることはできないであろう。いかに国際貢献という目的であっても、憲法九条の改正なくして、現状のままの自衛隊が部隊として(とくにPKFに)参加する出動を認めることは、法的にはきわめて難しい。

＊国連軍　国連軍には、憲章第七章(四二条—四七条参照)に規定されている正規の国連軍と、紛争地域の平和維持活動を行う国連の軍隊(平和維持軍と停戦監視団)の二つがある。前者の例は未だかつてなく(朝鮮戦争の際に組織された「国連軍」は、安全保障理事会の勧告および総会の決議に基づくが、国連の指揮統制に服する正規の国連軍ではない)、従来の「国連軍」はすべて後者の軍事組織である。これは個々の事例により目的・任務が異なるが、すべて国連決議に基づいて組織され、国連の統轄・指揮の下に置かれ、戦闘を目的とせず、武器(軽火器)の使用は正当防衛の場合に限られている。この型の「国連軍」(平和維持軍)と類似しているが、国連決議に基づかず、国連の統轄・指揮を受けない多国籍軍という軍事組織もある。一九九〇

年八月に始まった中東湾岸危機に際してアメリカ軍を中心に組織されたのが、その例である。

＊＊ＰＫＦ参加五原則　政府は、平和維持軍（ＰＫＦ）への自衛隊の部隊参加も、①紛争当事者間の停戦合意の成立、②自衛隊の参加に対する紛争当事者の同意、③平和維持軍の中立的立場の厳守、④以上三条件が充たされない場合の自衛隊撤収、⑤自衛のためやむを得ない場合、必要最小限の武器の使用、という五原則の下では憲法に反しないとしたが、旧公明党の強い要求により、別の法律が制定されるまで凍結されることになった（協力法附則二条）。［この凍結は、二〇〇一年に同法附則二条が廃止され、解除された。］また、「武力の行使」と「武器の使用」とを概念上区別し、「自己又は自己と共に現場に所在する他の隊員［若しくはその職務を行うに伴い自己の管理の下に入った者（二〇〇一年改正により付加）］の生命又は身体を防衛するため」必要最小限度の小型武器の使用は、「武力の行使」にあたらない、とされた（同法二二条―二四条参照）。

†二〇〇一年九月一一日に米国で起こったニューヨーク貿易センタービルに対するテロ攻撃を契機にアフガン戦争とイラク戦争が生じたが、これに対する日本政府の対応として、アフガン戦争の「後方支援」とイラクの戦後復興支援を可能とするために、いわゆる「テロ対策特別措置法」（平成一三年一一月二日法律一一三号）と「イラク支援特別措置法」（平成一五年八月一日法律一三七号）が制定された（ともに時限立法であり、現在はすでに失効している）。これらは、いずれも国連決議を踏まえての国際協力という形をとっていたが、停戦合意がなかった点などでＰＫＯ協力法とは性格を異にするものであり、政府が従来説明してきた自衛隊海外派遣の許容限度を超えて集団的自衛権に踏み込んでいるのではないかとの批判も強かった。実際、イラク支援特別措置法に基づく自衛隊のイラク派遣の合憲性を争った訴訟において、名古屋高裁は結論的には請求を斥けたものの、傍論でイラクでの自衛隊の活動が戦闘地域において他国による武力行使と一体化して行われており憲法九条一項に違反するとの判断を示している（名古屋高判平成二〇・四・一七判時二〇五六号七四頁）。

四　交戦権の否認

憲法九条二項は、「国の交戦権は、これを認めない」と定める。ここに言う交戦権の意味については、①交戦状態に入った場合に交戦国に国際法上認められる権利（たとえば、敵国の兵力・軍事施設を殺傷・破壊したり、相手国の領土を占領したり、中立国の船舶を臨検し敵性船舶を拿捕《だほ》する権利）と解する説と、②文字どおり、戦いをする権利と解する説とがあり、両者を含むという説もある。この見解の違いは、前述のように、自衛戦争が放棄されているかどうかの問題と関係する。文言を素直に読むかぎりでは、②説のようにも解しうるが、国際法上の用法に従うと、①説が妥当であることになろう。

五　安保体制

日本国憲法の平和主義の原理は、日米安全保障条約（安保条約と略称される）を中心とする安保体制との関係においても、大きな問題をかかえている。

1　安保条約の内容

日米安保条約は、一九五二年（昭和二七年）、連合国の占領を終結させるサンフランシスコ平和条約が締結されたとき、それと同時にアメリカとの間で締結された。その後、防衛力増強の義務を定めた五四年のＭＳＡ協定を経て、六〇年に新安保条約が締結された。その主要な内容としては、まず第一に、日米の相互防衛の体制を確立し、一方の当事国への武力攻撃に共同して対処することを約している。ただし、そこでの相互防衛は、日本国の施政下にある領域における武力攻撃に対するものに限られている。第二に、アメリカ軍を日本国内に配備する権利をアメリカに認めている。つまり、日本はアメリカに基地を提供し、駐留軍を国内に滞在させる義務を負う。その駐留の目的は、一つは、極東における国際の平和と安全の維持であり、もう一つは、相互防衛の一環として、日本に対する武力攻撃があった場合の防衛である。

2　安保条約の問題点

このような安保条約には重要な問題点が少なくない。たとえば、相互防衛は、「日本国の施政の下にある領域における、いずれか一方に対する武力攻撃」(五条)に対してとられることになっているが、日本の領土におけるアメリカの基地が攻撃を受けた場合、共同防衛行動がとられることをどのように説明するかという問題がある。

政府は、日本の施政下にある領域におけるアメリカの基地に対して攻撃がなされた場合に、日本が防衛行動をとりうる理由として、そのような攻撃は日本の領土侵犯であり、日本に対する攻撃に他ならないのであるから、それに対処する行動は個別的自衛権の行使である、と説明してきた。

しかし、自衛権の行使が許されるためには、必要性・違法性・均衡性の三要件(本章三1参照)が充たされなければならないが、仮に日本の領域内のアメリカ戦艦が攻撃された場合に、日本にとっても、常にその三要件が充たされていることになるかどうかは疑問である。しかも、そのような場合にいかなる行動をとるかの決定権はアメリカにあり、日本にはない。そうだとすれば、日本は、もっぱらアメリカの決定に従って自衛権を発動することになり、三要件が充足されているかどうかの判断権もなくなるのではないか、という疑問も出された。

そのほか、日本が思いもよらない紛争に巻き込まれるおそれがある点として、①アメリカが日本に基地をもつ目的は、日本の防衛にとどまらず、極東の平和と安全の維持にあるが、在日アメリカ軍が極東の平和と安全のために活動した場合に、「極東」の範囲が必ずしも明確でないこと、* ②国際連合憲章五一条は、「武力攻撃が発生した場合」に自衛権の発動を認めているが、それは、具体的には、現実に武力攻撃が発生した場合にのみ自衛権の発動が許される意なのか、あるいは、武力攻撃の脅威が認められれば自衛権を発動してよい(先制自衛権も認められる)という意なのか、について、日米間に見解の相違があること、などの問題も指摘されている。†

*極東の範囲　一九六〇年の政府統一見解以来、「フィリピン以北並びに日本とその周辺地域で、韓国、台湾地域も含む」とされてきたが、在日米軍は実際にはベトナム戦争や湾岸戦争の際、日本を出発して戦闘に参加した。この点で、一九九六年四月、日米共同宣言による日米安全保障条約の「再定義」により、安保条約の役割は「アジア太平洋地域の平和と安定」の基礎をなすものとされ、かつ、「日本周辺地域において発生しうる事態」に際して日本は米軍の後方支援に関し積極的に協力することなどが約束され、安保体制が一段と強化されたこと、これを受けて九七年九月、日米防衛協力のための指針(新ガイドライン)が策定され、九八年四月、それを具体化する周辺事態措置法案などが国会に提出されたことが注目される。協力の内容によっては、集団的自衛権を認めることと紙一重の差しかなくなる。

†安保条約の下での日米共同行動のあり方については、かねてより日米間で協議されてきたが、日本が憲法の許容する範囲内でどこまで米軍の活動を支援しうるかを明確にするために、一九九九年(平成一一年)に「周

辺事態に際して我が国の平和及び安全を確保するための措置に関する法律」(周辺事態法)が制定された。これにより、「周辺事態」(日本周辺で発生した、日本への武力攻撃に至りかねない事態)に際し、「前線」で展開する米軍に対し、自衛隊が「後方」支援として物資の補給や遭難兵士の捜索救助を行いうることになった。しかし、前線・後方の区別は困難で、結局は「集団的自衛権」の行使と同じになるのではないかとの批判も強い。

3 駐留軍の合憲性

安保条約には、以上のような個別的な問題点があるのみではなく、法的にみて、それが憲法に反していないかどうかという基本的な問題点がある。この点が争われた有名な事件が砂川事件*であり、最高裁判所は、安保条約を違憲とした一審判決を破棄した。

＊砂川事件　一九五七年(昭和三二年)、アメリカ軍の使用する東京都下砂川町の立川飛行場の拡張工事を始めた際に、基地反対派のデモ隊が乱入し、旧安保条約三条に基づく刑事特別法違反として起訴された。東京地方裁判所は、安保条約によって、「わが国が自国と直接関係のない武力紛争の渦中に巻き込まれる虞《おそれ》がある」るとして、駐留軍が憲法九条二項の戦力に該当して違憲である、と判示したが(東京地判昭和三四・三・三〇下刑集一巻三号七七六頁)、最高裁は、戦力とは「わが国がその主体となってこれに指揮権、管理権を行使し得る戦力をいうものであり、結局わが国自体の戦力を指し、外国の軍隊は、たとえそれがわが国に駐留するとしても、ここにいう戦力には該当しない」とし、また、安保条約は高度の政治性を有するものであって、一見極めて明白に違憲無効であると認められない限り、司法裁判所の審査には、原則としてなじまない性質のものである、と判示し(最大判昭和三四・一二・一六刑集一三巻一三号三二二五頁)、原判決を破棄・差し戻した(司法審査になじまない、という点については、第一六章一 4 (三)参照)。

［補記　有事法制　有事とは、広くは大地震などの自然災害も含めて、緊急な対応を要請される事態をいうが、通常は外国からの武力侵攻や国内の武力蜂起のような場合を指し、したがって、軍隊の出動が要請されるような緊急事態をいう。そのため、もともと軍隊の存在を予定していなかった日本国憲法においては、有事に関する規定が置かれていない。政府は、自衛隊の創設とともに、有事の際の対処方法を法律で定めようとしてきたが、国民の反対が強くて長い間立法には至らず、いざというときには超法規的に対応する以外にない状態に置かれてきた。ところが、冷戦終結以降、日米安保条約の見直しや北朝鮮問題などが議論される中で世論も微妙に変化をみせ、二〇〇三年に有事に関する基本法の性質をもついわゆる「武力攻撃事態法」（平成一五年六月一三日法律七九号）が制定された。そこでは、外国から武力攻撃を受けた場合、その切迫した危険が生じた場合、あるいは、その危険が高度に予測される場合に、内閣が対処方針を定めて国会の承認を得るための手続と組織が定められている。さらに、二〇〇四年には、武力攻撃事態に際して住民を避難させる仕組みを定めたいわゆる「国民保護法」、アメリカ軍が日本を守るための行動をスムーズに行いうるようにするための「米軍行動円滑化法」、外国の軍用品等を海上輸送する船舶を臨検するための「外国軍用品等海上輸送規制法」等の法律が制定され、有事法制の整備・補完がなされた。］

第二部　基本的人権

第五章　基本的人権の原理

基本的人権(fundamental human rights)は、人権(human rights)ないし基本権(fundamental rights)などとも呼ばれ、信教の自由、言論の自由、職業選択の自由などの個別的人権を総称することばである。

それでは、そもそも基本的人権とは何か、と問われると、その答は簡単ではない。それは、人権思想の歴史的変化、人権のカタログの歴史的変遷、人権保障のあり方の相違などのために、人権概念がさまざまに理解されてきているからである。

一　人権宣言の歴史

人権宣言(権利宣言とも言う)の歴史を概観してみると、①国民権から人権へ、②自由権から社会権へ、③法律による保障から憲法による保障(法律からの保障)へ、④国内的保障から国際的保障へ、という大きな流れがあることがわかる。

1 人権宣言の萌芽

人権の思想が歴史的に最も早く登場したのは、イギリスであった。一二一五年のマグナ・カルタ、一六二八年の権利請願、一六八九年の権利章典は、近代人権宣言の前史において大きな意義を有する。もっとも、これらの文書において宣言された権利・自由は、イギリス人が歴史的にもっていた権利・自由であって、「人権」と言うよりは、「国民権」と言うべきものであった。

このような封建的な国民権が、近代的・個人主義的な人権へ成長するには、ロック、ルソーなどの説いた自然権の思想および社会契約の理論(第一章二2(一)参照)による基礎づけがなければならなかった。

2 人権宣言の誕生

一八世紀末の近代市民革命とともに、はじめて近代的な人権宣言が誕生する。まず、一七七六年から八九年の間に、アメリカ諸州憲法において人権宣言の規定が設けられた。それらの憲法は、社会契約説の影響の下で制定され、人権を生来の前国家的な自然権として宣言し、保障した。たとえば、ヴァージニア憲法は、「すべての人は、生来ひとしく自由かつ独立しており、一定の生来の権利を有するものである。これらの権利は、人民が社会を組織するに当り、いかなる契約によっても、その子孫からこれを奪うことのできないものである」(一条)と定めている。

一七八九年のフランス人権宣言も、アメリカ諸州憲法の人権宣言と同じ思想に基づいて制定された。* この人権宣言は、「人は、自由かつ権利において平等なものとして出生し、かつ生存する。社会的差別は、共同の利益の上にのみ設けることができる」(一条)と定め、自由と平等という人権の根本理念を宣言している。

＊アメリカとフランスの相違　両国の人権宣言はその基本思想を同じくするが、①アメリカの人権宣言はイギリス人の伝統的な諸自由を自然法的に基礎づけ確認したものであるのに対し、フランス人権宣言は新しい綱領的な性格をもつ人権を抽象的に描いたものであること、②フランスでは「法律は一般意思の表明である」という立法権優位の思想によって、「立法権をも拘束する人間に固有の権利」という自然権の思想の意味が相対化され、人権は主として行政権の恣意を抑制する原理だと考えられたことなど、重要な違いもある。

3　人権宣言の普及

フランス人権宣言の影響の下で、ヨーロッパ諸国に人権宣言を含む近代立憲主義の憲法が制定されていくが、一九世紀から二〇世紀前半にかけては、「国民」の権利を保障するものが多く、自然権的な人権の観念は必ずしも採用されなかった。この意味で、この時期における人権は、「外見的人権」であると言われる。

一九世紀において、市民革命時の人権観念が衰退していった背景には、①合理主義や社会主義の思想が発達し、一八世紀の自然法思想にとって代わったこと、②議会制が確立し、議会(法律)による権利の保障という考えが有力になったこと、③法学の対象を実定法に限定し、自然法的なもの政治的なものを排除し、実定法の論理的解明のみを法学の任務と考える法実証主義(legal positivism)が広まったこと、などの要因があった。

しかし、第二次世界大戦におけるナチズム・ファシズムの苦い経験によって、初期の人権思想が見直されることになる。戦後は、外見的人権に代わって、人間が人間であることに基づいて論理必然的に享有する権利という人権の観念が一般的になったのである。それとともに、人権の「法律による」保障という従来の考えを超えて、人権は法律によっても侵されてはならない、という「法律からの」保障が強調されるようになった。それは、立法権に対する信頼の念と結びついて発展したヨーロッパにおける伝統的な立憲主義の考え方が、戦後大きく転換したことを意味する。

4 人権宣言の社会化

人権宣言の歴史を振り返るとき、人権の内容の面でも大きな変化がみられる。それは、一九世紀の人権宣言が、自由権を中心とする自由国家的人権宣言であったのに対し、二〇世紀以降の人権宣言は、社会権をも保障する社会国家的人権宣言となったことである。

その最初の典型は一九一九年のワイマール憲法である。ワイマール憲法は、その人権宣言の中でもとくに有名な「経済生活」の章において、「経済生活の秩序は、すべての者に人間に値する生活を保障することを目的とする正義の原則に適合しなければならない」(一五一条)として、社会的・経済的弱者の保護と、そのための国家の積極的活動の義務を定め、他方で、「所有権は、義務を伴う。その行使は、同時に公共の福祉に役立つべきである」(一五三条三項)として、財産権がもはや不可侵の権利ではなく、社会的に拘束を負ったものであることを宣言している。それ以降、世界各国の憲法は、公正な配分に重きを置く実質的な平等主義に基づいて、多かれ少なかれ、社会権(生存権、教育を受ける権利、勤労の権利、労働基本権など)の保障をとりいれ、社会国家として国民の福祉の向上に努める義務を国家に課すようになっている。*

＊社会権の西欧型とソヴェト型　西欧民主政国家の人権宣言は、社会化されたと言っても、自由権を中心とする伝統的な人権が基本とされているのに対し、旧ソヴェト社会主義共和国連邦に代表される社会主義国家の人権宣言は社会権、とくに労働権が基本になっていた。しかも、この労働権は、西欧型憲法にいう労働権（勤労の権利）や労働基本権（団結権、団体交渉権、争議権）とは性質を異にするものであった。

5　人権の国際化

人権思想の進展にともない、人権を国内法的に保障するだけでなく、国際法的にも保障しようとする傾向が強まってくる。とりわけ第二次世界大戦後において、国際平和への動きとともに、人権の国際的保障の試みが活発化した。その最初の代表的な試みが、一九四八年の世界人権宣言である。その後、一九六六年に国際連合総会で国際人権規約が採択され、わが国も一九七九年に批准した。国際人権規約は、「経済的、社会的及び文化的権利に関する国際規約」と「市民的及び政治的権利に関する国際規約」の二つの規約を言い、前者を社会権規約（またはA規約）、後者を自由権規約（またはB規約）と略称する。世界人権宣言とは違って、加盟国を直接に拘束する条約であり、法的にもきわめて重要である。ほかに、日本が加盟した主要な条約としては、結社の自由及び団結権の保護に関する条約（一九五〇年発効、六五年日本批准）、難民の地位に関する条約（一九五四年発効、八一年日本加入）、女子に対するあらゆる形態の差別の撤廃に関する条約〔女子差別撤廃条約〕（一九八一年発効、八五年日本批准）、児童の権利に関する条約（一九九〇年発効、九四年日本批准）などがある。ヨーロッパ人権条約（一九五三年発効）や米州人権条約（一九七八年発効）など、地域的な人権保障制度の運用も、注目される。

二　人権の観念

以上のような人権宣言の歴史を踏まえて考えると、日本国憲法における人権宣言は、明治憲法の「外見的人権宣言」と異なり、現代人権宣言のもつべき要素をすべて含み、自由権も社会権も、ともに「人間の尊厳」性に由来する自然権的な権利として保障していると解することができる。

1　人権の固有性・不可侵性・普遍性

このような日本国憲法における人権の観念は、憲法一一条が、「国民は、すべての基本的人権の享有を妨げられない。この憲法が国民に保障する基本的人権は、侵すことのできない永久の権利として、現在及び将来の国民に与へられる」と述べている点に、最もよく具体化されている（なお、九七条参照）。

㈠　**固有性**　人権が憲法や天皇から恩恵として与えられたものではなく、人間であることにより当然に有するとされる権利であることを、ここでは人権の固有性と呼ぶ。日本国憲法が、人権を、「信託されたもの」（九七条）、「現在及び将来の国民に与へられる」もの（一一条）と規定しているのは、この趣旨を表わしている。「与へられる」とは、天、造物主（神）、自然から信託ないし付与されたもの、ということで、人間が生まれながらに有することを言う。

このような考え方の淵源は、有名な一七七六年のアメリカ独立宣言、すなわち、「すべての人間は平等に造られ、造物主によって一定の譲り渡すことのできない権利を与えられており、そのなかには生命、自由および幸福の追求が含まれている……」という宣言などに求められる(人権の固有性から、憲法に列挙されていなくても、憲法一三条の生命・自由・幸福追求権という包括的基本権を根拠として、新しい人権が認められることがある。第七章参照)。

(二) 不可侵性

人権の不可侵性もまた、日本国憲法一一条・九七条において、「侵すことのできない永久の権利」という文言に示されている。人権が不可侵であるということは、人権が、原則として、公権力によって侵されないということを意味する(行政権はもとより、立法権も、さらに憲法改正権も、侵すことはできない)。

人権が公権力に対するものと理解されてきたのは、①歴史的に、人間の権利・自由は、国家によって最も多く侵害されたこと、②一九世紀の自由主義の下で、国家の任務を最小限の秩序維持に限定する自由国家・夜警国家の思想が有力になり、「国家からの自由」がとくに重視されたこと、③同時に、経済社会の自律性を尊重する自由主義経済思想が普及したこと、④自然権の観念を排除し、法および権利は法人(権利主体)である国家が生産するもの、国家が国民に与えるもの、と考えた法実証主義の憲法論およびそれと結び合って説かれた国家法人説が支配的な学説となったこと、などの事情に基づいている(しかし、後述するように、現代社会では、企業などの私的団体による人権侵害の問題が重要性を増しつつある)。

なお、人権の不可侵性は、人権が絶対無制限であることを意味するものではない。「自由は、他人を害しないすべてのことをなし得ることに存する」と定める一七八九年フランス人権宣言四条のように、人権は社会的なものであり、一定の限界を有する。その限界が具体的にどこに存するかは、人権と「公共の福祉」の問題として議論されている(第六章参照)。

㈢ **普遍性**　人権は、人種、性、身分などの区別に関係なく、人間であることに基づいて当然に享有できる権利(現に享有していなくても、理念的に認めることができ、享有することが可能である権利を含む)である。この人権の普遍性は、「国民は、すべての基本的人権の享有を妨げられない」という憲法一一条に示されている(もっとも、天皇や外国人の人権など、特別の問題もある。本章四1・3参照)。

2 人間の尊厳性——人権の根拠

以上のように考えると、基本的人権とは、人間が社会を構成する自律的な個人として自由と生存を確保し、その尊厳性を維持するため、それに必要な一定の権利が当然に人間に固有するものであることを前提として認め、そのように憲法以前に成立していると考えられる権利を憲法が実定的な法的権利として確認したもの、と言うことができる。* したがって、人権を承認する根拠に造物主や自然法をもち出す必要はなく、国際人権規約(社会権規約と自由権規約)前文に述べられているように、「人間の固有の尊厳に由来する」と考えれば足りる。この人間尊厳の原理は「個人主義」とも言われ、日本国憲法は、この思想を「すべて国民は、個人として尊重される」(一三条)という原理によって宣明している。

もっとも、基本的人権と憲法一二条の「この憲法が国民に保障する自由及び権利」とは同じではなく、国または公共団体に賠償を求める権利(一七条)や刑事補償を求める権利(四〇条)は、後者には属するが基本的人権ではない、と解する説も有力である。人権宣言の沿革、人権の本質から考えると、右のような権利が基本的人権に含まれるかどうか、たしかに疑わしいと言えよう(国際人権規約や地域的な人権保障条約にも、それらの権利は含まれていない)。「人権」の観念を近代の自然権的権利(「人一般の権利としての人権」

ないし「個人の自律を保障する人権」に限定し、それを「切札としての人権」として重視する説もある。

＊人権と基本権　ドイツの憲法学では、「人権」Menschenrechte は憲法に実定化されたかぎり自然権そのものではないが、前国家的な性質を有し何人にも保障される権利・自由だとされ、ドイツ人にのみ保障される「市民権」Bürgerrechte と概念上区別して用いられる。人権と市民権を合わせて「基本権」Grundrechte と言う。わが国で一般に用いられる「人権」の概念は、ほぼドイツの「基本権」にあたる。

三　人権の内容

一口に人権と言っても、そこにはさまざまの個別的人権がある。そこで、それらの個別的人権を、その性質に応じて分類し、その特徴を明らかにすることは、人権についての理解を深めるうえで有益である。

1　自由権・参政権・社会権

人権は、大別して、自由権、参政権、社会権に分けることができる。

(1)　自由権は、国家が個人の領域に対して権力的に介入することを排除して、個人の自由な意思決定と活動とを保障する人権である。その意味で、「国家からの自由」とも言われ、人権保障の確立期から人権体系の中心をなしている重要な権利である。その内容は、精神的自由権、経済的自由権、人身(身体)の自由に分けられる。また、精神的自由権は、内面的な精神活動の自由(思想の自由、信仰の自由、学問研究の自由)と外面的な精神活動の自由(宗教的行為の自由、研究発表の自由、表現の自由)に分けて考えるのが、人権の限界を明らかにするという観点からは、わかりやすい。

(2) 参政権は、国民の国政に参加する権利であり、「国家への自由」とも言われ、自由権の確保に仕える。具体的には、選挙権・被選挙権に代表されるが、広く憲法改正国民投票や最高裁判所裁判官の国民審査も含まれる。公務員になる資格(公務就任能力または公務就任権)を含める場合もある(第一二章二1参照)。

(3) 社会権は、資本主義の高度化にともなって生じた失業・貧困・労働条件の悪化などの弊害から、社会的・経済的弱者を守るために保障されるに至った二〇世紀的な人権である。それは、「国家による自由」とも言われ、社会的・経済的弱者が「人間に値する生活」を営むことができるように、国家の積極的な配慮を求めることのできる権利である。ただし、憲法の規定だけを根拠として権利の実現を裁判所に請求することのできる具体的権利ではない。裁判所に救済を求めることのできる具体的権利となるためには、立法による裏づけを必要とする。

以上の基本的な分類を踏まえて日本国憲法における人権を分類すると、①包括的基本権(一三条)、②法の下の平等(一四条)、③自由権、④受益権(国務請求権)、⑤参政権、⑥社会権、の六つになる。なお、①の包括的基本権、②の平等権は、法秩序の基本原則であり、人権の総則的な権利である。④の受益権は、裁判を受ける権利、請願権などを言い、基本権を確保するための基本権として、古くから自由権と相ともなって保障されてきたものである。

2 分類の相対性

人権の分類にあたってとくに注意すべきことを二つ指摘しておきたい。

(1) 第一は、人権分類の体系を絶対的なものと考えてはならないことである。たとえば、表現の自由の保障から導き出される「知る権利」は、単に情報の受領を妨げられないという自由権としての性格を有するのみではなく、積極的に情報の公開を請求するという社会権ないし国務請求権としての性格をも有している。また逆に、社会権も、たとえば教育を受ける権利や生存権など、公権力によって不当に制限されてはならないという自由権的側面を有しており、それが裁判で問題になることもある。その限度で、社会権にも具体的権利性が認められる。さらには、自由権の内部においても、たとえば営利的言論(commercial speech)のように、精神的自由と経済的自由の双方にまたがるものもある。したがって、権利の性質を固定的に考えて厳格に分類することは不適当であり、個々の問題に応じて、権利の性質を柔軟に考えていくことが必要である。

(2) 第二は、自由権と社会権との関係をどのように理解するかという問題である。自由権は、国家の干渉を否定する自由国家・消極国家の思想を基礎とする、国家に対する不作為請求権であるのに対して、社会権は、国家の関与を広く認める社会国家・積極国家の思想を前提として、国家の積極的な作為を請求する権利(ただし具体的な請求権ではない)であるから、自由権と社会権とは、その前提とする国家観および法的性質を異にする。

もっとも、社会権およびその基礎にある社会国家の思想を過大に重視すると、人権の分類が相対的であるだけに、自由権の領域にまで国家が介入することを認める結果になるおそれが生じる。そこで、個人の人格的自律を第一に考えるならば、現代においてもなお、「国家からの自由」の思想が基本とされなければならない。

3　制度的保障

人権宣言は、個人の権利・自由を直接保障する規定だけでなく、権利・自由の保障と密接に結び合って一定の「制度」を保障すると解される規定を含んでいる。このような個人的権利、とくに自由権と異なる一定の制度に対して、立法によってもその核心ないし本質的内容を侵害することができない特別の保護を与え、当該制度それ自体を客観的に保障していると解される場合、それを一般に制度的保障と言う。ワイマール憲法下の学説に由来する。

しかし、いわゆる制度的保障の理論は、人権との関連では、制度の核心――ワイマール憲法のように「法律の留保」をともなう基本権の本質的内容――を立法権の侵害から守ることを目的とするものであるから、伝統的な「法律の留保」(第二章一1(二)参照)の思想を否定している日本国憲法の下では、その働く範囲も法的意義も、著しく限定されたものとして解すべきである。ある種の人権(信教の自由、学問の自由、財産権など)について制度(政教分離、大学の自治、私有財産制など)の保障が語られるとしても、その内容は人権の保障に奉仕するためのものでなければならない。*

ところが、伝統的な制度的保障の理論は、制度が人権と併存の関係を保ち、人権保障に奉仕する機能を果たすことを常に確保するとは限らず、むしろ、制度が人権に優越し、人権の保障を弱める機能を営む可能性すらある理論である。したがって、伝統的な制度的保障の理論を日本国憲法の人権について用いるとしても、①立法によっても奪うことのできない「制度の核心」の内容が明確であり、②制度と人権との関係が密接であるもの、に限定するのが妥当である。その例として大学の自治と私有財産制が考えられる

（これらの「制度の核心」については、第八章三3、第一〇章三2参照）。

＊政教分離原則と信教の自由　津地鎮祭事件（第八章二3㈡参照）で高裁判決も最高裁判決も、政教分離原則を「いわゆる制度的保障」だとする点では変わりないが、高裁判決が「信教の自由は政教の分離なくして完全に確保することは不可能」という観点を強調し、国およびその機関が行ってはならない「宗教的活動」の範囲を広く解したのに対し、最高裁判決は、政教分離規定は「国家と宗教との分離を制度として保障することにより、間接的に信教の自由の保障を確保しようとするもの」と解して、分離規定（制度）と信教の自由規定（基本権）とを峻別し、政教分離は性質上一定の限界を有すると断じ、そのような考え方を前提として、憲法二〇条二項と三項の相違を強調し、「宗教的活動」を限定的に解釈する立場をとっている。そのため、最高裁判決の制度的保障の考え方は、政教分離原則を著しく相対化し、基本権の保障を弱める機能を営んでいる。そういう捉え方ではなく、明治憲法時代の沿革を考慮しつつ両者の関係を「分離は基本権を保障し基本権は分離を要請する関係にある」ことを基本において考えるのが妥当とされねばならない。もっとも、制度と基本権が一定の緊張関係を示すような形になる場合もある（第八章二2㈡＊(3)参照）。

四　人権の享有主体

人権は、人種、性、身分などの区別に関係なく、人間である以上当然に享有できる普遍的な権利である。しかし、日本国憲法は、世襲天皇制を定め、また、第三章には「国民の権利及び義務」という表題をつけ、文言上、人権の主体を一般国民に限定するかのような外観をとっている。そこで、一般国民＊のほかに、いかなる者が人権を享有するかが問題となる。

＊未成年者　一般国民の中に未成年者(二〇歳未満の者、「児童の権利条約」に言う児童は一八歳未満)が含まれることは言うまでもないが、未成年者は身心ともにいまだ発達の途上にあり、成人に比し判断力も未熟であるため、参政権の制限(憲法一五条三項、公選法九条・一〇条)や民法上の行為能力の制約(四条[現行五条]・六条)等がある一方、酷使の禁止による保護(憲法二七条三項)とか学習権の保障(同二六条一項)がある。また、地方公共団体の制定する青少年保護育成条例によって一定の保護を受けると同時に、その表現の自由(思想・情報を受ける自由)に一定の制約を受ける(第九章三2㈠(3)参照)。

このような制限を正当化する根拠については、学説上なお争いがあるが、有害なマスメディアから未成年者を保護し、その健全な成長をはかるために必要な最小限度の措置であれば許される、と一般に考えられている(第九章三2㈠＊＊参照)。学校における生徒の髪形や服装など身じまいの自由の規制については、種々の議論がある(第七章一4参照)。未成年者の人権については、「児童の権利に関する条約」(一九九四年日本批准)が注目される。

1　天皇・皇族

天皇・皇族も、日本の国籍を有する日本国民であり、人間であることに基づいて認められる権利は保障される。ただ、皇位の世襲と職務の特殊性から必要最小限度の特例が認められる。＊

ただし、どのような人権がどの程度保障されるかについては、個別的な検討が必要である。たとえば、国政に関する権能を有しない天皇には、選挙権・被選挙権等の参政権は認められないと解されるし、その他に、婚姻の自由、財産権、言論の自由などに対する一定の制約も、天皇の地位の世襲制と職務の特殊性からして、合理的であると考えられている。天皇と皇族とでは、人権保障の範囲に若干の違いがあることも、当然である。

＊天皇・皇族に対する特例　たとえば、皇族男子の婚姻は皇室会議の議を経ることを要し(皇室典範一〇条)、「皇位とともに伝わるべき由緒ある物は、皇位とともに、皇嗣が、これを受ける」が(皇室経済法七条)、相続税の対象にはならず、また、一定の場合を除き財産の授受に国会の議決を必要とし(同二条、憲法八条)、国庫から所得税を免除される内廷費・皇族費の支出を受ける(皇室経済法四条・六条)。

2　法　人

人権は、個人の権利であるから、その主体は、本来人間でなければならない。しかし、経済社会の発展にともない、法人その他の団体の活動の重要性が増大し、法人もまた人権享有の主体であると解されるようになった。たとえば、ドイツ連邦共和国憲法は、「基本権は、その本質上内国法人に適用されうるかぎり、これにも適用される」(一九条三項)と定めている。

わが国でも、人権規定が、性質上可能なかぎり法人にも適用されることは、通説・判例の認めるところである。法人の活動が自然人を通じて行われ、その効果は究極的に自然人に帰属することに加えて、法人が現代社会において一個の社会的実体として重要な活動を行っていることを考えあわせると、法人に対しても一定の人権の保障が及ぶと解するのが妥当であろう。

もっとも、人権は個人の権利として生成し発展してきたものであるから、それを法人に認めると言っても、限定的に解することが必要である。自然人とだけ結合して考えられる人権、たとえば、選挙権、生存権、一定の人身の自由などは法人には保障されない。しかし、その他の人権規定は原則として法人にも各法人の固有の性格と矛盾しない範囲内で適用される。たとえば、精神的自由権について、結社の自由(二一条)のほか、宗教法人が信教の自由(二〇条)、報道機関が報道の自由(二一条)を有することなどが、その例である。プライバシーの権利や環境権なども、法人に(環境権の場合はとくに学校法人、医療法人に)適用されると解されている。

このように、法人に対して人権保障が及ぶとしても、その保障の程度は自然人の場合とは当然に異なる。とくに、法人の経済的自由権については、人権の実質的公平を確保しようとする社会国家の理念に基づいて、自然人よりも広汎な積極的規制を加えることが許される。法人の精神的自由権、たとえば政治的行為の自由についても、法人のもつ巨大な経済的・社会的な実力を考慮に入れると、一般国民の政治的自由を不当に制限する効果をともなったり、法人内部の構成員の政治的自由と矛盾・衝突したりする場合*がありうるので、自然人と異なる特別の規制に服すると解すべき場合が少なくない。この点で、八幡製鉄事件最高裁判決**が問題にされている。

* 税理士会政治献金事件　強制加入団体である税理士会(公益法人)が、会の決議に基づいて、税理士法を業界に有利な方向に改正するための工作資金として会員から特別会費を徴収し、それを特定の政治団体(税理士政治連盟)に寄付した行為が、法人の「目的ノ範囲内」(民法四三条[二〇〇六年改正により現行三四条])の行為か否かが争われた事件。最高裁は、「政党など政治資金規正法上の政治団体に対して金員の寄付をするかどうかは、選挙における投票の自由と表裏をなすものとして、会員各人が市民としての個人的な政治的思想、見解、判断に基づいて自主的に決定すべき事柄である」から、それを税理士会が「多数決原理によって団体の意思として決定し、構成員にその協力を義務付けることはできない」とし、本件寄付は、「たとい税理士に係る法令の制定改廃に関する要求を実現するためであっても」、税理士法四九条二項[現六項]所定の税理士会の目的の範囲外の行為であり、無効であると判示した(最判平成八・三・一九民集五〇巻三号六一

五頁)。判旨のような考え方を妥当とする学説が有力であるが、税理士法改正のための資金援助まで許されないとするのは厳しすぎないかという意見もある。
[群馬司法書士会震災支援寄付事件　強制加入団体である司法書士会が大震災で被災した兵庫県司法書士会に三千万円の復興支援拠出金を寄付することにし、そのための特別負担金を会員から徴収する総会決議を行ったのに対し、何人かの会員が本件寄付は会の目的の範囲外の行為であり、会員に負担を強制することはできないと主張して債務不存在の確認を求めた。第一審は税理士会政治献金事件判決に依拠して原告の主張を認めたが、最高裁第一小法廷は、本件寄付の目的を司法書士の業務の円滑な遂行による公的機能の回復に資することにあると認定し、会の目的の範囲を逸脱するものではないと判示した(最判平成一四・四・二五裁判所時報一三一四号一頁)。そのように解するには寄付金の額が大きすぎる等を理由とする二名の反対意見が付されている。]
****八幡製鉄事件**　八幡製鉄(現在の新日本製鉄[二〇一二年以降「新日鐵住金」])の代表取締役が自由民主党に政治献金をした行為の責任を追及して同社の株主が提起した事件。最高裁は、議会制民主主義を支える不可欠の要素である政党の健全な発展に協力することも、社会的実在としての会社に当然期待されていることであるから、「会社は、自然人たる国民同様、国や政党の特定の政策を支持、推進しまたは反対するなどの政治的行為をなす自由を有する」とし、「政治資金の寄附もまさにその自由の一環であり、……政治の動向に影響を与えることがあったとしても、これを自然人たる国民による寄附と別異に扱うべき憲法上の要請があるものではない」と判示し、特別の制約を認めなかった(最大判昭和四五・六・二四民集二四巻六号六二五頁)。その点で、この判決は行きすぎであり妥当ではない。

3　外国人

外国人の人権の問題は、人権の享有主体の問題のうちでもとくに多くの問題がある。

人権が前国家的・前憲法的な性格を有するものであり、また、憲法が国際主義の立場から条約および確立された国際法規の遵守を定め（九八条）、かつ、国際人権規約等にみられるように人権の国際化の傾向が顕著にみられるようになったことを考慮するならば、外国人にも、権利の性質上適用可能な人権規定は、すべて及ぶと考えるのが妥当である。通説および判例も、そう解する。問題は、いかなる人権がどの程度に外国人に保障されるのかを具体的に判断していくことである。その際、外国人にも、一時的な旅行者などの一般外国人のほか、日本に生活の本拠をもちしかも永住資格を認められた定住外国人（「出入国管理及び難民認定法」上の永住者または「日本国との平和条約に基づき日本の国籍を離脱した者等の出入国管理に関する特例法」に定める特別永住者等）、難民など、類型を著しく異にするものがあることに、とくに注意しなければならない。

㈠ **保障されない人権**　従来、外国人に保障されない人権の代表的なものとして、参政権、社会権、入国の自由が挙げられている。

(1) 参政権は、国民が自己の属する国の政治に参加する権利であり、その性質上、当該国家の国民にのみ認められる権利である。したがって、狭義の参政権（選挙権・被選挙権）は外国人には及ばない（公職選挙法九条・一〇条、地方自治法一八条参照）。しかし、地方自治体、とくに市町村という住民の生活に最も密着した地方自治体のレベルにおける選挙権は、永住資格を有する定住外国人に認めることもできる、と解すべきであろう。判例も、定住外国人に法律で選挙権を付与することは憲法上禁止されていないとする（最判平成七・二・二八民集四九巻二号六三九頁）。

また、広義の参政権と考えられてきた公務就任権（または資格）は狭義の参政権と異なるので、外国人がすべての公務に就任することができないわけではない。たとえば、従来、政府の公定解釈により、「公権力の行使または国家意思の形成への参画にたずさわる公務員」は日本国民に限るとされ、この基準に照らして、外国人の国公立大学教員への任用は否定されていたが、一九八二年(昭和五七年)に外国人教員の任用を可能とする特別の立法が制定された。公定解釈の基準はあまりにも包括的すぎ、漠然としているので、公権力を行使する職務であっても、少なくとも直接国の政策に影響を及ぼすところの少ない調査的・諮問的・教育的な職務などは、定住外国人に道を拓くことを考慮する必要があろう(東京高判平成九・一一・二六判タ九六〇号七九頁は、①公権力の行使または公の意思の形成に参画することによって直接的に統治作用に関わる管理職に就くことはできないが、②もっぱら専門的・技術的な分野においてスタッフとしての職務に従事するなど、統治作用に関わる程度の弱い管理職と、③それ以外の、上司の命を受けて行う補佐的・補助的な事務またはもっぱら学術的・技術的な専門分野の事務に従事する公務員に就くことは、必ずしも国民主権の原理に反しない、と説いている)。† 最近、公定解釈の基準をしぼって解釈し、一定の職種に限って公務就任要件から国籍条項をはずす地方自治体が、増加している。

† 本件の上告審判決(最大判平成一七・一・二六民集五九巻一号一二八頁)は、次のように述べて原判決を破棄し控訴を棄却した。都の管理職には「公権力行使等地方公務員の職」(本文の①にほぼ対応する)と「これに昇任するのに必要な職務経験を積むために経るべき職」(本文の②にほぼ対応する)が含まれるが、都が採用している管理職の任用制度においては、管理職試験に合格すると後者の職にも配属されて様々な経験を積みながら前者の職に昇任していくという運用がなされており、自治体がこのような両職「一体的な管理職の任用制度」を採用することも許容される。したがって、その結果管理職試験の受験資格につき外国人を日本人と同じに扱わなくとも、合理的な区別であり憲法一四条一項には反しない。

この判旨は、外国人を差別しない任用制度の可能性を十分に議論しないで、「一体的な任用制度」も許されるという判断を先行させて、そこから差別の合理性を導くという思考過程をたどっている点に特徴があると評しえよう。要するに、制度を人権に優先させているのである。

(2) 社会権も、各人の所属する国によって保障されるべき権利であるが、参政権と異なり、外国人に対して原理的に認められないものではない。財政事情等の支障がないかぎり、法律において外国人に社会権の保障を及ぼすことは、憲法上何ら問題はないのである。とりわけ、わが国に定住する在日韓国・朝鮮人および中国人については、その歴史的経緯およびわが国での生活の実態等を考慮すれば、むしろ、できるかぎり、日本国民と同じ扱いをすることが憲法の趣旨に合致する。国際人権規約の批准(社会権規約二条二項は、その保障する各種の社会権について、差別禁止・内外人平等取扱いの原則を掲げる)および「難民の地位に関する条約」の批准(第四章において、福祉について内外人平等原則をうたう)という新しい事態に対応するため、一九八一年、社会保障関係法令の国籍要件は原則として撤廃された。

(3) 入国の自由が外国人に保障されないことは、今日の国際慣習法上当然であると解するのが通説・判例(最大判昭和三二・六・一九刑集一一巻六号一六六三頁)である。国際法上、国家が自己の安全と福祉に危害を及ぼすおそれのある外国人の入国を拒否することは、当該国家の主権的権利に属し、入国の拒否は当該国家の自由裁量によるとされている。ただし、それは、決して、国家が恣意的に許否を決定できることを意味しない。不法入国者であっても、人身の自由(たとえば憲法三一条の適正手続)は保障されなければならない。入国の自由がない以上、在留の権利も憲法上保障されているとは言えない(最大判昭和五三・一〇・四民集三二巻七号一二二三頁)。もっとも、正規の手続で入国を許可された者、とくに定住外国人は、その在留資格をみだりに奪われないことを保障されていると解される。

この点との関連で問題になるのが、再入国の自由である。

最高裁は、憲法二二条二項を根拠として外国人の出国の自由を認めるが（最大判昭和三二・一二・二五刑集一一巻一四号三三七七頁）、そう解すると、出国は一般には当然帰国（再入国）を前提とするので、再入国の自由もまた外国人に保障される、ということになりそうである。しかし最高裁は、入国の自由と在留権を否認した右判例の趣旨に徴すると、外国人には「憲法上、外国へ一時旅行する自由を保障されているものではない」から、再入国の自由も保障されないと説いている（最判平成四・一一・一六裁集民事一六六号五七五頁）。* もっとも、近時の法改正により特別永住者（後述3(二)＊＊）の再入国は規制が若干緩められた（入管特例法一〇条［現行二三条］参照）。

学説では、外国人の出国の自由が認められる根拠も国際慣習法にあるとし、再入国については、外国人の場合は、在留地である「外国」への入国という性質をもつので、新規の入国と異なる特別の配慮を加える必要はあるが、最小限度の規制は許され、「著しくかつ直接にわが国の利益を害することのない限り、再入国が許可されるべきである」と説く見解が有力である。

＊森川キャサリーン事件　一九七三年日本に入国し日本人と結婚した定住外国人（アメリカ国籍）森川キャサリーンが、韓国への旅行計画をたて再入国許可の申請をしたところ、過去に三度再入国許可を得ていたにもかかわらず、指紋押捺を拒否したことを理由に不許可とされたので、その取消しと国家賠償を請求した事件。最高裁は、本文に述べたような簡単な論旨で原判決を是認した。なお、国際人権規約（自由権規約）一二条四項の保障する「自国に戻る権利」（再入国の自由）に言う「自国」は、「国籍国」のみを意味するのか、「定住

国」をも含むのか、争いがあるが、最高裁は「国籍国」と解した原判決を正当とした。

㈡ 保障される人権の限界

以上の権利のほかの自由権、平等権、受益権は、外国人にも保障されるが、その保障の程度・限界は、日本国民とまったく同じというわけではない。とくに問題となるのは、精神的自由権のうち、参政権的な機能を果たす政治活動の自由である。種々の論議があるが、外国人には国政レベルの選挙権など一定の参政権が否定されているので、日本国民よりも大きな制約を受けると解すべきであろう。少なくとも、日本の政治に直接介入するための政治結社の組織、政府打倒の運動などは禁止しうると言えよう。*

また、経済的自由権は、権利の性質上、国民と異なる特別の制約を加える必要があるので、種々の制限が課せられている(公証人法一二条、弁理士法二条〔現行七条。二〇〇〇年の改正により、外国人に対する制約は削除されている。〕、電波法五条、鉱業法一七条・八七条、銀行法四七条、船舶法三条、外国人土地法一条等参照)。居住・移転の自由との関係では、外国人登録法による規制がある。**

＊マクリーン事件　アメリカ人マクリーンが、在留期間一年としてわが国に入国し、一年後に、その延長を求めて、在留期間更新の申請をしたところ、法務大臣が、マクリーンが在留中に政治活動(ベトナム反戦、出入国管理法案反対、日米安保条約反対等のデモや集会に参加した行為)を行ったことを理由に、更新を拒否した事件。最高裁は、人権の保障は権利の性質上許されるかぎり外国人にも及び、政治活動についても、外国人の地位にかんがみ認めることが相当でないと解される在留中の政治活動(わが国の政治的意思決定またはその実施に影響を及ぼす活動など)を除いて保障されるが、人権の保障は外国人の在留制度の枠内で与えられるにすぎないので、在留中の外国人の行為を、それが合憲・合法のものであっても、法務大臣は更新拒否のための消極的理由としてしんしゃくすることはできる、とし、本件では法務大臣の裁量権の著しい逸

脱・濫用は存在しない、と判示した(最大判昭和五三・一〇・四民集三二巻七号一二二三頁)。在留期間の更新を入国の場合とほぼ同視し、広汎な裁量権を認めている点に問題がある。認められない政治活動の基準が不明確で実質的に全面否認になる可能性があるとか、法人の政治的行為の自由と比べ権衡を失するとか、いう批判もある。

＊＊指紋押捺《おうなつ》拒否事件　外国人登録法[平成二一年法七九号により廃止]によって要求される外国人登録原票などへの指紋押捺の義務づけが、憲法一三条(個人の尊厳、プライバシー)、一四条(不合理な差別の禁止)およびそれと同旨の国際人権規約の条項に反するとして争われた訴訟事件。多数の下級審判決は、私生活上の自由の一つとして「承諾なしにみだりに指紋押捺を強制されない自由」があることを認めたが、同一人性を確認するために必要かつ合理的な手段として合憲であるとした。一九八七年(昭和六二年)の法改正で、一年以上在留する一六歳以上の外国人は、原則として登録申請の際に一回にかぎり指紋押捺することに改められたが、さらに一九九二年(平成四年)の改正によって、永住資格を認められた定住外国人(3の本文に注記した入管法上の永住者および在日韓国人のような平和条約国籍離脱者等入管特例法の定める特別永住者)に対する指紋押捺はすべて廃止され[非永住者についても一九九九年の法改正で指紋押捺制度は廃止され]、署名と写真提出の制度に変更された。最近の判決で最高裁は、押捺義務が三年に一度で、押捺対象指紋も一指のみであった当時の制度(昭和五七年法七五号による改正前のもの)につき、「指紋の押なつを強制されない自由」を憲法一三条によって保護される「個人の私生活上の自由の一つ」としたが、右押捺制度の立法目的には「十分な合理性があり、かつ、必要性も肯定できる」し、手段も「一般的に許容される限度を超えない相当なものであった」と判示した(最判平成七・一二・一五刑集四九巻一〇号八四二頁)。

第六章　基本的人権の限界

日本国憲法は、人間が生まれながらに有すると考えられる基本的人権を「侵すことのできない永久の権利」、つまり、法律によっても、さらに憲法改正によっても、侵してはならない権利として、絶対的に保障する考え方をとっているが(第一八章三3参照)、それは、人権が無制限だという意味ではない。人権は個人に保障されるもので、個人権とも言われるが、個人は社会との関係を無視して生存することはできないので、人権もとくに他人の人権との関係で制約されることがあるのは、当然である。

一　人権と公共の福祉

日本国憲法は、各人権に個別的に制限の根拠や程度を規定しないで、「公共の福祉」による制約が存する旨を一般的に定める方式をとっている。すなわち、一二条で、国民は基本的人権を「公共の福祉のために」利用する責任を負うと言い、一三条で、国民の権利については、「公共の福祉に反しない限り」、国政の上で最大の尊重を必要とすると定める。また、経済的自由(職業の自由、財産権)については、「公共の福祉」による制限がある旨をとくに規定している(二二条・二九条)。

1　二つの考え方

このような「公共の福祉」の条項が、各人権に対して具体的にどのような法的意味をもつのかについて、学説は当初、大別して二つに分かれた。

(一)　一元的外在制約説

基本的人権はすべて「公共の福祉」によって制約される。すなわち、憲法一二条・一三条の「公共の福祉」は、人権の外にあって、それを制約することのできる一般的な原理である。二二条・二九条の「公共の福祉」は、特別の意味をもたない。

この説は、美濃部達吉によって代表される当初の通説であったが、一般に、「公共の福祉」の意味を「公益」とか「公共の安寧秩序」と言うような、抽象的な最高概念として捉えているので、法律による人権制限が容易に肯定されるおそれが少なくなく、ひいては、明治憲法における「法律の留保」のついた人権保障と同じことになってしまわないか、という問題があった。

(二)　内在・外在二元的制約説

「公共の福祉」による制約が認められる人権は、その旨が明文で定められている経済的自由権(二二条・二九条)と、国家の積極的施策によって実現される社会権(二五条―二八条)に限られる。一二条・一三条は訓示的ないし倫理的な規定であるにとどまり、一三条の「公共の福祉」は人権制約の根拠とはなりえない。国家の政策的・積極的な規制が認められる経済的自由権や社会権以外の自由権は、権利が社会的なものであることに内在する制約に服するにとどまる。したがって、権利・自由の行使を事前に抑制することは許されず、それぞれの権利・自由に内在する制約の限度で、事後に裁判所が公正な手続によって抑制することだけが許される。

この説は、『註解日本国憲法』(法学協会編)によって初めて説かれ、憲法の社会国家原理を踏まえた優れた解釈として注目をひいたが、しかし、問題点も少なくない。たとえば、①自由権と社会権の区別が相対化しつつあるのに、それを画然と分けて、その限界を一方は内在的、他方は外在的と割り切ることが妥当か、②また、憲法に言う「公共の福祉」の概念を国の政策的考慮に基づく公益という意味に限定して考えるのは適切か、③一三条を倫理的な規定であるとしてしまうと、それを新しい人権(第七章一参照)を基礎づける包括的な人権条項と解釈できなくなるのではないか、というような疑問がそれである。とくに③は、一三条の意義がきわめて大きくなった今日、『註解』式の二元説の最大の問題点と言える。

2　一元的内在制約説

これは、右の第㈠説と第㈡説の対立状況の下で、一九五五年(昭和三〇年)に学界に登場し、その後の学説・判例に大きな影響を与えた説で、大要次のように説く(宮沢俊義・日本国憲法〔コンメンタール〕、同・憲法II〔法律学全集〕参照)。

①公共の福祉とは人権相互の矛盾・衝突を調整するための実質的公平の原理である。②この意味での公共の福祉は、憲法規定にかかわらずすべての人権に論理必然的に内在している。③この原理は、自由権を各人に公平に保障するための制約を根拠づける場合には、必要最小限度の規制のみを認め(自由国家的公共の福祉)、社会権を実質的に保障するために自由権の規制を根拠づける場合には、必要な限度の規制を認めるもの(社会国家的公共の福祉)としてはたらく。

この説は、要するに、「公共の福祉」の観念をすべての権利を規制する原理としている点で、先の第㈠

説と同様の立場に立つが、その制約がすべての人権に論理必然的に内在しており、しかも、権利の性質に応じて権利の制約の程度が異なると解している点で、第㈡説の趣旨と一致する。

その意味で、この説は、一つの卓見であるが、いくつかの批判もある。† なかでも問題なのは、人権の具体的限界についての判断基準として、「必要最小限度」ないしは「必要な限度」という抽象的な原則しか示されず、人権を制約する立法の合憲性を具体的にどのように判定していくのか、必ずしも明らかでないことである。具体的な基準は何かという基本的課題に対する解答を判例の集積に委ねてしまうのでは、内在的制約の意味が明確を欠くだけに、実質的には、外在的制約説と大差のない結果となるおそれも生じる。*

*内在的制約　近時の学説においては、内在的制約とは、「具体的には、①他人の生命・健康を害してはならない、②他人の人間としての尊厳を傷つけてはならない、③他人の人権と衝突する場合の相互調整の必要、という観点から帰結される限界である」とか、「個人の人権の間に存する矛盾の衝突の調整と、自由国家にとって最小限の任務とされる社会秩序の維持と危険の防止である」とかなど、その意味を限定しようと試みる立場が有力である。

†近年提起されている次のような批判にも注意しておく必要がある。公共の福祉を人権相互間の矛盾・衝突の調整を意味するものと理解すると、ある人権の制限の合憲性が問題となった場合、その人権と矛盾・衝突している人権を同定する必要が生じるが、それが必ずしも容易でない場合がある。たとえば、街の美観を保持する目的でビラ貼りという表現行為を規制するとき、街の美観を支えている人権は何か。明文の人権条文を援用できないので、たとえば「美しい街に住む人権」が憲法一三条により保障されていると主張するならば、かえって人権の「インフレ化」を招き憲法が保障する人権の重要性を希薄化させてしまうことにならないか。この弊害を避けるためには、公共の福祉を人権と人権の矛盾・衝突の場合に限定するのではなく、それ以外の場合も含むような意味に解釈する必要があるのではないか、という批判である。ではどのような意味に理

解するのがよいかについては、現在議論が進行中であり、見解の一致はない。

3 比較衡量論

この点で注目されるのが、比較衡量論と呼ばれる違憲審査の基準である。この基準は、すべての人権について、「それを制限することによってもたらされる利益とそれを制限しない場合に維持される利益とを比較して、前者の価値が高いと判断される場合には、それによって人権を制限することができる」というもので、個別的比較衡量(ad hoc balancing)とも言われる。昭和四〇年代の著名な二、三の最高裁判所の判例(たとえば、第九章二1㈠＊の博多駅事件の最高裁大法廷決定、第一三章三3＊⑴の全逓東京中郵事件の最高裁大法廷判決等参照)において採用され、有力な見解となった。その後の多くの判例でも用いられている。＊

比較衡量論は、公共の福祉という抽象的な原理によって人権制限の合憲性を判定する考え方とは異なり、個々の事件における具体的状況を踏まえて対立する利益を衡量しながら妥当な結論を導き出そうとする方法であるから、優れた一面を有していることは疑いない。しかし、この比較衡量論は、一般的に比較の準則が必ずしも明確でなく、とくに国家権力と国民との利益の衡量が行われる憲法の分野においては、概して、国家権力の利益が優先する可能性が強い、という点に根本的な問題がある。したがって、この基準は、同じ程度に重要な二つの人権(たとえば、報道の自由とプライバシー権)を調節するため、裁判所が仲裁者としてはたらくような場合に原則として限定して用いるのが妥当であろう。＊＊

＊判例における比較衡量論　近時の典型的な例として、未決拘禁者の自由につき、逃亡ないし罪証隠滅の防止または内部の規律および秩序の維持という在監目的のため、「必要かつ合理的な範囲において一定の制限

が加えられることは、やむをえない」とし、その制限が是認されるかどうかは、「右の〔在監〕目的のために制限が必要とされる程度と、制限される自由の内容及び性質、これに加えられる具体的制限の態様及び程度等を較量して決せられるべきものである」と説いた一九八三年の判例(本章二3＊の「よど号」ハイ・ジャック新聞記事抹消事件参照)が挙げられる。また、この判例を引用して、教科書検定が表現の自由を侵害するかどうかにつき、表現の自由は「公共の福祉による合理的で必要やむを得ない限度の制限を受けることがあり、その制限が右のような限度のものとして容認されるかどうかは、制限が必要とされる程度と、制限される自由の内容及び性質、これに加えられる具体的制限の態様及び程度等を較量して決せられるべきものである」と判示した一九九三年の判例(最判平成五・三・一六民集四七巻五号三四八三頁)も、注目される(第九章三2㈢＊参照)。もっとも、比較衡量の基準が厳格な要件で適用されたのは、事前抑制的性格をもつ規制とか警察許可制の場合ぐらいで(前記の「よど号」事件、第九章三2㈠＊の「北方ジャーナル」事件、第一〇章一2＊の薬局距離制限事件等)、それ以外の場合には、比較衡量がかなり形式的に、かつ、立法裁量を広く認める敬譲的な審査にとどまる形で、行われている(第九章三5参照)。

＊＊解釈方法としての比較衡量　違憲審査の基準としての比較衡量論に対する本文に述べた批判は、憲法解釈の方法としての比較衡量、すなわち、各人権の性質の相違に応じて設定された違憲審査の基準(たとえば「明白かつ現在の危険」の基準)を具体的事件に適用する際に、基準の枠内において基準を具体化するために行われる比較衡量(利益衡量)を否定する意味をもつものではない。

4　二重の基準論

このような比較衡量論の問題点を指摘しながら、前述の一元的内在制約説の趣旨を具体的な違憲審査の基準として準則化しようとして主張されたのが、アメリカの判例理論に基づいて体系化された「二重の基準」(double standard)の理論である。

この理論は、人権のカタログのなかで、精神的自由は立憲民主政の政治過程にとって不可欠の権利であるから、それは経済的自由に比べて優越的地位を占めるとし、したがって、人権を規制する法律の違憲審査にあたって、経済的自由の規制立法に関して適用される「合理性」の基準(第一〇章一2参照)は、精神的自由の規制立法については妥当せず、より厳格な基準によって審査されなければならないとする理論である。そして、権利や自由の内容・形態、規制の目的・態様等によってさらに判定基準を細かく考えていこうとする。したがって、①精神的自由と経済的自由との保障の程度が段階的にまったく異なる形で区別されるのではなく、両者は保障の程度をほぼ同じくする領域を含み、重なる関係にあること、また、②現代憲法では、生存権をはじめとする社会権のほか、憲法一三条を根拠として認められるプライバシー権などの新しい人権をも加えて人権の限界を検討すべきであること、に注意しなければならない。

この二重の基準論は、学説において広く支持されているばかりではなく、判例においてもとり入れられている。* 詳細は各人権について述べるところにゆずる。†

*判例の流れ　最高裁判所の判例は、昭和二〇年代から三〇年代にかけては、「公共の福祉」を人権の一般的な制約原理として用いる外在制約説に立っていたと言うことができる。その流れを変えたのが、全逓東京中郵判決(最大判昭和四一・一〇・二六刑集二〇巻八号九〇一頁)である。この判決は、従来の安易な公共の福祉論を否定し、公務員の労働基本権について、「国民生活全体の利益の保障という見地からの制約を当然の内在的制約として内包している」と説き、その限界を判断する四つの基準を示した(この基準そのものは、後の判例で変更されたが、その点については第一三章三3でふれる)。

また、職業選択の自由に関する薬局距離制限違憲判決(最大判昭和五〇・四・三〇民集二九巻四号五七二頁)は、「職業の自由は、それ以外の憲法の保障する自由、殊にいわゆる精神的自由に比較して、公権力による規制の要請がつよく、憲法二二条一項が『公共の福祉に反しない限り』という留保のもとに職業選択の自由を認めたのも、とくにこの点を強調する趣旨にでたものと考えられる」と判示し、二重の基準論の考え方をとるかのような立場を示して、注目された。「主権が国民に属する民主制国家では、……表現の自由、とりわけ、公共的事項に関する表現の自由は、特に重要な憲法上の権利として尊重されなければならない」と説く判例（最大判昭和六一・六・一一民集四〇巻四号八七二頁、第九章三2㈠＊「北方ジャーナル」事件参照）もある。しかし、この考え方は、精神的自由を規制する立法の合憲性を判定する基準として、必ずしも十分に具体化されていない（第九章三参照）。そこに、判例理論のきわめて大きな問題がある。

†審査基準論と比例原則　判例の採用する個別的比較衡量の審査方法が妥当する場合を裁判所が仲裁者としてはたらくような場合に限定し、それ以外の事例では二重の基準論を基礎にしながら人権の性質に応じて合理性の基準とより厳格な基準を使い分けていくというのが、ここで述べられている芦部説の骨子であり、この後各人権の説明のなかで「合理性の基準」「厳格な合理性の基準」「厳格な基準」の三つの基準の適用の仕方が論じられることになる。このような芦部説の考え方からすると、判例は審査基準を明確にすることなく個別的比較衡量を多用しており、そこに問題があるということになるが、これに対し、最近、日本の最高裁判例をドイツの憲法裁判所判例と比較する研究を行っている研究者たちにより、アメリカ合衆国最高裁の判例理論に依拠している審査基準の考えよりドイツの憲法裁判所が審査に用いている比例原則の考え方のほうが、日本の判例を理解するのに適しているのではないかという問題提起がなされている。比例原則とは、基本権制限が合憲であるためには、制限の目的と手段が比例していなければならないという原則であるが、比例しているかどうかを判断するのに、①手段が正当な目的と適合的であること、②手段が目的達成のために必要であること、③制限により得られる利益と失われる利益が均衡していること、の三点が検討される。これをアメリカ的な審査基準の考え方と比較すると、①と②がアメリカの手段審査に似るとはいえ、審査の厳格度により三つの基準を分けるという考え方は採っておらず、結局は③が決め手となっていると思われる。そうだとすれば、事件ごとに個別的な利益衡量を行うという手法と解されるので、その限りで日本の最高裁

の個別的比較衡量に近いと思われ、その点でドイツの比例原則により日本の最高裁判例を理解したほうがより正確な理解ができるのではないかという主張も、ある意味では理解できないわけではない。しかし、基準なしの利益衡量は最終的な結論を裁判官の主観的判断に委ねるという意味をもつから、裁判官を信頼してその判断に委ねるか、それとも一定の基準を設定し裁判官の主観的判断を可能な限り拘束したほうがよいのかという問題となる。基準設定が裁判所による立法という意味をもつことを考えると、裁判所の法創造を広く認める英米法の伝統と建前上はそれを認めない大陸法の伝統との違いという側面もあり、難しい問題である。

二　特別な法律関係における人権の限界

以上は公権力と一般国民との関係における人権の限界の問題であるが、公権力と特殊な関係にある者(たとえば公務員、在監者、国公立大学学生)については、特別な人権制限が許されると考えられている。それを正当化するため明治憲法以来用いられてきた最も有力な考え方が、特別権力関係の理論であった。

1　特別権力関係の理論とその問題点

特別権力関係論とは、特別の公法上の原因(法律の規定または本人の同意)によって成立する公権力と国民との特別の法律関係を「特別権力関係」という観念で捉え、そこにおいては、以下のような法原則が妥当すると説く理論である。それは、①公権力は包括的な支配権(命令権、懲戒権)を有し、個々の場合に法律の根拠なくして特別権力関係に属する私人を包括的に支配できること(法治主義の排除)、②公権力は、特別権力関係に属する私人に対して、一般国民として有する人権を、法律の根拠なくして制限することができること（人権の制限）、③特別権力関係内部における公権力の行為は原則として司法審査に服さないこと（司法審査の排除）、である。

しかし、日本国憲法は、「法の支配」の原理（第一章五1・2参照）を採用し、基本的人権の尊重を基本原理とし、さらに、国会を「唯一の立法機関」と定めているので、伝統的な特別権力関係論の説く法原則は、到底そのままでは通用しえない。そこで、特別権力関係という観念を認める説も、この理論に修正を加え、人権規定が原則として適用されること、人権制限は特別権力関係の設定目的に照らして必要かつ合理的範囲内にとどまらなければならないこと、特別権力関係が私人の同意に基づいて成立した場合などを除いて、人権制限には法律の根拠が必要であること、特別権力主体（公権力）の違法な措置に対しては司法審査権が及ぶこと、などを認めるようになった。

特別権力関係論に対する批判はさらに進んで、そもそもこの理論が必要であるかどうかも問題とする。すなわち、この理論は、公務員関係、在学関係、在監関係など、まったく性質の異なる法律関係にある者をすべて「公権力に服従している」という形式的なカテゴリーによって同じ性質のものと一括して捉え、それに先に記したような特別の法原則が妥当すると説くのである。しかし、これらの法律関係にある構成員の権利の制限の根拠・目的・程度等はそれぞれまったく異なる。したがって、それぞれの法律関係において、いかなる人権が、いかなる根拠から、どの程度制約されるのかを具体的に明らかにすることこそが重視されなければならない。そこで、以下、公務員関係と在監関係について、人権の限界を簡単に説明しておきたい（在学関係も考え方の筋道は同じである。たとえば、学生の政治的自由につき本章三2＊(3)、生徒の自己決定権につき第七章一4参照）。

2　公務員の人権

公務員の人権については、国家公務員の政治活動の自由の制限(国家公務員法一〇二条、人事院規則一四—七)と、公務員等の労働基本権の制限(国家公務員法九八条二項、地方公務員法三七条、国営企業労働関係法[現行は特定独立行政法人の労働関係に関する法律]一七条等)がとくに問題となる。公務員の人権制限の根拠は、初期の判例においては、公共の福祉および「全体の奉仕者」(憲法一五条二項)という抽象的な観念に求められていた。その背後には、特別権力関係論の考え方があった。

しかし、それでは人権制限の根拠としては不十分であるという批判に応えて、最高裁判所は、一九六六年(昭和四一年)の全逓東京中郵判決において、公務員にも一般の勤労者と同様に基本権が保障されるが、その職務の性質上、国民全体の利益の保障という見地からの制約を当然の内在的制約として内包するにとどまる、と説き、従来の抽象的な根拠づけを放棄した。この判決の趣旨を考慮に入れ、公務員の人権制限の根拠は、憲法が公務員関係の存在と自律性を憲法秩序の構成要素として認めていること(一五条・七三条四号等)に求めるのが妥当である。公務員の人権制限の詳細については後述する(第一三章三3・4参照)。

3　在監者の人権

在監関係においても、伝統的な特別権力関係論はもはや通用しない。在監者の人権制限を正当化する根拠は、公務員の場合と同じく、憲法が在監関係とその自律性を憲法的秩序の構成要素として認めていること(一八条・三一条参照)に由来する。この憲法が予定している在監関係を維持するために在監者の権利を特別に制限することは許されるが、その制限は、拘禁と戒護(逃亡・罪証隠滅・暴行・殺傷の防止、紀律維持など)および受刑者の矯正教化という在監目的を達成するために必要最小限度にとどまるものでなければならない。したがって、精神的自由の規制であっても、集会・結社の制限などは拘禁目的の達成のために許される制限と言えるが、新聞・図書の閲読の制限、信書の発受の制限などについては、裁判所による厳格な審査が必要となろう。この点に関して、一九八三年(昭和五八年)の「よど号」ハイ・ジャック新聞記事抹消事件最高裁判決*は、監獄長の新聞記事抹消処分の許容限度について、監獄内における紀律・秩序が放置できない程度に害される「相当の具体的蓋然性」が予見される場合にかぎり、禁止または制限できる、という基準を採用した。

＊「よど号」ハイ・ジャック新聞記事抹消事件　昭和四四年の国際反戦デー闘争等において公務執行妨害等の罪名で起訴された勾留中の被疑者が、新聞を定期購読していたところ、たまたま発生した日航機「よど号」乗っ取り事件に関する新聞記事を拘置所長が全面的に抹消したので、その抹消処分は「知る権利」を侵害したとして争った事件。最高裁は、先に述べたような比較衡量の一般論(本章一3＊参照)に続いて、新聞閲読の自由の制限は在監目的を達するために「真に必要と認められる限度にとどめられるべき」だとし、その限度、すなわち監獄長の抹消処分が許される限界について、閲読を許すことにより監獄内の紀律および秩序の維持にとって障害が生ずる「相当の蓋然性」があると認められることが必要である、と判示して、抹消処分は適法であるとした(最大判昭和五八・六・二二民集三七巻五号七九三頁)。この基準は、かなり厳格なものと言うことができるが、それは、おそらく抹消処分が事前抑制であることを考慮に入れたためであろう。しかし判決が、相当の蓋然性の存否、制限の程度等の認定判断について、監獄長の裁量的判断を尊重し、合理性が認められるかぎり、それを「適法として是認すべきもの」と解している点は(一般論としては肯認できるとしても)、運用いかんによっては基準の厳しさを弱めるおそれもあり、問題を残している。

なお、監獄法五〇条[現刑事収容施設法一二七条]・同法施行規則一三〇条に基づく在監者の「信書ノ検閲」を右判例の趣旨に徴して憲法二一条に反しないことは明らかであると説き、税関検査事件と「北方ジャーナル」事件の判決(第九章三2㈠・㈡参照)の趣旨に徴して憲法二一条二項に言う「検閲」にも当たらないとした判決もある(最判平成六・一〇・二七判時一五一三号九一頁)。[また、最判平成一一・二・二六判時一六八二号一二頁は、監獄法四六条一項(現刑事収容施設法一三九条)に基づく死刑確定者の信書の発送の不許可処分を監獄長の裁量を尊重して適法と判示したが、より厳格な審査を主張する反対意見が付されている。同じく、信書(刑務所内の実情を明らかにしその改善を求めた国会請願等について取材・報道を要請する内容の新聞社宛信書)の発信不許可処分を争った事件の平成一八年三月二三日最高裁判決(最高裁判所裁判集民事二一九号九四七頁)では、裁量権の逸脱が認められている。なお、監獄法は二〇〇五年に「刑事施設及び受刑者の処遇等に関する法律」により一部が改正され(法律名も変更)、さらに右法律が二〇〇六年に改正されて「刑事収容施設及び被収容者等の処遇に関する法律」となり、この施行により旧監獄法が廃止された。このため「在監者」「在監関係」等、監獄法に結びついた用語の見直しが必要であるが、議論の内容に関わらないかぎり、とりあえずそのまま残してある。]

三　私人間における人権の保障と限界

1　社会的権力と人権

憲法の基本的人権の規定は、公権力との関係で国民の権利・自由を保護するものであると考えられてきた。とくに自由権は、「国家からの自由」として、国家に対する防御権であると解するのが通例であった。ところが、資本主義の高度化にともない、社会の中に、企業、労働組合、経済団体、職能団体などの巨大な力をもった国家類似の私的団体が数多く生まれ、一般国民の人権が脅かされるという事態が生じた。また、最近は、都市化・工業化の進展による公害問題、情報化社会の下でのマス・メディアによるプライバシー侵害なども生じ、重大な社会問題となっている。そこで、このような「社会的権力」による人権侵害からも、国民の人権を保護する必要があるのではないかが問題となってきた。

人権は、戦後の憲法では、個人尊厳の原理を軸に自然権思想を背景として実定化されたもので、その価値は実定法秩序の最高の価値であり、公法・私法を包括した全法秩序の基本原則であって、すべての法領域に妥当すべきものであるから、憲法の人権規定は私人による人権侵害に対しても何らかの形で適用されなければならない。*

*伝統的な人権観念の歴史性　自然権を実定化した戦後の諸憲法の下での人権研究によって、一八世紀の人権宣言も全法秩序の基本原則であったこと、人権をもっぱら国家に対する防御権と解する伝統的な考え方は、自由主義の国家論（第一章五3㈠参照）と、法実証主義およびそれと結び合って説かれた国家法人説の理論（第二章一2、第五章一3参照）などの思想に由来する歴史的理由に基づくもので、人権の観念に当然にともなうものではないこと、などが明らかにされたことも、人権が全法秩序の基本原則である、という考え方を推進させた。

2　人権の私人間効力——二つの考え方

それでは、人権規定は私人間にどのように適用されるか。ごく一部の非適用説を除くと、学説は、間接適用（間接効力）説と直接適用（直接効力）説の二つに大別される。†

†最近、非適用説を再評価・再構成する見解が唱えられている。それによれば、人権はもともと自然権として超実定法的権利と観念されていたのであり、それをより良く保障するために実定法秩序が形成された。したがって、実定法の背後には超実定法的な人権が存在するのである。この人権は、誰に対しても主張しうる権利という性格をもっている。その人権を実定法により保障するために実定法のなかに取り込んでいるのであるが、実定法に取り込まれた人権は、取り込んだ実定法の特質により拘束される。憲法に取り込まれた「憲法上の人権」は、憲法が公権力を名宛人とするという特質により拘束されて、公権力を名宛人とする権利になるのであり、民法に取り込まれた人権は、民法が私人間を規整する法律であるという特質により拘束されて、私人間で実現されるべき権利となるのである。したがって、「憲法上の人権」は、直接であれ間接であれ私人間に適用されることはありえない。後述する間接適用説は、人権を民法九〇条などに読み込んで解釈すると考えるが、そこに読み込まれるのは「憲法上の人権」ではなくて、超実定法的な人権なのである。要するに、人権の私人間適用とは、私人間を規律する法律を超実定法的人権に適合的に解釈するということにすぎない。三菱樹脂事件(後述*参照)の最高裁判決は、通説によれば間接適用説の立場を採用したものと説明されているが、正確には非適用説の立場に立っていると理解できるものである。

間接適用説は、規定の趣旨・目的ないし法文から直接的な私法的効力をもつ人権規定を除き、その他の人権(自由権ないし平等権)については、法律の概括的条項、とくに、公序良俗に反する法律行為は無効であると定める民法九〇条のような私法の一般条項を、憲法の趣旨をとり込んで解釈・適用することによって、間接的に私人間の行為を規律しようとする見解で、通説・判例の立場である。*この立場をとれば、人権規定の効力は、私人相互間の場合には、それが国家権力との関係で問題になる場合と異なり、当該関係のもつ性質の違いに応じて当然に相対化される。これに対して、直接適用説は、ある種の人権規定(自由権ないし平等権あるいは制度的保障)が私人間にも直接効力を有すると説く。この場合、人権規定の効力が相対化することを認めれば、実際上は間接適用説とほとんど異ならないことになる。

＊間接適用説の判例

(1)　三菱樹脂事件　大学卒業後、被告(三菱樹脂株式会社)に採用された原告が、在学中の学生運動歴について、入社試験の際に虚偽の申告をしたという理由で、三カ月の試用期間終了時に本採用を拒否された。裁判では、人権規定が私人間に適用されるか、という一般的な問題のほか、会社が入社試験の際に応募者の思想に関する事項を尋ねることが憲法一九条の思想の自由に反しないか、また、特定の思想を有することを理由に本採用を拒否することは同一四条の「信条」による差別に当たらないか、が問題となった。一、二審で原告は勝訴したが、最高裁は、私人間効力の問題については、「社会的に許容しうる限度を超える」人権の侵害があった場合は、民法一条・九〇条や不法行為に関する諸規定等の適切な運用によって解決できるとし、間接適用説の立場に立ちつつ、具体的な解釈としては、企業は雇用の自由を有し、「特定の思想・信条を有する者をそのゆえをもって雇い入れることを拒んでも、それを当然に違法とすることはできず」、また、「労働者の採否決定にあたり、労働者の思想・信条を調査し、そのためその者からこれに関する事項についての申告を求めることも」違法ではない、と判示した(最大判昭和四八・一二・一二民集二七巻一一号一五三六頁)。私人相互間の問題とはいえ、絶対的に保障される思想・信条の自由について判決のように考えるのは疑問であり、学説上も批判的な立場が有力である。

(2)　日産自動車事件　定年年齢を男子六〇歳、女子五五歳と定める会社の就業規則が、性別による不合理な差別を定めたものとして、民法九〇条により無効とされた(最判昭和五六・三・二四民集三五巻二号三〇〇頁)。

(3)　昭和女子大事件　無届で法案反対の署名運動を行ったり、許可を得ないで学外の政治団体に加入したりした行為が、学則の具体的な細則たる「生活要録」の規定に違反するとして、自宅謹慎を申し渡された学生が、なおマスコミに大学の取調べの実情を公表したりしたため、退学処分を受けたので、「生活要録」

が憲法一九条・二一条に違反することを理由に学生たる地位の確認を求めて争った事件。最高裁は、①三菱樹脂事件判決を引いて間接適用の立場を明らかにしたのち、②大学は国公立たると私立たるとを問わず「学生の教育と学術の研究を目的とする公共的な施設」で、「学生を規律する包括的権能を有する」が、その権能も無制限なものではなく、「在学関係設定の目的と関連し、かつ、その内容が社会通念に照らして合理的と認められる範囲においてのみ是認されるものである」とし、本件「生活要録」は、「同大学が学生の思想の穏健中正を標榜する保守的傾向の私立学校であることをも勘案すれば」、不合理なものと断定できず、退学処分も懲戒権者の裁量権の範囲内にあるもので違法ではない旨判示した(最判昭和四九・七・一九民集二八巻五号七九〇頁)。判旨の①と②は、必ずしも十分に結びついていないので、この判決を人権規定の私人間効力の判例の一つとすることを疑問とする見解も有力である。しかし、私立学校も「公共的な施設」で私学助成金を受けているのであるから、学則やそれに基づく処分の合理性は、当然に間接適用説に則って判断されなければならず、①と②を切り離して考えるのは妥当でない。

(4) 百里基地訴訟　茨城県百里航空自衛隊基地の建設に際し、用地の売買契約をめぐって国および二人の私人との間で起こった紛争。最高裁は、国が私人と対等の立場で締結する私法上の契約は、「その成立の経緯及び内容において実質的にみて公権力の発動たる行為となんら変わりがないといえるような特段の事情のない限り、憲法九条の直接適用を受けず、私法の適用を受けるにすぎない」とし、間接適用説のような立場に立って、憲法九条は「私的自治の原則、契約における信義則、取引の安全等の私法上の規範によって相対化され、民法九〇条にいう『公ノ秩序』の内容の一部を形成する」が、「本件売買契約が締結された昭和三三年当時、私法的な価値秩序のもとにおいては、自衛隊のために国と私人との間で、売買契約その他の私法上の契約を締結することは、社会的に許容されない反社会的な行為であるとの認識が、社会の一般的な観念として確立していたということはできない」と判示した(最判平成元・六・二〇民集四三巻六号三八五頁)。本国の私法上の行為だからといって、常に「国務に関するその他の行為」(憲法九八条一項)に当たらないとは言えないので、国が当事者である場合は、通常の私人間効力の問題とは異なることに注意すべきである。

件契約は「実質的にみて公権力の発動たる行為」と言えるのではないのか、という意見が少なくない。

3　直接適用説の問題点

直接適用説には次のような問題点がある。第一は、人権規定の直接適用を認めると、市民社会の原則である私的自治の原則が広く害され、私人間の行為が大幅に憲法によって規律されるという事態が生ずるおそれがあることである。たしかに、各種の社会的権力が巨大化した現代社会においては、私的自治の原則を絶対視することは不適当ではあるが、しかし、それは現代においてもなお市民社会の基本原則として妥当しており、当事者の合意、契約の自由は原則として最大限に尊重されなければならない。

第二は、基本的人権が、本来、主として「国家からの自由」という対国家的なものであったということは、現代においても、人権の本質的な指標であることである。私人による人権侵害の危険性が増大しているとはいえ、人権にとって最も恐るべき侵害者はなお国家権力である。とくに、価値観が多元化した現代国家においては、政権の座にある多数者の恣意から少数者の権利・自由を擁護するため、人権の対国家権力性(防禦権としての性格)の本質的意味はその重要性を増したと言うこともできる。

第三は、先にふれたように、自由権・社会権の区別が相対化し、自由権も(たとえば「知る権利」のように)社会権的な側面をもつ場合があるので、そういう複合的な性格をもつ権利の直接適用を認めると、かえって自由権が制限されるおそれが生じるということである。たとえば、国民の知る権利を報道機関と市民との関係に直接適用すれば、国民の権利が拡張される反面、報道機関の報道の自由が制約されるおそれが出てくる。直接適用説をストレートに認めると、かえって国家権力の介入を是認する端緒が生じることにもなるのである。*

もっとも、憲法一五条四項・一八条・二八条などのように、個々の人権規定の趣旨、目的ないし法文からして、直接適用される人権があることに注意する必要がある。その意味で、直接適用か間接適用かを二者択一で割り切ってはならない。また、特定の事件に実定法規を適用するうえで当事者の憲法上の権利を論じ、衡量しなければならない場合もある(たとえば、プライバシーの権利や名誉権の侵害を理由として一定の表現行為の差止め請求を行うケース)。このような場合は、私人間の紛争に人権規定が直接適用されるような形になっても、いわゆる直接適用説そのものではない。

*国の人権保護義務の理論　近時、とくにドイツの判例・学説を参照して、日本国憲法は個人が相互に尊重しあいながら共生する社会を前提としていること、それを確立することが国家に求められていること、したがって私人間で人権侵害が争われ、立法による保護措置がない場合には、裁判所が国家の機関として介入し、保護を与える義務があること、などを主要な論拠とし、直接適用を説く見解が一部に有力である。しかし、国の保護義務は一定の類型の権利・自由については認められるけれども、それをすべての権利・自由について強調し、直接適用説に結びつけることは、日本においては、かえって人権の不当な制限を招くおそれが少なくない、という反論にも十分傾聴すべきものがあろう。

4　間接適用説の内容

人権規定を私人間に間接適用する場合に、人権侵害行為をその態様に応じて次の三つに分類して考えることが有益である。すなわち、①法律行為に基づくもの、②事実行為に基づくが、その事実行為自体が法令(学則等も含む)の概括的な条項・文言を根拠としているもの、③純然たる事実行為に基づくもの、がそれである。

①と②の行為は、法令の解釈の際に人権規定の趣旨が考慮される。たとえば、①については、企業と労働者との関係において人権侵害をともなう疑いのある解雇(法律行為)は、民法九〇条の「公序良俗」に反しないかどうかを吟味する過程で人権規定の趣旨が勘案される。また、②の法令に基づく事実行為による人権侵害の場合にも、概括的な条項・文言を解釈・適用する際に、人権規定の趣旨を考慮しなければならない。

5　事実行為による人権侵害

間接適用説は、③の純然たる事実行為による人権侵害に対しては、それを真正面から憲法問題として争うことはできない。民法七〇九条の不法行為に基づく損害賠償の救済手段はあるが、それにも限界がある。そこで、憲法論として考えるうえで参考になるのが、アメリカの判例で採用されている「国家行為」(state action)の理論である。この理論は、人権規定が公権力と国民との関係を規律するものであることを前提としつつ、(i)公権力が、私人の私的行為にきわめて重要な程度にまでかかわり合いになった場合、または、(ii)私人が、国の行為に準ずるような高度に公的な機能を行使している場合に、当該私的行為を国家行為と同視して、憲法を直接適用するという理論である(国家同視説と呼ばれる)。(i)の例として、公共施設の内部で食堂を経営している私人が黒人差別を行った場合とか、また、国から多額な財政的援助を受け、そのかぎり国の広汎な監督に服している私的団体が違憲的な行為を行った場合などが、挙げられる。また、一定の独占的な特許を受けた公益事業のような企業体が行った違憲的行為で、国の規制がそれを促進する意味をもった場合とか、私人間の違憲的行為で実効性を失ってしまったものを、裁判所の介入によって再び実効性あるものにした場合も、(i)の類型に属する行為となり、憲法の適用を受ける。(ii)の例としては、会社が私有し運営する会社町(company town)が街頭の宗教的文書の頒布を禁止した行為を違憲とした事件が、著名である。このような理論構成によって、事実行為による人権侵害を違憲であると解し、たとえば民法七〇九条の不法行為の違法性の裏付けを強化したり、国家賠償請求その他の行政訴訟を提起する救済手段につなげたりすることも考えられてよい。

第七章　包括的基本権と法の下の平等

一　生命・自由・幸福追求権

1　幸福追求権の意義

㈠　憲法一三条の法的性格

日本国憲法は、一四条以下において、詳細な人権規定を置いている。しかし、それらの人権規定は、歴史的に国家権力によって侵害されることの多かった重要な権利・自由を列挙したもので、すべての人権を網羅的に掲げたものではない（人権の固有性）。社会の変革にともない、「自律的な個人が人格的に生存するために不可欠と考えられる基本的な権利・自由」として保護するに値すると考えられる法的利益は、「新しい人権」として、憲法上保障される人権の一つだと解するのが妥当である。その根拠となる規定が、憲法一三条の「生命、自由及び幸福追求に対する国民の権利」（幸福追求権）である（生命権と幸福追求権とを分離して考える説もある）。

この幸福追求権は、はじめは、一四条以下に列挙された個別の人権を総称したもので、そこから具体的な法的権利を引きだすことはできない、と一般に解されていた。しかし、一九六〇年代以降の激しい社会・経済の変動によって生じた諸問題に対して法的に対応する必要性が増大したため、その意義が見直されることになった。その結果、個人尊重の原理に基づく幸福追求権は、憲法に列挙されていない新しい人権の根拠となる一般的かつ包括的な権利であり、この幸福追求権によって基礎づけられる個々の権利は、裁判上の救済を受けることができる具体的権利である、と解されるようになったのである。判例も、具体的権利性を肯定している。*

＊京都府学連事件　デモ行進に際して、警察官が犯罪捜査のために行った写真撮影の適法性が争われた事件。最高裁は、「個人の私生活上の自由の一つとして、何人も、その承諾なしに、みだりにその容ぼう・姿態を撮影されない自由を有する……。これを肖像権と称するかどうかは別として、少なくとも、警察官が、正当な理由もないのに、個人の容ぼう等を撮影することは、憲法一三条の趣旨に反し、許されない」と判示して、肖像権（プライバシーの権利の一種）の具体的権利性を認めた（最大判昭和四四・一二・二四刑集二三巻一二号一六二五頁）。速度違反車両の自動撮影を行う自動速度監視装置による運転者の容ぼうの写真撮影は、現に犯罪が行われている場合になされ、緊急に証拠保全する必要性があり、その方法も一般的に許容される限度のものであるから、肖像権・プライバシー権等を侵害しない、という判例もある（最判昭和六一・二・一四刑集四〇巻一号四八頁）。

㈡　**幸福追求権の意味**　幸福追求権は、個別の基本権を包括する基本権であるが、その内容はあらゆる生活領域に関する行為の自由（一般的行為の自由*）ではない。個人の人格的生存に不可欠な利益を内容とする権利の総体を言う（人格的利益説）。また、個別の人権を保障する条項との関係は、一般法と特別法との関係にあると解されるので、個別の人権が妥当しない場合にかぎって一三条が適用される（補充的保障説）。

＊一般的行為自由説　個人の自由は広く保護されなければならないとの観点から、たとえば服装、飲酒、散歩、登山、海水浴、自動車ないしオートバイ（バイク）の運転などの行為にも憲法の保障が及ぶと解する説。もっとも、バイクに乗るとか髪形を長髪にする自由それ自体が人権だとするのではなく、幸福追求権という人権として保障されるのは、個人の自由な行為という意味での「一般的行為の自由」であり、その人権行使の一つの態様として、バイクに乗る、または髪形を長髪にする、かどうかの自由な決定が、他者の権利を侵害しない限度で保護されるのだ、と言う。しかし、人格的利益説をとっても、これらの行為を行う自由が保護されなくなるわけではない。それを一部の人について制限ないし剝奪するには、もとより十分に実質的な合理的理由がなければならない。平等原則や比例原則（権利・自由の規制は社会公共の障害を除去するために必要最小限度にとどまらなければならないとする原則）とのかかわりで、憲法上問題となることもありうる。

2　幸福追求権から導き出される人権

もっとも、幸福追求権からどのような具体的権利が実際に導き出されるか、そして、それが新しい人権の一つとして承認されるかどうかをどのような基準で判断するかは、なかなか難しい問題である。この点に関して、これまで、新しい人権として主張されたものは、プライバシーの権利、環境権、日照権、静穏権、眺望権、入浜権、嫌煙権、健康権、情報権、アクセス権、平和的生存権など多数にのぼるが、最高裁判所が正面から認めたものは、前述のプライバシーの権利としての肖像権ぐらいである。＊

また、これらの権利について、明確な基準もなく、裁判所が憲法上の権利として承認することになると、裁判所の主観的な価値判断によって権利が創設されるおそれも出てくる。そこで、憲法上の権利と言えるかどうかは、特定の行為が個人の人格的生存に不可欠であることのほか、その行為を社会が伝統的に個人の自律的決定に委ねられたものと考えているか、その行為は多数の国民が行おうと思えば行うことができるか、行っても他人の基本権を侵害するおそれがないかなど、種々の要素を考慮して慎重に決定しなければならない。

＊前科照会事件　最高裁は、肖像権のほか、「前科・犯罪経歴は人の名誉・信用にかかわり、これをみだりに公開されないのは法律上の保護に値する利益である」と述べ(最判昭和五六・四・一四民集三五巻三号六二〇頁)、地方公共団体が弁護士の照会に安易に応じた行為を違法と判示し、前科をみだりに公開されない自由をプライバシー権の一つとして認める趣旨とも解されるような見解も示している。また、「北方ジャーナル」事件(第九章三2㈠＊参照)では、「人格権としての名誉の保護(憲法一三条)」と述べ、名誉権を幸福追求権の一つとして認めている。

3　プライバシーの権利

㈠　沿革と意味

幸福追求権を主要な根拠として判例・通説によって認められているプライバシーの権利は、「ひとりで放っておいてもらう権利」としてアメリカの判例において発展してきたものであるが、わが国では、一九六四年(昭和三九年)の「宴のあと」事件一審判決[＊]が、「私生活をみだりに公開されない法的保障ないし権利」と定義し、この私法上の権利(人格権)は個人の尊厳を保ち幸福の追求を保障するうえにおいて必要不可欠なものであるとし、それが憲法に基礎づけられた権利であることを認めた。これと同じ趣旨の立場は、その後の名誉・プライバシーに関する裁判でも打ち出されている。[＊＊]

このように私法上の権利として認められた、人格権の一つとしてのプライバシーの権利は、前述の京都府学連事件、前科照会事件等の最高裁判決によって憲法上の権利としても確立した。それを広く、個人の人格的生存にかかわる重要な私的事項(たとえば容ぼう、前科などの自己に関する情報)は各自が自律的に決定できる自由、と言うことができよう。

しかし、このような、個人の私的領域に他者を無断で立ち入らせないという自由権的、したがって消極的なものと理解されてきたプライバシーの権利は、情報化社会の進展にともない、「自己に関する情報をコントロールする権利」(情報プライバシー権)と捉えられて†、自由権的側面のみならず、プライバシーの保護を公権力に対して積極的に請求していくという側面が重視されるようになってきている。これは、個人に関する情報(個人情報)が行政機関によって集中的に管理されているという現代社会においては、個人が自己に関する情報を自らコントロールし、自己の情報についての閲読・訂正ないし抹消請求を求めることが必要であると考えられるようになったことに基づく。このプライバシーの保護については、各地方公共団体が条例で対処するにすぎなかったが、一九八八年(昭和六三年)、「行政機関の保有する電子計算機処理に係る個人情報の保護に関する法律」が施行された(ただし、この法律は、情報の利用・提供の制限、開示請求権に例外規定が多いこと、訂正の申し出を認めるだけで訂正請求権を認めていないことなど、不十分な点が少なくない)††。

＊「宴のあと」事件　東京都知事選挙に立候補して惜敗した原告をモデルとする小説「宴のあと」(三島由紀夫著)が、原告のプライバシーの権利を侵害するかどうか争われた事件。一審判決(東京地判昭和三九・九・二八下民集一五巻九号二三一七頁)は、プライバシー侵害の要件として、公開された内容が、①私生活上の事実または事実らしく受けとられるおそれのあることがらであること、②一般人の感受性を基準にして当該私人の立場に立った場合公開を欲しないであろうと認められることがらであること、③一般の人々にいまだ

知られていないことがらであることを必要とする、という三要件を提示し、結論として、プライバシーの権利の侵害があった、と判示した。なお、事件は、二審に係属中に和解が成立して決着がついた。

＊＊人格権と名誉・プライバシー　各人の人格に本質的な生命、身体、健康、精神、自由、氏名、名誉、肖像および生活等に関する利益の総体は広く人格権と呼ばれ、私法上の権利として古くから認められてきた。名誉もプライバシーも人格権の一種であるが、前者は人の価値に対する社会の評価を言うのに対し、後者は社会的評価にかかわりない私的領域を言う。そこに両者の本質的な相違がある。［なお、判例は顧客吸引力を有する有名人の肖像等に認められる「パブリシティの権利」も人格権から生ずるものとしている（最判平成二四・二・二民集六六巻二号八九頁）。］

†情報プライバシー権的捉え方を示唆する判例として、江沢民講演会参加者名簿提出事件と住基ネット訴訟が注目される。

(1)　江沢民講演会参加者名簿提出事件　早稲田大学で中国の江沢民国家主席の講演会が開催された際に、警備に当たった警察の要請に応えて大学は、参加希望学生が氏名・学籍番号・住所・電話番号を記入した名簿の写しを学生に無断で警察に提出した。そこで学生が大学に対しプライバシー侵害を理由に損害賠償を求めた。最高裁は、本件の個人情報につき、「本人が、自己が欲しない他者にはみだりにこれを開示されたくないと考えることは自然なことであり、そのことへの期待は保護されるべきものであるから、本件個人情報は、上告人らのプライバシーに係る情報として法的保護の対象となる」と述べ、本件においては学生の承認を求めることも容易であったと認定してプライバシー侵害を認めた（最判平成一五・九・一二民集五七巻八号九七三頁）。本件は私人間の問題であり、憲法を援用しているわけではないが、人権の私人間効力に関する間接適用説からは、憲法の保障するプライバシー権が民法七〇九条を媒介にして間接的に適用されたという理解になろう。

(2)　住基ネット訴訟　住民基本台帳法は住民基本台帳ネットワークシステム（住基ネット）を導入したが、それは市町村が保有する住民基本台帳上の本人確認情報（氏名、生年月日、性別、住所、住民票コード、変更情報)を都道府県のサーバに送信し、都道府県はそれを全国サーバに送信してそこに保存し、行政機関が個人情報を本人確認のために管理・利用することを可能にするものである。そこで住民が、市町村が住民の情報を住基ネットに提供することは、データマッチングや名寄せによりプライバシー侵害の具体的危険を発生させるとして、提供の差止あるいは国家賠償を求めた。最高裁は、憲法一三条が「個人の私生活上の自由の一つとして、何人も、個人に関する情報をみだりに第三者に開示又は公表されない自由を有するものと解される」と述べた上で、本件では本人確認情報の目的外使用には住基法上重い刑罰により禁止される等の制度的担保が組み込まれており、プライバシー侵害の具体的な危険が発生しているとは言えないとして合憲の判断をした(最判平成二〇・三・六民集六二巻三号六六五頁)。

††二〇〇三年に、民間の事業者が保有する個人情報を保護するための「個人情報の保護に関する法律」が制定され、その際に「行政機関の保有する電子計算機処理に係る個人情報の保護に関する法律」は改正されて「行政機関の保有する個人情報の保護に関する法律」となり、罰則の強化・訂正請求権の承認などが定められた。

(二)　**違憲審査の基準**　個人情報は、①だれが考えてもプライバシーであると思われるもの、②一般的にプライバシーと考えられるもの、③プライバシーに該当するかどうか判然としないもの、に大別できる。個人情報の収集・保有・利用ないし開示についてプライバシー権の侵害の有無が争われた場合、①は人の人格的生存の根源にかかわるので、最も厳格な審査基準(目的は必要不可欠な「やむにやまれぬ利益」で、手段はその目的を達成するための必要最小限度のものに限定される旨を要求する基準)によって、合憲性を判断しなければならない。* しかし、②等の情報については、原則として「厳格な合理性」の基準(立法目的が重要なものであり、規制手段が目的と実質的な関連性を有することを要求する基準)を用いるのが妥当ではないか、と解される。

＊厳格審査基準の例　前科照会事件最高裁判決（前述2＊参照）の伊藤正己裁判官補足意見は、「前科等は、個人のプライバシーのうちでも最も他人に知られたくないものの一つであり……公開が許されるためには、裁判のために公開される場合であっても、その公開が公正な裁判の実現のために必須のものであり、他に代わるべき立証手段がないときなどのように、プライバシーに優越する利益が存在するのでなければならず、その場合でも必要最小限度の範囲に限って公開しうるにとどまる」と述べ、「やむにやまれぬ利益」基準に当たる厳格審査基準を適用した。

4　自己決定権

プライバシーの権利を自己情報のコントロール権として捉えると、それ以外にプライバシーないし私生活上の自由と考えられてきたもの、たとえば、①子どもを持つかどうかなど家族のあり方を決める自由（断種、避妊、妊娠中絶などの問題）、②身じまい（髪形、服装）などライフスタイルを決める自由、③医療拒否、とくに尊厳死など生命の処分を決める自由など、個人の人格的生存にかかわる重要な私的事項を公権力の介入・干渉なしに各自が自律的に決定できる自由は、情報プライバシー権とは別個の憲法上の具体的権利だと解されることになる。一般に自己決定権（ないし人格的自律権）と呼ばれるものが、それである。

もっとも、プライバシーの権利は、もともと私生活への侵入と私事の公開を排除する「ひとりで放っておいてもらう権利」として発展し、個人の人格的生存にとって必要不可欠な基本的権利と解されてきたもので、アメリカでは①の自由を中心に判例上形成されてきたのであるから、自己決定権は、プライバシーの権利とまったく別個独立の権利というよりも、情報プライバシー権と並んで広義のプライバシーの権利を構成するもの、と解するのが妥当であろう。ただ、わが国では自己決定権を真正面から認めた判例は存在しない。中学・高校の校則による髪形の自由の規制やバイクに乗る自由の規制などが、別の観点から裁判で争われたにとどまる。しかし、髪形ないし服装の自由を自己決定権の一つと解したとしても、一定の規律の存在が予定される学校においては、規制に重要な教育目的があり、かつ、規制の態様・程度がその目的と実質的に事実上の合理的な関連性を有する、という論証がなされるかぎり、規制は許されると解することができる(校則で禁止されたパーマをかけたため自主退学させられた元私立高校生が、処分の違法性を争った事件で、最高裁は、「高校生らしい髪形を維持し非行を防止する目的」で定められた校則は、「社会通念上、不合理とはいえない」旨判示した。最判平成八・七・一八判時一五九九号五三頁)。〔他に、「エホバの証人」の信者が意に反する輸血を受けたため、自己決定権の侵害を理由に損害賠償を求めた事件があるが、原審判決が輸血への同意権を「自己決定権に由来する」権利と述べて損害賠償を認めたのに対し、最高裁は、自己決定権には言及することなく、輸血を伴う医療行為を拒否する意思決定をする権利は「人格権の一内容として尊重されなければならない」と述べて原審判決を維持した(最判平成一二・二・二九民集五四巻二号五八二頁)。〕

二　法の下の平等

1　平等の観念の歴史

以上のような包括的基本権と同じく、個人権であるとともに人権の総則的な意味をもつ重要な原則が「法の下の平等」である。この平等の理念は、人権の歴史において、自由とともに、個人尊重の思想に由来し、常に最高の目的とされてきた。自由と平等の二つの理念が深く結び合って、身分制社会を打破し近代立憲主義を確立する推進力となったことは、多くの人権宣言に示されているとおりである(第五章一2参照)。現代の憲法においても、相互に密接に関連し依存し合う原理として捉えられている。

しかし、歴史の経過をみると、自由と平等とは相反する側面も有している。一九世紀から二〇世紀にかけての市民社会において、すべて個人を法的に均等に取り扱いその自由な活動を保障するという形式的平等(機会の平等)は、結果として、個人の不平等をもたらした。資本主義の進展にともない、持てる者はますます富み、持たざる者はますます貧困におちいったからである。法上の自由・平等は、事実の面での不自由・不平等を生じさせたのである。

そこで、二〇世紀の社会福祉国家においては、社会的・経済的弱者に対して、より厚く保護を与え、それによって他の国民と同等の自由と生存を保障していくことが要請される。このような平等の観念が、実質的平等(結果の平等)である。平等の理念は、歴史的には、形式的平等から実質的平等をも重視する方向へ推移していると言えよう。

もっとも、実質的平等を重視すると言っても、それを実現する国の法的義務が「法の下の平等」原則からただちに生ずる、という趣旨ではない。したがって、一四条を根拠に、現実の経済的不平等の是正を国に請求する権利が認められるわけではない。法的な義務は社会権の保障にかかわる問題であり、それを通じて具体化されることを憲法は予定しており、平等原則との関係では実質的平等の実現は国の政治的義務にとどまる。ただ、法の下の平等に言う「平等」の意味は、実質的平等の思想を抜きにして解することはできないので、平等原則に反するか反しないかの基準とされている「合理的な取扱い上の違い」(合理的差別と説く見解もある)に当たるか否かを判定するに際しては、実質的平等の趣旨が最大限考慮されなければならない(後述3㈡でふれる「積極的差別解消措置」は、この観点から検討されるべきである)。したがって、実質的平等を達成するために形式的平等を制限する法令等が、その理由で合憲となる場合もありうる。

2 憲法における平等原則

平等原則を憲法上どのように規定するかは、国により時代によって異なる。明治憲法は、「日本臣民ハ法律命令ノ定ムル所ノ資格ニ応シ均ク文武官ニ任セラレ及其ノ他ノ公務ニ就クコトヲ得」(一九条)と定め、公務就任資格の平等というかたちでしか保障していなかった。

これに対して、日本国憲法は、一四条一項において、法の下の平等の基本原則を宣言し、さらに、個別的に、貴族制度の廃止(一四条二項)、栄典にともなう特権の禁止(同三項)、普通選挙の一般原則(一五条三項)、選挙人の資格の平等(四四条)、夫婦の同等と両性の本質的平等(二四条)、教育の機会均等(二六条)という規定を特別に設けて、平等権ないし平等原則の徹底化を図っている。もっとも、世襲の天皇制はこの原則の大きな例外である。

3 法の下の平等の意味

憲法一四条一項は、「すべて国民は、法の下に平等であつて、人種、信条、性別、社会的身分又は門地により、政治的、経済的又は社会的関係において、差別されない」と定める。この規定の意味については、いくつかの問題がある。

㈠ 法内容の平等

第一は、ここに言う「法の下に」平等とは、法文を形式的・機械的に解釈すれば、法を執行し適用する行政権・司法権が国民を差別してはならない、という法適用の平等*のみを意味するようにもとれるが、そうではなく、法そのものの内容も平等の原則にしたがって定立されるべきだ、という法内容の平等をも意味することである。これは、日本国憲法が憲法と法律を質的に区別し、裁判所による法律の違憲審査を認め、人権を立法権を含むあらゆる国家権力から不可侵なものとして保障していることと対応している。また、法の内容に不平等な取扱いが定められていれば、いかにそれを平等に適用しても、平等の保障は実現されず、個人尊厳の原理が無意味に帰するおそれがあることも、言うまでもないところである。

＊法適用平等(立法者非拘束)説　戦前のヨーロッパ大陸諸国、とくにドイツにおける通説。ヨーロッパでは、伝統的に、法律は理性を表明し正義に合致するもので、憲法と並ぶ高い権威を有し、裁判所による違憲審査制も否定されていたので、「法律の前の平等」の規定は、法律を執行する行政と司法のみを拘束する原則と考えられた。この考え方は戦後の憲法で大きく変わり、法内容平等(立法者拘束)説が一般化した。

(二) 相対的平等

第二に、法の下の「平等」とは、各人の性別、能力、年齢、財産、職業、または人と人との特別な関係などの種々の事実的・実質的差異を前提として、法の与える特権の面でも法の課する義務の面でも、同一の事情と条件の下では均等に取り扱うことを意味することである。「平等」とは絶対的・機械的平等ではなく、相対的平等だと言われるのは、その趣旨である。したがって、恣意的な差別は許されないが、法上取扱いに差異が設けられる事項(たとえば税、刑罰)と事実的・実質的な差異(たとえば貧富の差、犯人の性格)との関係が、社会通念からみて合理的であるかぎり、その取扱い上の違いは平等違反ではないとされる。たとえば、労働条件について女性を優遇し(産前産後休暇、育児時間、生理休暇など)、年少者にかぎり特定の法律を適用し（未成年者の喫煙禁止など）、各人の資力に応じて税額に差異を設け（累進課税）、特定の職業に従事する者に対して業務上特別の注意義務を課すこと（業務上過失致死罪など）は、一般に違憲とは言えない。

なお、アメリカでは、歴史的に差別を受けてきたグループ、とくに黒人や女性に対し、大学入学や雇用等につき特別枠を設け、優先的な処遇を与える積極的差別解消措置（affirmative action）が立法等を通じて進められてきた。これは、行きすぎると「逆差別」となり、平等違反の問題が生じるが、そうでないかぎり、機会の平等を回復し実態に応ずる合理的な平等を実現するものとして、容認されている。わが国の被差別部落解消のための同和対策やアイヌ民族の保護対策などの特別措置は、それに当たる（本章二5㈠参照）。

4　平等違反の違憲審査基準

しかし、さまざまの事例において、具体的に何が合理的な取扱いで、何が不合理な差別であるのかを区別することは、実際には容易ではない。一般的には、民主主義ないし個人主義の理念に照らして不合理と考えられる理由による差別を禁ずるものであると言うことができるが、この民主主義的合理性という基準は抽象的であるから、具体的な事件で違憲か合憲かを判断するには、十分であるとは言えない。そこで、厳格な基準の適用が求められる憲法一四条一項後段の列挙事由（後述5参照）以外の事由（たとえば財産、学歴、年齢など）による取扱い上の差異が平等原則違反で争われる場合でも、先に述べた「二重の基準」の考え方に基づき、対象となる権利の性質の違いを考慮して、立法目的と立法目的を達成する手段の二つの側面から合理性の有無を判断するのが妥当であると考える。

すなわち、精神的自由ないしはそれと関連する問題(選挙権など)について平等原則違反が争われる場合には、原則として、立法目的が必要不可欠なものであるかどうか、立法目的達成手段が是非とも必要な最小限度のものかどうか、を検討することが必要である。それ以外の問題、とくに経済的自由の積極目的規制について平等原則違反が問題とされる場合には、国会に広い裁量が認められるので、立法目的が正当なものであること、目的と手段との間に合理的関連性(事実上の実質的な関連性であることを要しない)が存すること、をもって足りるとする基準(合理的根拠の基準)でよいと解される(ただし、消極目的規制の場合は「厳格な合理性」の基準が適用され、立法目的が重要なものであること(ここに言う重要とは、正当よりも審査が厳しく、不可欠よりは弱い、という趣旨である)、目的と手段との間に実質的な関連性が存することを要求されると考えられる。積極目的規制・消極目的規制の区別につき、第一〇章一1(二)参照)。この点で、所得税について給与所得者と事業所得者との間に不平等がある点が争われたサラリーマン税金訴訟*と、生存権の領域に平等原則がどのように適用されるかが争われた堀木訴訟**が注目される。

*サラリーマン税金訴訟　旧所得税法(昭和四〇年法三三号による改正前のもの)の給与所得課税は、必要経費の実額控除を認めず、給与所得控除という概算控除を認めるにすぎず、また、源泉徴収制度により所得の捕捉率が他の所得に比べて著しく高くなっているなど、事業所得者等に比べて給与所得者に著しく不公平な税負担を課しているとして、憲法一四条一項違反を争った訴訟。最高裁は、租税法の定立は立法府の政策的・技術的な判断に委ねるほかはないので、「立法目的が正当なものであり、かつ、当該立法において具体的に採用された区別の態様が右目的との関連で著しく不合理であることが明らかでない限り、その合理性を否定することはできず」違憲でないとし、また、事業所得等と給与所得との間の所得捕捉率の較差も、正義

衡平の観念に著しく反し長年恒常的に存在するものでない限り、本件課税規定を違憲ならしめるものとは言えない旨判示した(最大判昭和六〇・三・二七民集三九巻二号二四七頁)。広い立法裁量は認められるとしても、必要経費が概算控除額を著しく上回るような場合は、適用違憲になると解される。[なお、一九八七年の法律改正で、部分的に、実額控除の選択が認められている。]

＊＊堀木訴訟　原告(堀木フミ子)は、全盲の視力障害者として、障害福祉年金を受給していたが、同時に、寡婦として子どもを養育していたので、児童扶養手当の受給資格の認定を申請したところ、年金と手当との併給禁止規定に従って申請は却下された。そこで、右併給禁止規定が、憲法二五条・一四条に反しないかが争われた。最高裁は、憲法二五条については、「健康で文化的な最低限度の生活」とは、きわめて抽象的・相対的な概念であって、立法による具体化が必要であるとし、憲法二五条に基づく立法措置についての選択決定は立法府の広い裁量に委ねられているとした(この点は第一三章一2参照)。そして、併給禁止条項により障害福祉年金受給者とそうでない者との間に児童扶養手当の受給に関し差別が生じても、広汎な立法裁量を前提として判断すると、差別は不合理なものとは言えない、と判示した(最大判昭和五七・七・七民集三六巻七号一二三五頁)。しかし、この判決には、生存権が生きる権利そのものであることを考えるならば、むしろ精神的自由の場合に準じて、「事実上の実質的な合理的関連性」の基準によって差別の合理性を事実に基づいて厳格に審査しなければならない、という批判も強い。判決の言うように、障害福祉年金と児童扶養手当が基本的に同じ性格のものだとしても(性格が異なると解する学説もある)、具体的な生活実態等との関連において合理性の有無を判断するのが、妥当であろう。

5　平等の具体的内容

以上のように、すべて国民は、法の定立および適用にあたって不合理な差別待遇を受けないのであるが、この「平等」の内容を具体的に言えば、「人種、信条、性別、社会的身分又は門地により、政治的、経済的又は社会的関係において、差別されない」ことである。

この憲法一四条一項後段の規定は、前段の平等原則を例示的に(限定的ではない)説明したものと解するのが正しい。それらの列挙に該当しない場合でも、不合理な差別的取扱いは前段の原則によってすべて禁止される。判例もそう解している。もっとも、例示説をとっても、後段に列挙された事由による差別は、民主主義の理念に照らし、原則として不合理なものであるから、それによる差別の合憲性が争われた場合には、本章二4に述べたと同じく、立法目的が「やむにやまれぬ」必要不可欠なものであることを要求する「厳格審査」基準または立法目的が重要なものであることを要求する「厳格な合理性」の基準を適用するのが、妥当であると解される。前者の例として人種、信条による差別、後者の例として性別、社会的身分による差別が考えられる。また、これらの場合は、公権力の側で合憲である理由を論証しなければならない、と解するのが妥当であろう。

憲法が差別を禁止する理由として一四条後段に列挙した事項について次に概説しよう。

㈠ 人　種　人種差別は、アメリカ合衆国の黒人差別問題に象徴されるように、深刻な政治的・社会的な争いを生む。アメリカでは、公立学校における人種別学制の違憲判決(一九五四年)以降、一九六四年の「市民的権利に関する法律」等を通じて、積極的差別解消措置が強力に推進された結果、大幅に改められた。人種による差別は、その合憲性が最も厳格な基準によって司法審査される(もっとも、積極的差別解消措置の合憲性が争われる場合は、いわゆる逆差別の問題も生じるので、「厳格な合理性」の基準による[ただし、最近のアメリカ合衆国最高裁判例では、積極的差別解消措置の場合にも最も厳格な審査基準が適用されている])。日本では、アイヌ人・混血児・帰化人が問題となるが、とくに注目されるのはアイヌ民族問題である。一八九九年（明治三二年）に制定された北海道旧土人保護法がその存在意義を失ってしまったので、アイヌの文化の振興とその伝統に関する知識の普及・啓発に関する新法が制定された（平成九年法五二号）。

㈡ **信条**　宗教上の信仰を意味することは明らかであるが、それにとどまらず、広く思想上・政治上の主義を含むと解すべきである（同旨、最判昭和三〇・一一・二二民集九巻一二号一七九三頁）。したがって、特定のイデオロギーを存立の条件とする傾向企業を除き、一般の企業が、たとえば共産党員もしくはその同調者であることを理由として行う解雇は無効である。

㈢ **性別**　戦前日本で最も甚だしかった性別による差別は、一九四五年末に実現した婦人参政権をはじめ、憲法を受けて行われた姦通罪（刑法一八三条）の廃止、妻の無能力など婦人を劣位においた民法の諸規定の改正などを通じて、大幅に改められた。この男女同権は、その他多くの法律（国家公務員法二七条、労働基準法四条など）や条約でも具体化された。とくに、一九八一年発効の女子差別撤廃条約（一九八五年日本批准）は、国籍法の改正（一九八四年）、男女雇用機会均等法の制定（一九八五年）など同権を一層推進した点で注目される。

このような性差別撤廃の動向をうけて、女子のみに入学を認める国立大学の存在や、民法の定める婚姻適齢年の区別（男子一八歳、女子一六歳）および女性のみに課される六カ月の待婚期間（七三一条・七三三条）の合憲性が問題とされ、*夫婦同氏の原則（七五〇条）の当否も争われてきたが、一九九六年（平成八年）に法制審議会民法部会の決定した改正案の要綱では、婚姻適齢年の区別はなくなり、待婚期間も短縮され、夫婦別姓も認められることになっている。［ただし、このための民法改正は、いまだに実現されていない。］

＊女子再婚禁止期間事件　民法七三三条により婚姻の届出の受理が遅れ精神的損害を被ったとして、国会・内閣の立法不作為による国家賠償を請求した事件。最高裁は、右条項の立法趣旨は「父性の推定の重複を回避し、父子関係をめぐる紛争の発生を未然に防ぐことにある」とし、立法の不作為の違憲訴訟が成立するための要件について判示した先例(最判昭和六〇・一一・二一民集三九巻七号一五一二頁、第一八章二4(二)(2)参照)に言う「例外的な場合」には当たらない、と判示した(最判平成七・一二・五判時一五六三号八一頁)。

(四)　社会的身分・門地

社会的身分(social status)については、「生来の身分、たとえば被差別部落出身など」とか、「自己の意志をもってしては離れることのできない固定した地位」というように、狭く解する説と、広く「人が社会において一時的ではなしに占める地位」と解する説(判例の立場)、および、いわば両者の中間にあって、「人が社会において一時的ではなく占めている地位で、自分の力ではそれから脱却できず、それについて事実上ある種の社会的評価が伴っているもの」と解する説がある(「後天的に占める社会的地位で一定の社会的評価を伴うもの」とする説もあるが、これは「門地」を「生来の社会的地位」と広く解釈せざるを得なくなる点に疑問を残す)。後段列挙事項に特別の意味を認める立場は、狭義説ないし中間説の解釈と結びつく(この点で非嫡出子たる地位〔＊参照〕および尊属・卑属たる地位〔6参照〕が問題となるが、私はそれらも「社会的身分」と解し中間説を採る)。†門地(family origin)とは家柄を意味する。その最も顕著なものは従来の華族であるが、憲法の明文(一四条二項)で廃止された。

以上いずれの原因に基づいても、あらゆる分野において、すなわち政治的関係(たとえば参政権や裁判を受ける権利の面)、経済的関係(たとえば租税の賦課、財産権の収用や勤労の権利の面)および社会的関係(たとえば居住の権利や教育を受ける権利の面)のいずれの分野においても、国民は差別されない。「差別されない」とは、権利のうえで平等に取り扱われることを言う。

＊非嫡出子相続分規定事件　家裁の遺産分割審判において、嫡出子と均等な相続を主張したが容れられなかったので、相続財産について非嫡出子に嫡出子の二分の一の法定相続分しか認めない民法九〇〇条四号但し書の規定は違憲無効だとして、高裁に即時抗告(棄却)、さらに最高裁に特別抗告して争った事件。最高裁(一〇裁判官多数意見)は、民法が法律婚主義を採用している以上、法律婚の尊重と非嫡出子の保護の調整を図った右規定の立法理由には合理的根拠があり、非嫡出子の相続分を嫡出子の二分の一としたことが右立法理由との関連において著しく不合理であり、立法府に与えられた合理的な裁量判断の限界を超えたものとは言えず、憲法一四条一項に反しない、と判示した(最大決平成七・七・五民集四九巻七号一七八九頁)。五裁判官の反対意見は、立法目的の合理性とその手段との実質的関連性についてより強い合理性の存否の検討が必要である(つまり、前述4で説いた合理的根拠の基準ではなく、実質的な合理的関連性の基準によって厳格に判断すべきである)という立場から、「出生について何の責任も負わない非嫡出子をそのことを理由に法律上差別することは、婚姻の尊重・保護という立法目的の枠を超えるものであり、立法目的と手段との実質的関連性は認められず合理的であるということはできない」とし、また非嫡出子の保護という立法目的については、右規定が非嫡出子は嫡出子に劣るとの観念を社会的に受容させる重要な一因となっていることを指摘して、「今日の社会の状況には適合せず、その合理性を欠く」と断じた。この結論を裏づけるため、社会の意識の変化、諸外国の立法の趨勢、国内における立法改正の動向、批准された条約(市民的及び政治的権利に関する国際規約二六条、児童の権利に関する条約二条)など、立法事実の変化を重視している。

学説でも、嫡出か非嫡出かという社会的身分による不合理な差別であると考え、右反対意見と同旨の結論をとる見解が有力である。法廷意見にも一理はあるが、憲法論としては反対意見を是とすべきであろう。本文5㈢でふれた「改正案要綱」では、民法九〇〇条四号但し書は削除されている。

［右判決の後にも相続分の差別を合憲とする最高裁小法廷判決がいくつか出されているが、いずれにも違憲

あるいは違憲の疑いが強いとする少数意見が付されていた。また、国連の人権委員会からも早期の改正を勧告する意見が出されたが、政府は国会の一部に改正に対する強硬な反対意見があったために法律改正の提案を控えてきた。このような経緯の後、二〇一三年(平成二五年)に最高裁は全員一致で婚外子相続分差別を違憲とする決定を下した(最大決平成二五・九・四民集六七巻六号一三二〇頁)。ただし、それ以前の判例を変更するものではなく、最後の合憲決定(最決平成二一・九・三〇裁集民事二三一号七五三頁)を維持した上で、その後の立法事実の変化、すなわち家族形態の多様化やこれに伴う国民意識の変化、諸外国のすう勢、国連の人権委員会からの是正勧告等を総合的に考察すれば、今日では「家族という共同体の中における個人の尊重がより明確に認識されて」きており、このような認識の変化に伴い「子にとっては自ら選択ないし修正する余地のない事柄を理由としてその子に不利益を及ぼすことは許され」ないと考えられるようになってきていると指摘し、遅くとも本件の相続が開始した平成一三年七月当時には憲法一四条一項に違反するに至っていたと判断したのである。しかし、平成一三年七月以降本件判決時である平成二五年九月までの間は、実際上は本規定が合憲であることを前提にして遺産分割がなされたであろうことを考慮して、法的安定性と平等の要請を調整するために、この間に審判その他の裁判あるいは協議その他の合意等により確定的となった法律関係には本決定は影響を及ぼさないと判示した。なお、最後の合憲決定が対象とした相続の開始時点である平成一二年九月から本件の相続開始時点である平成一三年七月までの間については、合憲か違憲かは本決定では判断がなされていないことになる。なおこの決定を受けて民法九〇〇条四号が改正され、現行法上は嫡出子と非嫡出子の相続分は同等となっている。」

†生後認知児童国籍確認事件　国籍法二条一号は「出生の時に父又は母が日本国民であるとき」、その子は日本国籍を取得すると定める。したがって、婚外子の場合、父により胎児認知を受けていれば国籍を取得するが、生後認知の場合はこの要件に該当しない。民法では認知の効力は出生時に遡るとされている(民法七八四条)が、国籍法の解釈では認知の遡及効は否定されているからである(認知の遡及効を認めないことに合理的根拠があるとした最判平成一四・一一・二二判時一八〇八号五五頁参照)。他方で、旧国籍法三条一項

は、出生の時に父または母が日本人であった場合、出生後に「父母の婚姻及びその認知により嫡出子たる身分を取得した子」(準正の嫡出子)はその旨を法務大臣に届け出ることにより国籍を取得すると定めていた。そこで、生後認知を受けたが日本人の父と外国人の母が婚姻せず国籍を取得できない子が、憲法一四条一項違反を理由に国籍を有することの確認を求めた。最高裁は、国籍という法的地位は人権等を享有するための重要な地位であること、嫡出子かどうかは子が自らの意思や努力により決めることのできないものであることを理由に「慎重」な審査を行い、その結果、父母の婚姻という要件は、制定当時には合理性があったが、その後の立法事実の変化により現在では合理性がなくなっており、その要件は違憲無効であるから、残りの要件を充たせば国籍は取得されると判示した(最大判平成二〇・六・四民集六二巻六号一三六七頁)。この判決を受けて国籍法三条は改正され、現行法上は生後認知の届出により国籍を取得しうることになっている。

6　尊属殺重罰規定の合憲性

憲法一四条違反が問題となった事例は数多いが、尊属殺重罰規定の合憲性の問題はとくに重要である。刑法二〇〇条は、「自己又ハ配偶者ノ直系尊属ヲ殺シタル者ハ死刑又ハ無期懲役ニ処ス」として、普通殺人に比べて尊属殺に重罰を科していたが、このように尊属殺を特別に扱うことが、法の下の平等の原則に反しないか(「社会的身分」による不合理な差別に当たらないか)どうか、という問題である。

最高裁は、刑法二〇五条二項の尊属傷害致死罪の規定が争われた事件で、親子関係は「社会的身分」に当たらず、「夫婦、親子、兄弟等の関係を支配する道徳は、人倫の大本」であるとして、同条を合憲とし(最大判昭和二五・一〇・一一刑集四巻一〇号二〇三七頁)、二〇〇条についても、右判決の趣旨に徴し、平等原則に違反しないことは明らかである、とした(最大判昭和二五・一〇・二五刑集四巻一〇号二一二六頁)。しかし、この判決には多数の学説の強い批判があり、①刑法二〇〇条は、封建的な旧家族制度的イデオロギーに立脚するものであって、日本国憲法の民主主義的平等観とは相容れないのではないか、②親への報恩という道徳律を法律で強制することは、不適当ではないか、③「死刑又ハ無期懲役」という刑罰は、重罰にすぎるのではないか、などの問題点が指摘されていた。こういう批判に応えて、最高裁は、一九七三年(昭和四八年)、刑法二〇〇条について画期的な違憲判決*を下した。ただ、判決が、親の尊重という立法目的の合理性を認めたうえで刑罰が厳しすぎるという点のみを違憲としたことには、批判が多かった。

＊尊属殺重罰規定違憲判決　実父に夫婦同様の関係を強いられてきた被告人が、虐待にたまりかねて実父を殺害し、自首した。最高裁は、刑法二〇〇条を違憲無効とし、刑法一九九条の普通殺人罪の規定を適用して、執行猶予判決を下した(最大判昭和四八・四・四刑集二七巻三号二六五頁)。しかし、違憲の理由について、八名の裁判官は、尊属に対する尊重報恩という道義を保護するという立法目的は合理的であるが、刑の加重の程度が極端であって、立法目的達成手段として不合理であるとしたが、六名の裁判官は、立法目的自体が違憲であると説いている。八裁判官意見に従えば、刑法二〇五条二項の「尊属傷害致死罪の法定刑は……立法目的達成のため必要な限度を逸脱しているとは考えられない」ということになるが(最判昭和四九・九・二六刑集二八巻六号三二九頁)、六裁判官の意見によれば、それも違憲ということになる。六裁判官意見を支持する学説が有力である。一九九五年(平成七年)の刑法改正によって、二〇〇条・二〇五条二項は削除された。

7　議員定数不均衡の合憲性

議員定数不均衡の問題も、憲法一四条に関する重要な論点となっている。国会議員の選挙において、各選挙区の議員定数の配分に不均衡があり、そのため、人口数(もしくは有権者数)との比率において、選挙人の投票価値(一票の重み)に不平等が存在することが違憲ではないか、という問題である。

この問題を考えるにあたって考慮しなければならないのは、①第一に、選挙権の平等の観念には、従来から一般的に認められてきた投票の数的平等である一人一票の原則(公職選挙法三六条)にとどまらず、各投票が選挙の結果に対してもつ影響力の平等、すなわち投票価値の平等も含まれること、②第二に、選挙権および投票価値の平等は、表現の自由と同様に民主政を支える重要な権利であること、したがって、厳格な司法審査が必要であること(較差の合理性の挙証責任は政府にある)、③第三に、選挙法は、徹底した人格平等の原則を基礎としているので、投票価値の平等の意味は、一般の平等原則の場合の平等の意味よりも、はるかに形式化されたものであり、国民の意思を公正かつ効果的に代表するために考慮される非人口的要素(例、行政区画を一応の前提として定められる選挙区制)は、定数配分が人口数に比例していなければならないという大原則の範囲内で認められるにすぎないこと、である。

このように考えると、衆議院議員選挙については、具体的には、一票の重みが議員一人当たりの人口の最高選挙区と最低選挙区とでおおむね二対一以上に開くことは、投票価値の平等の要請に反すると解するのが妥当である。一票の重みが特別の合理的な根拠もなく選挙区間で二倍以上の較差をもつことは、平等選挙(一人一票の原則)の本質を破壊することになるからである。この二対一の基準は、学説では広く支持されているが、最高裁の判例では明確な基準は示されていない(ただし、後掲*(2)判決参照)。

最高裁は当初、参議院議員の定数不均衡について、投票価値の平等は憲法上「望ましい」けれども、「選挙人の選挙権の享有に極端な不平等を生じさせる」場合でないかぎり、定数配分は「立法政策の問題」であるとしたが(最大判昭和三九・二・五民集一八巻二号二七〇頁)、一九七六年(昭和五一年)、衆議院議員の定数不均衡について画期的な違憲判決を下すに至った。この判決は、投票価値の平等を憲法上の要請と認め、議員定数不均衡を違憲とした点において高く評価できるが、他方で、①どの程度の較差が違憲となるかの基準が不明確であること、②人口比以外の要素（非人口的要素）を重視して立法府の裁量の範囲を広く認めていること、③公職選挙法別表第一の定める定数配分表を不可分一体なものとして捉え、全体として違憲であるとしつつも、選挙を無効としないという判断方法をとったことの是非など、問題点も少なくない。

その後、一九八三年（昭和五八年）に参議院と衆議院のそれぞれについて判決が下され、それがさらに一九八五年から九三年（平成五年）、九六年にかけての諸判決に引きつがれるなど、最高裁は、議員定数不均衡の問題に積極的に取り組んでいるが、昭和五一年判決の残した問題点は、まだ解決されていない。* 参議院の特殊性を強調しすぎる考え方も問題である。** なお、地方議会議員の定数不均衡も、直接には公職選挙法一五条七項（平成六年法二号による改正後の八項）の解釈問題であるが、衆議院の定数不均衡の場合とほぼ同じ基準で判断されている（最判昭和六二・二・一七判時一二四三号一〇頁）。［ただし、特例選挙区を認めたために、最大較差が一対三・九五となった東京都議会の定数配分を合憲とした最近の判例がある（最判平成一一・一・二二判時一六六六号三二頁）。］

*衆議院議員定数不均衡裁判

(1) 昭和五一年四月一四日判決（最大判民集三〇巻三号二二三頁）　昭和四七年一二月に行われた衆議院議員選挙について、千葉県第一区の選挙人らは、一票の較差が最大四・九九対一に及んでいることが投票価値の平等に反するとして、選挙無効の訴えを提起した。最高裁は、人口数と定数との比率の平等を「最も重要かつ基本的な基準」だとしつつも、投票価値の平等は、「国会が正当に考慮することのできる他の政策的な目的ないし理由との関連において調和的に実現されるべきもの」だという立場をとり、行政区画をはじめ、住民構成、交通事情、地理的状況から、人口の都市集中化現象をいかに評価し、それを「政治における安定の要請をも考慮して」定数配分にどのように反映させるかという高度に政策的な判断に至るまで、非人口的要素のもつ役割を大きく認め、厳格な審査基準をとらなかった。しかし最高裁は、①投票価値の不平等が、国会において通常考慮しうる諸般の要素をしんしゃくしてもなお、一般的に合理性を有するとは到底考えられない程度に達しているときで、かつ、②人口の変動の状態を考慮して合理的期間内における是正が憲法上要求されていると考えられるのにそれが行われない場合には、違憲になる、という基準を示して、約五対一の較差は(昭和三九年の法改正後八年余にわたって是正が行われなかったことを考慮すると)選挙権の平等の要求に違反すると判断し、配分規定は全体として違憲の瑕疵を帯びる、と判示した。しかし、選挙の効力については、選挙を全体として無効にすることによって生じる不当な結果を回避するために、行政事件訴訟法三一条の定める事情判決(処分は違法であっても、それを取り消すことが公共の福祉に適合しないと認められるとき、違法を宣言して請求を棄却する判決で、公選法二一九条は準用を認めていない)の法理を「一般的な法の基本原則に基づくもの」と解して適用し、選挙を無効とせず違法の宣言にとどめる判決を下した。

定数不均衡を争う特別の方法は法定されていないので、民衆訴訟(第一六章一3(1)＊参照)たる選挙無効争訟(公選法二〇四条)によって争われるが、無効が確定すれば、再選挙は「四十日以内に」行わなければならないので、それにともなう混乱を回避するため、定数不均衡の違憲判断が選挙無効を直接導かないような判決方法があるかどうか、学説上模索されていた。その点で右判決は画期的と言えるが、国会の怠慢を直接規律するものではないので、違憲宣言の繰返しに終わる可能性もある(違法宣言以外の新しい判決方法につき、第一八章二5(二)＊参照)。

(2) 昭和五八年一一月七日判決(最大判民集三七巻九号一二四三頁)　昭和五五年六月の衆議院議員選挙における三・九四対一という較差の合憲性が争われた。最高裁は、その較差を違憲状態にあると解しつつも、最大較差を二・九二対一に縮小した昭和五〇年の定数不均衡是正の法改正により不平等は一応解消されたと評価できるとし、その時から本件選挙当時は(改正法の公布から約五年、定数配分規定の施行から約三年半で)なお定数不均衡を解消するために認められる合理的期間内であったとして、定数配分規定を合憲、と判示した。そのため、この判決は、三対一までの較差を憲法上許容する趣旨のものと一般に解されている。

(3) 昭和六〇年七月一七日判決(最大判民集三九巻五号一一〇〇頁) 昭和五八年一二月の衆議院議員選挙における最大較差四・四〇対一の合憲性につき、最高裁は、五五年六月の総選挙時に投票価値の不平等はすでに違憲の程度に達していたので(2)の五八年判決参照)、合理的期間内に是正が行われなかった場合だとして、定数配分規定を違憲としたが、選挙は違法の宣言にとどめた。

(4) 平成五年一月二〇日判決(最大判民集四七巻一号六七頁) 一九九〇年(平成二年)二月の衆議院議員選挙における最大較差三・一八対一の合憲性につき、最高裁は、較差は違憲状態にあったが、本件定数配分規定施行の日から三年七カ月、国勢調査の確定値公表日から約三年三カ月を経た時点での不平等状態であるから、是正のための合理的期間は経過しておらず、定数配分規定を違憲と断定することはできない、と判示した。較差は違憲状態(判定基準につき、二倍説と三倍説あり)、合理的期間も過ぎているから違憲であるが、選挙は違法の宣言にとどめる旨の四裁判官の反対意見がある。

[(5) 平成一一年一一月一〇日判決(最大判民集五三巻八号一四四一頁) 一九九四年(平成六年)に従来の中選挙区制を止めて小選挙区比例代表並立制が導入された(第一四章三2参照)が、総定数三〇〇とされた小選挙区の作成方針として、定数配分の較差が二倍以上にならないことを基本原則とすることを定めたが(衆議院議員選挙区画定審議会設置法三条旧一項)、同時に「一人別枠方式」、即ち都道府県を単位にまず四七都道府県に各一議席ずつ配分し、残りの二五三議席を人口比例で配分して都道府県の議席数を決め、次いで都道府県内部で議席数分の小選挙区を作るという方法を採用した(同条旧二項)。過疎地域への配慮のためとされたが、その結果、制度形成時点で最大一対二・三の較差が生じた。これを争った事件で、最高裁は定数配分に際して人口数の少ない県の利益をある程度配慮することも立法裁量の範囲内であるとして合憲の判断を

下したが、較差を二倍未満にすべきことは中選挙区制の場合より強く要請される等の理由からより厳しい審査を主張する五判事の反対意見が付されている。」

［(6)　その後の判例の動向　　右の平成一一年判決で最高裁は「一人別枠方式」を合憲としたが、二〇〇九年(平成二一年)の衆議院議員総選挙における最大較差一対二・三〇四を違憲と争った事件において最高裁は、本較差は違憲状態ではあるが是正に必要な合理的期間内にあり違憲とまではいえないとした。しかし同時に、一人別枠方式が較差の大きな原因となっていること、先の判決でこの方式を合憲と判断したのは、選挙制度の変更に伴う暫定的な措置と理解した上でのことであり、新しい選挙制度が定着した段階では合理性が失われるとの指摘をした(最大判平成二三・三・二三民集六五巻二号七五五頁)。これを受けて国会は、二〇一二年に選挙区画定審議会設置法三条旧二項を削除して一人別枠方式を廃止するとともに小選挙区を五つ削減して二九五とする改正を行った。しかし、これに伴う選挙区割りと定数配分の改正をする前に解散総選挙が行われたので、この総選挙は旧規定により行われ、最大較差は二・四二五倍となっていた。にもかかわらず、この二〇一二年の総選挙を違憲無効と主張して争った選挙無効訴訟につき、最高裁は、国会が一人別枠方式を廃止する改正を行ったこと、本件選挙後に較差を二倍未満(一対一・九九八)とする改正を実現していたこと等を考慮して、いまだ合理的期間を徒過してはいないと判示した(最大判平成二五・一一・二〇民集六七巻八号一五〇三頁)。」

＊＊参議院議員定数不均衡裁判

(1)　昭和五八年四月二七日判決(最大判民集三七巻三号三四五頁)　　昭和五二年七月の参議院議員選挙について、議員一人当たりの選挙人数の最大較差五・二六(神奈川選挙区)対一(鳥取選挙区)、および、いわゆる逆転現象(選挙人の多い選挙区の議員定数が、選挙人の少ない選挙区の議員定数よりも少なくなっている現象)の合憲性が争われた。最高裁は、参議院の地方区(旧)の地域代表的性格という特殊性を重視し、かつ、立法府の裁量を広汎に認めて(すなわち、ⓐ投票価値の不平等が「到底看過することのできない」程度の著しい状態になり、ⓑかつ、その不平等状態が「相当期間継続し」、是正措置を講じないことが国会の裁量的権限の許される限界を超えると判断される場合に、はじめて違憲になる、と解して）、合憲判決を下した。半数交代制（憲法四六条）をとる以上、定数偶数配分とならざるを得ないので、全国をいくつかの選挙区に分ける場合には、人口比率を厳しく要求することはできないが、それ以外の参議院の特殊性を強調し、団藤裁判官反対意見の言うとおり、五・二六対一という「異常な較差」になるまで「実に二七年の長きにわたって放置されて来た」、「国会の怠慢ともいうべき単なる不作為をそのまま裁量権の行使に属するものと考えている」多数意見の考え方は、きわめて問題であり、学説上も批判が少なくない。

もっとも、最大較差がどの程度まで許されるかについては、学説は、衆議院の場合と異なり、二対一とする説から五対一とする説まで、かなり多様に分かれている。しかし、両院制の趣旨に適合する「公正かつ効果的な代表」を実現するために真にやむを得ない合理的理由が存するかぎり、人口比例の幅が衆議院の場合より若干広くなる可能性は認められるとしても、もし都道府県を単位とする地方区（旧）では人口比例から大きく乖離する現状の是正が難しいとすれば、むしろ憲法原則である投票価値の平等を生かすための新しい選挙区制の検討が必要となろう。

(2) 平成八年九月一一日判決（最大判民集五〇巻八号二二八三頁） 平成四年七月の参議院議員選挙について、議員一人当たりの選挙人数の最大較差が六・五九対一で、いわゆる逆転現象が八府県二四例にも達していた点の合憲性が争われた事件で、最高裁は、「違憲の問題が生ずる程度の投票価値の著しい不平等状態が生じていた」と解したが、右(1)判決に言うⓑの、許容される国会の裁量権の限界を超えるものと断定することは困難だとし、定数配分規定を合憲と判示した。定数四人以上の選挙区（付加配分区）の定数は、人口比例原則に基づいて配分された経緯にかんがみ、最大較差が一対四を超えるときは（本件選挙当時は一対四・五四）違憲となる旨の一裁判官の意見と、その点も考慮に入れて「看過し難い程度に著しい」不平等状態であるとし、かつ、「国会における是正のための合理的期間をはるかに超えていた」から、定数配分規定は違憲である（ただし、選挙は違法の宣言にとどめる）旨判示した六裁判官の反対意見がある。平成六年の法改正により同七年の選挙当時、議員一人当たりの選挙人数の最大較差は四・九七対一に縮小した。最高裁大法廷は合憲と判示したが(最大判平成一〇・九・二民集五二巻六号一三七三頁)、五裁判官の反対意見がある。[なお、同じ定数配分規定の下で行われた平成一〇年七月の参議院議員選挙についても、較差が年々拡大してきているものの、最高裁の多数意見は合憲判断を維持している(最大判平成一二・九・六民集五四巻七号一九九七頁)。]

[(3) 平成一六年一月一四日判決(最大判民集五八巻一号五六頁) 平成一二年の公選法改正により、参議院議員選挙の比例代表制を非拘束名簿式に変更するとともに定数の削減(選挙区につき六人、比例代表につき四人)を行い、あわせて選挙区選挙に関する定数配分を是正した(定数四の選挙区のうち三つの選挙区を定数三に変更)。しかし、その結果逆転現象はなくなったが、最大較差はほとんど変化がなく、本件で争われた平成一三年七月の参議院議員選挙時点で一対五・〇六となっていた。この較差につき、本件の多数意見(九人)は結論としては合憲としたが、理由に関しては、現行の都道府県の地域代表性と偶数配分制を重視する五人の判事と、そのような現行制度の枠内での定数是正の限界を指摘し次回選挙に向けての根本的解決がなければ違憲となりうると警告する四人の判事に分かれた。反対意見の六人は、較差一対二以内あるいは限りなく一対一に近づけるべきことを主張している。この判決をうけて国会は改正の努力をしたが、次の参議院議員選挙前には改正の実現には至らず、平成一六年七月の参議院選挙は旧規定に基づいて行われた。選挙当時の較差は、一対五・一三であった。この選挙の無効を争った事件で、最高裁は、判決から選挙まで六カ月しかなかったから、その間に改正がなしえなかったとしても立法裁量の逸脱とは言えないと判示した(最大判平成一八・一〇・四民集六〇巻八号二六九六頁)。那須判事の補足意見が、較差の計算方法につき選挙区選挙と比例代表選挙を総合的に見る新しい見方を提示していて注目される。なお、平成一八年の公選法改正により、選挙区選挙につき定数四であった栃木と群馬を定数二に削減し、定数四であった千葉を定数六に、定数八であった東京を定数一〇に増加した。この結果、選挙人数で見た最大較差は一対四・八四となった。この配分規定のもとに行われた平成一九年七月の参議院議員選挙を争った選挙無効訴訟につき、最大判平成二一・九・三〇(民集六三巻七号一五二〇頁)は最大較差一対四・八六を合憲と判断している。]

〔(4)　その後の判例の動向　　平成二二年七月一一日の通常選挙の際には最大較差が一対五・〇〇となっていた。最高裁はこれを「違憲の問題が生じる程度の著しい不平等状態」すなわち違憲状態に至っていたと判断した上で、これは都道府県を単位として選挙区定数を配分する制度を採っていることが大きな理由となっているが、都道府県を単位とすることは憲法上の要請ではないから、この配分方法自体の見直しをも含めた抜本的改正が必要であることを指摘した(最大判平成二四・一〇・一七民集六六巻一〇号三三五七頁)。これを受けて国会は、一部の選挙区の定数を増減する改正(いわゆる「四増四減」改正)を行ったが、較差は微減したにとどまり(平成二五年七月二一日通常選挙当時四・七七倍)、制度の枠組みは従来通りで抜本的改革とはほど遠いものであった。しかし、この定数配分に基づき行われた平成二五年通常選挙を違憲無効として争った訴訟で、最高裁は、違憲状態であることは認めたものの、制度改革は困難で時間のかかるものであり、平成二四年判決による指摘から九カ月後に本件選挙が行われたことを考えると、いまだ改正に必要な合理的期間が経過したとはいえないとして違憲判断は回避した(最大判平成二六・一一・二六民集六八巻九号一三六三頁)。〕

第八章　精神的自由権(一)——内心の自由

自由権は、人権のカタログにおいて中心的な位置を占める重要な人権で、精神的自由、経済的自由、人身の自由に大別される。ここでは、まず、精神的自由のうちで、個人の内面的精神活動の自由(内心の自由)を取りあげる。内面的精神活動の自由は、表現の自由などの外面的な精神活動の自由の基礎をなすものであり、日本国憲法では、思想・良心の自由(一九条)のほか、信教の自由(二〇条)のうち信仰の自由、学問の自由(二三条)のうち学問研究の自由がそれにあたる。

一　思想・良心の自由

1　精神的自由の基本をなす自由

思想・良心の自由は、内面的精神活動の自由のなかでも、最も根本的なものである。諸外国の憲法においては、信仰の自由や表現の自由とは別に、とくに思想の自由を保障する例はほとんど見当たらない。それは、内心の自由が絶対的なものと考えられていたこと、また、思想の自由が表現の自由と密接に結びついているために、表現の自由を保障すれば十分であると考えられていたこと、に基づく。しかし、わが国では、明治憲法下においても、治安維持法の運用にみられるように、特定の思想を反国家的なものとして弾圧するという、内心の自由そのものが侵害される事例が少なくなかった。日本国憲法が、精神的自由に関する諸規定の冒頭において、思想・良心の自由をとくに保障した意義は、そこにある。

2 思想・良心の自由の保障の意味

(一) 思想と良心

憲法一九条が保障する「思想」と「良心」の意味については、とくに区別する必要がないとするのが通説・判例である。諸外国の憲法では、良心の自由は概して信仰の自由を意味するが、日本国憲法では、別に憲法二〇条の信教の自由の保障があるので、良心の自由を狭く解する必要はない。良心は、思想のうち倫理性の強いものを意味するにすぎない。したがって、「思想及び良心」とは、世界観、人生観、主義、主張などの個人の人格的な内面的精神作用を広く含むものと解される。

(二) 保障の意味

このような思想・良心の自由を「侵してはならない」とは、第一に、国民がいかなる国家観、世界観、人生観をもとうとも、それが内心の領域にとどまる限りは絶対的に自由であり、国家権力は、内心の思想に基づいて不利益を課したり、あるいは、特定の思想を抱くことを禁止することができない、ということである。たとえ民主主義を否定する思想であっても、少なくとも内心の思想にとどまる限り処罰されない、と解すべきである。

思想・良心の自由が不可侵であることの第二の意味は、国民がいかなる思想を抱いているかについて、国家権力が露顕(disclosure)を強制することは許されないこと、すなわち、思想についての沈黙の自由が保障されることである。国家権力は、個人が内心において抱いている思想について、直接または間接に、訊ねることも許されないのである。したがって、たとえば、江戸時代のキリスト教徒の弾圧の際に行われた「踏絵」、あるいは、天皇制の支持・不支持について強制的に行われるアンケート調査など、個人の内心を推知しようとすることは、認められない。

㈢ **限界**　思想・良心の自由の侵害が争われた事件としては、裁判判決で謝罪広告を命ずることができるか否かが問題となった事件が有名である。* これについては、学説上も、①謝罪・陳謝という行為には、一定の倫理的な意味があることを重視して、謝罪広告の強制は違憲であると説く見解と、②思想・良心とは、世界観、人生観など個人の人格形成に必要な、もしくはそれに関連のある内面的な精神作用であり、謝罪の意思表示の基礎にある道徳的な反省とか誠実さというような事物の是非、善悪の判断などは含まないと解し、謝罪の強制は思想・良心の自由を必ずしも侵害するものではないとする見解が、対立している。たしかに、①説の趣旨も十分に理解できるが、日本では古くから、謝罪広告を判決で強制することが許される場合もあるとされ、それは人格形成とは直接関わりはないと一般に考えられてきたことも、否めない。もっとも、違憲と解されない場合があるとしても、「陳謝します」ということまで要求するのが妥当か否かは、再検討の余地があろう。このほか、判例としては、三菱樹脂事件(第六章三2*(1))、税理士会政治献金事件(第五章四2*)と麹町中学内申書事件、** 「君が代」ピアノ伴奏拒否事件、† 起立斉唱拒否事件†† が注目される。

*謝罪広告強制事件　衆議院選挙に際して、他の候補者の名誉を毀損した候補者が、裁判所から、民法七二三条にいう「名誉ヲ回復スルニ適当ナル処分」として、「右放送及記事は真相に相違しており、貴下の名誉を傷け御迷惑をおかけいたしました。ここに陳謝の意を表します」という内容の謝罪広告を公表することを

命ずる判決を受けたので、謝罪を強制することは思想・良心の自由の保障に反するとして争った事件。最高裁は、謝罪広告の中には、それを強制執行すれば、「債務者〔加害者〕の人格を無視し著しくその名誉を毀損し意思決定の自由ないし良心の自由を不当に制限すること」となるものもあるが、本件の場合のように、「単に事態の真相を告白し陳謝の意を表するに止まる程度」であれば、これを代替執行によって強制しても合憲である、と判示した(最大判昭和三一・七・四民集一〇巻七号七八五頁)。この判決には、事物の是非弁別の判断に関する事項の外部への表現を判決で命ずること、あるいは、謝罪・陳謝という倫理的な意思の公表を強制することは、良心の自由を侵害し違憲である、という反対意見が付されており、それを支持する学説も有力である。

＊＊麴町中学内申書事件　高校進学希望の一生徒が、その内申書に、「校内において麴町中全共闘を名乗り、機関紙『砦』を発行した。学校文化祭の際、粉砕を叫んで他校の生徒とともに校内に乱入し、ビラまきを行った。大学生ＭＬ派の集会に参加している。学校当局の指導説得をきかないでビラを配ったり、落書きをした」旨の記載があったことなどが理由で、受験したすべての入試に不合格になったとして、国家賠償法に基づく損害賠償請求を提起した訴訟。最高裁は、憲法一九条違反の主張を、「いずれの記載も、上告人の思想、信条そのものを記載したものでないことは明らかであり、右の記載に係る外部的行為によっては上告人の思想、信条を了知し得るものではないし、また、上告人の思想、信条自体を高等学校の入学者選抜の資料に供したものとは到底解することができない」と述べて排斥した(最判昭和六三・七・一五判時一二八七号六五頁)。しかし、この判旨には、内申書に「ＭＬ派の集会に参加している」などのような、本人の思想・信条を直接推知せしめる事実を記載することは許されないのではないか、という疑問がもたれる。

† 「君が代」ピアノ伴奏拒否事件　市立小学校の音楽専科の教諭が校長から入学式での君が代斉唱のピアノ伴奏をするよう命じられたが、この職務命令に従わなかったために戒告処分を受けた。その処分取消訴訟において、職務命令が教諭の思想・良心を侵害するものであり無効であると主張したのに対し、最高裁は、ピアノ伴奏と君が代に関する歴史観・世界観とは一般的には不可分の関係にあるわけではないから、ピアノ伴

奏の強制は必ずしも世界観・歴史観の強制を意味するわけではなく、また、入学式における君が代の伴奏は、音楽専科の教諭にとって通常想定され期待されるものであって、特定の思想を表明する行為とは受け取られていないから、伴奏の強制は特定思想の有無の告白を強制するものでもないとして合憲の判断をした(最判平成一九・二・二七民集六一巻一号二九一頁)。

††起立斉唱拒否事件　日の丸・君が代に関しては、卒業式等における国歌斉唱に際して国旗に向かって起立し国家を斉唱せよという校長の職務命令に反した教員に対する懲戒処分も多く争われている。職務命令自体はピアノ伴奏拒否事件判決で合憲とされたが、命令違反に対する懲戒処分その他の不利益扱いの厳しさ如何によっては日の丸・君が代について抱く思想・良心に対する大きな制約となりうるから、懲戒処分等の裁量権の踰越・濫用となることもありうる。最判平成二三年五月三〇日(民集六五巻四号一七八〇頁)は、定年退職後の非常勤嘱託員等の採用選考で不合格としたことを思想・良心の自由に対する制約は間接的なものにすぎないこと等を理由に許容範囲内であるとした。他方で、公立養護学校の教職員が起立斉唱命令に従わなかったことを理由に減給処分にしたことを裁量の範囲を超えるとした判決(最判平成二四・一・一六裁集民事二三九号二五三頁)、あるいは、公立養護学校の教員を起立斉唱命令違反で停職処分にしたことを裁量の範囲を超えるとした判決(最判平成二四・一・一六裁集民事二三九号一頁)もある。命令違反行為が儀式をどの程度妨げるものであったか、以前に同様の処分を受けた者による再度の違反行為か、処分等の厳しさが内心の自由をどの程度制約する効果をもつか等々の諸事情の総合的な利益衡量により判断されており、結論は事件の具体的事情に依存するが、裁量権に対するある程度の歯止めは想定されているようである。

二　信教の自由

近代の自由主義は、中世の宗教的な圧迫に対する抵抗から生まれ、その後血ぬられた殉教の歴史を経て成立したものである。それだけに、信教の自由は、あらゆる精神的自由権を確立するための推進力となったもので、歴史上きわめて重要な意味を有する。したがって、信教の自由は人権宣言の花形に数えられ、各国憲法のひとしく保障するところである。

1 明治憲法の信教の自由

明治憲法も、もちろん信教の自由を保障していた(二八条)。しかも、他の自由権と異なり、法律の留保をともなわず、その限界は、「安寧秩序ヲ妨ケス及臣民タルノ義務ニ背カサル限ニ於テ」という基準によって、憲法上定められていた。しかし、この基準は、それに合するかぎり、法律によらず命令によって信教の自由を制限することも許される、という解釈を認める根拠になった。また、実際には、「神社は宗教にあらず」とされ、神社神道《しんとう》(国家神道とも言う)は国教(国から特権を受ける宗教)として扱われ優遇された。その反面、他の宗教は冷遇され、キリスト教や大本教などのように弾圧された宗教も少なくない。したがって、信教の自由は神社の国教的地位と両立する限度で認められたにすぎず、その完全な実現は根本的に妨げられた。国粋主義の台頭とともに、神社に与えられた国教的地位とその教義は、国家主義や軍国主義の精神的な支柱となった。

神道のこのような特殊性を否定し、わが国に信教の自由の確立を要請したのが、一九四五年(昭和二〇年)一二月連合国軍総司令部から発せられ、「神道の国家からの分離、神道の教義からの軍国主義的・超国家主義的思想の抹殺、学校からの神道教育の排除」などを命じた「国教分離の指令」(「神道指令」とも言う)である。この指令につぐ天皇の人間宣言(第三章三1参照)によって、天皇とその祖先の神格が否定され、神道の特権的地位を支えてきた基盤の消滅が明確にされた。日本国憲法は、このような沿革を踏まえて、個人の信教の自由を厚く保障するとともに、国家と宗教の分離を明確化している。

2　信教の自由の内容と限界

(一)　内　容

憲法二〇条一項前段は、「信教の自由は、何人に対してもこれを保障する」と定める。ここに言う信教の自由には、信仰の自由、宗教的行為の自由、宗教的結社の自由が含まれる。西欧諸国では、後二者を合わせて一般に、礼拝の自由とか宗教実践の自由と呼ぶ場合が多い。

(1)　信仰の自由とは、宗教を信仰し、または信仰しないこと、信仰する宗教を選択し、または変更することについて、個人が任意に決定する自由である。これは、個人の内心における自由であって、絶対に侵すことは許されない。この結果、①内面的な信仰の自由の外部への表現である信仰告白の自由が当然に認められる。国は、個人に対し信仰の告白を強制したり(たとえば、江戸幕府がキリシタン禁圧のため行った宗門改め)、あるいは信仰に反する行為を強制したりすること(たとえば踏絵)は、許されないし、宗教と無関係な行政上・司法上の要請によっても、いずれの宗教団体に属するかなど、個人に信仰の証明を要求してはならない(もっとも、ここに言う「強制」とは、直接的ないし物理的なものに限られず、間接的・付随的な負担を個人の信教の自由に課すものも含む)。②信仰または不信仰のいかんによって特別の利益または不利益を受けない自由(これは憲法一四条の「信条」による差別の禁止と重なり合う)、③両親が子どもに自己の好む宗教を教育し自己の好む宗教学校に進学させる自由、および宗教的教育を受けまたは受けない自由(この宗教的教育の自由を宗教的行為の自由の一形態とみる説もある)も、信仰の自由から派生する。

(2)　宗教的行為の自由とは、信仰に関して、個人が単独で、または他の者と共同して、祭壇を設け、礼拝や祈禱を行うなど、宗教上の祝典、儀式、行事その他布教等を任意に行う自由である。宗教的行為をしない自由、宗教的行為への参加を強制されない自由を含む(二〇条二項はこの点を重ねて強調している)。宗教上の教義を宣伝・普及する自由(布教の自由)は、直接には表現の自由の問題となる。

(3)　宗教的結社の自由とは、特定の宗教を宣伝し、または共同で宗教的行為を行うことを目的とする団体を結成する自由である。この自由を宗教的行為の自由に含めて解する説も有力である。いずれにしろ、結社の自由(二一条)のうちで宗教的な結社については、信教の自由の一部としても保障されているのである。*

＊宗教の意味　二〇条一項前段および二項の「信教の自由」条項に言う「宗教」は、たとえば、「超自然的、超人間的本質(すなわち絶対者、造物主、至高の存在等、なかんずく神、仏、霊等)の存在を確信し、畏敬崇拝する心情と行為」(後述3(二)＊(1)の津地鎮祭事件二審判決)というような、広い意味に解すべきであるのに対し、二〇条三項の政教分離条項に言う「宗教」は、それよりも限定された狭い意味、たとえば、「何らかの固有の教義体系を備えた組織的背景をもつもの」の意に解するのが、妥当であろう。もっとも、一元的に解すべきだという説も有力である。

(二)　限　界

宗教上の行為の自由は、信仰の自由と異なり、国際人権規約(自由権規約)一八条の定めるように、「公共の安全、公の秩序、公衆の健康若しくは道徳又は他の者の基本的な権利及び自由を保護するために必要な」制約に服する。しかし、安全・秩序・道徳という一般原則から安易に規制が許されるわけではない。それは、必要不可欠な目的を達成するための最小限度の手段でなければならない。宗教法人法が、「個人、集団又は団体」の宗教上の行為の自由を制限するものと解釈してはならないとしつつ(一条二項)、「法令に違反して、著しく公共の福祉を害すると明らかに認められる行為をした」り、「宗教団体の目的を著しく逸脱した行為をした」宗教法人は、裁判所によって解散を命ぜられることがある旨定めているのも(八一条一項)、その趣旨に解すべきであろう。行動の自由の規制であるとはいえ、内面的な信仰の自由に深くかかわる問題であるから、慎重な対処が求められるのである。その点で、とくに次の四つの事件が注目される。*

＊宗教的行為に関する判例

(1) 牧会活動事件　建造物侵入・兇器準備集合等の嫌疑を受けて逃走中の高校生二名を親の依頼に応じ、教会に一週間宿泊させて説得、警察に任意出頭させた牧師が、略式裁判で犯人蔵匿の罪に問われたのを不服として、正式裁判を求めた事件。判決は、牧会活動(個人の魂への配慮を通じて社会に奉仕する活動)は、「礼拝の自由の一内容」をなし外面的行為であるが、その制約は信仰の自由を事実上侵すおそれがあるので、その制約は「最大限に慎重な配慮」を要するとし、本件牧会活動は目的において相当な範囲にとどまり、手段方法も相当であったので、「全体として法秩序の理念に反するところがなく、正当な業務行為として罪とならない」と判示した(神戸簡判昭和五〇・二・二〇判時七六八号三頁)。

(2) 日曜日授業参観事件　牧師である両親の主宰する教会学校に出席したため、日曜日に行われた公立小学校の参観授業に欠席した児童二人と両親が、指導要録への「欠席」記載処分の取消しと損害賠償を求めて争った事件。判決は、指導要録への欠席記載は担任教師に出欠状況を知らせる事実行為で、法律上の不利益を課するものではないとしたうえで、宗教行為に参加する児童に対する出席の免除は「公教育の宗教的中立性を保つ上で好ましいことではない」とし、「公教育上の特別の必要性がある授業日の振替えの範囲内では、宗教教団の集会と抵触することになったとしても、法はこれを合理的根拠に基づくやむをえない制約として容認している」と解した(東京地判昭和六一・三・二〇行裁例集三七巻三号三四七頁)。信教の自由に重点をおいて欠席扱いすべきではないとする見解と、欠席記載という程度の軽微な不利益であれば国法上の義務が優先するという見解とが、対立している。国法上の義務の不可欠性と宗教的行為を行ったために受ける不利益の程度、それが信教の自由に及ぼす影響などを慎重に比較検討して判断を下すことが必要である。

(3) 剣道実技拒否事件　信仰する宗教(「エホバの証人」)の教義に基づいて、必修科目の体育の剣道実技を拒否したため、原級留置・退学処分を受けた神戸市立工業高等専門学校の学生が、右処分は信教の自由を侵害するとし、その取消しを求めて争った事件で、一審判決(神戸地判平成五・二・二二判タ八一三号一三四頁)は、剣道に代替する単位認定の措置をとると、「信教の自由を理由とする有利な扱い」をすることになり、「公教育の宗教的中立性に抵触するおそれがある」としたが(同旨、原級留置処分の執行停止を求めた事件の大阪高決平成四・一〇・一五判時一四四六号四九頁等)、上告審判決(最判平成八・三・八民集五〇巻三号四六九頁)は、①「剣道実技の履修が必須のものとまではいい難く、体育科目による教育目的の達成は、他の体育種目の履修などの代替的方法によって」も「性質上可能」であること、②学生の剣道実技への参加拒否の理由は「信仰の核心部分と密接に関連する真しなもの」で、その被る不利益(原級留置、退学処分)は「極めて大きい」こと、自由意思で剣道実技を採用している学校を選択したことを理由に、このような「著しい不利益」を与えることが当然に許されるわけではないこと、③他の学生に不公平感を生じさせないような適切な方法、態様による代替措置は、「その目的において宗教的意義を有し、特定の宗教を援助、助長、促進する効果を有するものということはできず、他の宗教者又は無宗教者に圧迫、干渉を加える効果があるともいえない」こと、④「当事者の説明する宗教上の信条と履習拒否との合理的関連性が認められるかどうかを確認する程度の調査」は、「公教育の宗教的中立性に反するとはいえない」こと、などから考えると、学校側の措置は、「社会観念上著しく妥当を欠く処分」であり、「裁量権の範囲を超える違法なもの」である旨判示し、これと同旨の原審の判断を是認した。本文に述べた「必要不可欠な目的を達成するための最小限度の手段」という観点から言えば、正当と評することができる。

(4) 宗教法人オウム真理教解散事件　大量殺人を目的として毒ガスであるサリンを組織的・計画的に大量に生成したため、宗教法人法八一条に言う「法令に違反して、著しく公共の福祉を害すると明らかに認められる行為」および「宗教団体の目的を著しく逸脱した行為」を行ったとして、宗教法人の解散命令が請求された事件で、最高裁は、解散命令の制度は「専ら世俗的目的によるものであって、宗教団体や信者の精神的・宗教的側面に容かいする意図によるものではなく」、本件解散命令は、それによってオウム真理教やその信者らの宗教上の行為に支障が生じても、それは解散命令に伴う間接的で事実上のものにすぎず、「必要でやむを得ない法的規制である」とし、憲法二〇条一項に反しないと判示した(最決平成八・一・三〇民集五〇巻一号一九九頁)。解散命令があっても、法人格を有しない宗教団体を存続させたり、新たに結成することが妨げられるわけではないから、厳格な要件のもとで行われる解散命令の制度は、違憲とは言えない。

3　国家と宗教の分離の原則(政教分離の原則)

憲法二〇条一項後段は、「いかなる宗教団体も、国から特権を受け、又は政治上の権力を行使してはならない」と定め、三項は、「国及びその機関は、宗教教育その他いかなる宗教的活動もしてはならない」と定めている。これは、国から特権を受ける宗教を禁止し、国家の宗教的中立性を明示した規定である(もっとも、「特権」の解釈につき争いもある)。* 判例は、いわゆる制度的保障(第五章三3参照)の規定だと解しているが、「制度の核心」は必ずしも明確でない。この政教分離を財政面から裏づけているのが、「宗教上の組織若しくは団体」に対する公金の支出を禁止する八九条である(第一七章一5参照)。

＊特権　他の宗教団体に比べて、あるいは一般の国民・団体に比べて、特別な利益のこと。宗教法人に対する法人税法・地方税法上の非課税措置は、税額相当分が公金の補助に当たり違憲との説もあるが、一般には、公益法人や社会福祉法人とともに免税されているので、特権に含まれないと解されている。宗教のもつ意

義・役割にかんがみ、立法政策上許容されうると説く有力説もある。「政治上の権力」とは立法権・課税権などの統治的権力のこと。政治活動そのものではない。「宗教教育」については教育基本法九条［現行一五条］参照。

㈠　**政教分離の主要形態**　国家と宗教の分離の原則は、普通は政教分離の原則と呼ばれ、伝統的な人権としての信教の自由と密接不可分の関係にある。もっとも、国家が宗教に対してどのような態度をとるかは、国により時代により異なる。主要な形態としては、①国教制度を建前としつつ国教以外の宗教に対して広汎な宗教的寛容を認めるイギリス型、②国家と宗教団体とを分離させながら、国家と教会とは各々その固有の領域において独立であることを認め、競合する事項については政教条約《コンコルダート》(Konkordat；教会条約とか和親条約とも言われる)を締結し、それに基づいて処理すべきものとするイタリア・ドイツ型、③国家と宗教とを厳格に分離し、相互に干渉しないことを主義とするアメリカ型がある。日本国憲法における政教分離原則は、アメリカ型に属し、国家と宗教との厳格な分離を定めている。

㈡　**政教分離の限界(目的・効果基準)**　国家と宗教との厳格な分離と言っても、国家と宗教とのかかわり合いを一切排除する趣旨ではない。これは現代国家が、福祉国家として、宗教団体に対しても、他の団体と同様に、平等の社会的給付を行わなければならない場合(たとえば、宗教団体設置の私立学校に対する補助金交付などの場合)もあることをみれば、明らかである。そこで、国家と宗教との結びつきがいかなる場合に、どの程度まで許されるかが、さらに問題となる。

アメリカの判例では、この種の問題について、目的・効果基準と呼ばれる基準が用いられてきた。この基準は、①問題となった国家行為が、世俗的目的(secular purpose)をもつものかどうか、②その行為の主要な効果(primary effect)が、宗教を振興しまたは抑圧するものかどうか、③その行為が、宗教との過度のかかわり合い(excessive entanglement)を促すものかどうか、という三要件を個別に検討することによって、政教分離原則違反の有無を判断し、一つの要件でもクリアーできなければ右行為を違憲とするものである。わが国でも、それを変容した形ながら、ある公権力の行為が憲法二〇条三項で禁止される「宗教的活動」に当たるか否かを判定するに際し、津地鎮祭最高裁判決などの判例*において用いられている。

この基準は、国家と宗教とのゆるやかな分離を是認することになる可能性がある(津地鎮祭最高裁判決のように、行為者の宗教的意識まで考慮要素とすれば、この可能性は大きい)点で問題はあるが、一九八〇年代までのアメリカの判例のように①②③の基準の内容をしぼって厳格に適用すれば(たとえば、①に言う目的は、行為者の宗教的意識などの主観的要件ではなく、客観的意味を重視する。②については、国の行為の性質、それを受ける宗教団体の目的、性格などにかんがみ、国の行為が特定の権威を付与することになるか、当該宗教との象徴的な結びつきをもたらすか、などを厳密に検討する。③については、国の行為によって国の行政上の監督が必要となるような関係とか政治的な分裂等が生じるような可能性があるか、など慎重に考慮する)、広く用いることのできる基準ではないかと思われる。この点で、地方公共団体の靖国神社・護国神社に対する玉串料の支出等をめぐって争われた訴訟で、右基準を厳格に適用して違憲の結論を導いた判決や、内閣総理大臣の靖国神社公式参拝に違憲の疑義を表明した判決**が注目された。玉串料の支出はもとより、かつて国家神道の一つの象徴的存在であった宗教団体である靖国神社に総理大臣が国民を代表する形で公式参拝を行うことは、目的は世俗的であっても、その効果において国家と宗教団体との深いかかわり合いをもたらす象徴的な意味をもち、政教分離原則の根幹をゆるがすことになるので、地鎮祭や葬儀・法要等への出席と同一に論じることはできない。②または③の要件から考えると、違憲と言わざるをえない。***

＊政教分離に関する判例

(1) 津地鎮祭事件　三重県津市が、市体育館の建設にあたって、神式の地鎮祭を挙行し、それに公金を支出したことが憲法二〇条・八九条に反するのではないかが争われた事件。二審判決(名古屋高判昭和四六・五・一四行裁例集二二巻五号六八〇頁)は、神式地鎮祭が単なる習俗的行事ではなく、宗教的行事であるとして、違憲判決を下した。最高裁(八名の裁判官の多数意見)は、政教分離原則をゆるやかに解しつつ、目的・効果基準を用い、憲法二〇条三項により禁止される「宗教的活動」とは、宗教とのかかわり合いがわが国の社会的・文化的諸条件に照らし信教の自由の保障の確保という制度の根本目的との関係で、「相当とされる限度を超えるもの」、すなわち、その「行為の目的が宗教的意義をもち、その効果が宗教に対する援助、助長、促進又は圧迫、干渉等になるような行為」に限られる(アメリカ判例のいう「過度のかかわり合い」の基準は明示されず、三要件の個別的検討の手法もとられていない)とし、しかも、その判断は「主宰者、式次第など外面的形式にとらわれず、行為の場所、一般人の宗教的評価、行為者の意図・目的及び宗教意識、一般人への影響等、諸般の事情を考慮し、社会通念に従って客観的になされねばならない」旨説き、神式地鎮祭は、その目的は世俗的で、効果も神道を援助、助長したり、他の宗教に圧迫、干渉を加えるものでないから、宗教的行事とは言えず、政教分離原則に反しないとした(最大判昭和五二・七・一三民集三一巻四号五三三頁)。ただし、五名の裁判官の反対意見は、政教分離を厳格に解し、神官という宗教家が神式の作法によって行った儀式は「宗教的活動」であり、違憲であるとしている。

(2) 箕面《みのお》忠魂碑訴訟　箕面市が小学校の増改築のため、遺族会所有の忠魂碑を別の市有地に移転・再建したところ、その費用および市有地の無償の使用貸借行為が政教分離原則に反するとして、住民訴訟が提起された。一審判決(大阪地判昭和五七・三・二四判時一〇三六号二〇頁)は、忠魂碑が宗教的施設であると認定したうえで、目的・効果基準に依拠し、忠魂碑のための市の支出が政教分離原則に反して違憲であるとした。また、教育長の慰霊祭への参列を争う別の訴訟で、参列は私的行為であり、それに要した時間分の給与は市に返還すべきだ、と判示された(大阪地判昭和五八・三・一判時一〇六八号二七頁)。しかし二審判決(大阪高判昭和六二・七・一六行裁例集三八巻六・七号五六一頁)は、忠魂碑は戦没者の慰霊・顕彰のための記念碑で宗教的施設ではなく、遺族会も憲法二〇条一項の「宗教団体」、八九条の「宗教上の組織若しくは団体」(この意味につき、第一七章一5参照)ではないから、市の行為は違憲ではないとし、また、慰霊祭に教育長が参列し玉串をささげ焼香したことは、職務に関わる社会的儀礼行為であり、目的・効果基準に照らし「宗教的活動」に当たらないとして、原判決をくつがえした。最高裁もこの見解を確認した(最判平成五・二・一六民集四七巻三号一六八七頁)。

(3) 自衛官合祀拒否訴訟　殉職自衛官の夫を自己の信仰に反して山口県護国神社に合祀されたキリスト教信者の未亡人が、合祀を推進し申請した自衛隊山口地方連絡部(地連)と社団法人隊友会山口県支部連合会(隊友会)の行為は政教分離原則に違反し、亡夫を自己の意思に反して祭神として祀られることのない自由(宗教的人格権)を侵害するとし、損害賠償を請求した事件。一審判決(山口地判昭和五四・三・二二判時九二一号四四頁)は、合祀申請行為は地連と隊友会の共同行為であり、宗教的意義を有し、神社の宗教を助長・促進する「宗教的活動」と断じ、「親しい者の死について静謐《せいひつ》の中で宗教上の思考を巡らせ、行為をなす利益」(宗教上の人格権)を侵害する違法な行為と判示し、二審判決(広島高判昭和五七・六・一判時一〇六三号三頁)もそれを支持したが、最高裁は、共同行為性を否定し、隊友会が単独で行った申請行為に協力したにすぎない地連の行為は目的・効果基準に照らし、「宗教的活動」とまで言うことはできないとし、神社による合祀は未亡人の自由を妨害せず、その法的利益を侵害するものではない、と判示した(最大判昭和六三・六・一民集四二巻五号二七七頁)。この判決には学説の批判が強い。「地連と隊友会が共同して行った合祀申請は、合祀と密接不可分の関係にあるもので、目的・効果の基準に照らし宗教的活動に当たり、宗教上の心の静穏という法的利益を違法に侵害する」旨の伊藤正己裁判官反対意見を妥当とすべきであろう。

(4) 即位の礼・大嘗祭関連の裁判例　天皇の代替わりに際して、即位の礼は国事行為として、大嘗祭は皇室の私的行事ではあるが公的性格も有するものとして、国費を支出して行われた。これらの儀式に関連して政教分離違反を争う多くの訴訟が提起されたが、下級審段階で合憲判断と違憲判断が対立している。大阪高裁平成七年三月九日判決(行集四六巻二・三号二五〇頁)は、国費支出の禁止・違憲確認・損害賠償請求をすべて退けたが、傍論で即位の礼と大嘗祭が宗教的色彩をもち、違憲の疑義を一概には否定できない旨述べている。ちなみに、大阪高裁平成一〇年一二月一五日判決(判時一六七一号一九頁)は、宮中の新嘗祭のために献上する米・粟の募集行事である献穀祭に近江八幡市が行った公金支出につき、この行事が宗教的意義を色濃く帯びていることを認め、政教分離違反と判断している。他方、福岡高裁宮崎支部平成一〇年一二月一日判決(判例地方自治一八八号五一頁)は、知事の大嘗祭への参列を目的効果基準に照らし合憲とした。また、東京地裁平成一一年三月二四日判決(判時一六七三号三頁)は、都知事の即位の礼への参列につき、即位の礼正殿の儀の宗教的色彩は認めつつも、それへの参列は目的効果基準に照らし合憲、同様に大嘗祭への参列も合憲と判示している。こうした裁判例の流れから、かりに儀式そのものは宗教的色彩をもつとしても、社会的儀礼として敬意・祝意等を表するために儀式に参列することは政教分離に反しないとする裁判例の傾向を読みとることができよう。最高裁もこうした儀式に知事が公費で参列したのを目的効果基準に照らし合憲と判断した(最判平成一四・七・一一民集五六巻六号一二〇四頁)。]

[(5)　空知《そらち》太《ぶと》神社事件　市が市有地を連合町内会に無償で神社施設の敷地として利用させていたのに対し、市の住民が政教分離原則違反を主張して地方自治法二四二条の二の定める住民訴訟で争った事件において、最高裁は、公の財産の利用提供行為が憲法八九条ひいては二〇条一項に反するのは、それが「信教の自由の保障の確保という制度の根本目的との関係で相当とされる限度を超え」る場合であり、その判断は「当該宗教的施設の性格、当該土地が無償で当該施設の敷地としての用に供されるに至った経緯、当該無償提供の態様、これらに対する一般人の評価等、諸般の事情を考慮し、社会通念に照らして総合的に」行うべきであるという判断枠組を提示し、それに従って判断すると、本件は「憲法八九条の禁止する公の財産の利用提供に当たり、ひいては憲法二〇条一項後段の禁止する宗教団体に対する特権の付与にも該当する」と判示した

（最大判平成二二・一・二〇民集六四巻一号一頁）。本判決では、宗教とのかかわり合いが「相当とされる限度を超える」かどうかの判断に際し、これまでの先例で適用していた目的効果基準に言及することなく、総合判断によると述べている点が注目される。目的効果基準に対しては、その有用性に疑問をもつ最高裁裁判官も何人かおり（愛媛玉串訴訟判決の少数意見参照）、本件の多数意見も目的効果基準に消極的な見解を採るに至ったのではないかとの観測を生んだのである。しかし、半年後に出された白山ひめ神社訴訟の第一小法廷判決（最判平成二二・七・二二裁集民事二三四号三三七頁）は、神社の記念事業の支援を目的とする団体の発会式に市長が出席して祝辞を述べたという事件につき、目的効果基準を適用して合憲とする裁判官全員一致の判断を下しており、目的効果基準を使う場合と使わない場合を分けて考えていこうとしていることを窺わせる。空知太神社判決の藤田補足意見は、目的効果基準を使うのは問題の行為が世俗的側面と宗教的側面の両面をもつ場合であると述べており参考になる。」

＊＊靖国訴訟

(1)　岩手靖国訴訟　　岩手県議会が行った靖国神社玉串料公費支出を争った住民訴訟で、一審判決（盛岡地判昭和六二・三・五判時一二二三号三〇頁）は、「戦没者慰霊のための社交的儀礼（死者儀礼）としてなされた贈与であり、宗教的行為に当たらない」とし、この支出の趣旨目的からして、政教分離に反しない、と判示したが、二審判決（仙台高判平成三・一・一〇行裁例集四二巻一号一頁）は、「玉串料《たまぐし》等の奉納は同神社の宗教上の行事に直接かかわり合いをもつ宗教性の濃厚なものであるうえ、その効果にかんがみると、特定の宗教団体への関心を呼び起こし、かつ靖国神社の宗教的活動を援助するものと認め」、政教分離に反するとした。また、天皇・内閣総理大臣の公式参拝は「相当とされる限度を超える国と靖国神社との宗教上のかかわり合い」をもたらし、憲法二〇条三項によって禁止されるので、県議会の公式参拝要望決議は違法だとし、この点でも一審と正反対の立場をとった。県議会側は、判決主文では勝訴していたので、上告は利益を欠くものとされ、最高裁への特別抗告も不適法とされた（最決平成三・九・二四）。

(2)　愛媛玉串料訴訟　　愛媛県知事の靖国神社・県護国神社に対する玉串料等（二二回にわたり計一六万

六〇〇〇円)の支出を争った住民訴訟で、一審判決(松山地判平成元・三・一七行裁例集四〇巻三号一八八頁)は、「その目的が宗教的意義をもつのみならず、本件支出は県と靖国神社との結びつきに関する象徴としての役割を果たしており、同神社の宗教活動を援助、助長、促進する効果を有するので、違憲である」旨判示した。二審判決(高松高判平成四・五・一二行裁例集四三巻五号七一七頁)は、玉串料等の支出は「神道の深い宗教心に基づくものではなく」、その額も「社会的な儀礼の程度」の零細なもので、目的・効果基準に照らし合憲であるとした。しかし最高裁(一〇名の裁判官の多数意見)は、津地鎮祭判決の目的・効果基準に拠りつつ、①玉串料の奉納は、社会的儀礼とは言えず、奉納者も宗教的意義を有するとの意識を持たざるを得ないもので、県が特定宗教団体とだけ意識的に特別のかかわり合いを持ったことになり、②その結果、一般人に対して靖国神社は特別なものとの印象を与え、特定宗教への関心を呼び起こす効果を及ぼしたとし、「宗教的活動」に当たると判示した(最大判平成九・四・二民集五一巻四号一六七三頁)。宗教団体に公金を支出したのだから憲法八九条に反するという一裁判官の意見と、目的・効果基準はきわめてあいまいであるから、完全な分離が不可能・不適当との理由が示されたとき初めて例外が認められると解すべきだとし、玉串料はそれに当たらず違憲であるとする二裁判官の意見がある。また、二審判決と同じ立場からの二裁判官の反対意見が付されている。

(3) 内閣総理大臣公式参拝違憲訴訟　一九八五年八月一五日、中曽根康弘総理が従来の内閣の解釈を変更し、靖国神社に国の機関として公式に参拝し、供花代金として三万円の公費を支出した件につき、仏教・キリスト教信者の遺族が中心となって、信教の自由、宗教的人格権ないし宗教的プライバシー権等の侵害を理由に損害賠償・慰謝料を求めて提訴した事件。一審判決は権利侵害がないとして棄却したが、二審判決(福岡高判平成四・二・二八判時一四二六号八五頁)は、本件参拝は靖国信仰を公認し押しつけたものとは言えず、信教の自由の侵害はない(宗教的人格権等は具体的な権利、法的利益ではない)としつつも、傍論で、公式参拝が制度的に継続して行われれば、神道式によらない参拝でも、靖国神社に「援助、助長、促進」の効果をもたらすとし、違憲の疑いを表明した。また、大阪高判(平成四・七・三〇判時一四三四号三八頁)も、具体的な権利の侵害はないとしつつも、靖国神社は宗教団体であること、公式参拝は外形的・客観的には「宗教的活動」の性格をもつこと、それを是認する国民的合意は得られていないこと、宗教団体その他からの反対やアジア諸国から反発と疑念が表明されていること、儀礼的・習俗的なものとは言えないこと、などの諸事実を総合判断すれば、違憲の疑いが強い、と述べた。この種の傍論が付随的審査制(第一八章二3)のもとで許されるか否か、妥当か否かの問題は、別にある。[小泉首相も在任中毎年靖国参拝を行い、その違憲性を争ういくつかの訴訟が提起された。小泉首相は、中曽根首相の場合と異なり、当初は公式参拝かどうかを明言せず、後には外交関係を配慮して私的参拝であることを強調したし、また献花料を公費で支出することも避けた。このために首相の靖国神社参拝行為を公的行為(職務行為)と見るかどうかで下級審判例も分かれている(東京高判平成一七・九・二九訟月五二巻九号二九七〇頁は職務行為性を否定した)。平成一七年九月三〇日大阪高裁判決(訟月五二巻九号二九七九頁)は、職務行為性を認めた上で、目的効果基準を適用して参拝行為を憲法の禁止する宗教活動に当たると判断したが、結論的には権利・利益の侵害を否定して国家賠償請求を認めなかった。しかし、最高裁は憲法判断に立ち入ることなく、法的利益の侵害はないという理由で上告を斥ける立場を維持している。最判平成一八・六・二三判時一九四〇号一二二頁参照。]

＊＊＊エンドースメント・テスト　目的・効果基準は一九九〇年代のアメリカの判例で変容され、「是認」(endorsement)の基準《テスト》と呼ばれる、従来よりも若干緩やかな基準に再構成されている。これによれば、従来の目的審査は、「政府の実際の目的が宗教を是認または否認するメッセージを伝えることを意図したかどうかを明らかにする」ことが必要とされ、また、従来の効果審査は、「政府の実際の目的にかかわりなく、審査に付されている行為が、事実上、宗教を是認または否認する効果をもつものかどうかを問う」ことが求められる。いずれか一方の点について答えが積極的であれば、政府の行為は違憲となる。ここに「是認」とは、特定宗教の信奉者でない者に、政治的共同体の部外者であり正規の構成員でないというメッセージを伝えること、それに付随して、右宗教の信奉者には、政治的共同体の部内者であり厚遇される構成員であるというメッセージを伝えること、を言う。「否認」とは、その逆のメッセージを伝えることである。

三　学問の自由

憲法二三条は、「学問の自由は、これを保障する」と定める。学問の自由を保障する規定は、明治憲法にはなく、また、諸外国の憲法においても、学問の自由を独自の条項で保障する例は多くはない。しかし明治憲法時代に、一九三三年の滝川事件（京大の滝川幸辰教授の刑法学説があまりにも自由主義的であるという理由で休職を命じられ、それに教授団が職を辞して抗議し抵抗した事件）や三五年の天皇機関説事件（第二章一2参照）などのように、学問の自由ないしは学説の内容が、直接に国家権力によって侵害された歴史を踏まえて、とくに規定されたものである。

学問の自由の保障は、個人の人権としての学問の自由のみならず、とくに大学における学問の自由を保障することを趣旨としたものであり、それを担保するための「大学の自治」の保障をも含んでいる。

1　学問の自由の内容

学問の自由の内容としては、学問研究の自由、研究発表の自由、教授の自由の三つのものがある。学問の自由の中心は、真理の発見・探究を目的とする研究の自由である。それは、内面的精神活動の自由であり、思想の自由の一部を構成する。また、研究の結果を発表することができないならば、研究自体が無意味に帰するので、学問の自由は、当然に研究発表の自由を含む。研究発表の自由は、外面的精神活動の自由である表現の自由の一部であるが、憲法二三条によっても保障されていると解すべきである。

教授(教育)の自由については、大きな議論がある。従来の通説・判例(後掲3(二)＊＊の東大ポポロ事件最高裁判決)は、教授の自由を、大学その他の高等学術研究教育機関における教授にのみ認め、小・中学校と高等学校の教師には認められないとしてきた。この考えは、学問の自由が、伝統的に、とくにヨーロッパ大陸諸国で大学の自由(academic freedom)を中心として発展してきたという沿革を重視したものと言える。しかし、今日においては、初等中等教育機関においても教育の自由が認められるべきであるという見解が支配的となっている。

もっとも、初等中等教育機関における教育の自由が肯定されると、教育内容・教育方法等について国が画一的な基準を設定し、あるいは、教科書検定を行うことが教育の自由を侵害するものではないかが問われることとなる。この問題は、教科書検定の合憲性に関するいわゆる教科書裁判(家永訴訟)、文部省の実施した全国的な学力テストの適法性が争われた学テ事件においてとくに議論された。家永訴訟(第二次訴訟)一審判決(東京地判昭和四五・七・一七行裁例集二一巻七号別冊)は、憲法二三条を根拠として、「下級教育機関における教師についても、基本的には、教育の自由は否定されない」という判断を示し、注目された(なお第九章三2(三)参照)。その後、旭川学テ事件で最高裁も、普通教育においても、「一定の範囲における教授の自由が保障される」ことを認めた。しかし、教育の機会均等と全国的な教育水準を確保する要請などがあるから、「完全な教授の自由を認めることは、とうてい許されない」と判示した(最大判昭和五一・五・二一刑集三〇巻五号六一五頁、なお第一三章二2参照)。

2 学問の自由の保障の意味

(1) 憲法二三条は、まず第一に、国家権力が、学問研究、研究発表、学説内容などの学問的活動とその成果について、それを弾圧し、あるいは禁止することは許されないことを意味する。とくに学問研究は、ことの性質上外部からの権力・権威によって干渉されるべき問題ではなく、自由な立場での研究が要請される。時の政府の政策に適合しないからといって、戦前の天皇機関説事件の場合のように、学問研究への政府の干渉は絶対に許されてはならない。「学問研究を使命とする人や施設による研究は、真理探求のためのものであるとの推定が働く」と解すべきであろう。*

(2) 第二に、憲法二三条は、学問の自由の実質的裏づけとして、教育機関において学問に従事する研究者に職務上の独立を認め、その身分を保障することを意味する。すなわち、教育内容のみならず、教育行政もまた政治的干渉から保護されなければならない。この意味において、教育の自主・独立について定める教育基本法(一〇条[現行一六条]参照)はとくに重要な意味をもつ。

＊先端科学技術と研究の自由　もっとも、近年における先端科学技術の研究がもたらす重大な脅威・危険(たとえば、遺伝子の組み換え実験などの遺伝子技術や体外受精・臓器移植などの医療技術の研究の進展による生命・健康に対する危害など、人間の尊厳を根底からゆるがす問題)に対処するためには、今までのように、研究の自由を思想の自由と同質のものという側面だけで捉えることがきわめて難しくなってきた。そこで、研究者や研究機関の自制に委ねるだけでは足りず、研究の自由と対立する人権もしくは重要な法的利益(プライバシーの権利や生命・健康に対する権利など)を保護するのに不可欠な、必要最小限度の規律を法律によって課すことも、許されるのではないのか、という意見が有力になっている。

3　大学の自治

学問研究の自主性の要請は、とくに大学について、「大学の自治」を認めることになる。大学の自治の観念は、ヨーロッパ中世以来の伝統に由来し、大学における研究教育の自由を十分に保障するために、大学の内部行政に関しては大学の自主的な決定に任せ、大学内の問題に外部勢力が干渉することを排除しようとするものである。それは、学問の自由の保障の中に当然のコロラリーとして含まれており、いわゆる「制度的保障」の一つと言うこともできる（第五章三3参照）。

大学の自治の内容としてとくに重要なものは、学長・教授その他の研究者の人事の自治と、施設・学生の管理の自治の二つである。ほかに、近時、予算管理の自治（財政自治権）をも自治の内容として重視する説が有力である。†

(一)　**人事の自治**　学長・教授その他の研究者の人事は、大学の自主的判断に基づいてなされなければならない。政府ないし文部［科学］省による大学の人事への干渉は許されない。一九六二年（昭和三七年）に大きく政治問題化した大学管理制度の改革は、文部大臣による国立大学の学長の選任・監督権を強化するための法制化をはかるものであったが、確立された大学自治の慣行を否定するものとして、大学側の強い批判を受け挫折した。

(二)　**施設・学生の管理の自治**　大学の施設および学生の管理*もまた、大学の自主的判断に基づいてなされなければならない。この点に関してとくに問題となるのが、大学の自治と警察権との関係である。

警察権が大学内部の問題に関与する場合はさまざまである。まず、犯罪捜査のために大学構内に立ち入る場合がある。大学といえども治外法権の場ではないので、正規の令状に基づく捜査を大学が拒否できないこと、むしろ必要と事情に応じて積極的に協力することは、言うまでもない。しかし、捜査に名をかりて警備公安活動が行われるおそれなしとしないので、捜査は大学関係者の立ち会いの下で行われるべきである。次に、大学構内で予想外の不法行為が発生し、そのためにやむを得ず大学が警察力の援助を求める場合がある。この場合には、原則として、警察力を学内に出動させるかどうかの判断は大学側の責任ある決断によるべきである。したがって、警察が独自の判断に基づいて大学内へ入構することは、大学の自治の保障の趣旨に反するとみるべきであろう。

最も問題となるのが、警備公安活動のために警察官が大学構内に立ち入る場合である。警備公安活動とは、「公共の安寧秩序を保持するため、犯罪の予防及び鎮圧に備えて各種の情報を収集・調査する警察活動」である。これは、将来起こるかも知れない犯罪の危険を見越して行われる警察活動であるから、治安維持の名目で自由な学問研究が阻害されるおそれはきわめて大きい。したがって、警備活動のために警察官が大学の了解なしに学内に立ち入ることは、原則として許されないと解される。この点に関して、東大ポポロ事件**の最高裁判決が、警察官による大学構内の調査活動が大学の自治にとっていかに危険であるかを不問に付している点などには、批判が強い。

＊大学の自治と学生の位置づけ　大学自治の担い手は、伝統的に教授その他の研究者の組織(教授会ないし評議会)と考えられてきたが、一九六〇年代の大学紛争を契機に、学生も自治の担い手であるべきだという議論が強くなってきた。たしかに、学生をもっぱら営造物(公共のために用いる施設)の利用者として捉える考え方(東大ポポロ事件最高裁判決の立場)は妥当でないが、教授とは地位も役割も異なるので、大学における不可欠の構成員として、「大学自治の運営について要望し、批判し、あるいは反対する権利」を有する(仙

台高判昭和四六・五・二八判時六四五号五五頁）ものと解する説が、妥当である。

＊＊東大ポポロ事件　東大の学生団体「ポポロ劇団」主催の演劇発表会が東大内の教室で行われている途中で、観客の中に私服の警察官がいることを学生が発見し、警察官に対して、警察手帳の呈示を求めた際に暴行があったとして、暴力行為等処罰に関する法律違反で起訴された。警察官は警備公安担当であり、長期にわたりしばしば東大構内に立ち入り、情報収集活動を行っていた。一審判決（東京地判昭和二九・五・一一判時二六号三頁）は、「学内の秩序がみだされるおそれのある場合でも、それが学生、教員の学問活動及び教育活動の核心に関連を有するものである限り、大学内の秩序の維持は、緊急止むを得ない場合を除いて、第一次的には大学学長の責任において、その管理の下に処理され、その自律的措置に任せられなければならない」と述べ、被告人の行為は大学の自治を守るための正当行為であるとして無罪判決を下した。二審判決（東京高判昭和三一・五・八高刑集九巻五号四二五頁）もこれを支持したが、最高裁は、ポポロ劇団の演劇発表会が、学問研究のためのものではなく、内容が当時非常に問題とされた松川事件（昭和二四年八月、福島県の東北本線松川駅付近で起こった列車転覆事件。起訴された二〇名の労組員のうち死刑五名、無期懲役五名などの一審判決は、昭和三四年の最高裁判決でくつがえされ、差戻審の全員無罪の判決は同三八年に確定した）に取材したものであったことなどから考えると、「実社会の政治的社会的活動」であり、かつ、公開の集会またはこれに準ずるものであるから、大学の自治を享有しない、と判示した（最大判昭和三八・五・二二刑集一七巻四号三七〇頁）。この判決は、とくに、①本件警察官の行為が長期にわたる情報収集活動の一環として行われたものであることを考慮に入れなかったこと、②学問的活動か政治的社会的活動かの区別はきわめて困難な場合が少なくないのに、大学が正規の手続を経て教室の借用を許可した判断を尊重しなかったことなど、疑問が多い。

†大学の自治の変容　国立大学における大学の自治のあり方が、二〇〇三年に制定された国立大学法人法による大学の法人化を契機に再考されている。従前の国立大学は、国の行政機関の一つであり、文部科学省の下に置かれて行政機関に適用される諸ルールに服していた。この法的枠組のなかで、部局教授会の自治を基

礎とする大学の自治が慣行的に確立されていたのである。大学の自治は、対外的側面(国との関係)と対内的側面(大学内部のガヴァナンスのあり方)を有するが、法人化により対外的にはたとえば予算編成や費目間流用などの予算管理の自治が高まった。しかし、同時に、説明責任も問われることになり、独立行政法人に採用されている「中期目標の策定―中期計画の策定・認可―成果の評価」のスキームが、大学の自治との関連で必要な修正を加えた上ではあるが、導入された。その修正のポイントは、中期目標の期間を六年とし、文科大臣が中期目標を提示するに際しては大学側の原案を尊重すること、文科省に置かれる評価委員会による成果の評価に際しては、その前に行われる大学評価・学位授与機構による評価を尊重することなどであるが、これを通じて大学および教員の研究教育内容への干渉を極力防止しようというのである。しかし、大学予算の核となる運営費交付金の額は、国の財政状況により年々減額されており、また、成果の評価の結果が交付金額に反映されることになっており、財政面から対外的な大学の自治が圧迫される危険は残っている。他方、学内ガヴァナンスとの関係では、国立大学法人法は学長を中心とする大学中央機関への権限集中を目指し、学長のリーダーシップによるトップダウン方式の管理運営を設計しており、従前の部局教授会の自治を基礎とするボトムアップ方式の慣行とは一定の緊張をはらむ内容となっている。たとえば、学長の実質的任命は、学長選考会が行うことと定められたが、この選考にいたる過程の中に従来多くの大学で採用されていた教員による投票をどのように組み込むのかは、二つの管理運営方式の調和をどのように行うかの焦点となる問題の一つである。基本的構造としては、大学の経営面はトップダウン方式、研究教育の面はボトムアップ方式という振り分けとなるであろうが、現在各大学で教員の学問の自由と学長のリーダーシップの最善の調和を模索し試行錯誤しているところである。

第九章　精神的自由権（二）――表現の自由

一　表現の自由の意味

1　表現の自由の価値

内心における思想や信仰は、外部に表明され、他者に伝達されてはじめて社会的効用を発揮する。その意味で、表現の自由はとりわけ重要な権利である。

表現の自由を支える価値は二つある。一つは、個人が言論活動を通じて自己の人格を発展させるという、個人的な価値（自己実現の価値）である。もう一つは、言論活動によって国民が政治的意思決定に関与するという、民主政に資する社会的な価値（自己統治の価値）である。表現の自由は、個人の人格形成にとっても重要な権利であるが、とりわけ、国民が自ら政治に参加するために不可欠の前提をなす権利である。

2　表現の自由と知る権利

(一)　送り手の自由から受け手の自由へ

表現の自由は、思想・情報（以下、情報と言う）を発表し伝達する自由であるが、情報化の進んだ現代社会では、その観念を「知る権利」という観点を加味して再構成しなければならない。

表現の自由は、情報をコミュニケイトする自由であるから、本来、「受け手」の存在を前提にしており、知る権利を保障する意味も含まれているが、一九世紀の市民社会においては、受け手の自由をとくに問題にする必要はなかった。ところが、二〇世紀になると、社会的に大きな影響力をもつマス・メディアが発達し、それらのメディアから大量の情報が一方的に流され、情報の「送り手」であるマス・メディアと情報の「受け手」である一般国民との分離が顕著になった。しかも、情報が社会生活においてもつ意義も、飛躍的に増大した。そこで、表現の自由を一般国民の側から再構成し、表現の受け手の自由(聞く自由、読む自由、視《み》る自由)を保障するためそれを「知る権利」と捉えることが必要になってきた。表現の自由は、世界人権宣言一九条に述べられているように、「干渉を受けることなく自己の意見をもつ自由」と「情報及び思想を求め、受け、及び伝える自由を含む」ものと解されるようになったのである。

(二)　知る権利の法的性格　知る権利は、「国家からの自由」という伝統的な自由権であるが、それにとどまらず、参政権(国家への自由)的な役割を演ずる。個人はさまざまな事実や意見を知ることによって、はじめて政治に有効に参加することができるからである。

さらに、知る権利は、積極的に政府情報等の公開を要求することのできる権利であり、その意味で、国家の施策を求める国務請求権ないし社会権(国家による自由)としての性格をも有する点に、最も大きな特徴がある。ただし、それが具体的請求権となるためには、情報公開法[*]等の制定が必要である。[†]

＊情報公開法　情報公開条例を制定する地方公共団体の数は年々増加し、国の法律の制定が待たれていたが、一九九六年一一月、行政改革委員会の行政情報公開部会の作成した「情報公開法要綱案」が公表され、それを受けて九八年三月、国会に提出された法案が、九九年の通常国会で成立する見通しとなった。［法案は九九年に可決されて成立し、二〇〇一年四月より施行された。］

†表現の自由と国家による援助　表現の自由は「国家からの自由」を核心とし、国家による妨害の排除を請求しうる権利であり、国家による積極的行為を請求しうる権利ではない。もちろん国家は、国民が表現の自由を享受するために必要な様々な施策を行う政治的責務を負うが、国民が特定の施策を請求しうる具体的権利をもつためには法律によりそれを定めることが必要であると考えられているのである。政府情報の提供を要求する権利がその一例であるが、より一般的には、これは「政府援助」の問題と捉えることができる。政府は公的な「資源」（それはもともと国民のものである）を国民の用に供するために様々な形で配分・供与・給付等するが、その具体的な内容はそれぞれの特性に合わせて法律で定めなければならない。表現の自由との関連で言えば、たとえばパブリック・フォーラム（公園・道路・公会堂等）の管理、学問・芸術への助成、図書館の建設・維持などもこのような文脈で捉えることができる。これらをどのような形で提供するかについては、原則的には広い立法裁量に属するが、提供を決めたものについては、その内容に関して憲法から来る一定の枠が存在するということが重要である。特に内容中立的な運用が強く要求される。また、各「事業」の運営方法は法律およびその委任法令により定められるが、ここでしばしば生ずるのが、これらの規定は国民に具体的な請求権を与えているのか、それとも単に管理運営規則を定めるのみで、それにより国民が受ける利益は「反射的利益」にすぎないのかという問題である。

こうしたことを考えるのに興味深い事例の一つとして、公立図書館における図書管理の問題がある。図書館は国民が様々な情報にアクセスするための重要な施設である。したがって、特定の傾向に偏った図書収集は許されない。しかし、予算と収蔵スペースの限界があるから取捨選択は不可避であり、内容中立的な収集方針が望ましいとしても、図書館に収めるにふさわしいかどうかの判断は内容と無関係には行いえない。したがって、図書購入に関しては、管理者（専門家かつ政治的圧力からの自由が必要）の広い裁量に委ねざるをえないであろう。しかし、購入した図書の管理については、裁量の幅は狭くなる。たとえば、特定の図書を非公開にしたり廃棄したりする場合には、図書の「提供」というより、自由な利用（表現を受け取る自由）の妨害という性格が強くなるから、明確な規則に従って行わねばならず、厳格な審査に服すると考えるべきであろう（少年法六一条に反する図書の非公開を管理者の裁量に属するとした東京地判平成一三・九・一二（判例集未登載）参照）。なお、図書館の規則は利用者に具体的権利を与えたものでないとしても、公立図書館とその所蔵図書は「公の施設」であり、地方自治法二四四条により住民に図書利用権が与えられている（天皇コラージュ版画の非公開を図書館利用者が争った名古屋高金沢支判平成一二・二・一六判時一七二六号一一一頁参照）。著作者に利用者への公開を請求する権利や廃棄しないことを求める権利を明示的に認めた規定はないが、最高裁は、公立図書館による図書の廃棄を著作者が争った事件で、当該廃棄が著作者の思想・信条を理由になされたことを認定した上で著作者に訴訟で争いうる「法的保護に値する人格的利益」を認めている（最判平成一七・七・一四民集五九巻六号一五六九頁）。

3　アクセス権

知る権利と関連して、マス・メディアに対するアクセス権(right to access)が主張されることがある。アクセス権とは近づく（接近する）権利ということで、種々の場合に用いられる。たとえば裁判請求権のことを、裁判所へのアクセス権と言う。また、政府情報へのアクセス権とは政府情報の公開請求権を意味する。したがって、その場合は、知る権利と同義になる。そこでアクセス権とは、一般に、マス・メディアに対する知る権利、つまり、情報の受け手である一般国民が、情報の送り手であるマス・メディアに対して、自己の意見の発表の場を提供することを要求する権利（具体的には、意見広告や反論記事の掲載、紙面・

番組への参加等)の意味に使われることが多い。しかし、私企業の形態をとっているマス・メディアに対する具体的なアクセス権を憲法二一条から直接導き出すことは不可能で、それが具体的権利となるためには、特別の法律(反論権法と呼ばれることが多い)が制定されなければならない。* この法律が報道機関の編集の自由を侵害せず、また、批判的記事を差し控える萎縮的効果を及ぼさないような内容のものとなりうるか、そこに問題がある。†

＊サンケイ新聞事件　メディアに対するアクセス権が問題になった有名な事件。自民党がサンケイ新聞に掲載した意見広告が共産党の名誉を毀損したとして、共産党が同じスペースの反論文を無料かつ無修正で掲載することを要求したのに対し、最高裁は、このような反論権の制度は、「新聞を発行・販売する者にとっては紙面を割かなければならなくなる等の負担を強いられるのであって、これらの負担が、批判的記事、ことに公的事項に関する批判的記事の掲載をちゅうちょさせ、表現の自由を間接的に侵す危険につながるおそれも多分に存するなど、民主主義社会において極めて重要な意味をもつ新聞等の表現の自由に重大な影響を及ぼすので、名誉が毀損され不法行為が成立する場合は別論として、具体的な成文法の根拠がない限り、認めることはできない」旨を説き、本件の場合は政党間の批判・論評として、公共の利害に関する事実にかかり、その目的が専ら公益を図るものであるから(本章二2(2)＊＊参照)、不法行為は成立しない、と判示した(最判昭和六二・四・二四民集四一巻三号四九〇頁)。

†放送法四条の定める訂正放送請求事件　NHKが朝の番組で「妻からの離縁状・突然の別れに戸惑う夫たち」と題する特集を組んだが、そこで取り上げられた離婚について事実関係に誤りがあり、名誉とプライバシーを侵害されたと主張する者が、放送法四条(現九条)一項の定める訂正放送を請求した。最高裁は、本規定は「放送事業者に対し、自律的に訂正放送等を行うことを国民全体に対する公法上の義務として定めたものであって、被害者に対して訂正放送等を求める私法上の請求権を付与する趣旨の規定ではない」として請

求を認めなかった(最判平成一六・一一・二五民集五八巻八号二三二六頁)。名誉毀損が成立すれば民法七二三条により謝罪放送を請求しうるが、それとは別に放送法四条により訂正放送を請求する権利が認められるのかという問題であり、認められれば、法律によりアクセス権の一種が規定されたという意味を持つことになる。最高裁はそれを否定したのである。

二　表現の自由の内容

表現の自由は、すべての表現媒体による表現に及ぶ。演説、新聞・雑誌その他の印刷物、ラジオ、テレビはもちろん、絵画、写真、映画、音楽、芝居などの表現も保障される。集会・結社も、通常、集団ないし団体としての思想・意見の表明をともなうので、伝統的な言論・出版の自由(狭義の表現の自由)と密接に関連し、それと同じ性質の、ほぼ同じ機能を果たす権利である。ヨーロッパ諸国の憲法では、集会・結社の自由と言論・出版の自由とは沿革的に区別して考えられ、別々の条文で定められるのが通常であるが、日本国憲法はアメリカ合衆国憲法にならい、両者を広く表現の自由として保障し、その中に集団行動による表現の自由も含めている。しかしそれは、情報の送り手と受け手の分離が顕著になった現代社会において、集団行動が情報の受け手の地位に置かれている国民が自己の思想を表明するきわめて重要な手段であることを考えれば、十分に理由があることと言えよう(その限界については、本章四2参照)。

言論・出版の自由のうち、今までに論議を呼んだ主要な表現活動として、次のようなものが挙げられる。

1　報道の自由

㈠　意　義

報道は、事実を知らせるものであり、特定の思想を表明するものではないが、報道の自由も表現の自由の保障に含まれる。これは、報道のために報道内容の編集という知的な作業が行われ送り手の意見が表明される点から言っても、さらに、報道機関の報道が国民の知る権利に奉仕するものとして重要な意義をもつ点から言っても、異論はない。「報道機関の報道は、民主主義社会において、国民が国政に関与するにつき、重要な判断の資料を提供し、国民の『知る権利』に奉仕する」という博多駅(テレビフィルム提出命令)事件*での最高裁の指摘は、現代における報道機関の重要性を的確に表現している。†

＊博多駅(テレビフィルム提出命令)事件　米原子力空母寄港反対闘争に参加した学生と機動隊員とが博多駅付近で衝突し、機動隊側に過剰警備があったとして付審判請求(公務員の職権濫用罪等に関して検察が不起訴にした場合にその当否を審査する審判)がなされた。福岡地裁は、テレビ放送会社に、衝突の模様を撮影したテレビフィルムを証拠として提出することを命じたが、放送会社はその命令が報道の自由を侵害するとして争った。最高裁は、公正な裁判の要請に基づく提出命令の必要性と取材の自由が妨げられる程度およびこれが報道の自由に及ぼす影響の度合等の事情とを比較衡量して決せられるべきだとし、本件フィルムは、過剰警備か否かを判定するうえで「ほとんど必須のものと認められる」ほど「証拠上きわめて重要な価値」を有するものであること、すでに放映ずみのものを含む放映のために準備されたものであること、など指摘して、提出命令を合憲とした(最大決昭和四四・一一・二六刑集二三巻一一号一四九〇頁)。この比較衡量をする際、刑事裁判の証拠として使用することがやむを得ない場合で、報道機関の不利益が必要な限度をこえないよう配慮すべきだと言いながら、本件で「報道機関が蒙る不利益は、報道の自由そのものではなく、将来の取材の自由が妨げられるおそれがあるというにとどまる」、という程度の低い評価しか与えていない点は、問題であり、批判も強い。人格権としての名誉権(憲法一三条)と表現の自由との衡量に関する判例につ

き、本章三2㈠＊の「北方ジャーナル」事件参照。

†少年法六一条による犯罪報道の制限　犯罪の報道は一般に公共の利害に関することと考えられており、名誉毀損との関係において(刑法二三〇条の二参照)のみならずプライバシー侵害との関係においても犯罪報道の自由は厚く保護されるべきだと解されている。しかし、少年の犯罪に関しては、少年法六一条は「氏名、年齢、職業、住居、容ぼう等によりその者が当該事件の本人であることを推知することができるような記事又は写真を新聞紙その他の出版物に掲載してはならない」と定めている。可塑性のある少年の将来の更生を妨げないための配慮であるが、少年に本条項違反の報道をされない権利を与えたものかどうかははっきりしない。この規定の遵守は報道機関の自主性に委ねられており、違反しても罰則規定はないが、不法行為の成立に影響する可能性はある。違反するかどうかは、最高裁によれば「その記事等により、不特定多数の一般人がその者を当該事件の本人であると推知することができるかどうかを基準にして判断すべき」であるとされるが、そこでの「不特定多数の一般人」には「(少年と)面識のない不特定多数の一般人」が置かれている。面識等のない不特定多数の一般人には、本件記事から当該少年が本人であるとは推知できないとして損害賠償請求を否定した最高裁判決(最判平成一五・三・一四民集五七巻三号二二九頁)参照。

㈡　取材の自由

(1)　報道の自由に、取材の自由および取材源(ニュース・ソース)秘匿の自由が含まれるかについては、意見が分かれており、判例の立場も明確ではない。最高裁は、博多駅事件決定において、「報道のための取材の自由も、憲法二一条の精神に照らし、十分尊重に値いする」と述べるにとどまったが、この立場は、取材の自由に関するその後の判例に一貫して受けつがれている。法廷傍聴人のメモを取る自由にも同じ論理が用いられている。＊

しかし、学説では、より積極的に、取材の自由も報道の自由の一環として憲法二一条によって保障される、という見解が有力である。報道は、取材・編集・発表という一連の行為により成立するものであり、取材は、報道にとって不可欠の前提をなすからである。したがって、取材活動は公権力の介入から自由でなければならず、報道機関と情報提供者との信頼関係が十分に確保されなければならない。それによってこそ国民の知る権利が充たされるであろう。

(2) もっとも、こう解したからといって、公正な裁判の実現を保障するため、「報道機関の取材活動によって得られたものが、証拠として必要と認められる」例外的な場合に、「取材の自由がある程度の制約を蒙ることとなってもやむを得ない」(博多駅事件決定)ということまで、否定されるわけではない。判例は、検察官ないし警察官による報道機関取材ビデオテープの差押・押収まで、公正な裁判の実現に不可欠だとし、「適正迅速な捜査の遂行という要請がある場合」には認められる、とする(日本テレビビデオテープ押収事件の最決平成元・一・三〇刑集四三巻一号一九頁、TBSビデオテープ差押事件の最決平成二・七・九刑集四四巻五号四二一頁参照)。裁判所と捜査機関とは異なるので、慎重な検討が求められよう。

取材源秘匿の自由についても、同様に考えられる。判例は、刑事事件で取材源に関する新聞記者の証言拒絶権を否定しているが、[**] 取材源の秘匿は、単に立法政策上の問題ではなく、取材の自由に関連して憲法上の保護を受けることもあると解される。[†]

(3) なお、取材の自由については、国家秘密とのかかわりでその限界が問題となる。最高裁は、外務省秘密漏洩事件[***](西山記者事件)において、取材が「真に報道の目的」であり、「手段・方法が法秩序全体の精神に照らし相当なものとして社会観念上是認されるもの」であれば、「正当な業務行為」と言えるが、取材対象者(女性事務官)と肉体関係をもつなど、「人格の尊厳を著しく蹂躙した」取材行為は、「法秩序全体の精神に照らし社会観念上、到底是認することのできない不相当なもの」であり、違法であると断じた(最決昭和五三・五・三一刑集三二巻三号四五七頁)。

[(4) 国家秘密に関しては、「特定秘密の保護に関する法律」(特定秘密保護法)が制定され二〇一四年一二月に施行された。この法律は、わが国の安全保障上秘匿性の高い情報を所轄行政機関の長が「特定秘密」に指定し、その漏洩と取得行為を公務員の守秘義務等既存の処罰規定よりも重く罰する(一〇年以下の懲役)というものであり、外務省秘密漏洩事件の判旨に照らすと、取材活動がこの罰則規定に触れる可能性もあると指摘されている。特定秘密に指定しうる範囲が必ずしも明確ではなく、また、指定の有効期限が原則五年以下とされてはいるが場合によっては長期にわたって延長可能とされていることなどから、国民の知る権利に応えるべき取材活動に対する萎縮効果が懸念されている。]

＊法廷メモ採取事件　傍聴人のメモを取る行為を認めるか否かは、裁判長の法廷警察権に属する自由裁量事項とされ、一般に禁止されていたが、一九八九年最高裁は、博多駅事件と同じ論理で、情報摂取の自由を表現の自由の派生原理として位置づけ、その補助としてなされるメモを取る自由は憲法二一条の精神に照らして尊重されるべきであり、公正かつ円滑な訴訟の運営を妨げるという特段の事情のないかぎり、故なく妨げられてはならない、と判示した(最大判平成元・三・八民集四三巻二号八九頁)。公開法廷でメモを取ることは、知る権利を行使することで、表現の自由に属する、という見解が学説では有力である。なお、メモ行為と裁判公開原則(八二条一項)との関係については、第一六章二7参照。

＊＊石井記者事件　逮捕状の発付に関する情報が事前に漏れ、新聞に公表されたところ、その記事に関与した記者が情報の漏洩者の捜査に関して裁判所に召喚され、証言を拒否したため起訴された事件。最高裁は、比較衡量すら行わず、証言義務を犠牲にしてまで取材源の秘匿を認めることはできない、と判示した(最大

判昭和二七・八・六刑集六巻八号九七四頁)。もっとも、新聞記事による名誉毀損が争われた民事事件で、公正な裁判の実現との関係で一定の限界はあるとしつつ、取材源秘匿は民訴法二八一条[現行一九七条]一項三号に言う「職業の秘密」に当たるとして、記者に一定の証言拒絶権を認めたものもある(札幌地決昭和五四・五・三〇判時九三〇号四四頁)。博多駅事件最高裁決定の思想を民訴法の解釈に具体化したもので、高裁でも支持された。最高裁は特別抗告を却下した(最決昭和五五・三・六判時九五六号三二頁)。

＊＊＊外務省秘密漏洩事件　一九七一年六月調印された沖縄返還協定に関する外務省の極秘電文を毎日新聞記者が外務省女性事務官から入手し、社会党議員に流したため、事務官は国家公務員法一〇〇条一項違反、記者は同一一一条(秘密漏示そそのかし罪)違反に問われた事件。一審判決(東京地判昭和四九・一・三一判時七三二号一二頁)は、「そそのかし」に当たる取材行為も例外的に違法性が阻却される場合があるとして、具体的に利益衡量を行い、無罪を判示したが、二審判決(東京高判昭和五一・七・二〇高刑集二九巻三号四二九頁)は、「そそのかし」罪の厳格な合憲限定解釈を行ったうえで、有罪を判示した。最高裁は、そのいずれとも異なるアプローチをとる。なお、国家秘密の概念は必ずしも明確でないが、通常、軍事または外交上の情報で、その公開が国家の安全を傷つけるもの(国家機密)を言う。それ以外の職務上の秘密を含め広義に用いる場合も多い。

†嘱託証人尋問証言拒否事件　NHKのニュースで、A社が所得隠しを行い日本の国税当局から追徴課税を受け、また、所得隠しに係る利益がアメリカの関連会社に送金され、同会社の役員により流用されたとして、アメリカの国税当局も追徴課税を行ったなどの報道がなされ、翌日アメリカにおいても同様の報道がなされた。これにより株価の下落、配当の減少等の損害を受けたと主張するアメリカの関連会社は、報道の原因はアメリカの国税当局の職員が無権限でしかも虚偽の情報を日本の税務官に対し開示したことにあるとしてアメリカ合衆国に対し損害賠償を請求した。この訴訟のディスカバリー手続のなかで、司法共助の取決めに基づき日本の裁判所にNHK報道記者に対する証人尋問が嘱託された。報道記者が民訴一九七条一項三号の「職業の秘密」を根拠に取材源に関する証言を拒否したのに対し、最高裁は取材源の秘密は職業の秘密に当

たるが、保護に値する秘密かどうかは「秘密の公表によって生ずる不利益と証言の拒絶によって犠牲になる真実発見及び裁判の公正との比較衡量により決」するという立場に立ち、本件の場合は保護に値する秘密に該当すると判断した(最決平成一八・一〇・三民集六〇巻八号二六四七頁)。民事事件との関連では、すでに下級審で取材源に関する証言の拒否を認めた判例が存在した(札幌高決昭和五四・八・三一下民集三〇巻五〜八号四〇三頁)が、最高裁も「職業の秘密」として拒否しうる場合のあることを認めたのである。

(三) 放送の自由

(1) 電波メディアによる報道の自由をとくに放送の自由と言う。放送は通常、「公衆によって直接受信されることを目的とする無線通信[二〇一〇年の改正により、電気通信]の送信」(放送法二条一号)の意に用いられるが、有線テレビジョン放送法[二〇一〇年法六五号により、廃止](一九七二年)では有線放送にも放送法(一九五〇年)の定める一定の規制が準用されているので、両者は広義の放送として同じに扱われる。

この放送には、新聞・雑誌などの印刷メディアには許されない特別な規制が課されている。たとえば、無線放送については、電波法(一九五〇年)によって無線局の開設は免許制の下におかれ(四条)、放送法によって放送番組の編集にあたり、(i)公安および善良な風俗を害しないこと、(ii)政治的に公平であること、(iii)報道は事実をまげないですること、(iv)意見の対立している問題については、多角的に論点を明らかにすること、という準則に従うべきこと、また、(v)教養・教育・報道・娯楽の四種の番組相互の間の調和を保つべきことが要求されている(三条の二第一項・二項[現四条・五条])。放送番組審議会[放送番組審議機関]の設置も義務づけられている(四四条の二・五一条[現六条])。

(2) このような公的規制を正当化する根拠として、従来、①放送用電波は有限で、放送に利用できるチャンネル数には限度があること、したがってこの有限な電波資源を混信を防止しつつ有効適切に利用するためには、国が周波数割当計画を策定し、放送事業を行うにふさわしい特定人に電波の排他的使用権を認める制度（放送局の免許制）をとることが必要であること、②放送は直接家庭の茶の間に侵入し、即時かつ同時に動画や音声をともなう映像を通じて視聴される点で、受け手に他のメディアには見られない強烈な影響力を及ぼすこと、などの理由が挙げられてきた。さらに、③民間放送（民放）では、時間を単位として広告主（スポンサー）に番組が売られる（そしてスポンサーが制作費・電波料を支払う）ので、自由競争に放任すると、番組編成が大衆受けのする通俗的なものに画一化するおそれが大きいという事情も、とくに調和を保った番組比率の準則を支える理由になると考えられてきた。

しかし、①の電波有限論は、電波技術の著しい発展にともない利用可能な周波数帯域が拡大してきたことや、衛星放送・CATVなど各種のニュー・メディアが登場し、通信衛星からの電波をCATVを通じて放送として家庭に送るという放送と通信が融合するシステムも現われて多チャンネル化が進んでいることなど、状況が著しく変化したことによって、大きく動揺している。ただ一方で、電波に対する社会的需要はますます増大しており、利用可能な電波の数よりも利用を欲する需要者の数が上回る状態は解消されていない。また、②に言う放送の社会的影響力も相対的なもので、それ単独では、番組規制を正当化する論拠とはなりえないという意見が強い。そこで最近、新しい観点から、放送に対する公的規制を認める意見、たとえば、印刷メディアを完全に自由とし、放送だけに公的規制を加えるシステムをとれば、かえって、両者の微妙なバランスによって、少数者の意見が放送に取りあげられたり、放送に対する過度の規制が抑制されたりして、充実した思想の自由市場が確保されるという、アメリカで部分規制論と呼ばれる学説も、一つの有力説となっている。

もっとも、日本では、番組準則を定めた規定は、一般に倫理的な意味をもつにとどまると解釈運用され、メディアの特性に応じて徐々に規制を外していく方向で考えられている。

(四) インターネット上の表現の自由

従来のマス・メディアを通じての表現活動においては、新聞・雑誌でも放送でも情報は一方向にしか流れず表現者と表現受領者が分離し、大多数の国民は受領者の地位に甘んずる以外になかった。これに対し、インターネットは双方向的な情報流通を可能にし、国民に表現者でもありうる可能性を開いてくれた。しかしまた、表現の自由との関連で従来存在しなかった問題も提起するようになってきている。従来の表現の自由に関する諸理論は、出版メディアを基礎に形成されてきたものであり、放送メディアにつき必要な修正が加えられたものの、基本的にはマス・メディアによる表現が核となっていた。マス・メディアを通じて表現する人は、表現を職業としており、職業人としての知識と節度をある程度期待できた。ところがインターネット上では、通常の国民が自由に表現しうるようになり、そのこと自体はすばらしいことではあるが、結果としてあらゆる種類の情報が氾濫するようになった。中には犯罪に関わるようなものも存在する。インターネット外で許されなかった表現がインターネット上では許されるということは、原則的にはない。しかし、同じ規制でもインターネットの特性から規制の仕方・範囲・程度が異なりうるのではないか。たとえば、わいせつ表現の規制は、情報源が外国にある場合、国ごとにわいせつ基準が異なるとすれば、どうするのか。日本だけでは規制が困難とすれば、むしろ青少年保護を可能とするソフト面の強化を図るべきではないか。また、プライバシー侵害や名誉毀損の表現は、インターネット上でなされた場合、被害は甚大となりうる。とはいえ、表現の自由の原則から言えば、名誉毀損に対しては「対抗言論」がまず考慮されるべきであり、インターネット上では対抗言論が従来より容易であるとすれば、そのことを考慮に入れた規制を考えるべきではないか(インターネット上の名誉毀損につき、一審が対抗言論の考えを考慮して名誉毀損の成立を否定したのに対し、「相当性の法理」はインターネット上でも同じように適用されるとして責任を認めた最決平成二二・三・一五刑集六四巻二号一頁参照)。こうした様々な問題が提起されてきており、今後の展開に注意する必要がある。〕

2 性表現・名誉毀損的表現

(1) 性表現・名誉毀損的表現は、わいせつ文書の頒布・販売罪とか名誉毀損罪が自然犯として刑法に定められているので、従来は、憲法で保障された表現の範囲に属さないと考えられてきた。しかし、そのように考えると、わいせつ文書なり名誉毀損の概念をどのように決めるかによって、本来憲法上保障されるべき表現まで憲法の保障の外におかれてしまうおそれが生じる。そこで、わいせつ文書ないし名誉毀損の概念の決め方それ自体を憲法論として検討し直す考え方が有力になってきた。つまり、それらについても、表現の自由に含まれると解したうえで、最大限保護の及ぶ表現の範囲を画定していくという立場である。この立場は、性表現について言えば、わいせつ文書の罪の保護法益(社会環境としての性風俗を清潔に保ち抵抗力の弱い青少年を保護することと解する説が有力である)との衡量をはかりながら、表現の自由の価値に比重をおいてわいせつ文書の定義を厳格にしぼり、それによって表現内容の規制をできるだけ限定しようとする考え方で、定義づけ衡量(definitional balancing)論と呼ばれる。性表現の規制については、刑法一七五条のわいせつ文書の頒布・販売罪に関し、最高裁は、チャタレイ事件の判決以来、一貫してこれを合憲としているが、* その後、わいせつ概念を明確化しようとする努力がみられる。

(2) 名誉毀損的表現は、とくに公務員ないし著名人(公人)が対象となっている場合には、国民の知る権利にもかかわる重大な問題である。最高裁は、名誉毀損罪に関する刑法二三〇条の二の規定について、表現の自由の確保という観点から厳格に限界を画定する解釈を打ち出している。**† [逆に、公人でない者については、名誉の保護が重視される(モデル小説「石に泳ぐ魚」により名誉とプライバシーを侵害されたという非「公人」の主張を認めた最高裁判決(最判平成一四・九・二四裁集民事二〇七号二四三頁)参照)。]

*性表現判決

(1) チャタレイ事件　D・H・ロレンスの「チャタレイ夫人の恋人」の翻訳者と出版社社長が刑法一七五条違反で起訴された事件。最高裁は、「わいせつ文書」とは、①徒らに性欲を興奮または刺激せしめ、②普通人の正常な性的羞恥心を害し、③善良な性的道義観念に反するもの、と定義したうえ、刑法一七五条は、性的秩序を守り、最小限度の性道徳を維持するという公共の福祉のための制限であり、合憲である、と判示した(最大判昭和三二・三・一三刑集一一巻三号九九七頁)。

(2) 「悪徳の栄え」事件　マルキ・ド・サドの「悪徳の栄え」の翻訳者と出版社社長が、刑法一七五条違反で起訴された事件。最高裁の多数意見は、チャタレイ判決を踏襲したが、わいせつ性は文書全体との関連で判断すべきだとした(最大判昭和四四・一〇・一五刑集二三巻一〇号一二三九頁)。五名の裁判官の少数意見がある。その中でも、芸術性・思想性の高い文書については、わいせつ性は相対的に軽減され、刑法一七五条に言う「わいせつ文書」には当たらないという「相対的わいせつ概念」を唱えた田中二郎裁判官の意見が注目された。

(3) 「四畳半襖の下張」事件　永井荷風作と伝えられる戯作が刑法一七五条違反で起訴された事件。最高裁は、チャタレイ判決の三要件を維持したが、わいせつ性の判断は、性描写の程度、手法、文書全体に占める比重、文書に表現された思想等との関連性、文書の構成・展開、芸術性・思想性等による性的刺激の緩和の程度など、文書全体の検討の必要性を強調した(最判昭和五五・一一・二八刑集三四巻六号四三三頁)。これを評価しつつ、表現の自由の規制立法には「強度の明確性が要求される」ことを強調して、わいせつ概念を端的な春画・春本(いわゆるハード・コア・ポルノ)と、それにあたらないが、わいせつ的要素の強いもの(準ハード・コア・ポルノ)に限定し、その定義づけと判断方法を説いた最判昭和五八・三・八刑集三七巻二号一五頁の伊藤正己裁判官補足意見が注目された。

＊＊「夕刊和歌山時事」事件　人の名誉を毀損する行為でも、それが「公共ノ利害ニ関スル事実」に係るもので、「公益ヲ図ル」目的でなされた場合、「真実ナルコトノ証明アリタルトキ」は処罰されないという刑法二三〇条ノ二第一項(平成七年法九一号による改正前のもの)を、最高裁は、「真実であることの証明がない場合でも、行為者が真実であると誤信し、それが確実な資料、根拠に照らして相当の理由があるときは、罪は成立しない」旨解釈して、従来の判例を変更した(最大判昭和四四・六・二五刑集二三巻七号九七五頁。不法行為法上の名誉毀損につき同旨の解釈を行った最判昭和四一・六・二三民集二〇巻五号一一一八頁参照)。また、「月刊ペン」事件判決で、わが国有数の宗教団体の会長の行為は「私生活上の行状」でも、場合によって「公共ノ利害ニ関スル事実」に当たることも認めた(最判昭和五六・四・一六刑集三五巻三号八四頁)。〔なお、真実と誤信したことに相当の理由があったかどうかの判断に際して、定評のある通信社からの配信サービスを裏付け調査なしに利用したことが抗弁となるかという問題がある。最高裁は、「社会の関心と興味をひく私人の犯罪行為やスキャンダルないしこれに関連する事実を内容とする分野における報道」については、定評のある通信社の配信記事であっても「高い信頼性が確立しているとはいえない」から、配信サービスの抗弁を認めることはできないと判示している(最判平成一四・一・二九民集五六巻一号一八五頁)。ただし、通信社の配信記事につき「真実と誤信したことに相当の理由」がある場合には、配信記事をそのまま

掲載した新聞社も、当該通信社と「報道主体としての一体性を有すると評価することができるとき」には、「漫然と掲載したなど特段の事情のない限り」、免責される(最判平成二三・四・二八民集六五巻三号一四九九頁)。」

もっとも、これらの判決は、アメリカ判例法に言う「現実的悪意」(actual malice)の理論とは異なる。この理論は、公務員(public official)とか著名人(公人=public figures)に対する名誉毀損的表現については、その表現が虚偽であることを本人が知っていながらなされたものか、または虚偽か否かを気にもかけずに無視してなされたものか、それを公務員ないし公人は立証しなければならない、とする考え方で、表現の自由の保障を大幅に強化した。日本にも導入すべきだという説もあるが、刑法二三〇条の二の解釈に取り込めるかは、議論の余地がある。

†最高裁判例は名誉毀損につき「事実摘示」型と「論評」型を区別している。事実を摘示して名誉を毀損した場合には、「夕刊和歌山時事」事件判決の考え方が妥当するが、事実を直接摘示することなく名誉毀損的な「論評」を行った場合には、その考え方は妥当しない。しかし、事実の摘示がなくとも、論評が公正さを欠くときには名誉毀損の不法行為責任が成立すると解されており、最高裁判例は、論評型の場合には、「論評の前提としている事実が重要な部分について真実であることの証明があ」るか、それを真実と信ずるについて「相当の理由」があれば免責されるとしている。なお、事実摘示型と論評型の区別は、当該表現が「証拠等をもってその存否を決することが可能」な内容か、それとも「証拠等による証明になじまない物事の価値、善悪、優劣についての批評や論議」か、によりなされる(最判平成一六・七・一五民集五八巻五号一六一五頁参照)。

3　営利的言論の自由

表現の自由の中に、営利的言論(commercial speech)が含まれるかどうかが問題とされてきたが、近時、広告のような営利的な表現活動であっても、国民一般が、消費者として、広告を通じてさまざまな情報を受け取ることの重要性にかんがみ、学説では一般に表現の自由の保護に値すると考えられている。もっとも、表現の自由の重点は、自己統治の価値にあるから、営利的言論の自由の保障の程度は、非営利的(すなわち政治的)言論の自由よりも低いと解される。*

＊広告の自由と違憲審査基準　営利的言論すなわち広告の規制の合憲性を判定する基準を明らかにした判例はない。灸の適応症の広告の全面禁止を合憲とした判例(最大判昭和三六・二・一五刑集一五巻二号三四七頁)は、広告の自由に関する唯一の判例であるが、表現の自由に関わる問題として扱っていない。この点で、営利的言論の内容規制の合憲性を判定する基準としてアメリカ合衆国最高裁が一九八〇年に打ち出した四段階テスト、すなわち、①合法的活動に関する真実で人を誤解させない表現であること、そういう表現につき、②主張される規制利益が実質的(substantial)であり、③規制がその利益を直接促進し、かつ、④その利益を達成するのに必要以上に広汎でないこと、を検討する基準が参照に値する。

三　表現の自由の限界

1　二重の基準の理論

表現の自由といえども無制約ではない。その限界は、表現の形態、規制の目的・手段等を具体的に検討して決めなければならない。その際に、表現の自由を規制する立法が合憲か違憲かを判定する基準を整理することがきわめて重要である。

これに応える指針として広く支持されてきた考え方が、先にふれた(第六章一4参照)「二重の基準」

(double standard)、すなわち、表現の自由を中心とする精神的自由を規制する立法の合憲性は、経済的自由を規制する立法よりも、とくに厳しい基準によって審査されなければならない、という理論である。

(一) 理論の根拠

この二重の基準の理論を支える根拠は種々考えられるが、次の二つが重要である。

第一は、統治機構の基本をなす民主政の過程との関係である。経済的自由も人間の自由と生存にとってきわめて重要な人権であるが、それに関する不当な立法は、民主政の過程が正常に機能しているかぎり、議会でこれを是正することが可能であり、それがまた適当でもある。これに対して、民主政の過程を支える精神的自由は「こわれ易く傷つき易い」権利であり、それが不当に制限されている場合には、国民の知る権利が十全に保障されず、民主政の過程そのものが傷つけられているために、裁判所が積極的に介入して民主政の過程の正常な運営を回復することが必要である。精神的自由を規制する立法の合憲性を裁判所が厳格に審査しなければならないというのは、その意味である。

第二は、裁判所の審査能力との関係である。経済的自由の規制については、社会・経済政策の問題が関係することが多く、政策の当否について審査する能力に乏しい裁判所としては、とくに明白に違憲と認められないかぎり、立法府の判断を尊重する態度が望まれる。これに対して、精神的自由の規制については、裁判所の審査能力の問題は大きくはない。

(二) 理論の内容

二重の基準と言っても、現代国家における人権状況を踏まえて考えると、精神的自由と経済的自由の保障の程度が段階的にまったく違う、という意味ではない。両者は保障の程度をほぼ同じくする領域を含む(表現の自由の時・所・方法の規制と、職業の自由の消極目的規制すなわち警察許可規制の合憲性判定基準に関する、後述三5、第一〇章一2参照)。また、表現の自由の規制立法に対して用いられる厳格な審査も一様ではなく、表現の種別や規制立法の態様の相違に応じて異なることに、注意しなければならない。

表現の自由の規制立法は、①検閲・事前抑制、②漠然不明確または過度に広汎な規制、③表現内容規制、④表現内容中立規制、という四つの態様に大別されるが、このうち③と④については、区別すること自体に有力な異論もあるので、あらかじめその意味を説明しておく必要があろう。

(1) 表現の内容規制とは、ある表現をそれが伝達するメッセージを理由に制限する規制（たとえば、政府転覆の文書によるせん動〔seditious libel〕の禁止、国の秘密情報の公表の禁止、政府の暴力的転覆を唱道する言論の禁止など）を言う。性表現・名誉毀損的表現の規制（前述二2）もこれに属するが、これらはアメリカでは通常、営利的言論（前述二3）や憎悪的表現（hate speech と呼ばれ、人種的差別表現のような少数者に有害で攻撃的と考えられる表現†）とともに、低い価値の表現と考えられ、右に例示したような政治的表現（高い価値の表現）と区別される。

高い価値の表現の内容規制については、アメリカの判例法で用いられてきた「明白かつ現在の危険」の基準（後述三4）と、必要不可欠な公共的利益（compelling public〔governmental or state〕interest）の基準が参照に値する。これは、立法目的はやむにやまれぬ必要不可欠な（つまり、最高度に重要性の高い）公共的利益であり、規制手段はその公共的利益のみを具体化するように「厳格に定められていなければならない」こと（つまり、立法目的の達成に是非とも必要な最小限度のものであること）、という二つの要件の充足を求める（しかも、挙証責任は公権力側にある）厳格審査の基準である。

†日本では差別的表現として議論の対象になってきたのは、以前は部落差別的表現が中心であったが、近時在日朝鮮人に対する差別的表現を伴った示威行進がヘイト・スピーチとして問題となっている。人種差別撤廃条約は、人種に対する差別的表現を規制(処罰)することを求めており、日本も一九九五年にこの条約を批准した。しかし、アメリカと同様に、憲法の保障する集会、結社および表現の自由等に反しない限度で受け入れるという留保を付けており、現在までのところ、条約の要求する義務は既存の法律により対処できるとして、特別の規制立法は行っていない。ヨーロッパ諸国の条約批准国の多くは、ユダヤ人差別に対処する目的でホロコーストの存在を否定する表現などを処罰する法律を制定しているが、留保付きで条約を批准したアメリカ合衆国では、最高裁判決が黒人等に対するヘイト・スピーチも表現にとどまる限りは憲法による保護を受けると判示し、規制立法を違憲としている。日本における近時の在日朝鮮人に対する差別表現の高まりに対して、国連の人種差別撤廃委員会は二〇一四年に日本政府にヘイト・スピーチの規制を勧告している。既存の法律で対処するとすると、刑事では侮辱罪・名誉毀損罪や威力業務妨害罪等の適用、民事では不法行為にもとづく損害賠償が考えられ、現実に損害賠償を認めた最高裁判決も出ている(最判平成二六・一二・九判例集未登載)。しかし、ヘイト・スピーチ規制と表現の自由の保護の調整が既存の法律だけで十分に行いうるのかどうかは、議論の分かれるところである。

(2) 表現内容中立規制とは、表現をそれが伝達するメッセージの内容や伝達効果に直接関係なく制限する規制(たとえば、病院・学校近くでの騒音の制限、一定地域・建造物での広告掲示の禁止、一定の選挙運動の自由の制限など)を言う。アメリカ法では規制の態様を、①時・所・方法の規制と、②象徴的表現の規制ないし行動をともなう表現(speech plus)の規制の二つに分け†、それぞれに異なる違憲審査の基準が用いられてきたが、近時の判例により、②の規制に適用される厳格度の最も弱い(立法裁量を広く認める)合理的関連性の基準(オブライエン・テスト*)が、中間審査基準と言われる「より制限的でない他の選びうる手段」の基準（いわゆるＬＲＡの基準、後述三5参照）が主として適用されてきた①の規制にも、用いられるようになったため、内容中立規制の違憲審査の基準は動揺している。

しかし内容中立規制も、内容規制と明確に区別できない場合があるのみならず、表現の自由の保障をおびやかすおそれがある点では、内容規制とほとんど同じだと言うこともできるので、もし厳格度の最も弱い基準を適用すれば（日本の判例にはその傾向もみられるが）、二重の基準の理論の本来の意義は失われてしまうであろう。とくに、議会制民主主義が成熟していない状況のもとでは、そのおそれが大きい。そこで、内容中立規制にも、その中心の類型は時・所・方法の規制であるから、原則としてＬＲＡの基準のような、裁判所の実質的な審査を可能にする、内容規制にほぼ準ずる基準を用いることが必要である。

次に表現の自由の規制立法に対して用いられる厳格な基準を要説しよう。

＊オブライエン・テスト　一定の行動を通じて思想・主張を外部に表現する行為（例、反戦の意見を訴えるため徴兵カードを多数人の面前で焼却する行為）は「象徴的表現」として表現の自由に含まれ、それを規制する立法の合憲性は、①立法目的が、重要な（substantial or important）公共的利益を促進するものであり、②表現の自由の抑圧と直接関係がないこと、③規制手段の表現の自由に及ぼす付随的効果（間接的影響）は、立法目的を促進するのに是非とも必要（essential）という限度を超えるものでないこと、という三つの要件で構成される基準（一九六八年のオブライエン事件判決ではじめて打ち出されたテスト）で審査される。三要件そのものはかなり厳格であるが、実際には、③の要件が、立法目的と規制手段とは合理的に関連していればよいという形式的な（つまり立法府に対してきわめて敬譲的な）形で「是非とも必要」かどうかの審査が行われるよう運用されたため、表現の自由の保障に有利に働くことはあり得ない基準だと批判された。このテストと類似する猿払事件判決のとった「合理的関連性」の基準につき、後述三5参照。

†①と②の区別をどう理解するかは微妙な点があるが、①は表現の時・所・方法の規制を指すのに対し、②は表現の規制を目的とするのではなく行動の規制を目的とするが、その結果付随的・間接的に表現が規制されることになる場合を指すと解することができよう。たとえば、住居侵入罪は表現を規制する目的のものではないが、表現の目的で他人の住居地に無断で立ち入るとこの規定が適用される可能性がある。住居侵入罪の適用の付随的・間接的効果として表現の規制が生ずるのである(他人の住宅の郵便ポスト等に政治的ビラを投函する目的で他人の管理する敷地に許可なく立ち入った行為を有罪とした最判平成二〇・四・一一刑集六二巻五号一二一七頁、最判平成二一・一一・三〇刑集六三巻九号一七六五頁参照)。そして、このようにある法益を侵害する行動を規制しているときにその行動を表現の目的であえて行うとき、それが聴衆にも表現の目的であることが理解されている場合には「象徴的表現」といわれ、表現の自由の保障が及ぶとされるのである。オブライエン・テストで説明されている事件がその例である。

2　事前抑制の理論

表現活動を事前に抑制することは許されない。憲法二一条二項の「検閲の禁止」の原則は、明治憲法時代の経験を踏まえて、それを確認したものである。

(一)　検閲の概念

「検閲」とは、「公権力が外に発表されるべき思想の内容をあらかじめ審査し、不適当と認めるときは、その発表を禁止する行為」と解されてきた。この検閲の概念について注意すべき点は、次のとおりである。

(1)　検閲の主体は、公権力である。それは、主として(もっぱらと言ってよいほど)、行政権であるが、裁判所による言論の事前差止も検閲の問題となる。ただし、裁判所による場合は、その手続が公正な法の手続によるものであるから、行政権による検閲とは異なり、例外的な場合(たとえば、公表されると人の名誉・プライバシーに取返しがつかないような重大な損害が生ずる場合)には、厳格かつ明確な要件の下で許されることもある。判例は、結論はこれと異ならないが、検閲は行政権による事前抑制で、絶対的に禁止されるが、裁判所による事前抑制(差止)は、憲法二一条一項の表現の自由の保障によって原則として禁止される、というように、両者を概念的に区別している*(その検閲概念については次項(二)参照)。

(2) 検閲の対象は、従来、思想内容と解されてきたが、現代社会においては、広く表現内容と解するのが妥当である。新聞の誤字に対する審査なども、検閲の問題となる。

(3) 検閲の時期は、思想内容の発表前か後かで判断されてきた(すなわち、発表前の抑制が検閲と解されてきた)が、表現の自由を知る権利を中心に構成する立場をとれば、むしろ思想・情報の受領時を基準として、受領前の抑制や、思想・情報の発表に重大な抑止的な効果を及ぼすような事後規制も、検閲の問題となりうると解するのが妥当であろう。この点で、戦前における書物の発売禁止制度のほか、現在では、税関による貨物の検査(税関検閲とも言われる)、青少年保護条例による悪書の指定制度等**が問題とされている。

* 「北方ジャーナル」事件　一九七九年施行の北海道知事選に立候補予定の者を批判攻撃する記事を掲載した雑誌が、発売前に名誉毀損を理由に差し止められた事件。最高裁は、仮処分(旧民訴法七五六条—七六〇条の下での仮処分)による事前差止めは「検閲」には当たらないが、事前抑制そのものであるから厳格かつ明確な要件が必要だとし、公職選挙の候補者に対する批判等の表現行為に関するものである場合には、一般にそれは公共の利害に関する事項であり、その表現は私人の名誉権に優先する社会的価値を含むので、事前

差止めは原則として許されないけれども、「①表現内容が真実でなく、又はそれが専ら公益を図る目的のものでないことが明白であって、かつ、②被害者が重大にして著しく回復困難な損害を被る虞があるときは、例外的に事前差止めが許される」旨判示した(最大判昭和六一・六・一一民集四〇巻四号八七二頁)。例外的に許されるための条件として、判旨は、債権者(名誉権を侵害された立候補予定者)の提出した資料によって①、②の要件が明らかである場合は格別、原則として口頭弁論または債務者(出版者)の審尋を行い、表現内容の真実性等の主張立証の機会を与えなければならない、とする。

**岐阜県青少年保護条例事件　「著しく性的感情を刺戟し、又は著しく残忍性を助長するため、青少年の健全な育成を阻害するおそれがある」図書や、ポルノ写真・刊行物を知事が「有害図書」として指定し、それを青少年へ販売・配布・貸付等すること、自動販売機へ収納すること、を禁止する条例の合憲性が争われた事件。最高裁は、右指定処分と「検閲」との関係については、税関検査事件判決(次項(二)参照)と「北方ジャーナル」事件判決の「趣旨に徴し」検閲に当たらないことは明らかである、と判示した(最判平成元・九・一九刑集四三巻八号七八五頁)。また、表現の自由との関係については、「有害図書」が、青少年の性的な逸脱行為や残虐な行為を容認する風潮を助長することは「既に社会共通の認識になっている」こと、自販機の場合は購入が容易なので弊害も大きく、有害指定の前に販売済みも可能であること、などの理由をあげ、青少年に対する関係はもとより、成人に対する関係でも、青少年の健全な育成という目的を達するための「必要やむを得ない制約」で、二一条一項に反しないとした。

この判示は、「有害図書」と青少年非行化との因果関係をやや安易に認めた点に問題がある。少なくとも、「青少年非行などの害悪が生ずる相当の蓋然性のあること」(伊藤正己裁判官補足意見)が、具体的に明らかにされる必要があろう。また、検閲を判例のように狭義に解しても、「有害図書」指定が明確な基準に従い公正な手続で行われないときは、表現の自由に萎縮的効果が及び、あるいは成人の知る自由が不当に侵される場合も生じないわけではないので、そういう場合には、発表後の規制でも、事前抑制と同視して考えなければならないであろう。この点伊藤補足意見は、成人には他の方法でこれらの図書類に接する機会が残されている、指定の基準は明確である(「明確性」の問題については、後述3＊＊(3)参照)、規制目的は青少年保護である、ことなどを考慮に入れると、事前抑制的性格にもかかわらず合憲と言える旨説いている。

(二) 税関検査

検閲禁止の原則に抵触するおそれが強いとして大きく争われてきたのが、税関検査の制度である。

関税定率法二一条一項三号[関税法六九条の一一第一項七号]は、「公安又は風俗を害すべき書籍、図画、彫刻物その他の物品」を「輸入してはならない」と定め、この規定に基づいて税関当局は書籍等の輸入にあたってその内容を検査している。これは、「公安又は風俗を害すべき書籍」という不明確な規定によって、国内では到底許されない表現物の事前抑制を行うものであり、しかも、国民が書籍等に接する前に、表現の内容に着目して規制がなされるものであるから、違憲の疑いが強いと言われてきた。しかし、規制の対象が外国で製作された出版物・映画であり、また、税関での検査は思想内容ではなく、貨物の検査を目的とするものであるから、合憲であるとする見解もある。最高裁は、税関検査は「検閲」に当たらず、また「風俗を害すべき書籍、図画」等の輸入規制は、わいせつ表現物を規制する趣旨だと限定解釈することができるので、明確性に欠けるところはない、と判示した＊(最大判昭和五九・一二・一二民集三八巻一二号一三〇八頁。この規制は、わいせつ物以外の憲法上保障される表現まで対象とすると解される余地があり、不明確かつ広汎に失するから違憲無効だとする四裁判官の反対意見がある点については、後述3＊＊(1)参照)。

＊税関検査合憲判決　最高裁(多数意見)は、①検閲とは、「行政権が主体となって、思想内容等の表現物を対象とし、その全部又は一部の発表の禁止を目的として、対象とされる一定の表現物につき網羅的一般的に、発表前にその内容を審査した上、不適当と認めるものの発表を禁止すること」と定義し、②税関検査の場合

は、表現物は国外で発表ずみ、輸入禁止されても発表の機会が全面的に奪われるわけではない、検査は関税徴収手続の一環として行われるもので、思想内容等の網羅的審査・規制を目的としない、輸入禁止処分には司法審査の機会が与えられている、などの点を「検閲」および「事前規制そのもの」に当たらない理由として挙げ、かつ、健全な性的風俗を維持確保するため、国外のわいせつ表現物の流入を水際で阻止する結果、発表の自由と知る自由が著しく制限されることになり、検査は「事前規制たる側面」をもつけれども、やむを得ないとしている。この判決の検閲概念は、主体の点はさておき、対象を「思想内容等の表現物」とし、それを「網羅的一般的に」審査する場合に限定しているなど、狭きに失するとの批判が強い。また、「事前抑制そのもの」と「事前抑制的な側面をもつもの」とを区別し審査の厳格度に差異があることを示唆した点が注目される㈠＊「北方ジャーナル事件」判決と㈢＊の教科書裁判参照)。［なお、最判平成一一・二・二三判時一六七〇号三頁は、メイプルソープの写真集を「わいせつ」に当たるとした税関の判断を容認したが、司法の専門家でない税関職員が事前審査を行いうるのは「わいせつ」かどうかが容易に判定しうる場合に限られるとする二判事の反対意見が付されている。この点、最判平成二〇・二・一九(民集六二巻二号四四五頁)は、同じくメイプルソープの類似の写真集につき、写真集の芸術性やわいせつ的とされた写真の写真集全体に占める比重の低いことなどを総合的に判断してわいせつ性を否定しており注目される。］

㈢ 教科書検定

現在、教科書は、文部［科学］省の実施する検定に合格しなければ、教科書として出版できないこととされている(学校教育法二一条［現行三四条］等参照)。そこで、この検定制度が「検閲」に該当しないかが問題となり、いわゆる教科書裁判＊において争われた。

文部省は、「教科の主たる教材」として、教育の機会均等の確保、教育水準の維持向上、適切な教育内容の保障という要請にこたえねばならない教科書の特殊性や、検定不合格図書であっても一般図書として出版が可能であることなどを挙げて、教科書検定を合憲であると説明した。これに対して、教科書として執筆されたものに対する検査であっても、思想内容の審査にまで及んでいる以上、検閲に当たるし、また、教科書としてでなければ刊行できないのがほとんどすべての場合である(すなわち、検定不合格図書を、自費出版はともかく、一般図書として刊行することを引き受ける出版社は事実上皆無である)から、発表の禁止に当たらないとは言えない、という意見が学説では有力である。教科書は子どもの学習権を充足するために、一定の水準、立場の公正、子どもの発達段階に適応した組織配列などが要請されるので、教科書裁判(第二次訴訟)一審判決の説くように、誤記・誤植その他の客観的に明らかな誤り、造本その他の技術的事項および教科書内容が教育課程の大綱基準の枠内にあるか、の諸点に関する検定は許されるが、広汎な思想内容の審査を容認する解釈、とくに第一次訴訟の高裁判決のように、その網羅的審査まで是認する考え方は、いかに教科書の特殊性を認めるとしても、あまりにも教科書出版の自由を軽視する点で、きわめて問題だと言わねばならない。

＊教科書裁判　元東京教育大学教授家永三郎が、教科書「新日本史」の検定不合格処分に対して、①その取消しと、②損害賠償を求めて提起した訴訟を総称して、家永訴訟または教科書裁判と言う。①は第二次訴訟と呼ばれるが、その一審判決(東京地判昭和四五・七・一七行裁例集二一巻七号別冊)は、教科書の検定が思想内容に及ぶものでないかぎり「検閲」には該当せず、検定制度自体は合憲であるが、本件における検定は思想内容の審査に及んでいるから違憲である、と判示した。二審判決(東京高判昭和五〇・一二・二〇判時八〇〇号一九頁)も、憲法論には立ち入らなかったが、不合格処分は裁量の範囲を逸脱し違法であるとして原判決を維持した。しかし最高裁は、昭和五一年四月から新学習指導要領が実施されたので、原告に訴えの利益があるか否か具体的に究明し検討する必要があるとして、事件を原審に差し戻した(最判昭和五七・四・八民集三六巻四号五九四頁)。差戻審(東京高判平成元・六・二七行裁例集四〇巻六号六六一頁)は、学

習指導要領の全面改正の結果、訴えの利益は失われたとした。

これに対して、②は第一次訴訟と呼ばれるが、その一審判決（東京地判昭和四九・七・一六判時七五一号四七頁）は、教科書検定は本来思想審査を目的とするものではなく、また、すでに市販されている図書を検定申請すること、不合格となった原稿を一般の図書として出版することは禁止されていないので、あらかじめ審査する制度でもないから、「検閲」に当たらないし、記述内容に立ち入って審査しなければ合否の判定は不可能であるが、それは公共の福祉による制限として受忍すべきであるとして、本件検定を合憲とした。この控訴審判決（東京高判昭和六一・三・一九判時一一八八号一頁）も、教科書検定は「思想内容を網羅的一般的に審査すること」になるが、「発表前の審査あるいは発表の禁止という検閲の備えるべき特質を欠く」旨判示した。最高裁は、旭川学テ事件判決（第一三章二2＊）を援用し、国に「必要かつ相当と認められる範囲」内で教育内容を決定する権能があるとしたうえで、本文に述べた教科書の特殊性を強調し、税関検査判決の説く検閲概念に立って、一審判決と同じ理由で検定の検閲性を否定し、その合憲性を認めた（最判平成五・三・一六民集四七巻五号三四八三頁）。また、検定による表現の自由の制限は、思想の自由市場への登場を禁止する事前抑制そのものではないから、合理的で必要やむを得ない程度のものであれば（第六章一3＊参照）憲法二一条一項に違反しないとし、さらに、具体的な検定は、「事柄の性質上、文部大臣の合理的な裁量に委ねられ……検定当時の学説状況、教育状況についての認識」等に「看過し難い過誤」がある場合にかぎって違法になるが、本件各処分にはそのような違法はないと説いた。

なお、一九八〇年代の検定処分を争って提起された損害賠償請求訴訟（第三次訴訟）について、一審判決（東京地判平成元・一〇・三判時臨時平成二・二・一五号三頁）は、検定制度を合憲、一カ所の検定処分を違法としたが、二審判決（東京高判平成五・一〇・二〇判時一四七三号三頁）は、三カ所の検定処分を違法と判示した。最高裁は、右平成五年判決の憲法論に従いつつ、さらに一カ所を違法とした。二裁判官が別の二カ所も違法とする意見を付している（最判平成九・八・二九民集五一巻七号二九二一頁）。

3 明確性の理論

精神的自由を規制する立法は明確でなければならないとするのが、明確性の基準である。法文が漠然不明確な法令は、もともと刑罰法規についてとくに問題とされた。罪刑法定主義(日本国憲法では三一条によって保障されている)によれば、刑罰法規は、①国民に法規の内容を明確にし、違法行為を公平に処罰するのに必要な事前の「公正な告知」を与えること、②法規の執行者たる行政の恣意的な裁量権を制限するものであること、が必要であるからである。しかし、刑罰法規でも、それが表現の自由を制約するものである場合は、その漠然不明確性は、①、②の手続の適正の問題にとどまらず、③表現行為に対して萎縮的効果(本来合憲的に行うことのできる表現行為をも差し控えさせてしまう効果)を及ぼすという実体の適正の問題をひき起こす。そこで、合理的な限定解釈(それには厳格な枠がある)によって法文の漠然不明確性が除去されないかぎり、かりに当該法規の合憲的適用の範囲内にあると解される行為が争われるケースでも、原則として法規それ自体が違憲無効(文面上無効)となる。法文は一応明確でも、規制の範囲があまりにも広汎で違憲的に適用される可能性のある法令も、その存在自体が表現の自由に重大な脅威を与える点で、不明確な法規の場合と異ならない。一般に前者を「漠然性のゆえに無効」、後者を「過度の広汎性のゆえに無効」と言う。二つは概念的には区別しなければならないが、表現の自由の規制立法に関するかぎり、実際には、しばしば重なり合って問題となる。

表現の自由との関わりで法文の不明確性が争われた最初の重要な事件は、徳島市公安条例事件*であるが、最高裁は、「通常の判断能力を有する一般人の理解において、具体的場合に当該行為がその適用を受けるものかどうかの判断を可能ならしめる基準が読みとれない場合」でないかぎり、「交通秩序を維持すること」という条例の定める許可条件(この違反には罰則がある)のように、「文言は抽象的で立法措置として著しく妥当を欠く」ものであっても、右規定は「殊更な交通秩序の阻害をもたらすような行為を避止すべきことを命じているものと解される」とし、合憲であるとした。この判決の趣旨にならう判例がその後少なくない。**

*徳島市公安条例事件　市条例の定める「交通秩序を維持すること」という許可条件は、一審と二審の判決では不明確だと判定されたが、それを最高裁がくつがえしたのは、通常の判断能力を有する一般人であれば、経験上、蛇《だ》行進・渦巻行進・座り込みや道路一杯を占拠するいわゆるフランスデモなどの行為が、「殊更な交通秩序の阻害をもたらすような行為にあたる」ことは、「容易に想到することができる」から、秩序維持についての基準を読みとることは不可能ではないと判断したためである(最大判昭和五〇・九・一〇刑集二九巻八号四八九頁)。

**明確性が争われたその他の例

(1)　関税定率法二一条一項三号[関税法六九条の一一第一項七号]「風俗を害すべき書籍、図画」に言う「風俗」が、不明確のゆえに無効とは言えないとされた税関検査事件判決については、すでに述べたが(前述2(二))、この判決も、「表現の自由を規制する法律の規定の限定解釈が許されるのは、その解釈により、規制の対象となるものとならないものが明確に区別され、かつ、合憲的に規制しうるもののみが規制の対象となることが明らかにされる場合であって、一般国民の理解において、具体的場合に当該表現物が規制の対象になるかどうかの判断を可能ならしめる基準が右規定から読みとれる場合に限られる。かかる制約を付さないと、規制の基準が不明確であるか若しくは広汎に失するため、表現の自由が不当に制限されることになるばかりでなく、国民がその規定の適用を恐れて本来自由に行うことのできる表現行為まで差し控える効果を生むことになるからである」旨述べている。もっとも、この判決には、「①表現の自由の規制立法の限定解釈には他の場合よりも厳しい枠があり、規制目的、文理、他の条項との関係から合理的に導き出しうるものに限られる。②『風俗』という用語は多義的で、それを性的風俗に限定する解釈は右の限界を超える」旨の反対意見があり、注目された。

(2) 表現の自由の問題ではないが、満一八歳未満の青少年に対し、その保護のために「淫行《いんこう》」行為を行うことを禁止する福岡県青少年保護条例の明確性が争われた淫行処罰条例事件でも、最高裁は、「淫行」の意味を限定解釈すれば「処罰の範囲が不当に広過ぎるとも不明確であるともいえない」と断じたが、解釈の限界を超える旨の反対意見が付されている(最大判昭和六〇・一〇・二三刑集三九巻六号四一三頁)。

(3) 岐阜県青少年保護条例事件(前述2(一)**)でも有害図書の定義の明確性が争われたが、最高裁は、全く理由を示さず、ただ「不明確であるということはできない」と判示した。伊藤正己裁判官の補足意見は、条例の定める要件だけでは必ずしも明確と言えないが、施行規則・告示および通達など下位の諸規範とあいまって具体的な基準が定められていると解し、青少年の保護という社会的利益を考えあわせると違憲と判断することはできない、と説いている。

(4) 規制区域内において暴力主義的破壊活動者による工作物の使用を禁止する「新東京国際空港の安全確保に関する緊急措置法」(成田新法)が集会の自由を侵害するか否かが争われた事件で、最高裁は、同法二条二項に言う「暴力主義的破壊活動を行い、又は行うおそれがあると認められる者」とは、他の条項と考えあわせると、「暴力主義的破壊活動を現に行っている者又はこれを行う蓋然性の高い者」と限定解釈できるので、「過度に広範な規制を行うものとはいえず、その規定する要件も不明確なものであるとはいえない」と判示した(最大判平成四・七・一民集四六巻五号四三七頁)。成田新法と集会の自由との関係については、後述四1(二)(1)参照。

(5) 広島市暴走族追放条例事件(最判平成一九・九・一八刑集六一巻六号六〇一頁)においては、暴走族による集会の規制をした条例が定義規定において「暴走族」を「暴走行為をすることを目的として結成された集団又は公共の場所において、公衆に不安若しくは恐怖を覚えさせるような特異な服装若しくは集団名を表示した服装で、い集、集会若しくは示威行為を行う集団」(同条例二条七号)と定義していたために、憲法で保障された集会まで規制対象とするもので広汎・不明確ではないかが問題とされたが、多数意見は条例全体の趣旨や施行規則による限定等を総合すれば規制対象を本来的な暴走族に限定する合憲解釈が可能であるとした。合憲限定解釈は解釈の限界を超えるから許されないとする反対意見が付されている。」

4 「明白かつ現在の危険」の基準

違憲審査基準のうちでもとりわけ有名なのが、アメリカの憲法判例で用いられてきた「明白かつ現在の危険」(clear and present danger)の基準である。* この基準は、①ある表現行為が近い将来、ある実質的害悪をひき起こす蓋然性が明白であること、②その実質的害悪がきわめて重大であり、その重大な害悪の発生が時間的に切迫していること、③当該規制手段が右害悪を避けるのに必要不可欠であること、の三つの要件の存在が論証された場合にはじめて、当該表現行為を規制することができるとする。

「明白かつ現在の危険」の基準はきわめて厳格な基準であり、右の要件(とくに害悪の重大性と切迫性の存在や程度)の判断も難しいので、一定の表現内容を規制する立法(たとえばせん動を処罰する法律)に用いるのが妥当であると思われる**(その点で、*に注記したブランデンバーグ法理が参照に値する)。この基準をすべての表現の自由の規制立法に対して適用しようとする有力な説もあるが、一般化することは妥当ではない。もっとも、わが国では、下級裁判所の判決で用いられた例は少なくないが、最高裁の判例では採用されていない(ただ、この基準の趣旨を取り入れた判例はある。後述四1(二)(1)*参照)。

* アメリカ判例理論の変遷　この基準は、ホームズ判事が一九一九年のシェンク事件(Schenck v. United States)において、言論を制限できるのは、ある言葉が使われた状況とその言葉の性質が、国会が阻止する

権限を有するほど実質的害悪を発生させるであろうという、明白かつ現在の危険を生む場合にかぎられる旨説いたことに始まり、やがて一九四〇年代に判例理論として確立し、広く適用された原則である。もともとは、刑罰等によって一定の表現を禁止する法令を解釈適用する場合に、ある特定の表現が禁止にふれるかどうかを判断するための基準であったが、四〇年代以降、法令そのものが合憲かどうかを判定する基準としても用いられるようになった。それにともない、基準の内容が、本文に述べたように(①—③参照)精密化された。しかし、五〇年代の東西冷戦体制の下で、判例が変わり、本来の意味が骨抜きにされたが、一九六九年のブランデンバーグ事件(Brandenburg v. Ohio)判決で、暴力の行使ないし違法行為の唱道について、「そのような唱道が、差し迫った非合法な行為をせん動すること、もしくは生ぜしめること、に向けられており、かつ、そのような行為をせん動し、もしくは生ぜしめる蓋然性のある場合を除き」、憲法上禁止できない、という新しい基準として再生した(切迫性の要件を残し、重大性の要件を「非合法な行為」に限定した)。ブランデンバーグ法理と呼ばれて注目されている。もっとも、現在の判例では、「明白かつ現在の危険」の基準は、右のほかに、「敵意をもった聴衆」を憤激させて混乱を生ぜしめた演説と、裁判所を侮辱する言論の規制の合憲性を判定する場合に用いられている。

**せん動罪規定合憲判決　現行法上、犯罪または違法行為をせん動する(ここでは、「そそのかす」と「あおる」の両者を含む意)表現を処罰する規定が少なくない(破壊活動防止法三八条・四〇条、国税犯則取締法二二条、国家公務員法一一〇条・一一一条、地方公務員法六一条・六二条、地方税法二一条等)。判例は、せん動とは人に対し「犯罪行為を実行する決意を生ぜしめ又は既に生じている決意を助長させるような勢のある刺戟を与えること」だとし、表現活動としての性質を有していることを認めながら、「社会的に危険な行為であるから、公共の福祉に反し、表現の自由の保護を受けるに値しない」、という立場をとっている(最大判昭和二四・五・一八刑集三巻六号八三九頁、最判平成二・九・二八刑集四四巻六号四六三頁参照)。しかも、文書・言動等による表現が「国民として負担する法律上の重要な義務の不履行を慫慂《しょうよう》する(誘いかけ勧める)」内容のものであれば、「せん動」に当たると解されている。しかし、その種のせん動行為それ自体はただちに法益を侵害するものでないこと、政治的言論には多かれ少なかれせん動的要素が含まれていることを考慮に入れる必要があろう。

5 「より制限的でない他の選びうる手段」の基準

これは、立法目的は表現内容には直接かかわりのない正当なもの（十分に重要なもの）として是認できるが、規制手段が広汎である点に問題のある法令について、立法目的を達成するため規制の程度のより少ない手段（less restrictive alternatives）が存在するかどうかを具体的・実質的に審査し、それがありうると解される場合には当該規制立法を違憲とする基準である（ＬＲＡの基準と略称される）。公権力側に規制手段の正当性（つまり、より制限的でない他の選びうる手段を利用できないこと）を証明する重い責任が負わされる。たとえば、美観風致の保持ないし公衆に対する危害の防止という目的で屋外広告物を規制する場合に、立看板は大小・場所を問わず一切禁止するような法令は、この基準によって違憲とされよう。

この基準は、立法目的の達成にとって必要最小限度の規制手段を要求する基準と言い換えることもでき、とりわけ表現の時・所・方法の規制（表現内容中立規制）の合憲性を検討する場合に有用である。若干の下級審判決で用いられているが、最高裁はこの領域の規制立法にＬＲＡの基準を適用せず、目的と手段とのあいだに抽象的・観念的な関連性があればよいという、いわゆる「合理的関連性」の基準を適用している。ここに合理的関連性の基準とは、主として、言論の要素と非言論の要素が同じ行動の中で結合している表現行為（これを「行動をともなう表現」speech plus と呼ぶこともある）に対する規制の合憲性を判定する場合に用いられる。わが国の判例では、次の三点、すなわち、①規制目的（立法目的）の正当性、②規制手段（立法目的達成手段）と規制目的との間の合理的関連性、③規制によって得られる利益と失われる利益との均衡の検討が必要だとされ、公務員の政治活動の一律全面禁止（表現内容規制）の合憲性審査の基準として初めて打ち出された。しかしこの判例は、言論と行動を区別する点、目的と手段の関連が抽象的なもので足りるとする点（具体的・実質的関連性は必要ないので予防的な規制も許されることになること）、利益衡量が形式的・名目的である点（規制は、行動をともなう表現の中の非言論の要素のもたらす弊害の防止をねらいとするもので、言論の要素に及ぶ制約は「間接的・付随的」なものにすぎないので、得られる利益のほうが大きく、利益の均衡を失しない、としている点）など、きわめて問題も多く（前述1(二)(2)、学説上異論が強い*（第一三章三4の猿払《さるふつ》事件判決参照）。

＊表現の時・所・方法の規制に関する判例

(1) 屋外広告物条例事件　橋柱、電柱、電信柱等に広告物を表示・掲出することを禁ずる大阪市条例の合憲性が争われた事件で、最高裁は、美観風致の維持と公衆に対する危害の防止という立法目的を正当としたうえで、「この程度の規制は、公共の福祉のため、表現の自由に対し許された必要且つ合理的な制限である」という簡単な論旨で合憲性を認め、営利と関係のない広告でも一律に規制の対象となる旨判示した（最大判昭和四三・一二・一八刑集二二巻一三号一五四九頁）。街路樹の支柱に政党の演説会告知の立看板をくくりつけたため大分県条例違反に問われた事件でも、まったく同じ論旨がくり返された（最判昭和六二・三・三刑集四一巻二号一五頁）。ただ、伊藤正己裁判官補足意見は、「それぞれの事案の具体的な事情に照らし、広告物の貼付されている場所がどのような性質をもつものであるか、周囲がどのような状況であるか、貼付された広告物の数量・形状や、掲出のしかた等を総合的に考慮し、その地域の美観風致の侵害の程度と掲出された広告物にあらわれた表現のもつ価値とを比較衡量した結果」、後者の利益が前者の利益に優越する場合に、条例の定める刑罰を科することは、「適用において違憲となる」旨述べ、判例と異なる考え方を示して注目された。

(2)　選挙運動規制事件　法定外文書図画の頒布、掲示を禁止する公選法一四二条、一四三条、一四六条の合憲性が争われた際、最高裁は、表現の自由も「公共の福祉のため必要ある場合には、その時、所、方法等につき合理的制限のおのづから存する」との立場から、無制限にしておくと「選挙運動に不当の競争を招き、これが為、却って選挙の自由公正を害し、その公明を保持し難い結果を来たすおそれがある」ので、かかる弊害防止のための一定の規制は、「憲法上許される必要かつ合理的な制限」である、と判示した(最大判昭和三〇・四・六刑集九巻四号八一九頁)。このような、弊害の生ずるおそれを想定する観念的・形式的な論理によって結論を導き出す手法は、公選法一三八条の戸別訪問禁止規定についても、そのまま用いられた。しかし、その後の判例は、猿払事件判決の「合理的関連性」基準(第一三章三4＊)を用い、戸別訪問禁止は一つの意見表明の「手段方法に伴う限度での間接的、付随的な制約にすぎない反面、禁止により得られる利益は、失われる利益に比してはるかに大きい」とし、かつ、「戸別訪問を一律に禁止するかどうかは、専ら選挙の自由と公正を確保する見地からする立法政策の問題である」という、立法府の裁量を強調している(最判昭和五六・六・一五刑集三五巻四号二〇五頁)。選挙運動の自由に大きな比重をおきつつ、選挙の公正の原則との間に調和をはかるとすれば、立法目的の正当性の審査のほか、その目的を達成するためにより制限的でない緩やかな規制手段があるかどうか(たとえば、戸別訪問にともなう弊害として、①買収、利害誘導など不正行為の温床となる、②選挙人の生活の平穏を害する、③候補者の出費が多額になる、などが挙げられるが、その実質的証拠があるのか、あるとしても、事後処罰や訪問時間の制限などによって立法目的を達成することができないのか、など)を具体的・実質的に(立法事実等の検証を通じて)審査することを要求するLRAの基準によって合憲性を判定するのが、適切であろう。もっとも、戸別訪問など有力な選挙運動の全面的な規制であるから、表現内容規制と解し、より厳格な基準によって判断すべきだ、という有力説もある。

なお、古くから合憲性が争われていた公選法一四八条三項一号イについては、最高裁は、猿払型「合理的関連性」の基準を用いず、右条項の罰則規定(二三五条の二第二号)に言う「選挙に関し報道又は評論」の意味を「特定の候補者の得票について有利又は不利に働くおそれがある報道・評論をいう」と限定解釈し、さらに、「真に公正な報道・評論」であれば違法性が阻却される、と説いて合憲とした(最判昭和五四・一二・二〇刑集三三巻七号一〇七四頁)。

四　集会・結社の自由、通信の秘密

1　集会の自由

㈠　意　義

多数人が政治・経済・学問・芸術・宗教などの問題に関する共通の目的をもって一定の場所に集まることを集会と言う。集会する場所は、公園・広場などの屋外のものから公会堂など屋内のものにわたる。特定の場所でなくても、集団行進、集団示威運動(デモ行進)のような、場所を移動する場合を含めて考える説が有力である(後述2参照)。

集会の自由は、表現の自由の一形態として、重要な意義を有する。判例も、「集会は、国民が様々な意見や情報等に接することにより自己の思想や人格を形成、発展させ、また、相互に意見や情報等を伝達、交流する場として必要であり、さらに、対外的に意見を表明するための有効な手段であるから、憲法二一条一項の保障する集会の自由は、民主主義社会における重要な基本的人権の一つとして特に尊重されなければならない」、と述べている(最大判平成四・七・一民集四六巻五号四三七頁)。

㈡　限　界

しかし、集会の自由は、多数人が集合する場所を前提とする表現活動であり、行動をともなうこともあるから、他者の権利ないし利益と矛盾・衝突する可能性が強く、それを調節するために必要不可欠な最小限度の規制を受けることは、やむを得ない。この点で、公安条例による規制(後述2参照)のほか、次の二つの場合が問題となる。

(1) 第一は、公共施設の使用拒否が許される限度である。

公共施設は管理権者の許可を受けなければ使用できない。しかし、公共施設を使用して集会することは憲法で保障された国民の権利・自由であると解すべきであるから、使用目的を維持するため必要不可欠な限度での許可制(後述2(二)＊参照)をとること自体は違憲とは言えないとしても、利用の許否は管理権者の単なる自由裁量に属するものではない。地方公共団体の施設について、地方自治法が、「正当な理由がない限り、住民が公の施設を利用することを拒んではならない」とし、「住民が公の施設を利用することについて、不当な差別的取扱いをしてはならない」と定めているのは(二四四条二項・三項)、その趣旨を明らかにしたものと言うことができる(なお、何が「正当な理由」かは、同法二四四条の二第一項に基づき、それぞれの地方公共団体が条例によって定める)。

この点は国の公共施設についても同様である。かつてメーデー記念集会のため皇居前広場の使用の許否が争われた事件で、最高裁も、「管理権者は、当該公共福祉用財産〔後に公共用財産と改称〕の種類に応じ、また、その規模、施設を勘案し、その公共福祉用財産としての使命を十分達成せしめるよう適正にその管理権を行使すべきであり、若しその行使を誤り、国民の利用を妨げるにおいては、違法たるを免れない」と述べている(最大判昭和二八・一二・二三民集七巻一三号一五六一頁)。

このような観点から考えると、公共施設(市民会館)の使用許可の申請を、条例の定める「公の秩序をみだすおそれがある場合」に該当するとして不許可にした処分の違憲・違法が争われた事件*で、最高裁が、右事由は、「本件会館における集会の自由を保障することの重要性よりも、本件会館で集会が開かれることによって、人の生命、身体又は財産が侵害され、公共の安全が損なわれる危険を回避し、防止することの必要性が優越する場合をいうものと限定して解すべき」だとし、その危険性は、客観的事実に照らして、「明らかな差し迫った危険の発生が具体的に予見されることが必要である」と判示したのは(最判平成七・三・七民集四九巻三号六八七頁)、妥当と評されよう。

もっとも、「多数の暴力主義的破壊活動者の集合の用に供され又は供されるおそれがある工作物」の使用を運輸大臣が禁止することができる旨定める特別立法(いわゆる成田新法)を単純な比較衡量の基準を用いて、「公共の福祉による必要かつ合理的なものである」とした判例もある(最大判平成四・七・一民集四六巻五号四三七頁)。これは、許可制にかかわる市民会館事件と事案が大きく異なるからであろう(基準が緩やかすぎるとの批判もある)。

(2) 第二は、暴力主義的破壊活動を行った団体に対して、一定の期間・場所につき、集会ないし集団行進・集団示威運動を禁止することの許否である。学説では、破壊活動防止法(昭和二七年法二四〇号)が、「継続又は反覆して将来さらに団体の活動として暴力主義的破壊活動を行う明らかなおそれがあると認めるに足りる十分な理由があるとき」に限定しているものの、公安審査委員会に禁止の権限を与えているのは(五条一項一号)、違憲の疑いがあるとする意見が有力である。

*泉佐野市民会館事件　地方自治法二四四条にいう公の施設である市民会館の使用許可の申請を市民会館条例の規定に基づき不許可処分にした事件。最高裁は、公共施設の管理者が「利用を不相当とする事由が認め

られないにもかかわらず利用を拒否し得るのは、利用の希望が競合する場合のほかは、施設をその集会のために利用させることによって、他の基本的人権が侵害され、公共の福祉が損なわれる場合に限られる」とし、このような制限が必要かつ合理的なものとして肯認されるかどうかは、集会の自由の重要性と、集会によって侵害されることのある他の人権の内容や侵害の発生の危険性の程度等を較量して決せられる、という比較衡量の基準を示したうえで、市民会館条例七条一号は本文に述べたような合憲限定解釈を加えれば憲法二一条、地方自治法二四四条に違反しない、と述べ、かつ、本件不許可処分は、集会の目的や主催団体の性格そのものを理由とするものではなく、客観的事実からみて、「グループの構成員だけでなく、本件会館の職員、通行人、付近住民等の生命、身体又は財産が侵害されるという事態を生ずることが、具体的に明らかに予見されることを理由とするものと認められる」から、違憲・違法ではないと判示した。

2　集団行動の自由

(一)　性　質

集団行動(集団行進、集団示威運動(デモ行進))の自由は、「動く公共集会」として集会の自由に含まれるとみる見解が有力であるが、憲法二一条の「その他一切の表現の自由」に含まれるとみることもできる。いずれにせよ、憲法二一条によって保障されていることは疑いない。

ただ、集団行動は、純粋の言論と異なり、一定の行動をともなうものであるから、とくに他の国民の権利・自由との調整を必要とする。したがって、集団行動の自由は、純粋の言論の自由とは異なった特別の規制に服する。もちろん、その規制は目的が必要不可欠なもので、手段が必要最小限度のものでなければならない。

(二)　公安条例

集団行動の自由の規制としてその合憲性が激しく争われたのは、各地の地方公共団体によって制定されている公安条例である。たとえば、東京都公安条例は、「道路その他公共の場所で集会若しくは集団行進を行おうとするとき、又は場所のいかんを問わず集団示威運動を行おうとするときは、東京都公安委員会の許可を受けなければならない」(一条)と定め、集会、集団行進、集団示威運動について公安委員会の許可*を要するものとしている。

このような公安条例が合憲であるためには、第一に、規制の主たる目的が、公衆の道路・公園等の利用という社会生活に不可欠な要請と衝突する可能性や集会の重複・競合による混乱を惹起する可能性を回避するための事前の調整を行うもの(交通警察)であることを要する。その点で、東京都公安条例の趣旨をもっぱら治安維持にあるとみてそれを合憲とした最高裁判決**には、強い批判が寄せられた。

第二は、規制の目的をこのように考えるならば、規制の手段は、原則として、いわゆる届出制で足りると解すべきである。届出制は、集団行動それ自体はまったく自由であるという前提をとること、その自由を行使するには公安委員会に通知すれば足りること、公安委員会はそれを原則として受理する義務を負い、ただこれに対応する交通整理等の措置を講ずることが認められるにとどまること、などの要件から成り立っている制度である。したがって、許可制をとる公安条例の場合は、条例の内容が、実質的には届出制と言ってもよいほど許可基準が明確かつ厳格に限定されたもので、裁判による救済手続も整っていることが、必要である。

＊許可制　この制度は、許可の対象である行為が国民の自由に属するという前提に立つ点では届出制と異ならない。しかし、その行為を野放しにすると弊害が生じるので、許可を受けなければ当該行為を行うことができないという禁止の網を一般的にかぶせておき、その行為を行わせても弊害が生じない特定の場合に、個

別的に禁止を解除して当該行為を行うことを許す処分を行う、という制度である点で、届出制と異なる。ただ、もっぱら公物管理権に基づいて公共用財産の使用許否を決する許可制の場合は、管理権者の自由裁量は著しく制限されるが、社会公共の安全と秩序の維持を目的として行われる警察許可の趣旨が含まれている場合には、行政庁の裁量的判断がはたらく。したがって、許可基準が明確で規制が必要最小限度であることを要する。その点で、新潟県公安条例事件において最高裁が、①集団行動を一般的な許可制を定めて事前に抑制することは許されない、②しかし、特定の場所または方法につき合理的かつ明確な基準のもとで許可制をとることは憲法の趣旨に反しない、③さらに、公共の安全に対して明らかな差迫った危険を及ぼすことが予見されるときは許可しない旨を定めることができる、という原則を打ち出したこと(最大判昭和二九・一一・二四刑集八巻一一号一八六六頁)が、注目される。

＊＊東京都公安条例事件　東京都公安条例の合憲性が争われた事件。最高裁は、集団行動の特性について、集団の潜在的な力は「甚だしい場合には一瞬にして暴徒と化」すとし、これは「群集心理の法則と現実の経験に徴して明らかである」と説き、このような立場から、許可の基準(とくに新潟県公安条例判決の言う②の基準)が明確性を欠き許否の認定が公安委員会の裁量に委ねられており、かつ、問題点(たとえば、許可・不許可の処分がないときの許可推定条項などの救済規定を置いていない)の多い条例であるにもかかわらず、「公共の安寧を保持する上に直接危険を及ぼすと明らかに認められる場合の外は、これを許可しなければならない」という規定(三条)によれば、「不許可の場合が厳格に制限されている」ので、「実質において届出制とことなるところがない」と解し、合憲とした(最大判昭和三五・七・二〇刑集一四巻九号一二四三頁)。これは有力説により強弁と批判された。

この判決以降は、(i)条例に付加した条件が、条件として許される限界を逸脱するから、その条件に違反した部分は無罪であるとか、(ii)条例もそれに付された条件も合憲であるが、条件に違反したとされる行為が可罰的違法性を欠くから無罪であるとか(例、東京地判昭和四二・五・三〇判時四八三号一五頁)、いうような手法によって救済を図ろうとする多数の下級審判決が現われた。

㈢　**道路交通法による規制**　集団行動の自由は、公安条例を有しない地域でも、道交法七七条一項四号に言う「一般交通に著しい影響を及ぼすような通行の形態若しくは方法により道路を使用する行為又は道路に人が集まり一般交通に著しい影響を及ぼすような行為」の一つとされ、同法の規制（所轄警察署長の許可）を受ける。公安条例の存する地域では、道交法との二重の規制もありうる（その場合の両者の関係については、第一七章二3㈡(2)参照）。判例は、道交法七七条二項は「明確かつ合理的な基準を掲げて道路における集団行進が不許可とされる場合を厳格に制限しており」、同法の許可制は「表現の自由に対する公共の福祉による必要かつ合理的な制限として憲法上是認される」と判示した（最判昭和五七・一一・一六刑集三六巻一一号九〇八頁）。学説には、新潟県公安条例判決の示した基準（前出㈡＊②）を充たすかどうか、疑問とする意見も強い。

3　結社の自由

㈠　**意　義**　多数人が集会と同じく政治、経済、宗教、芸術、学術ないし社交など、さまざまな共通の目的をもって、継続的に結合することを結社と言う。この自由が他の条文で重ねて保障されている場合もある（宗教団体につき二〇条、労働組合につき二八条）。政党の憲法上の根拠は二一条にある（第一六章一4㈣(3)参照）。

結社の自由は、団体を結成しそれに加入する自由、その団体が団体として活動する自由はもとより、団体を結成しない、もしくはそれに加入しない、あるいは加入した団体から脱退する、という自由をも含む。もっとも、弁護士会・税理士会・公認会計士協会などのように、専門的技術を要し公共的性格を有する職業の団体については、当該職業の専門性・公共性を維持するために必要で、かつ、当該団体の目的と活動が会員の職業倫理の向上や職務の改善等を図ることに限定されていることを理由として、強制設立・強制加入制をとることも許されている。労働組合に組織強制ないし団結強制が認められるのは、団結権という権利の特殊性に由来する。ただし、組合加入・脱退は労働者の自由意思に委ねられねばならない。

結社の自由や団結権に基づいて結成された団体は、内部統制権を有するが、無条件ではない(たとえば、労働組合が特定の候補者を支持する政治活動を行うことは認められるが、それに対抗して立候補した組合員を、勧告または説得の域を超え除名することは、許されない。最大判昭和四三・一二・四刑集二二巻一三号一四二五頁。法人と会員の権利の関係につき、第五章四2参照)。

(二) 限界

集会の自由と同じく一定の内在的制約に服する。たとえば、犯罪を行うことを目的とする結社が許されないことは、よく挙げられる例である。また、「憲法秩序の基礎を暴力により破壊することを目的とする結社」も、保障の対象とならないと抽象的には言える、と説かれることもある。しかし、「憲法秩序の基礎」という過度に広汎で不明確な原則をもち出して結社の自由を規制する試みは、規制の対象、理由、方法、時期などのいかんにもよるが、一般的には、かえって憲法を支える立憲民主主義の崩壊につながるおそれが大きい。冷戦下のアメリカで、暴力による政府の転覆または破壊を唱道する結社を組織したり、その目的を知りながら会員になったりすることを禁止する旨の法律の合憲性が激しく争われたことが想起される。

わが国の現行法で最も問題になるのは、破壊活動防止法である。先述の集会の自由等の制限(四1(二)(2)参照)に続いて、公安審査委員会が当該団体の解散の指定を行うことができる旨定めている(七条)。

「団体の活動として暴力主義的破壊活動を行う明らかなおそれ」を理由に、機関誌活動や集会の自由の制限に加えて、結社の存在そのものを否定することまで認めることには、異論が有力である。

4　通信の秘密

(一)　意　義

憲法二一条二項後段が通信の秘密を保障しているのは、通信(はがき・手紙、電信・電話等すべての方法による通信)が他者に対する意思の伝達という一種の表現行為であることに基づくが、さらに、公権力による通信内容の探索の可能性を断ち切ることが政治的表現の自由の確保に連なるという考え方も、そこにひそんでいると解される。

しかし諸外国の憲法では、表現の自由とは別個独立の条文で保障されるのが例である(たとえば、イタリア一五条、ドイツ一〇条参照。明治憲法も表現の自由は二九条、信書(広く通信の意に解された)の秘密は二六条である)。それは、通信の秘密が特定人の間のコミュニケイションの内容を他に知られないようにする、という私生活の自由を保護することを主たる目的とするものだと考えられてきたからであろう。その意味で、憲法一三条に基づくプライバシーの権利および三五条の定める住居の不可侵の原則(第一一章二2参照)とその趣旨を同じくする、と言うことができる。

このような通信の秘密の保障は、通信の内容はもとより、その差出人(発信人)または受取人(受信人)の氏名・居所および通信の日時や個数など、通信に関するすべての事項に及ぶ。刑法が信書開封に刑罰を科し(一三三条)、郵便法が「郵便物の検閲」を禁止し(八条[現行七条])、通信業務に従事する者が職務上知り得た他人の秘密を守ることを命じているのは(九条[現行八条]。同旨規定として電気通信事業法四条)、その現われである。

(二) 限界　もっとも、通信の秘密も絶対的ではない。現行法上の制限として、たとえば、刑事訴訟法は郵便物の押収(一〇〇条・二二二条)、破産法は破産者宛の郵便物や電報の破産管財人による開封(一九〇条[現行八二条])、関税法は郵便物の差押え(一二二条)、監獄法[現行は、刑事収容施設及び被収容者等の処遇に関する法律]は在監者[受刑者等]の信書の発受等につき検閲[検査]その他の制限(四六条—五〇条[現行一二七条など])を定めている。

これらの制限が憲法上許される必要最小限度のものかどうかについては、争いがある(たとえば刑訴法一〇〇条については、合憲性に強い疑問があるとする説も有力である)。最も問題になるのは、いわゆる電話の盗聴など通信傍受である。法律上の明確な根拠はないが、組織的な覚せい剤の捜査で現実に検証令状により行われてきた(これを合憲・合法とする判決として、東京高判平成四・一〇・一五高刑集四五巻三号八五頁)。司法官憲の発する令状(憲法三五条参照)によるものであっても、対象を特定することが困難であるから許されないのではないか、という伝統的に支配的な学説に対して、近時、①重大犯罪、とりわけ人の生命・身体に直接危害を生ぜしめる犯罪に限定すること、②犯罪捜査上の必要性・緊急性がきわめて強いこと、③特定の犯罪が発生したか、または現に発生しようとしていること、④対象となる事項、人物および使用する電話または場所の特定性が高いこと、⑤その他傍受期間や令状執行後の救済措置などについても格別の配慮がなされていること、などの厳格な要件のもとに、令状による盗聴・傍受を例外的に認める見解が有力である。立法化に向けての動きもみられる(一九九八年三月、通信傍受を認める法案が国会に上程された)†。しかし、立法の当否やその内容についてはとくに慎重な検討を必要とする。

† 通信傍受法　一九九九年(平成一一年)に通信傍受法(犯罪捜査のための通信傍受に関する法律)が制定された。この法律は、薬物関連犯罪・銃器関連犯罪等の特定の犯罪の場合に限り、裁判所の発する傍受令状により通信の傍受をすることを認めたが、傍受の許される範囲・態様の特定や事後的救済措置への配慮が不十分ではないかとの指摘もあり、運用の仕方が注目される。

第一〇章　経済的自由権

職業選択の自由、居住・移転の自由、財産権を総称して経済的自由権と呼ぶ。これらの権利は、封建的な拘束を排して、近代市民階級が自由な経済活動を行うために主張された権利であり、市民革命当初は、不可侵の人権として厚く保護された。しかし、現代においては、経済的自由はむしろ社会的に拘束を負ったものとして、法律による規制を広汎に受ける人権と理解されている。

一　職業選択の自由

1　意義と限界

憲法二二条一項の保障する職業選択の自由は、自己の従事する職業を決定する自由を意味する。自己の選択した職業を遂行する自由、すなわち営業の自由もそれに含まれる。もっとも、営業の自由そのものは、財産権を行使する自由を含むので、二九条とも密接にかかわる。職業選択の自由の限界については問題が多い。

㈠　**規制の根拠**　前述したように、経済的自由は、精神的自由と比較して、より強度の規制を受ける

(なお、第九章三1でふれた「二重の基準」の理論参照)。憲法二二条が、とくに「公共の福祉に反しない限り」という留保をつけているのも、公権力による規制の要請が強いという趣旨を示したものである。それは、一つには、職業は性質上、社会的相互関連性が大きいので、無制限な職業活動を許すと、社会生活に不可欠な公共の安全と秩序の維持を脅かす事態が生じるおそれが大きいことによるが、それにとどまらず、現代社会の要請する社会国家の理念を実現するためには、政策的な配慮(たとえば、中小企業の保護)に基づいて積極的な規制を加えることが必要とされる場合が少なくないからである。

(二) **規制の類型**　規制手段としては、①届出制(理容業等)、②許可制(風俗営業、飲食業、貸金業等)、③資格制(医師、薬剤師、弁護士等)、④特許制*(電気、ガス、鉄道、バス等の公益事業)などがあり、⑤国家独占([旧]郵便事業、旧たばこ専売制等)とされている営業もある。

これらの規制は、規制の目的に応じて、消極目的規制と積極目的規制に区別される。消極目的規制とは、主として国民の生命および健康に対する危険を防止もしくは除去ないし緩和するために課せられる規制であり、通常、警察的規制と呼ばれてきたものである。この消極的・警察的目的のための規制は、行政法に言う警察比例の原則(規制措置は社会公共に対する障害の大きさに比例したもので、規制の目的を達成するために必要な最小限度にとどまらなくてはならないという原則)に基づくものでなければならない。各種の営業許可制は、おおむね消極目的規制に属する。

積極目的規制とは、福祉国家の理念に基づいて、経済の調和のとれた発展を確保し、とくに社会的・経済的弱者を保護するためになされる規制であり、社会・経済政策の一環としてとられる規制である(判例もそう解する)。たとえば、大型スーパーなどの巨大資本から中小企業を保護するための競争制限、または中小企業相互間の過当競争の制限をはじめ、④の特許制などは、積極目的規制の典型的な例である。

＊特許制　許可制と異なり、国民は当該事業を自由に行う権利を本来有しておらず、事業を営む権利は国が独占するものであることを前提とし、事業を経営する能力ある者、もしくは事業を行わせることが公益に適合する場合に、国がその特定人のため事業を行う特権を付与する、という制度。したがって、事業計画の策定義務、料金の認可制、改善命令その他種々の形で国のコントロールが及ぶ。

2　規制の合憲性判定の基準

「合理性」の基準が用いられる。この基準は、立法目的および立法目的達成手段の双方について、一般人を基準にして合理性が認められるかどうかを審査するもので、立法府の下した判断に合理性があるということを前提としている（合憲性推定の原則）ので、比較的ゆるやかな審査の基準であると言える。

この「合理性」の基準は、職業活動の規制の目的に応じて二つに分けて用いられるようになった。すなわち、消極的・警察的規制（消極目的規制）については、裁判所が規制の必要性・合理性および「同じ目的を達成できる、よりゆるやかな規制手段」の有無を立法事実（第一八章二3㈡参照）に基づいて審査する「厳格な合理性」の基準、積極的・政策的規制（積極目的規制）については、いわゆる「明白の原則」が用いられている。「明白の原則」とは、「当該規制措置が著しく不合理であることの明白である場合に限って違憲とする」という方法を言う。つまり、立法府の広い裁量を認め、規制立法の「合理性」の有無の審査をゆるやかに行うものである（しかし違憲審査を排除する意味をもつと考えてはならない）。

このような二種の基準を明らかにした最高裁の判例が[＊]、一九七二年の小売市場の適正配置規制に関する合憲判決、および、一九七五年の薬局の適正配置規制に関する違憲判決である。

＊職業選択の自由に関する判例

(1) 小売市場距離制限事件　小売商業調整特別措置法三条一項が小売市場(一つの建物を小さく区切って小売商の店舗用に貸付・譲渡するもの)の開設を許可する条件として適正配置(既存の市場から一定の距離〔たとえば大阪府では七〇〇メートル〕以上離れていることを要求する、いわゆる距離制限)の規制を課していることとの合憲性が争われた事件。最高裁は、①経済活動の規制について積極目的の規制と消極目的の規制とを区別し、②積極目的の規制に対しては「明白の原則」が妥当すると説き、③本件の規制の目的が、経済的基盤の弱い小売商を相互間の過当競争による共倒れから保護するという積極目的の規制であると認定して、規制を合憲とした(最大判昭和四七・一一・二二刑集二六巻九号五八六頁)。この判決を引いて製造たばこ販売業の許可制と適正配置規制(たばこ事業法二二条・二三条三号)を合憲とした判例などがある(最判平成五・六・二五判時一四七五号五九頁)。

(2) 薬局距離制限事件　薬局の開設に適正配置を要求する旧薬事法六条二項および広島県条例の規制の合憲性が争われた事件。最高裁は、①消極目的の規制(許可制をとる警察的規制)については、規制の必要性・合理性の審査と、よりゆるやかな規制手段で同じ目的が達成できるかどうかの検討が必要であるとし、②薬局の距離制限は国民の生命・健康に対する危険の防止という消極目的のものであると認定し、③「薬局の開設の自由→薬局の偏在→競争激化→一部薬局の経営の不安定→不良医薬品の供給の危険性」という因果関係は、立法事実によって合理的に裏づけることはできないから、規制の必要性と合理性の存在は認められないとし、また、④立法目的はよりゆるやかな規制手段、すなわち行政上の取締りの強化によっても十分に達成できる、と論じて、適正配置規制を違憲とした(最大判昭和五〇・四・三〇民集二九巻四号五七二頁)。

以上二つの判例で展開された積極目的・消極目的による規制の類型化と、それに対応する違憲審査基準の区別の理論は、学説でも広く支持されたが、規制目的のみですべて判断できると考えるのは妥当ではない。積極目的・消極目的の区別は相対的であり、たとえば各種の公害規制や建築規制のように、従来消極目的の規制とされてきたもののなかにも、積極目的の要素をも含んだ規制が増加しつつあるのが実情だからである。公衆浴場の距離制限のように、消極目的規制と考えられたものが、事情の変化により、積極目的規制と解されるようになったものもある。[*] したがって、規制の目的を重要な一つの指標としつつ、それだけではなく、いかなる行為がどのように規制の対象とされているかなど、規制の態様をも考えあわせる必要があろう。たとえば、同じ消極目的であっても、職業へ新たに参入することの制限(職業選択の自由そのものの制限)は営業行為(選択した職業遂行の自由)に対する制限よりも一般に厳しく審査されるべきだし、参入制限についても、一定の資格とか試験のような要件ではなく、本人の能力に関係しない条件、すなわち本人の力ではいかんともなし得ないような要件(たとえば競争制限的規制)による制限である場合には、薬局距離制限事件の最高裁判決のように、厳格にその合理性を審査する必要があろう。[†]

なお、規制の目的を積極・消極のいずれかに割り切り、違憲審査の基準をそれに対応させることができない場合もあることに、注意すべきである。酒類販売の免許制の合憲性を認めた最高裁判決にその例をみることができる。[**] 目的二分論を否定する説も有力化している。

＊公衆浴場距離制限事件　公衆浴場の開設に適正配置(距離制限)を要求する公衆浴場法二条およびそれに基づく福岡県条例の合憲性が争われた事件で、最高裁は一九五五年、設立を業者の自由に委せると、偏在による利用不便のおそれと、濫立による過当競争、経営の不合理化、衛生設備低下のおそれがあるとし、それを国民保健および環境衛生を保持する上から防止するための右規制は憲法二二条に反しない、と判示した(最大判昭和三〇・一・二六刑集九巻一号八九頁)。

しかし、消極的な警察規制と捉えると、距離制限の合理性を裏づける立法事実の存在の論証はきわめて困難である。その後、とくに一九七〇年代になってから、自家風呂のない住民等に厚生施設たる浴場を確保するため浴場の経営の安定化をはかる必要性が増大したのを受けて、最高裁は一九八九年の判決では、右規制の立法目的は業者が経営の困難から転廃業をすることを防止するという積極的・社会経済政策的なものであると捉え、「明白の原則」を適用して合憲とするに至った(最判平成元・一・二〇刑集四三巻一号一頁)。もっとも、消極的・警察的規制目的と積極的・政策的規制目的とを併有することを理由として、合理性の基準により合憲とする判決もある(最判平成元・三・七判時一三〇八号一一一頁)。

**酒類販売免許制事件　酒類販売業の免許を申請したところ、「経営の基礎が薄弱である」ことを理由に拒否されたので(酒税法一〇条一〇号)、免許制と免許要件を定める酒税法の規定の合憲性を争った事件。最高裁は一九九二年、①薬局距離制限事件判決を引いて、許可制の場合には「重要な公共の利益のために必要かつ合理的な措置であることを要する」としつつ、サラリーマン税金訴訟判決(第七章二4*参照)にも依拠して、「租税の適正かつ確実な賦課徴収という財政目的のための職業の許可制による規制は、その必要性と合理性についての立法府の判断が政策的・技術的な裁量の範囲を逸脱し著しく不合理でないかぎり、憲法二二条一項に違反しない」旨の一般論を示したのち、②酒税法が昭和一三年法四八号による改正によって定めた免許制について、社会状況の変化にともない酒税の国税全体に占める割合等が低下したとはいえ、本件処分当時もいまだ合理性を失ったとは言えないとし、そのことに加えて、酒税は消費者にその負担が転嫁されるべき税目であること、酒類は致酔性を有する嗜好品のゆえに販売秩序維持のため販売を規制されてもやむを得ないことをも考慮すると、免許制を存置すべきものとした立法府の判断が裁量の範囲を逸脱し著しく不合理であるとまでは断定できない、と判示した(最判平成四・一二・一五民集四六巻九号二八二九頁)。

判決全体の論調は実質的には「明白の原則」に拠った観もあるが、園部裁判官補足意見の言うとおり、財政目的による規制は、警察的・消極的規制とも社会政策・経済政策的な積極的規制とも性格を異にする面があるためか、小売市場距離制限事件判決を踏襲していない。坂上裁判官の反対意見は、許可制による規制である点を重視して違憲の結論をとる。本判決と同旨、最判平成一〇・三・二四刑集五二巻二号一五〇頁、最判平成一四・六・四判時一七八八号一六〇頁。

†司法書士法違反事件　司法書士法一九条[現行七三条]一項は司法書士以外の者が登記に関する手続の代理等の業務を行うことを禁止し、違反すれば処罰することを規定している。これに違反した行政書士が同条を憲法二二条違反と主張して争ったのに対し、最高裁は薬局距離制限違憲判決等を引用しつつ合憲の判断を下した。最判平成一二・二・八刑集五四巻二号一頁。特に目的二分論を明示してはいないが、資格制による参入制限の事例であり、消極目的規制の事例として判断したものと理解される。もっとも、それに相応しい厳格度の審査が行われたかどうかについては議論のあるところである。

二　居住・移転の自由

1　その内容と性質

憲法二二条は、居住・移転の自由をも保障している。この自由は、自己の住所または居所を自由に決定し、移動することを内容とする。旅行の自由を含む。

居住・移転の自由は、それが制限されていた封建時代から、それが確立した近代社会に移行してはじめて、資本主義経済の基礎的条件が整うことになった、という歴史的背景に基づいて、経済的自由の一つに数えられてきた。しかし、居住・移転の自由は、身体の拘束を解く意義をもっているので、自由権の基礎とも言うべき人身の自由(第一一章)とも密接に関連し、また現代では、広く知的な接触の機会を得るためにもこの自由が不可欠であるところから、この自由は、精神的自由の要素をもあわせもっていると考えられている。したがって、その限界も、それぞれの場合に応じて具体的に検討しなければならない。

2　海外渡航の自由

(1)　居住・移転の自由に関連して、海外渡航の自由(外国旅行の自由)の保障が問題となる。その根拠については、種々考え方はあるが、外国への移住に類似するものとして、二二条二項によって保障されていると解するのが、多数説・判例の立場である。一項の居住・移転の自由に含まれるとする説も有力であり、また、一三条の幸福追求権の一つと解する説もある。居住・移転の自由も、一項に「公共の福祉」の規定があるからといって、安易に政策的規制を認めることはできないと考えれば(1参照)、憲法上の根拠の違いは結論にかかわる問題ではないが、外国への移住も外国に定住するための海外渡航であるから、その中に一時的な外国旅行も含めて解してよいであろう。

(2)　海外渡航には旅券の所持が義務づけられている。この点に関して、「著しく且つ直接に日本国の利益又は公安を害する行為を行う虞があると認めるに足りる相当の理由がある者」に対して、外務大臣が旅券の発給を拒否できると定めている旅券法一三条が、違憲ではないかが問題となった。判例*は合憲としたが、海外渡航の自由が、精神的自由の側面を有することを考えるならば、このような不明確な法文による規制は憲法違反の疑いが強い(第九章三3でふれた明確性の理論参照)。かりに法令違憲とみることはできないとしても、精神的自由の側面をもつ以上、少なくとも、右規定に定める害悪発生の相当の蓋然性が客観的に存在しない場合の拒否処分は、適用違憲となると解するのが妥当であろう。旅券は、海外に渡航する者と旅券保持者の同一性を公に証明し、外国に対して保護を依頼するために政府が発行する身分証明書であり、政策的観点からの制約を認める渡航許可証ではない。

日本に在留する外国人には出国の自由はあるが、再入国の自由については、争いがある(第五章四3㈠参照)。

＊帆足計《ほあしけい》事件　一九五二年二月、元参議院議員帆足計がモスクワで開催される国民経済会議に出席するため旅券を請求したところ、外務大臣がその発給を拒否した事件。最高裁は、旅券法一三条一項五号[現行七号]が外国旅行の自由に対して「公共の福祉」のために合理的な制限を定めたものであるから違憲ではないとした(最大判昭和三三・九・一〇民集一二巻一三号一九六九頁)。この判旨は後の事件でそのまま確認された(最判昭和六〇・一・二二民集三九巻一号一頁)。しかし、学説には、右条項は刑法の内乱罪、外患罪、または麻薬取締法違反などの犯罪行為を行う危険性がきわめて顕著である者に限って発給を拒否しうる趣旨の規定である、という限定解釈を施して(法文上はかなり無理な解釈であるが)、合憲と解する見解も有力である。

3　国籍離脱の自由

国籍は特定の国家に所属することを表わす資格であり、それを個人の自由意思で離脱することは、明治憲法時代の国籍法では許されず、原則として政府の許可を必要とした。その意味で、憲法二二条が国籍離脱の自由を認めたことは、一つの画期と言えよう。しかしそれは、無国籍になる自由を含むものではない。国籍法が、「外国の国籍を取得したときは、日本の国籍を失う」と定めているのは(一一条一項)、その趣旨である。もっとも、最近の急激な国際化の動きは、「国籍唯一の原則」に基づく従来の厳格な重国籍防止の考え方に波紋を投げかけている。

三　財産権の保障

1　考え方の変化

歴史的にみると、財産権は、一八世紀末の近代憲法においては、個人の不可侵の人権と理解されていた。一七八九年フランス人権宣言の、「所有権は、神聖かつ不可侵の権利である」という規定(一七条)は、この思想を表わす。しかし、社会国家思想の進展にともない、財産権は社会的な拘束を負ったものと考えられるようになった。一九一九年のワイマール憲法が、「所有権は義務を伴う。その行使は、同時に公共の福祉に役立つべきである」(一五三条三項)と規定したのは、その思想を表現した典型的な例である。第二次世界大戦後の憲法は、ほとんどすべて、この思想に基づいて財産権を保障している。

2　財産権保障の意味

憲法二九条一項は、「財産権は、これを侵してはならない」と規定する。この規定は、個人の現に有する具体的な財産上の権利の保障と、個人が財産権を享有しうる法制度、つまり私有財産制の保障という二つの面を有する。

私有財産制の保障とは、いわゆる財産権を制度として保障することである。財産権の不可侵性が否定された現代においては、財産権保障の主要な意味は、財産を取得し保持する権利一般を法制度として保障するという面にある、と考えられる。

財産権の保障をいわゆる制度的保障(第五章三3参照)と理解する場合、制度の核心は法律によっても侵すことはできないが、その核心は何かが問題となる。従来の多数説は、生産手段の私有制であると考え、社会主義へ移行するには憲法改正が必要であると説いている。他方、私有財産制の核心は、人間が人間たるに値する生活を営むうえで必要な物的手段の享有であるとし、それが侵されない以上、社会化は憲法改正によらずに可能であるとする説も有力である。

3　財産権の一般的制限

(一)　公共の福祉による制限

憲法二九条二項は、「財産権の内容は、公共の福祉に適合するやうに、法律でこれを定める」と規定する。これは、一項で保障された財産権の内容が、法律によって一般的に制約されるものであるという趣旨を明らかにした規定である。

ここに言う「公共の福祉」は、各人の権利の公平な保障をねらいとする自由国家的公共の福祉のみならず、各人の人間的な生存の確保を目指す社会国家的公共の福祉を意味する。つまり、財産権は、内在的制約のほか、社会的公平と調和の見地からなされる積極目的規制(政策的規制)にも服するのである。*†

＊消極目的規制・積極目的規制と違憲審査基準　森林法[旧]一八六条(「森林の共有者は、民法第二百五十六条第一項の規定にかかわらず、その共有に係る森林の分割を請求することができない。ただし、各共有者の持分の価額に従いその過半数をもつて分割の請求をすることを妨げない」と定めていた)を違憲とした判例(最大判昭和六二・四・二二民集四一巻三号四〇八頁)は、右一八六条の立法目的は、「森林の細分化を防止することによって森林経営の安定を図り、……もって国民経済の発展に資することにある」という一見積極

目的とも言えるものであるとしながら、職業選択の自由に関する薬局距離制限事件判決(本章一2＊(2)参照)とほぼ同じ手法で規制手段の必要性と合理性を厳格に審査している。そのため、財産権の場合は、消極目的規制・積極目的規制に対応する形で違憲審査の基準を二分する考え方は妥当せず、すべて「合理性」の基準という単一の基準が適用されるようになった、と説く学説も有力である。しかし、この判決が「厳格な合理性」の基準(本章一2参照)を採用したのは、一八六条の規制の沿革と実質(同条は、一九〇七年〔明治四〇年〕制定の森林法の趣旨をそのまま受けついで、一九五一年〔昭和二六年〕に制定された規定であり、そこに福祉国家的理念を見いだすことはできない)を考えると、従来の判例の説く純粋の積極目的規制と捉えがたい、むしろ消極目的規制の要素が強いと判断したためだと解される。したがって、この判決だけでは、判例が、職業選択の自由と財産権とでは制限の審査のあり方が異なる、という立場をとったと断定することはできない。その趣旨は、判決が、財産権の規制には、「社会公共の便宜の促進、経済的弱者の保護等の社会政策及び経済政策上の積極的なもの」から、「社会生活における安全の保障や秩序の維持等の消極的なものに至るまで多岐にわたる」ものがある、と指摘しているところにうかがわれる。

†最高裁判例の新動向　最高裁大法廷は証券取引法(現行の金融商品取引法)一六四条一項(役員・主要株主の短期売買差益提供義務)に関する判決(最大判平成一四・二・一三民集五六巻二号三三一頁)において「規制目的二分論」に対する消極的態度を推測させる見解を表明している。上記法条は、いわゆるインサイダー情報の不当な利用を防止するために、上場会社の主要株主がその会社の株を買い付けあるいは売り付けた後六カ月以内にそれを売り付けあるいは買い付けて利益を得た場合には、会社はその利益の提供を請求しうることを規定している。そこでは、具体的な取引においてインサイダー情報の不当利用や一般投資家の損害発生は要件とされていない。この規定により利益の提供を請求された者が、自己と本件の売付けの相手方とは代表者および株主が同一であり、インサイダー情報の不当利用や一般投資家における損害の発生もないから、このような売付けに本条を適用するのは憲法二九条違反であると主張した。これに対し最高裁は次のように論じて合憲と判断した。すなわち、「財産権の種類、性質等は多種多様であり、また、財産権に対する規制

を必要とする社会的理由ないし目的も、社会公共の便宜の促進、経済的弱者の保護等の社会政策及び経済政策に基づくものから、社会生活における安全の保障や秩序の維持等を図るものまで多岐にわたるため、財産権に対する規制は、種々の態様のものがあり得る。このことからすれば、財産権に対する規制が憲法二九条二項にいう公共の福祉に適合するものとして是認されるべきものであるかどうかは、規制の目的、必要性、内容、その規制によって制限される財産権の種類、性質及び制限の程度等を比較考量して判断すべきものである。」

右の引用部分は、森林法違憲判決において用いられた文章とほとんど同じである。しかし、規制目的に関して森林法判決には存在した「積極的」「消極的」という言葉が注意深く削除されている。周知のように、規制目的が消極的か積極的かにより審査の厳格度が異なるという薬事法違憲判決で提示された考えは、森林法違憲判決では明確には採用されず、そこでは規制目的の違いも比較考量の一つの考慮要素にすぎないという扱いがなされていた。このために、学説において、最高裁が規制目的二分論を放棄したという理解と、職業の自由と異なり財産権には適用しないということではないかという理解とが対立してきた。本件も財産権の判例であるから、いずれの理解が妥当かに決着をつけるものではない。しかし、消極・積極という言葉を削除した点に一定の方向が暗示されているのかもしれない。実際、司法書士法が登記手続代理業務を司法書士以外の者に禁止しているのを職業の自由に反するとして争った事件の最高裁判決(最判平成一二・二・八刑集五四巻二号一頁)は、薬局距離制限違憲判決を引用しているが、立法目的が消極的か積極的かを認定しないで合憲判断をしているし、また、農業災害補償法の定める農業共済組合「当然加入制」を職業の自由の侵害として争った事件の最高裁判決(平成一七・四・二六判時一八九八号五四頁)は、小売市場判決を引用し、明白の原則を適用して合憲の判断を下しているが、目的が消極的か積極的かに触れるところはない。これらの判例から、規制目的二分論は放棄されたと断定するのは早いかもしれないが、その射程が相当限定されてきていることは間違いなさそうである。

(二) 条例による制限の許否

財産権の内容が「法律」で定められるとは、条例による財産権の制限を許さない趣旨であるかどうか、判例*でも問題となり、学説でもいろいろの意見がある。財産権は全国的な取引の対象となる場合が多いので、統一的に法律で規定すべきであるという説も有力である。しかし、条例は地方公共団体の議会において民主的な手続によって制定される法であるから、とくに地方的な特殊な事情の下で定められる条例については、それによる財産権の規制を否定することは妥当ではない。現在では、各地の公害規制条例等にみられるように、条例による財産権の規制は「法律の範囲内で」という制約(憲法九四条)の下で(第一七章二3(二)(2)参照)実際に頻繁に行われており、憲法上の疑義は事実上解消している。

*奈良県ため池条例事件　県内に多数のため池をもつ奈良県では、一九五四年、ため池の破損、決かい等による災害を未然に防止するため、ため池の堤とうに農作物を植える行為等を禁止する条例を制定した。以前から堤とうを耕作してきた被告人は、条例施行後も耕作を続けたため、条例違反で起訴された。条例で財産権を制限することができないとする二審判決の後に、最高裁は、本条例は堤とうを使用する財産上の権利の行使をほとんど全面的に禁止するが、これは当然に受忍されるべき制約であるから、ため池の破損、決かいの原因となる堤とうの使用行為は、憲法・民法の保障する財産権の行使のらち外にあり、そのような行為は条例によって禁止、処罰することができる、と判示した(最大判昭和三八・六・二六刑集一七巻五号五二一頁)。

4　財産権の制限と補償の要否

憲法二九条三項は、「私有財産は、正当な補償の下に、これを公共のために用ひることができる」と定める。この規定は、私有財産を公共のために収用または制限することができることを明示し、あわせて、その際には「正当な補償」が必要であるとするものである。この条項について問題となるのは、次の諸点である(正当な補償については後述5参照)。

㈠「公共のために用ひる」の意味　「公共のため」とは病院、学校、鉄道、道路、公園、ダムなどの建設のような公共事業のためだけでなく、戦後の自作農創設を目的とする農地買収のように、特定の個人が受益者となる場合でも、収用全体の目的が広く社会公共の利益(公益)のためであればよい。「用ひる」とは強制的に財産権を制限したり収用したりすることを言う。

㈡ 補償の要否　どのような場合に補償が必要とされるか、については多くの議論がある。

(1) 従来の通説である「特別犠牲説」は、相隣関係(隣接する土地・家屋等の利用を調節するため、所有者または利用者が各自の権利を制限して協力する関係)上の制約や、財産権に内在する社会的制約の場合には補償は不要であるが、それ以外に特定の個人に特別の犠牲を加えた場合には補償が必要だと説く。そして、「特別の犠牲」と言えるかどうかは、①侵害行為の対象が広く一般人か、特定の個人ないし集団か、という形式的要件、および、②侵害行為が財産権に内在する社会的制約として受忍すべき限度内であるか、それを超えて財産権の本質的内容を侵すほど強度なものであるか、という実質的要件の二つを総合的に考慮して判断すべきだと言う。

(2) これに対して、最近は、特別犠牲説に言う実質的要件を中心に補償の要否を判断していくべきであるという説が有力になっている。それによれば、①財産権の剝奪ないし当該財産権の本来の効用の発揮を妨げることとなるような侵害については、権利者の側にこれを受忍すべき理由がある場合でないかぎり、当然に補償を要するが、②その程度に至らない規制については、(i)当該財産権の規制が社会的共同生活との調和を保っていくために必要とされるものである場合には、財産権に内在する社会的拘束の表われとして補償は不要(たとえば、建築基準法に基づく建築の制限)、(ii)他の特定の公益目的のため当該財産権の本来の社会的効用とは無関係に偶然に課せられるものである場合には補償が必要(たとえば、重要文化財の保全のための制限など)、とされる。

(3) 特別犠牲説に言う形式的要件については、規制の対象が一般人か特定の者かの区別は相対的なものにすぎないという問題があり、実質的要件を中心に考える第(2)説にみるべきものがある。

なお、最近は、とくに、土地の合理的・計画的な利用の必要性が高まり、それとともに土地利用の社会的規制が不可避となっており、土地利用規制については、内在的制約の表われとして補償不要とされることが多いことが注意されよう。

(4) 補償請求は、通常、関係法規の具体的規定に基づいて行う(たとえば土地収用法六八条以下参照)。しかし、法令上補償規定を欠く場合でも、憲法二九条三項を直接根拠にして、補償請求をすることができる。判例もそのように解する(最大判昭和四三・一一・二七刑集二二巻一二号一四〇二頁)。

この点と関連して、予防接種による健康被害(後遺症、死亡事故等)につき、二九条三項を根拠として補償請求できるか否かが、問題とされている。否定説もあるが、肯定説が有力である。肯定説には、①この被害は、予防接種の実施に随伴する公共のための特別犠牲であるとみることができるが、この犠牲は生命、身体に対して課せられたもので、財産権の特別犠牲に比べて不利に扱われる合理的理由はまったくないので、二九条三項の類推適用を認めるべきである、という説と、②財産権の侵害に補償が行われるのなら、本来侵してはならない生命、身体への侵害に補償がなされるのは当然であるから、二九条三項の勿論解釈をとるべきである、という説とがある。肯定説に立つ下級審判決にも、①と②の両説がある(東京地判昭和五九・五・一八判時一一一八号二八頁、大阪地判昭和六二・九・三〇判時一二五五号四五頁)。近時の判決(東京高判平成四・一二・一八高民集四五巻三号二一二頁)は、否定説に立ちつつ国の過失責任を認めた。

5 正当な補償

(一) 二つの考え方

財産権の規制に対して与えられる「正当な補償」とはいかなるものかについて、従来、完全補償説と相当補償説とが対立してきた。完全補償説は、当該財産の客観的な市場価格を全額補償すべきであるとし、相当補償説は、当該財産について合理的に算出された相当な額であれば市場価格を下回っても「正当な補償」と言えるとする。

この問題は、終戦直後の農地改革における農地買収価格をめぐって大いに争われた。最高裁は、相当補償説をとり、きわめて低廉な農地買収価格を「正当な補償」に該当する、と判示した(最大判昭和二八・一二・二三民集七巻一三号一五二三頁)。それを支持する学説も多い。しかし、農地改革事件は、占領中の占領政策に基づくものであったというきわめて特殊な事情があることを、考慮に入れて検討しなければならない。

損失補償制度は、本来、適法な権力の行使によって生じた損失を個人の負担とせず、平等原則によって国民の一般的な負担に転嫁させることを目的とする制度である。したがって、道路拡張のための土地収用のように、特定の財産の使用価値に立ち戻って収用が行われる場合には、市場価格による完全補償がなされなければならないと思われる(最判昭和四八・一〇・一八民集二七巻九号一二一〇頁も、土地収用法七二条

（昭和四二年法七四号による改正前のもの）によって補償すべき相当な価格とは、「完全な補償」の趣旨であると判示した）。ただ、農地改革のように、既存の財産法秩序を構成しているある種の財産権（たとえば、地主の土地所有権）に対する社会的評価が根本的に変化し、それに基づいて、その財産権が公共のために用いられるという例外的な場合にはじめて、相当補償でよいと解される。

(二) **生活権補償**　もっとも、完全補償という場合には、収用される財産の市場価格のほか、移転料や営業上の損失など付帯的損失も含まれるが（土地収用法七七条・八八条参照）、それにとどまらず、生活を建て直すための生活権補償まで含むかどうかについては、それを憲法上の要請だと考える説と立法政策による補償と解する説とが対立している。実際には立法によって補償する事例が少なくない（例、都市計画法七四条、水源地域対策特別措置法八条）。

第一一章　人身の自由

専制主義が支配していた時代には、不法な逮捕・監禁・拷問、および恣意的な刑罰権の行使によって、人身の自由（身体の自由とも言う）が不当に踏みにじられた。しかし、人身の自由の保障がなければ自由権そのものが存在しえないので、近代憲法は、過去の苦い歴史を踏まえて、人身の自由を保障する規定を設けるのが通例となっている。日本国憲法は、一八条において人権保障の基本とも言うべき奴隷的拘束からの自由を定め、三一条以下において、諸外国の憲法に例をみないほど詳細な規定を置いている。これは、明治憲法下での捜査官憲による人身の自由の過酷な制限を徹底的に排除するためである。

一　基本原則

1　奴隷的拘束からの自由

憲法一八条は、「何人も、いかなる奴隷的拘束も受けない。又、犯罪に因る処罰の場合を除いては、その意に反する苦役に服させられない」と定め、人間の尊厳に反する非人道的な自由の拘束の廃絶をうたっている。

ここに「奴隷的拘束」とは、自由な人格者であることと両立しない程度の身体の自由の拘束状態(たとえば、戦前日本で鉱山採掘などの労働者について問題とされたいわゆる「監獄部屋」)、「その意に反する苦役」とは、広く本人の意思に反して強制される労役(たとえば、強制的な土木工事への従事)を言う。もっとも、消防、水防、救助その他災害の発生を防禦し、その拡大を防止するため緊急の必要があると認められる応急措置の業務への従事は、本条に反しない(災害対策基本法六五条・七一条、災害救助法二四条・二五条[現七条・八条]等参照)。しかし、徴兵制は「本人の意思に反して強制される労役」であることは否定できないであろう。

本条は私人間にも直接効力を有する(第六章三3参照)。

2 適正手続

(一) 憲法三一条の意義

憲法三一条は、「何人も、法律の定める手続によらなければ、その生命若しくは自由を奪はれ、又はその他の刑罰を科せられない」と定める。この規定は、人身の自由についての基本原則を定めた規定であり、アメリカ合衆国憲法の人権宣言の一つの柱とも言われる「法の適正な手続」(due process of law)を定める条項に由来する。* 公権力を手続的に拘束し、人権を手続的に保障していこうとする思想は英米法にとくに顕著な特徴であるが、このような、「自由の歴史は大部分手続的保障の歴史であった」と考える立場は、人権保障にとってきわめて重要な視点であることを看過してはならない。

三一条は、法文では、手続が法律で定められることを要求するにとどまっているように読める。しかし、それだけでなく、①法律で定められた手続が適正でなければならないこと(たとえば、次に述べる告知と聴聞の手続)、②実体もまた法律で定められなければならないこと(罪刑法定主義)、③法律で定められた実体規定も適正でなければならないことを意味する、と解するのが通説である。この解釈には有力な異論もあるけれども、通説の立場はアメリカの適正手続条項の解釈にも一致し、人権の手続的保障の強化という見地からは、ほぼ妥当なものと評されよう。

*適正手続条項　アメリカ合衆国憲法修正一四条(一八六八年)一節にある次のような条項のこと。「……いかなる州も、法の適正な手続によらないで、何人からも生命、自由または財産を奪ってはならない。」

**適正の具体的内容　手続の適正の内容をなす原則の主要なものは、憲法三三条から三九条にわたって詳細に定められているが、告知と聴聞を受ける権利は、三一条で保障される。実体の適正とは、法律の「規定の明確性」の原則(犯罪構成要件の明確性、表現の自由を規制する立法の明確性)、「規制内容の合理性」の原則、「罪刑の均衡」の原則、「不当な差別の禁止」の原則などを言う。

(二) 告知と聴聞

三一条の適正手続の内容としてとりわけ重要なのが、「告知と聴聞」(notice and hearing)を受ける権利である。「告知と聴聞」とは、公権力が国民に刑罰その他の不利益を科す場合には、当事者にあらかじめその内容を告知し、当事者に弁解と防禦の機会を与えなければならないというものである。この権利が刑事手続における適正性の内容をなすことについては、すでに判例も認めている。

*第三者所有物没収事件　貨物の密輸を企てた被告人が有罪判決を受けた際に、その付加刑として、密輸にかかる貨物の没収判決を受けたが、この貨物には被告人以外の第三者の所有する貨物がまじっていた。そこで、被告人は、所有者たる第三者に事前に財産権擁護の機会を与えないで没収することは違憲であると主張した。最高裁は、このような第三者の権利侵害を援用する違憲の主張に適格性を認めて、「所有物を没収せられる第三者についても、告知、弁解、防禦の機会を与えることが必要であ」るとして、その機会を与えな

いでした没収判決は憲法三一条・二九条に違反するとした(最大判昭和三七・一一・二八刑集一六巻一一号一五九三頁)。

(三) 三一条と行政手続

三一条は、「その他の刑罰を科せられない」という文言からもわかるように、直接には刑事手続についての規定である。しかし、その趣旨は、行政手続(たとえば、税務調査などの行政調査のための事業所等への立入り、少年法による保護処分、[旧]伝染病予防法による強制収容など広く行政強制と言われる手続)にも準用されると一般に解されている。行政手続にも適用されると解する説も有力である。判例は一九七〇年代に、憲法三五条・三八条に関するかぎり、それが行政手続に及ぶことを原則的に認めるに至った。* そして一九九二年の成田新法事件(第九章四1(二)(1)参照)で最高裁は、行政手続が刑事手続でないとの理由のみで、当然に三一条の保障の枠外にあると判断すべきではないとし、ただ、同条の保障が及ぶと解すべき場合でも、行政手続は刑事手続と性質が異なるし、多種多様であるから、事前の告知、弁解、防禦の機会を与えるかどうかは、行政処分により制限を受ける権利利益の内容、性質、制限の程度、行政処分によって達成しようとする公益の内容、程度、緊急性等を総合較量して決定され、常に必ずそのような機会を与えることを必要とするものではない、と述べ(最大判平成四・七・一民集四六巻五号四三七頁)、そういう限定つきで三一条の行政手続への適用ないし準用を真正面から認めた。

もっとも、学説においては、三一条は刑事手続に関するもので、行政手続の適正性(とくに告知・聴聞を受ける権利)の根拠は幸福追求権を保障する一三条に求められるとか、憲法における法治国原理の手続法的理解から導き出すことができる、と説く有力説もある。実際には、行政手続法(平成五年法八八号)の成立によって、告知・聴聞を受ける機会が保障されることになった。

*川崎民商事件　旧所得税法上の質問検査権(収税官吏が税務調査にあたり納税義務者等に質問し、帳簿等の物件を検査でき、これを拒否した者には罰則が適用されるという制度)に基づく調査を拒否して起訴された被告人が、質問検査が、令状主義(憲法三五条)、黙秘権の保障(同三八条)に反すると主張した。最高裁は、三五条・三八条は行政手続にも及ぶ(適用される)ことを原則的に認めつつ(黙秘権は「純然たる刑事手続においてばかりでなく、それ以外の手続においても、実質上、刑事責任追及のための資料の取得収集に直接結びつく作用を一般的に有する手続にはひとしく及ぶ」と言う)、質問検査権については、①刑事責任の追及を目的とする手続ではないこと、②実質上、刑事責任追及のための資料の取得収集に直接結びつく作用を一般的に有するものではないこと、③強制の度合が低く、直接的・物理的な強制と同視すべき程度に達していないこと、④租税の公平な徴収等の公益目的を実現するために実効性のある検査制度が不可欠であることを理由に、違憲ではない、と判示した(最大判昭和四七・一一・二二刑集二六巻九号五五四頁)。

二　被疑者の権利

憲法はまず、主として捜査の過程における被疑者の権利として、不法な逮捕・抑留・拘禁からの自由と住居の不可侵とを定める(三三条―三五条)。

1　不法な逮捕・抑留・拘禁からの自由

(1)　「何人も、現行犯として逮捕される場合を除いては、権限を有する司法官憲が発し、且つ理由となつてゐる犯罪を明示する令状によらなければ、逮捕されない」(三三条)。

犯罪による逮捕に司法官憲(裁判官のこと)の発する令状(逮捕状、勾引状、勾留状)を必要とするとしたのは、恣意的な人身の自由の侵害を阻止するためである(刑事訴訟法一九九条・二〇〇条参照)。もっとも、逮捕の直後に令状が発せられる、いわゆる緊急逮捕(同二一〇条)は、異論もあるが、一般に合憲と解されている。*

*緊急逮捕の合憲性　最高裁は、「厳格な制約の下に、罪状の重い一定の犯罪のみについて、緊急已むを得ない場合に限り、逮捕後直ちに裁判官の審査を受けて逮捕状の発行を求めることを条件とし、被疑者の逮捕を認めることは、憲法三三条規定の趣旨に反するものではない」と判示した(最大判昭和三〇・一二・一四刑集九巻一三号二七六〇頁)。

(2)　「何人も、理由を直ちに告げられ、且つ、直ちに弁護人に依頼する権利を与へられなければ、抑留又は拘禁されない。又、何人も、正当な理由がなければ、拘禁されず、要求があれば、その理由は、直ちに本人及びその弁護人の出席する公開の法廷で示されなければならない」(三四条)。

身体の拘束のうち、一時的なものが抑留、より継続的なものが拘禁である。刑事訴訟法に言う逮捕・勾引にともなう留置は前者に、勾留・鑑定留置は後者に当たる。拘禁の場合には、公開法廷でその理由を示すべきことを要求することによって、不当な拘禁の防止がはかられる。刑事訴訟法の定める勾留理由開示の制度(八二条以下)は、その趣旨を具体化したものである。*

*ヘイビアス・コーパス(habeas corpus)　英米法で裁判所が人を拘束している者に対し、被拘束者の身柄を裁判所の前に提出することを命ずる令状のこと。人身保護令状と言う。裁判所は拘束の理由の当否を審査し、不当な場合は釈放を命じる。憲法三四条は、こういうヘイビアス・コーパス制度をそのまま要求するも

のではないが、それに由来することは明らかである。その精神を生かすため、「現に、不当に奪われている人身の自由を、司法裁判により、迅速、且つ、容易に回復せしめることを目的とする」人身保護法が制定された。

2　住居等の不可侵

「各人の住居は彼の城である。雨や風は入ることはできるが、国王は入ることはできない」という法諺に示されているように、住居は人の私生活の中心であり、古くから、その不可侵はすべての人権宣言の保障するところとなっている(この点で、通信の秘密と並んで私生活の自由ないし広義のプライバシーの権利の一つを構成するものと解することもできる)。日本国憲法は、「住居、書類及び所持品」について、恣意的な「侵入、捜索及び押収」を禁止している(三五条一項*)。

もっとも、①「正当な理由に基いて発せられ、且つ捜索する場所及び押収する物を明示する令状」による場合と、②「第三十三条の場合」は、例外である。①の令状は、司法官憲(裁判官)が個々の捜索また押収について各別に発したものでなければならない(同二項)。②の「第三十三条の場合」とは、判例によれば、「第三三条による不逮捕の保障の存しない場合」の意である(最大判昭和三〇・四・二七刑集九巻五号九二四頁。なお刑訴二二〇条参照)。したがって、三三条による適法な逮捕の場合には、現行犯であると否とにかかわりなく、逮捕にともなう合理的な範囲内であれば、本条による令状を必要とせずに、住居等の侵入等を行うことが許されることになる。反対に、令状主義の精神を没却するような重大な違法が証拠収集手続にあれば、その証拠能力は否定される(最判昭和五三・九・七刑集三二巻六号一六七二頁)。

＊非刑事手続への適用　川崎民商事件判決(本章一2㈢＊)で本条の行政手続への適用が認められたので、住居の不可侵をもっぱら犯罪捜査との関係で保障された原則と解する要はない。

三　被告人の権利

刑罰は人の自由に重大な制限を加えるものであるから、その内容はもとより、科刑の手続は慎重かつ公正でなければならない。憲法は、主として被告人の権利を保障するため、次のような刑事裁判手続に関する規定を設けている(三七条―三九条)。

1　公平な裁判所の迅速な公開裁判を受ける権利

憲法は別に、裁判を受ける権利と裁判の公開原則について一般的に規定しているが(三二条・八二条)、とくに刑事被告人の権利を明確にするため、公平・迅速・公開の要件が充たされる必要があることを明らかにした(三七条一項)。

(1)　ここに「公平な裁判所」とは、判例によれば、「構成其他において偏頗《へんぱ》の惧《おそれ》なき裁判所」を意味する(最大判昭和二三・五・五刑集二巻五号四四七頁)。そのため、裁判官等の除斥、忌避および回避の制度(刑訴二〇条以下・三七七条)が設けられている。

(2)　「迅速な裁判」が保障されるのは、不当に遅延した裁判は「裁判の拒否」にひとしいからである。しかし、従来判例は、裁判が遅れたことを理由に破棄差戻をすれば、裁判はいっそう遅れるから、裁判の遅延は原判決破棄の理由にならない、という立場をとっていたので、三七条の保障は実効性がなかった。ところが、最高裁は高田事件判決(昭和四七・一二・二〇刑集二六巻一〇号六三一頁)において、審理の著しい遅延(一五年にわたって審理が中断)の結果、被告人の権利が害せられたと認められる異常な事態が生じた場合には、これに対処すべき具体的規定がなくとも、三七条によって審理を打ち切るという非常救済手段が許されると解し、免訴を言い渡した(もっとも、その後、審理に一〇年近く空費された事件につき、迅速な裁判に反するとは言えないとした判例もある)。

(3) 「公開裁判」とは、その対審および判決が公開の法廷で行われる裁判を言う†(第一二章一2、第一六章二7参照)。

†刑事訴訟法は証人となる犯罪被害者等を保護するために、証人と被告人が直接対面することを避けるために遮へい措置をとったり(刑訴一五七条の三)、証人を法廷とは別の部屋に在席させてビデオリンク方式で尋問を行う(刑訴一五七条の四)ことを可能にする規定を入れたが、これが公開裁判の原則に反しないかが争われた事件で、最高裁は裁判の非公開には該当しないと判示している(最判平成一七・四・一四刑集五九巻三号二五九頁)。なお、この事件では、証人審問に際して証人を直接観察できないから、次に述べる証人審問権を侵害しないかも争われたが、最高裁は弁護人が直接あるいはビデオを通じて観察できるから合憲と判示した。

2 証人審問権・喚問権

「刑事被告人は、すべての証人に対して審問する機会を充分に与へられ、又、公費で自己のために強制的手続により証人を求める権利を有する」(三七条二項)。

(1)　前段の証人審問権は、被告人に審問の機会が充分に与えられない証人の証言には証拠能力は認められない、という趣旨の直接審理の原則を保障している。これに基づく制度が、刑事訴訟法の定める伝聞証拠禁止の原則である(三二〇条、その例外につき三二一条以下)。もっとも、判例は、直接審理を厳格に要求するものとは解していない。また、必ずしも英米法的な交互尋問の採用を要求する趣旨ではない、とする(最大判昭和二三・七・一九刑集二巻八号九五二頁、最判昭和二五・三・六刑集四巻三号三〇八頁)。

(2)　後段は証人喚問権を保障するが、判例によれば、裁判所は被告人申請の証人をすべて喚問する要はなく、その裁判をするのに必要適切な証人を喚問すればよい。また、「公費で」といっても、有罪判決を受けた場合は被告人に訴訟費用の負担を命ずることは差しつかえない(最大判昭和二三・七・二九刑集二巻九号一〇四五頁、最大判昭和二三・一二・二七刑集二巻一四号一九三四頁)。

3　弁護人依頼権

「刑事被告人は、いかなる場合にも、資格を有する弁護人を依頼することができる。被告人が自らこれを依頼することができないときは、国でこれを附する」(三七条三項)。

本条に関する詳細は刑事訴訟法で定められている(三〇条以下。被疑者の弁護人依頼権については、憲法三四条に定めがある)。

4　自己負罪の拒否

憲法三八条一項は、「何人も、自己に不利益な供述を強要されない」と定める。

(1)　これは、被疑者・刑事被告人および各種の証人に対して、不利益な供述(刑罰または、より重い刑罰を科される根拠となる事実の供述)を避けた場合、処罰その他法律上の不利益を与えることを禁ずる意である。アメリカ合衆国憲法修正五条の自己負罪拒否の特権(privilege against self-incrimination)に由来する。刑事訴訟法は被疑者および被告人に対して、いわゆる黙秘権を保障している(一九八条二項・二九一条三項)。

(2)　本条との関係で問題になるのは、取締官庁または監督官庁が種々の目的で記帳・報告ないし答弁の義務を課し、それに応じない場合に一定の刑罰を科す行政法規である。判例は、①麻薬取締法における麻薬の不正使用と帳簿記帳の義務との関係については、麻薬取扱者として免許された者は、当然に取締法規の命ずる「一切の制限または義務に服することを受諾しているもの」と考えるべきだとして、黙秘権の放棄を擬制し(最判昭和二九・七・一六刑集八巻七号一一五一頁)、②自動車運転者の交通事故の報告義務については、報告を要求される「事故の内容」には、「刑事責任を問われる虞のある事故の原因その他の事項」は含まれておらず、行政上の目的に基づくものであることを根拠とし(最大判昭和三七・五・二刑集一六巻五号四九五頁)、また、③収税官吏の所得税に関する質問検査については、「実質上、刑事責任追及のための資料の取得収集に直接結びつく作用を一般的に有する手続」ではないことを理由として(本章一2㈢＊の川崎民商事件判決)、[④医師が死体を検案して異状を認めた場合の届出義務について、「これにより、届出人と死体とのかかわり等、犯罪行為を構成する事項の供述までも強制されるものではな」く、また、「医師免許は、人の生命を直接左右する診療行為を行う資格を付与するとともに、それに伴う社会的責務を課するものであ」り、「医師が、同義務の履行により、捜査機関に対し自己の犯罪が発覚する端緒を与えることにもなりうるなどの点で、一定の不利益を負う可能性があっても、それは、医師免許に付随する合理的根拠のある負担として許容されるもの」であるとして(最判平成一六・四・一三刑集五八巻四号二四七頁)、」それぞれ違憲でない、と判示している。

5　自白

憲法三八条二項は、「強制、拷問若しくは脅迫による自白又は不当に長く抑留若しくは拘禁された後の自白は、これを証拠とすることができない」と定め、被疑者または被告人の行った任意性のない自白の証拠能力を否定する原則(自白排除の法則)を明らかにし、同三項は、「何人も、自己に不利益な唯一の証拠が本人の自白である場合には、有罪とされ、又は刑罰を科せられない」と定め、任意性のある自白でも、これを補強する証拠が別にないかぎり、有罪の証拠とすることができない旨の補強証拠の法則をうたい、* 一項の趣旨を確保する手立てを講じている。

*公判廷における自白は「本人の自白」か　最高裁は、公判廷における被告人の自白は、任意性を有し、その真実性を裁判所が他の証拠を待つまでもなく自ら直接に判断できるという理由で、憲法三八条三項の「本人の自白」に含まれないとする(最大判昭和二三・七・二九刑集二巻九号一〇一二頁)。しかし反対意見の数も徐々に増え、その後の判例(最大判昭和二七・六・二五刑集六巻六号八〇八頁)では七裁判官に達している。[ちなみに、刑事訴訟法三一九条二項は、「公判廷における自白であると否とを問わず、その自白が自己に不利益な唯一の証拠である場合には、有罪とされない」として一応の解決をあたえているが、それが憲法の要請かどうかの問題は残っている。]

6　事後法と「二重の危険」の禁止

憲法三九条は、「何人も、実行の時に適法であつた行為……については、刑事上の責任を問はれない」

と定め、事後法(または遡及処罰)を禁止するとともに、さらに、「何人も、……既に無罪とされた行為については、刑事上の責任を問はれない。又、同一の犯罪について、重ねて刑事上の責任を問はれない」と定めている。

この前段と後段の関係については、①両者をあわせて英米法で言う「二重の危険」(double jeopardy)の禁止の原則を定めたのか、②両者はともに大陸法的な刑事裁判における「一事不再理」の原則を定めたのか、あるいは、③前段は一事不再理、後段は二重処罰の禁止を定めたのか、規定が不備なため見解が分かれているが、いずれの説をとっても、結論に大きな相違が生ずることはない。

たとえば、①説をとった場合、英米法では、原則として、下級審の無罪または有罪の判決に対して検察官が上訴し、有罪またはより重い刑の判決を求めることは「二重の危険」の原則に反することになるが、前段の「既に無罪とされた行為」とは無罪判決が確定した行為の意であるから、「危険とは、同一の事件においては、訴訟手続の開始から終末に至るまでの一つの継続的状態と見る」(最大判昭和二五・九・二七刑集四巻九号一八〇五頁)立場をとることも許されると解すべく(アメリカにも同旨の考え方は少数説ながら有力である)、そう解すれば、検察官の上訴も、「被告人を二重の危険に曝《さら》すものでもなく、従ってまた憲法三九条に違反して重ねて刑事上の責任を問うたものでもない」(右二五年判決)と言える。したがって、①説と言っても、②説に著しく近いことになる(右二五年判決も、①説、②説を厳格に区別していない)。

7　残虐刑の禁止

「公務員による拷問及び残虐な刑罰は、絶対にこれを禁ずる」(三六条)。

(1) 被疑者または被告人から自白を得る手段として諸外国で行われた拷問は、日本でも明治憲法時代、法律上禁止されていたにもかかわらず、実際にはしばしば行われたので、憲法でとくに「絶対に」禁ずることにしたのである(刑法一九五条参照)。

(2) 「残虐な刑罰」とは、「不必要な精神的、肉体的苦痛を内容とする人道上残酷と認められる刑罰」だと判例は解する(最大判昭和二三・六・三〇刑集二巻七号七七七頁)。死刑がそれに当たるかについては争いがあるが、判例は、憲法に刑罰としての死刑の存置を想定し是認する規定がある(一三条・三一条)ことを指摘し、執行方法が火あぶり、はりつけなど「その時代と環境とにおいて人道上の見地から一般に残虐性を有するものと認められる場合」はさておき(それは残虐刑である)、現行の絞首刑による死刑そのものは残虐刑に該当しないとしている(最大判昭和二三・三・一二刑集二巻三号一九一頁)。「死刑の威嚇力によって一般予防をなし、死刑の執行によって特殊な社会悪の根元を絶ち、これをもって社会を防衛せんとしたもの」というのが、その実質的理由である。しかし、この実質的理由は、近時の死刑廃止論によって再考を迫られている。

第一二章　国務請求権と参政権

一　国務請求権(受益権)

国務請求権ないし受益権は人権を確保するための基本権とも呼ばれ、人権保障をより確実なものとするために認められている。

1　請願権

請願権は、歴史的には、専制君主の絶対的支配に対して、国民が自己の権利の確保を求める手段として発達してきた権利であり、かつては国民が政治的意思を表明するための有力な手段であった。ところが、現代では、国民主権に基づく議会政治が発達し、言論の自由が広く認められるようになり、請願権の意義は相対的に減少している。それでもなお、国民の意思表明の重要な手段として「参政権」的な役割を果たしている。

憲法一六条は、「何人も、損害の救済、公務員の罷免、法律、命令又は規則の制定、廃止又は改正その他の事項に関し、平穏に請願する権利を有」する旨定めている。ここに請願とは、国または地方公共団体の機関に対して、国務に関する希望を述べることである。したがって、請願権の保障は、請願を受けた機関にそれを誠実に処理する義務を課するにとどまり(請願法五条)、請願の内容を審理・判定する法的拘束力を生ぜしめるものではない。

2 裁判を受ける権利

(1) 裁判を受ける権利は、政治権力から独立の公平な司法機関に対して、すべての個人が平等に権利・自由の救済を求め、かつ、そのような公平な裁判所以外の機関から裁判されることのない権利である。それは、近代立憲主義とも密接に関連し、とりわけ、裁判所による違憲審査制を採用した日本国憲法の下では、個人の基本的人権の保障を確保し、「法の支配」を実現するうえで不可欠の前提となる権利である。

(2) 憲法三二条は、「何人も、裁判所において裁判を受ける権利を奪はれない」と規定している。明治憲法においても、「法律ニ定メタル裁判官ノ裁判ヲ受クルノ権」(二四条)として保障されていた。いずれも、当該事件に対して法律上正当な管轄権をもつ裁判所で、当該事件を処理する権限のある裁判官の裁判を受ける権利という意味である点で、異ならない。ただし、戦前は、司法の概念が民事・刑事の裁判に限定されていたが、日本国憲法においては、行政事件の裁判もまた憲法三二条の「裁判」に含まれる。

(3) また、福祉国家思想の進展とともに、家庭事件や借地・借家事件など国家の後見的作用が要請される分野について、従来訴訟手続で処理されてきた事件を非訟事件として扱う「訴訟の非訟化」という現象が増加した現段階においては、本条の「裁判」は、憲法八二条によって公開・対審(訴訟の当事者である原告・被告が裁判官の面前で、口頭で各自の主張を述べ合うこと)・判決という原則が保障される訴訟事件の裁判だけでなく、それをあくまでも原則としつつ、家庭裁判所で行われる家事審判のような、実体的な権利義務の存否を確認する純然たる訴訟事件ではないけれども、国民が紛争の解決のために裁判所で当該事件にふさわしい適正な手続の保障の下で受ける非訟事件に関する裁判をも含む、と解するのが妥当であろう。*

(4) 裁判を受ける権利を「奪はれない」とは、民事事件と行政事件においては、自己の権利または利益が不法に侵害されたとき、裁判所に対して損害の救済を求める権利、すなわち裁判請求権または訴権が保障されること、したがって、裁判所の「裁判の拒絶」は許されないことを意味する。また、刑事事件においては、裁判所の裁判によらなければ刑罰を科せられないことが保障されることを言う。刑事事件における裁判を受ける権利は、自由権の一種であり、それは憲法三七条において重ねて保障されている。

*非訟手続による家事審判に関する判例 判例は、三二条の「裁判」および八二条の「公開の原則の下における対審及び判決によるべき裁判」は「純然たる訴訟事件の裁判」に限られるとし(最大決昭和三五・七・六民集一四巻九号一六五七頁)、非訟手続による審判を「裁判」と峻別する。したがって、たとえば[旧]家事審判法九条一項乙類一号の定める夫婦の同居義務に関する審判は、実体的権利義務自体の確定(これは訴訟事件)ではなく、その存在を前提として、同居の時期・場所・態様等につき具体的内容を定める趣旨だと解し、また、同三号の定める婚姻費用分担に関する処分も、分担額を具体的に形成決定する趣旨であり、分担義務の存否の確定は純然たる訴訟事件として別に通常訴訟で争う途が開かれていると解する(最大決昭和四〇・六・三〇民集一九巻四号一〇八九頁、一一一四頁)。しかし、この峻別論は硬直に失し、訴訟の非訟化という現代的要請に応えつつ三二条の精神を生かすことは困難である。

3　国家賠償および補償請求権

(1)　憲法一七条は、公務員の不法行為に対して損害賠償を請求する権利を保障している。† この権利は、明治憲法には保障の規定がなく、実務上も損害賠償請求が可能かどうか明確ではなかった。賠償請求権の具体的内容の詳細は、国家賠償法で定められている。

(2)　憲法四〇条は、刑事手続において抑留・拘禁された被告人に無罪の裁判があった場合に、被告人の被った損失を塡補するために、刑事補償請求権を定めている。この権利もまた、明治憲法には規定がなく、現実の補償もきわめて不十分であったので、とくに規定されたのである(詳細は刑事補償法参照)。

†特別送達郵便物損害賠償責任免除違憲判決　郵便法旧六八条、七三条は郵便物の亡失・き損等についての損害賠償責任を制限・免除していたが、その制限・免除は特別送達(民訴法の定める訴訟法上の送達の実施方法)の書留郵便に関してまで及んでいた。最高裁は、これを次のような理由から憲法一七条に反するとした。まず、責任制限の立法目的は、郵便役務を安い料金であまねく公平に提供するために、賠償責任が過大となり料金の値上げにつながることを防止することにあり、この目的は正当である。しかし、書留郵便物について郵便業務従事者が故意・重過失により損害を与えるなどということは例外的にしか起きないことであり、このような場合まで責任を制限しなければ立法目的を達成しえないとは言えないから、立法裁量の範囲を逸脱している。また、書留郵便の一種である特別送達郵便物については、軽過失による損害賠償責任まで認めたとしても、立法目的の達成が害されることはないから、この制限も立法裁量の範囲を逸脱するものである(最大判平成一四・九・一一民集五六巻七号一四三九頁)。

二　参政権

1　意　義

国民は、主権者として、国の政治に参加する権利を有する。この政治参加は、主として議会の議員の選挙権・被選挙権を通じて達成される。国民投票制が定められている場合にそれに投票を通じて参加すること(国民投票権)および公務員となる権利(権利というよりも、資格ないし能力である)も、広義の参政権に含めて考えることができる。*

参政権は、近代立憲主義憲法においてあまねく保障されている重要な権利である。日本国憲法も、選挙権については一五条一項において、「公務員を選定し、及びこれを罷免することは、国民固有の権利である」と定めている。ほかに国民投票制について、最高裁判所裁判官の国民審査制(七九条二項)、憲法改正国民投票制(九六条)、地方特別法住民投票制(九五条)の規定がある。***

＊公務就任権　参政権の性格を有するので、その根拠を憲法一五条一項に求めたり、一四条の「政治的関係において、差別されない」の規定の中に含まれていると解する説が少なくないが、実質的に考えると、職業選択の自由に属するとみる説も成り立ちうる。憲法上の根拠は一三条(幸福追求権)にあると解する説も有力である。

＊＊公務員の意味　広く立法・行政・司法に関する国および地方公共団体の事務を担当する職員を言う。一五条一項は、これらすべての公務員につき、その選定および罷免を直接に国民が行う、という趣旨ではない。選定および罷免が、直接または間接に、主権者たる国民の意思に基づくよう、手続が定められなければなら

ないとの意である。

＊＊＊法律による国民投票制の採用　重要な国の政策に関する国民意思を問うための国民投票制を法律で定めることができるか。憲法は国会を「唯一の立法機関」とし間接民主制を原則としているので、国民投票が諮問的ないし助言的なものである場合はさておき、国会を拘束するような形のものは、憲法の改正なしにはとることはできない(第三章二2㈡参照)。

2　選挙権の法的性格

国民の参政権のうちでは、議員を選挙する選挙権が最も一般的で重要なものである。しかし、この選挙権の性格については、それを選挙人としての地位に基づいて公務員の選挙に関与する「公務」とみるか、国政への参加を国民に保障する「権利」とみるかについて争いがあり、多数説は、両者をあわせもつと解している(二元説と呼ばれる)。選挙権は、人権の一つとされるに至った参政権の行使という意味において権利であることは疑いないが、公務員という国家の機関を選定する権利であり、純粋な個人権とは違った側面をもっているので、そこに公務としての性格が付加されていると解するのが妥当である。[*]

公職選挙法上、禁治産者[現行の成年被後見人]、受刑者(ただし、執行猶予中の者を除く)、選挙犯罪による処刑者などは、選挙権を行使できないこととされている(一一条)。これらは、選挙権の公務としての特殊な性格に基づく必要最小限度の制限とみることができよう(受刑者には選挙権を認めるべきだという説もある)。[**][†]

＊選挙と選挙権　選挙とは、有権者の集合体(選挙人団)によって、国会議員等の公務を担当する者(公務員という国家機関)を選定する集合的な行為であり、選挙権(投票権)とは、この行為に各有権者が一票を投ずることによって参加することができる権利を言う。

＊＊選挙犯罪処刑者の選挙権等停止事件　最高裁は、公選法二五二条所定の選挙犯罪者は、「現に選挙の公正を害し……選挙に関与せしめるに不適当なもの」であるから、一定期間「公職の選挙に関与することから排除するのは相当」で、それは条理に反する差別待遇でも不当に参政権を奪うものでもない旨判示した(最大判昭和三〇・二・九刑集九巻二号二一七頁)。二元説を採った判決かどうかは明らかでない。

†成年被後見人および受刑者の選挙権　選挙権の制限については、後述の在外日本国民選挙権制限違憲判決が厳格な審査をすべきことを判示した。公職選挙法一一条一項旧一号は、成年被後見人の選挙権を否認していたが、東京地裁平成二五年三月一四日判決(判時二一七八号三頁)は、成年後見制度と選挙権制限は趣旨を異にするから成年被後見人に対し一律に選挙権を否定することはやむを得ない制限とは言えないとして選挙人たる地位の確認を認め、これを承けて国会がこの規定を削除した。また、同法一一条一項二号が受刑者の選挙権を否定しているため参議院議員通常選挙で選挙できなかった受刑者が国家賠償を請求した訴訟で大阪高裁平成二五年九月二七日判決(判例集未登載)は、今日では受刑者に不在者投票等の方法により選挙権を行使させることが技術的に困難とはいえないからやむを得ない制限とはいえず違憲であるとした。しかし、この規定を改正しなかった不作為が国賠法上違法であるとはいえないとして請求自体は棄却した。敗訴した控訴人は上告しなかったので判決は確定しているが、最高裁の違憲判断ではないので、国会はただちには改正の動きをみせていない。

3　選挙権の要件

近代選挙法は、選挙の自由・公正と効果的な代表を実現するために、選挙に関する基本原則を採用してきた。①普通選挙、②平等選挙、③自由選挙、④秘密選挙、⑤直接選挙がそれである。このうち、選挙権の要件という観点からは、①および②が重要である。

(一) 普通選挙

普通選挙とは、狭い意味では、財力(財産または納税額)を選挙権の要件としない制度を言う。これに対して、それを要件とする制度は制限選挙と呼ばれる。一九二五年に日本で初めて普通選挙制が実現したが、それは、二五歳以上の男子に選挙権を認めるにとどまっていた。普通選挙は、広い意味では、財力の他に、教育、性別などを選挙権の要件としない制度を言い、とくに戦後、婦人参政権を含むものと考えられるようになったことが重要である。この意味での普通選挙制は、わが国では一九四五年に、二〇歳以上の国民すべてに選挙権が認められたことによって実現した。† 日本国憲法は、「成年者による普通選挙を保障する」と定めて(一五条三項)、この原則を確認するとともに、選挙権のみならず被選挙権*に†† ついても資格の平等を具体的に定めている(四四条)。

*被選挙権の性格　被選挙権は、選挙されうる資格であって、選挙されることを主張しうる権利ではない、と解する説が有力である。しかし、被選挙権も広義の参政権の一つであり、権利性がないわけではない。判例は、「被選挙権、特に立候補の自由」は「選挙権の自由な行使と表裏の関係」にあるものとして、一般に憲法一五条一項によって保障される権利と解している(最大判昭和四三・一二・四刑集二二巻一三号一四二五頁)。この点と関連して、選挙運動の総括主宰者等ないし組織的選挙運動管理者等の選挙犯罪による候補者であった者の当選無効・立候補禁止を定めるいわゆる連座制の規定(公選法二五一条の二・二五一条の三)が問題となるが、判例は、選挙の公明・適正という極めて重要な法益の達成に必要かつ合理的な規制であるとした(最判平成八・七・一八判時一五八〇号九二頁、同平成九・三・一三民集五一巻三号一四五三頁)。

†憲法改正国民投票の投票年齢が一八歳以上とされた(三九六頁参照)ことにあわせて、二〇一五年六月に選挙権年齢を「一八歳以上」に引き下げる公職選挙法の改正・公布が行われた。公布一年後から適用することになっているので、二〇一六年に予定されている参議院議員選挙はこれにより行われることになる。

††在外日本国民の選挙権　選挙権を行使するには選挙人名簿に登録されていなければならないが、登録は

市町村の住民基本台帳の記録を基礎に行われるから、外国に長期滞在する者は登録されず、選挙権を行使しえなかった。これが問題になり、一九九八年に公選法の改正を行い、新たに在外選挙人名簿を調製しこれに登録された者には選挙権の行使を認めることにした。しかし、対象となる選挙を、当分の間は衆議院および参議院の比例代表選挙に限ることとしたために、衆議院小選挙区選挙と参議院選挙区選挙においては選挙権を行使できない状態が続くことになった。そこで在外日本国民が、①これらの選挙において選挙権を行使する権利を有することの確認と、②一九九六年(前記法改正以前)に行われた衆議院議員選挙において投票しえなかったことにつき、立法不作為による国家賠償を請求した。最高裁は、①につき、選挙権行使の制限が許されるためには「やむを得ないと認められる事由」が必要であるが、本件においてはそのような事由は存在せず、したがって改正法が対象となる選挙を限定している部分は憲法一五条一項等に反すると判断し、次回の選挙において「在外選挙人名簿に登録されていることに基づいて投票することができる地位」にあることを確認した。また、②については、「権利行使の機会を確保するために所要の立法措置を執ることが必要不可欠であり、それが明白であるにもかかわらず、国会が正当な理由なく長期にわたってこれを怠る場合」には国賠法上違法の評価を受けるものであるが、本件はそれに該当すると判示した(最大判平成一七・九・一四民集五九巻七号二〇八七頁)。立法不作為を理由とする国家賠償請求に関して、最高裁は本判旨がこの問題の先例となってきた在宅投票制に関する判決(第一八章二4(二)(2)参照)と「異なる趣旨をいうものではない」と述べているが、両判決の整合性に疑問を呈する見解もある。本件では、法律上選挙権の行使が否定されていたこと、および、選挙権行使を認めた一九八四年内閣提出の改正案が廃案となってから一九九六年の選挙に至るまで一〇年以上もの長きにわたり何らの立法措置も執ろうとしなかったことが重視されたものと思われる。なお、在宅投票制訴訟では、身体障害者の選挙権の単なる形式的な法律上の保障だけではなく実質的保障が認められるべきことが主張されたが、最高裁は選挙権はそのような実質的保障までは含まないとした。これに対し、精神的理由により投票所に行くことが困難な有権者が立法不作為による国家賠償を求めた訴訟において、最高裁は、在外日本人選挙権違憲判決に依拠して、ここでは選挙権が実質的保障まで含むことを認めており(最判平成一八・七・一三判時一九四六号四一頁)、結論的には選挙権の制限として正当化しうるとされたが、選挙権の捉え方の変化が注目される。

(二) 平等選挙　平等選挙とは、複数選挙(特定の選挙人に二票以上の投票を認める制度)や、等級選挙(選挙人を特定の等級に分けて等級ごとに代表者を選出する制度)を否定し、選挙権の価値は平等、すなわち一人一票(one person, one vote)を原則とする制度を言う(公職選挙法三六条)。これは、選挙権の数的平等の原則で、戦前の選挙法にも定められていたが、現在では平等選挙は、投票の価値的平等の要請をも含むものと解されるようになっている。この点で、議員定数の不均衡が問題となる*(第七章二7参照)。

*その他の選挙に関する原則

(1) 自由選挙　自由選挙(または自由投票)とは、棄権しても罰金、公民権停止、氏名の公表などの制裁を受けない制度を言う。選挙の公務性を考えると、正当な理由なしに棄権をした選挙人に制裁を加える強制投票制にも一理はあるが、棄権率の低下は政治教育などによって望むべきであろう。

(2) 秘密選挙　秘密選挙(または秘密投票)とは、誰に投票したかを秘密にする制度を言う。主として社会における弱い地位にある者の自由な投票を確保するために、広く諸外国で採用されている原則である。日本国憲法は、投票の秘密を保障し、選挙人は「その選択に関し公的にも私的にも責任を問はれない」と定めている(一五条四項)。どのような方法で秘密を保障するかは、公職選挙法に規定されている(四六条四項・五二条・六八条、施行令三二条等)。投票の帰属の取り調べは、①当選の効力を定める手続だけでなく、②詐偽投票等の罪に関する刑事手続においても、許されないと解される(判例は②の場合は許されるとする。最判昭和二三・六・一民集二巻七号一二五頁、同平成九・三・二八判時一六〇二号七一頁)。

(3) 直接選挙　直接選挙とは、選挙人が公務員を直接に選挙する制度を言う。選挙人がまず選挙委員(electors)を選び、その選挙委員が公務員を選挙する間接選挙制は、アメリカの大統領選挙でとられているが、選挙人に全面的な信頼をおかない制度であるため、民主政治の発達とともに実質的には直接選挙制に変わってきている。なお、すでに選挙されて公職にある者(たとえば都道府県会議員)が公務員(たとえば国会議員)を選挙する制度を準間接選挙制(または複選制)と言う。間接選挙における選挙人は、選挙が終了すれば、その地位も消滅するが、複選制ではそういうことはない。憲法四三条の「選挙」は、間接選挙を含むと解されるが、複選制は国民意思との関係が間接的に過ぎるので、「選挙」に含まれない。[比例代表制が直接選挙の原則に反しないかどうかが争われた事件につき、第一四章三2㈠†参照。]

第一三章　社会権

日本国憲法は、生存権(二五条)、教育を受ける権利(二六条)、勤労の権利(二七条)、労働基本権(二八条)という社会権を保障している。社会権は、二〇世紀になって、社会国家(福祉国家)の理想に基づき、とくに社会的・経済的弱者を保護し実質的平等を実現するために保障されるに至った人権である。その内容は、国民が人間に値する生活を営むことを保障するものであり、法的にみると、それは国に対して一定の行為を要求する権利(作為請求権)である。この点で、国の介入の排除を目的とする権利(不作為請求権)である自由権とは性質を異にする。もっとも、社会権にも自由権的側面がある。*

社会権が保障されたことにより、国は社会国家として国民の社会権の実現に努力すべき義務を負う。たとえば、憲法二五条二項が、「国は、すべての生活部面について、社会福祉、社会保障及び公衆衛生の向上及び増進に努めなければならない」と規定するのは、その趣旨である。

＊社会権の自由権的側面　先にふれたように(第五章三2(1)参照)、社会権も、公権力による不当な侵害があった場合には、その排除(不作為)を裁判所に請求できる自由権としての側面をあわせもつ。教師の教育の自由が憲法二六条で問題になるのは、この点にかかわる。労働基本権は、社会権の中でも最も自由権的性格が強い。

一　生存権

1　憲法二五条

憲法二五条一項は、「すべて国民は、健康で文化的な最低限度の生活を営む権利を有する」と定める。この生存権の保障は、社会権の中で原則的な規定であり、国民が誰でも、人間的な生活を送ることができることを権利として宣言したものである。

この第一項の趣旨を実現するため、第二項は、先に引用したように、国に生存権の具体化について努力する義務を課している。それを受けて、生活保護法、児童福祉法、老人福祉法、身体障害者福祉法などの各種の社会福祉立法、国民健康保険法、国民年金法、厚生年金保険法、雇用保険法、老人保健法〔現行は「高齢者の医療の確保に関する法律」〕、介護保険法などの各種の社会保険立法等の社会保障制度が設けられ、また、保健所法〔現行は地域保健法〕、食品衛生法、環境基本法、大気汚染防止法など公衆衛生のための制度の整備も図られている。*

＊第一項と第二項の関係　堀木訴訟（第七章二4＊＊参照）の控訴審判決（大阪高判昭和五〇・一一・一〇行裁例集二六巻一〇・一一号一二六八頁）は、「第二項は国の事前の積極的防貧施策をなすべき努力義務のあることを、第一項は第二項の防貧施策の実施にも拘らず、なお落ちこぼれた者に対し、国は事後的、補足的且つ個別的な救貧施策をなすべき責務のあることを各宣言したもの」と解し、いかなる防貧施策をどの程度実施するかの決定は立法府の裁量に属するとした。この一項・二項を峻別する解釈は、一項を「最低限度の生

活の保障」という絶対的基準の確保を直接の目的としていると捉え、厳格な司法審査が行われる旨を示唆した点で評価に値するものであるが、一項の救貧施策を生活保護法による公的扶助に限定し、他の施策をすべて防貧施策として広汎な立法裁量に委ねた点で問題があり、批判が一般に強い。若干の下級審判決に受けつがれたが、最高裁判例では採用されていない。

2 生存権の法的性格

(1) もっとも、生存権は、先に述べたとおり(第五章三1(3)参照)、国の積極的な配慮を求める権利であるが、「具体的な請求権」ではない。そのため、二五条は、国民の生存を確保すべき政治的・道義的義務を国に課したにとどまり、個々の国民に対して具体的権利を保障したものではない、と説かれることが多い。この見解を一般にプログラム規定説と言う。

たしかに、生存権の内容は抽象的で不明確であるから、憲法二五条を直接の根拠にして生活扶助を請求する権利を導き出すことは難しい。生存権は、それを具体化する法律によってはじめて具体的な権利となる、と考えざるをえない。しかし、そのような内容の権利であっても「権利」と呼ぶことは可能であり、少しも差しつかえない(こう考える説を一般に抽象的権利説と言う)。抽象的権利説によれば、二五条は、国に立法・予算を通じて生存権を実現すべき法的義務を課していることになる。この考えを推し進めれば、二五条の生存権が生活保護法のような施行立法によって具体化されている場合には、憲法と生活保護法とを一体として捉え、生存権の具体的権利性を論ずることも許されるであろう。

(2) このように、二五条は、立法府に対して生存権を具体化する立法を行うべき法的義務を課していると解されるが、それならば、かりに国会がその義務を履行することを怠った場合、裁判所に対して不作為の違憲確認を求める訴えを提起できるかどうかと言えば、それには訴訟的に難しい多くの問題点がある（第一八章二4㈡⑵参照）。

⑶　以上のような立場から、生存権を具体化した生活保護法について考えると、朝日訴訟最高裁判決*のように、最低限度の生活水準の内容が厚生［労働］大臣の裁量的決定にまったく委ねられているとする解釈は、はたして妥当かどうか、問題となる。何が最低限度の生活水準であるかは、特定の時代の特定の社会においては、ある程度客観的に決定できるので、それを下回る厚生［労働］大臣の基準設定は、違憲・違法となる場合があると解すべきであろう。†

*朝日訴訟　一九五六年当時の生活扶助費月額六〇〇円が健康で文化的な最低限度の生活水準を維持するに足りるかどうかが争われた事件。一審判決（東京地判昭和三五・一〇・一九行裁例集一一巻一〇号二九二一頁）は、原告（朝日茂）の主張を容れ、「健康で文化的な生活水準」の具体的内容は固定的ではないが、理論的には特定の国における特定の時点においては一応客観的に決定しうるから、厚生大臣の生活保護基準の設定行為は裁判的統制に服する羈束《きそく》行為だとし、本件のように右生活水準を維持する程度の保護に欠ける場合は、生活保護法三条・八条二項に違反すると同時に、実質的には憲法二五条にも反する、と判示した。しかし、上告中に朝日氏が死亡したため、養子夫妻が訴訟の承継を主張したが、最高裁は、生活保護受給権は一身専属的な権利であるから死亡により訴訟は終了した、と判示し、「なお、念のため」として、①二五条一項は、すべての国民が健康で文化的な最低限度の生活を営み得るように国政を運営すべきことを国の責務として宣言したにとどまり、直接個々の国民に具体的権利を賦与したものではない（プログラム規定）、②何が「健康で文化的な最低限度の生活」であるかの判断は、厚生大臣の裁量に委されている、旨の意見を付加した（最大判昭和四二・五・二四民集二一巻五号一〇四三頁）。奥野健一裁判官補足意見は、一審判決とほぼ同じ立

場をとり、二五条一項は「時の政府の施政方針によって左右されることのない客観的な最低限度の生活水準なるものを想定して、国に〔生存権実現のための施策を講ずべき〕責任を賦課したもの」だとし、したがって生活保護法上の受給権も、右の適正な保護基準による保護を受け得る権利である」と解し、厚生大臣の保護基準設定行為はそれに羈束される旨説いている。これは傾聴に値する見解と考えられる。

堀木訴訟判決(最大判昭和五七・七・七民集三六巻七号一二三五頁)も、「健康で文化的な最低限度の生活」の具体的内容は、「時々における文化の発達の程度、経済的・社会的条件、一般的な国民生活の状況等との相関関係において判断決定されるべきもの」であり、それを立法に具体化する場合は、「国の財政事情を無視することができず、また、多方面にわたる複雑多様な、しかも高度の専門技術的な考察とそれに基づいた政策的判断を必要とする」と述べ、「具体的にどのような立法措置を講ずるかの選択決定は、立法府の広い裁量にゆだねられて」いる旨判示した(憲法一四条との関係については、第七章二4＊＊参照)。

†老齢加算廃止違憲訴訟　最低限度の生活水準の決定については厚労大臣の広い裁量権があるとしても、これまで認めてきた生活水準を切り下げる改正については裁量の幅は狭まり、ある程度厳格な審査がなされるべきであるという考えが学説においては有力に唱えられている。生活保護法に基づく生活扶助につき定められていた七〇歳以上の高齢者を対象とする老齢加算制度が廃止されたとき、それに伴って生活保護変更決定を受けた者が処分の取消を求めた訴訟においてこの問題が提起されたが、最高裁はこの考えを受け入れず、裁量権の逸脱・濫用を総合判断する際の一要素として考慮するに留まった(最判平成二四・二・二八民集六六巻三号一二四〇頁)。

3　環境権

一九六〇年代の高度成長の時代に、大気汚染、水質汚濁、騒音、振動などの公害が大量に発生し、環境が著しく悪化した。それにともない、環境を保全し、良好な環境の中で国民が生活できるために、新しい人権として「環境権」が提唱された。これは、人の生命・健康を維持するためには、環境の破壊による個人や地域住民に対する被害が現実に生じる前に、被害の原因である公害を除去しあるいは減少させること（妨害排除ないし予防の請求等を認めること）が肝要だ、という認識に基づく。

もっとも、環境権の概念は論者によって異なる。一般には、健康で快適な生活を維持する条件としての良い環境を享受し、これを支配する権利と理解されている。この場合に、大気、水、日照などの自然的な環境に限定する考えと、遺跡、寺院、または公園、学校などの文化的・社会的環境まで含める考えがあるが、後説では環境権の内容が広汎になりすぎ、権利性が弱められるので、環境権が登場するに至った沿革にも忠実な前説が妥当である（多数説）。

このように、環境権は、環境破壊を予防し排除するために主張された権利であり、そういう良い環境の享受を妨げられないという側面では自由権であるから、憲法一三条の幸福追求権の一内容をなし、人格権（第七章一 3参照）と結びついたものと理解することができる。しかし、環境権を具体化し実現するには、公権力による積極的な環境保全ないし改善のための施策が必要であるから、その面では社会権として性格づけられる。この社会権的な側面との関連では、憲法二五条も環境権の根拠となると解される。もっとも、環境権という名の権利を真正面から承認した最高裁判所の判例はない。*

＊環境権裁判　この裁判で著名な例の一つは大阪空港公害訴訟、すなわち、航空機の離着陸の騒音に悩まされている大阪空港周辺の住民が、空港管理者たる国に対して、人格権ないし環境権を根拠に、損害賠償と午後九時以降の航空機の発着の禁止を求めて出訴した事件である。二審判決（大阪高判昭和五〇・一一・二七判時七九七号三六頁）は、「個人の生命、身体、精神および生活に関する利益は、各人の人格に本質的なも

の」で「その総体を人格権ということができ」るとし、人格権に基づく妨害の排除・予防差止請求を認めたが、最高裁は、民事訴訟において、航空機の発着の規制という航空行政権に関する請求を行うことは不適法であるとして、差止請求を却下し、住民が被った過去の被害に対する損害賠償請求のみを認容した(最大判昭和五六・一二・一六民集三五巻一〇号一三六九頁)。差止請求を民事の請求として適法とする四名の裁判官の反対意見が注目に値する。しかし最高裁は、厚木基地公害訴訟でも、自衛隊機の運航規制の民事差止請求を不適法とした(最判平成五・二・二五民集四七巻二号六四三頁)。

二　教育を受ける権利

教育は、個人が人格を形成し、社会において有意義な生活を送るために不可欠の前提をなす。憲法二六条は、「すべて国民は、法律の定めるところにより、その能力に応じて、ひとしく教育を受ける権利を有する」と定めている。

1　学習権と国の責務

教育を受ける権利は、その性質上、子どもに対して保障される。その権利の内容は、子どもの学習権を保障したものと解されている。*

子どもの教育を受ける権利に対応して、子どもに教育を受けさせる責務を負うのは、第一次的には親ないし親権者である。二六条二項が、「すべて国民は、法律の定めるところにより、その保護する子女に普通教育を受けさせる義務を負ふ」と定めているのは、そのことを明示している。また、教育を受ける権利の社会権としての側面として、国は、教育制度を維持し、教育条件を整備すべき義務を負う。この要請を受けて、教育基本法†および学校教育法等が定められ、小・中学校の義務教育を中心とする教育制度が設けられている。

＊子どもの学習権　旭川学テ事件の最高裁判決(後述2＊参照)は、憲法二六条について、「この規定の背後には、国民各自が、一個の人間として、また、一市民として、成長、発達し、自己の人格を完成、実現するために必要な学習をする固有の権利を有すること、特に、みずから学習することのできない子どもは、その学習要求を充足するための教育を自己に施すことを大人一般に対して要求する権利を有するとの観念が存在している」と述べている(最大判昭和五一・五・二一刑集三〇巻五号六一五頁)。

†二〇〇七年に教育基本法の改正が行われた。教育目標として旧法にはなかった道徳教育(二条一号「豊かな情操と道徳心を培う」)や愛国心教育(二条五号「伝統と文化を尊重し、それらをはぐくんできた我が国と郷土を愛する……態度を養う」)を掲げた点、教育が法律の定めるところにより行われること(一六条)を強調した点などが注目される。今後、この新法および関連諸法律に基づき具体的な内容が決められていくことになるが、特に重要な意味を持ってくるのは学習指導要領や諸通達である。その規定の仕方いかんでは、児童や教師の内心の自由にまで干渉する事態が起こりうる。新法制定以前にも、すでに教育現場における国旗・国歌の取扱いをめぐって深刻な対立が生じており、入学式や卒業式において国旗に向かって起立し国歌を斉唱することなどを職務命令で義務づけることが思想良心の自由の侵害となることを認めた下級審判決も出ていた(東京地判平成一八・九・二一判時一九五二号四四頁)が、最高裁は音楽専科教諭に「君が代」斉唱のピアノ伴奏を命じた職務命令や起立斉唱を求めた職務命令を合憲とした(第八章一2㈢†、††参照)。愛国心教育も、その取扱い方を誤り、「国と郷土を愛する態度」を身につけたかどうかが成績評価の対象になるとすれば、深刻な憲法問題を提起する可能性がある。

2 教育権の所在

教育を受ける権利に関して争われている重要な問題は、教育内容について国が関与・決定する権能を有するとする説(「国家の教育権」説)と、子どもの教育について責任を負うのは、親およびその付託を受けた教師を中心とする国民全体であり、国は教育の条件整備の任務を負うにとどまるとする説(「国民の教育権」説)のいずれが正当かという、いわゆる教育権の所在に関する問題である。

この論争は、教科書裁判〔第九章三2㈢＊参照〕で問題となったほか、学力テスト事件*で議論されたが、両説の当否を一刀両断的に決めることはできない。教育の全国的水準の維持の必要に基づいて、国は教科目、授業時間数等の教育の大綱について決定できると解されるが、国の過度の教育内容への介入は教育の自主性を害し、許されないと思われる。

＊旭川学テ事件　一九六一年、文部省の実施した全国の中学二、三年生を対象とする全国一斉学力テスト(学テ)に反対する教師が、学テの実施を阻止しようとして公務執行妨害罪等で起訴され、裁判の過程で、文部省による学テの実施が〔旧〕教育基本法一〇条等に反し違法ではないかが問題となった。最高裁は、国家教育権説も国民教育権説も「極端かつ一方的」であるとして否定し、教師に一定の範囲の教育の自由の保障があることを肯定しながら、その自由を完全に認めることは、児童生徒には教育内容を批判する能力がなく、教師に強い影響力があること、子どもの側に学校・教師を選択する余地が乏しいこと、全国的に一定の水準を確保すべき要請が強いことなどから、許されないとし、結論としては、教育内容について、「必要かつ相当と認められる範囲において」決定するという、広汎な国の介入権を肯定し、学テを適法とした(1の＊に引いた最大判昭和五一・五・二一)。国、教師、親の三者の分担による教育の実現という判決の基本思想は妥当だとする意見が有力であるが、国の教育内容への広汎な介入権を認めた点には、学説の批判も多い。

3 義務教育の無償

憲法二六条二項は、「義務教育は、これを無償とする」と定める。無償とは、一般に、「授業料不徴収」の意味であると解されている(最大判昭和三九・二・二六民集一八巻二号三四三頁。教育基本法四条[現行五条]、学校教育法六条参照)が、就学に必要ないっさいの金品を無償とすべきだという説もある。もっとも、一九六三年(昭和三八年)以降、法律により、教科書は無償で配布されている(義務教育諸学校の教科用図書の無償措置に関する法律参照)。

三 労働基本権

一九世紀の資本主義の発達の過程において、労働者は失業や劣悪な労働条件のために厳しい生活を余儀なくされた。そこで、労働者に人間に値する生活を実現するために、労働者を保護し、労働運動を容認する立法が制定されることになった。このような経緯を踏まえて、日本国憲法は、二七条で勤労の権利を保障し、納税(三〇条)、教育(二六条)と並んで、勤労が国民の義務であることを宣言し(法律により勤労を国民に強制することができるという意味ではない)、かつ、勤労条件の法定を定めるとともに、二八条で労働基本権を保障している。

1 労働基本権の内容と性格

契約自由の原則が全面的に妥当している場合には、現実の労使間の力の差のために、労働者は使用者に対して不利な立場に立たざるをえない。労働基本権の保障は、劣位にある労働者を使用者と対等の立場に立たせることを目的としている。

憲法二八条は、「勤労者の団結する権利及び団体交渉その他の団体行動をする権利は、これを保障する」と定める。ここで「勤労者」とは、労働力を提供して対価を得て生活する者のことであり、労働者(労働組合法三条)と同義である。労働基本権は、具体的には、団結権、団体交渉権、団体行動権(争議権)の三つからなり、それは労働三権とも言われる。

㈠　三権の意味　団結権とは、労働者の団体を組織する権利(労働組合結成権)であり、労働者を団結させて使用者の地位と対等に立たせるための権利である。団体交渉権とは、労働者の団体が使用者と労働条件について交渉する権利であり、交渉の結果、締結されるのが労働協約(労働組合法一四条)である。団体行動権とは、労働者の団体が労働条件の実現を図るために団体行動を行う権利であり、その中心は争議行為である。

㈡　三権の性格　労働基本権は、まず、①社会権として、国に対して労働者の労働基本権を保障する措置を要求し、国はその施策を実施すべき義務を負う、という意味をもつ。次に、②自由権として、それを制限するような立法その他の国家行為を国に対して禁止するという意味をもつ(この点で、労働組合法一条二項の定める争議行為の刑事免責が重要である)。また、③使用者対労働者という関係において、労働者の権利を保護することを目的とする。したがって、その性質上、使用者は労働者の労働基本権の行使を尊重すべき義務を負う。つまり、労働基本権の保障は、私人間の関係にも直接適用されるのである(この点で、労働組合法八条の定める争議行為の民事免責が重要である)。

2 労働基本権の制限

労働基本権の行使は社会的な影響力が大きいので、それだけ制限に服する可能性も強い。しかし、労働基本権は、労働者の生きる権利として保障されているので、それを規制する立法について立法府の裁量を過度に重視するのは妥当ではなく、ある程度厳格に審査することが必要である。二重の基準の理論との関係では、労働基本権は精神的自由と経済的自由との中間に位置するものと考えられるので、LRAの基準(第九章三5参照)によって合憲性を考えるのが妥当であろう。

3 公務員の労働基本権

労働基本権の制限に関して激しく争われたのは、公務員の労働基本権の制限の問題である。現行法上、①警察職員、消防職員、自衛隊員、海上保安庁または監獄〔刑事施設〕に勤務する職員は三権のすべて、②非現業の一般の公務員は団体交渉権〔厳密には「団体協約締結権」(国家公務員法一〇八条の五第二項参照)〕と争議権、③郵便など現業の公務員は争議権が、それぞれ否定されている(国鉄など旧公共企業体職員の争議行為の禁止は、一九八六年の公共企業体の民営化にともない、解除された)。†

公務員の労働基本権の制限の根拠は、初期の判例では「公共の福祉」や「全体の奉仕者」という抽象的な原則が挙げられた。しかし、人権制限の究極の根拠は、憲法が公務員関係という特別の法律関係の存在とその自律性を憲法的秩序の構成要素として認めていること(一五条・七三条四号)に求められねばならない(第六章二2参照)。

ただ、公務員といっても、その職務の性質は多様であり、一般の労働者と同様の職務を行っている者も少なくない。したがって、労働基本権の制限は、その職務の性質、違い等を勘案しつつ、必要最小限度の範囲にとどまらなければならないと解される。この点で、かつて、「国民生活全体の利益の保障という見地からの内在的制約」のみが許されるとして厳格な条件を示した一九六六年の全逓東京中郵判決(最大判昭和四一・一〇・二六)が注目された。しかし、判例の流れ*は、公務員の労働基本権を尊重する判決から、現行法の厳しい全面的な制限を積極的に合憲とする判決へと推移して、現在に至っている。

*公務員の労働基本権に関する判例の流れ

(1) 全逓東京中郵事件　全逓の役員が、東京中央郵便局の職員に対して争議行為をそそのかしたとして起訴された事件。公共企業体等労働関係調整法(公労法)一七条(現行の国営企業労働関係法[二〇〇二年の改正により、特定独立行政法人等の労働関係に関する法律]一七条)が合憲か、および、正当な争議行為は刑事免責されるか、が問題となった。最高裁は、労働基本権の制限の合憲性の判断基準として、①労働基本権を尊重確保する必要と国民生活全体の利益を維持増進する必要とを比較衡量して、両者が適正な均衡を保つことを目標として決定すべきであるが、制限は合理性の認められる必要最小限度にとどめること、②国民生活に重大な障害をもたらすおそれのあるものを避けるため必要やむを得ない場合に限ること、③制限違反に対して課せられる不利益は必要な限度をこえず、とくに刑事制裁は必要やむを得ない場合に限ること、④代償措置が講ぜられるべきこと、という四条件を挙げ、それに照らして公労法一七条一項を合憲とした。しかし、正当な争議行為には労働組合法一条二項の適用があり、刑事免責されると説いて、被告人を無罪とした(最大判昭和四一・一〇・二六刑集二〇巻八号九〇一頁)。

(2) 都教組事件　争議行為を禁止し、そのあおり行為を処罰の対象としている地方公務員法(三七条一項・六一条四号)の合憲性が争われた事件。最高裁は、右禁止規定は文字どおりに解釈すれば違憲の疑いがあるので、それを合憲とするには合憲限定解釈(法文の意味を憲法に適合するように限定して解釈すること)の手法をとることが必要であるとし、処罰の対象となる行為は争議行為・あおり行為とも違法性の強いものに限られるといういわゆる「二重のしぼり」の限定を加えて、被告人を無罪とした(最大判昭和四四・四・二刑集二三巻五号三〇五頁)。

(3) 全農林警職法事件　地方公務員法と同種の内容の国家公務員法の争議行為の禁止が問題となった事件。最高裁は、担当する職務内容の別なく、公務員であることそのこと、すなわち、公務員の地位の特殊性と職務の公共性一般を強調して国民全体の共同利益への影響を重視し、①公務員の勤務条件は国会の制定した法律・予算によって定められる(財政民主主義)から政府に対する争議行為は的はずれであること、②公務員の争議行為には私企業の場合とは異なり市場抑制力がないこと、③人事院をはじめ制度上整備された代償措置が講じられていること、などの理由も挙げて、一律かつ全面的な制限を合憲とし、従来の判例を変更した(最大判昭和四八・四・二五刑集二七巻四号五四七頁)。その後、この判決の趣旨にしたがい岩手教組学テ判決(最大判昭和五一・五・二一刑集三〇巻五号一一七八頁)は地方公務員法に関する都教組判決をくつがえし、また、全逓名古屋中郵判決(最大判昭和五二・五・四刑集三一巻三号一八二頁)は公労法一七条に関する全逓東京中郵判決をくつがえした。その結果、地方公務員および国営企業職員の争議行為の全面禁止が合憲とされた。その後、地方公営企業職員の争議行為禁止につき、同旨の理由で合憲とする判決が下された(最判昭和六三・一二・八民集四二巻一〇号七三九頁)。[なお、全農林警職法事件判決では、人事院勧告制度が代償措置の一つとして重視されたが、人事院勧告の実施の凍結に抗議して行われた争議行為に対する懲戒処分が争われた事件において、最高裁は、勧告の実施が凍結されたからといって代償措置が全く機能していないとは、必ずしも言えないとして、処分を合憲とする判断を下している(最判平成一二・三・一七判時一七一〇号一六八頁)。]この一連の判例の考え方には学説の批判が強い。

†かつて三公社(国鉄、電信電話、専売)五現業(郵便、林野、印刷、造幣等)と言われた分野の公務員が③のカ

テゴリーに属し、公共企業体等労働関係調整法により規律されていたが、その後三公社は民営化されて特殊会社となり規制から外れた。また現業に関する法制も特定独立行政法人や日本郵政公社等に再編され、現在は「特定独立行政法人の労働関係に関する法律」により規律されている。なお、郵政公社は二〇〇七年一〇月以降日本郵政株式会社となり、この法律の適用から外れることになった。

4 公務員の政治活動の自由

公務員の労働基本権の制限とならんで問題となるのが、公務員の政治活動の自由の制限である(第六章二2参照)。

この場合も、制限の根拠は憲法が公務員関係の自律性を憲法的秩序の構成要素として認めていることに求められる。つまり、政党政治の下では、行政の中立性が保たれてはじめて公務員関係の自律性が確保され、行政の継続性・安定性が維持されるので、そのために一定の政治活動を制限することも許されるのである。しかし、公務員も一般の勤労者であり市民であるから、政治活動の自由に対する制限は、行政の中立性という目的を達成するために必要最小限度にとどまらなければならないと解するのが妥当である。そういう立場をとれば、公務員の地位、職務の内容・性質等の相違その他諸般の事情(勤務時間の内外、国の施設の利用の有無、政治活動の種類・性質・態様など)を考慮したうえで、具体的・個別的に審査することが求められよう。そのための審査基準としては、公務員が公権力(国ないし地方公共団体)と特別な法律関係にある者であることも考えあわせると(第六章二1・2)、「より制限的でない他の選びうる手段」の基準が適切であろう。現行法上の制限は、すべての公務員の政治活動を一律全面に禁止し(その点で表現の内容規制である)、しかも刑事罰を科している点で、違憲の疑いがあるが、判例は、全農林警職法事件判決の立*

場に従った判断を示している。† 裁判官の積極的政治運動を禁止する裁判所法五二条も合憲とされた。**

＊猿払《さるふつ》事件　北海道の猿払村の郵便局員が、衆議院議員の選挙用ポスターを公営掲示板に掲示したり、他に配布したところ、国家公務員法に反するとして起訴された事件。一審判決（旭川地判昭和四三・三・二五下刑集一〇巻三号二九三頁）は、機械的労務に携わる現業の国家公務員が、勤務時間外に国の施設を利用せず、職務を利用することなく行った行為にまで、刑事罰を適用することは必要最小限度の制限とは言えず、違憲である、と判示した。二審もＬＲＡの基準（第九章三5参照）で判断した一審判決を支持し、これに従う同旨の判決が十指にも及んだが、最高裁は、①行政の中立的運営とこれに対する国民の信頼の確保という規制目的は正当であり、②その目的のために政治的行為を禁止することは目的との間に合理的関連性があり、③禁止によって得られる利益と失われる利益との均衡がとれているとして、合憲である、と判示した（最大判昭和四九・一一・六刑集二八巻九号三九三頁）。

判決は、②の点につき、「たとえその禁止が、公務員の職種、職務権限、勤務時間の内外、国の施設の利用の有無等を区別することなく、あるいは行政の中立的運営を直接、具体的に損う行為のみに限定されていないとしても、右の合理的な関連性が失われるものではない」とし（これでは、目的が正当であれば、手段はすべて合理的な関連性があるということになろう）、また③の点の「失われる利益」は、公務員の政治活動という「行動を伴う表現」の中の「意見表明そのもの」の制約ではなく、「行動のもたらす弊害の防止」に伴う限度での表現活動に対する「間接的、付随的制約に過ぎない」から、得られる利益の方が重要だとしている（これでは、得られる利益が常に優先し、利益衡量も形式的・名目的なものになろう）。このような抽象的・観念的な「合理的関連性」で足りるとする基準は、経済的自由の規制立法に用いられる「明白の原則」（第一〇章一2参照）と実質的に異ならないもの、と言うことができよう。

＊＊寺西判事補戒告事件　通信傍受法案（第九章四4㈡参照）に反対する集会に参加し、「仮に反対の立場で発言しても積極的政治運動に当たるとは考えないが、パネリストとしての発言は辞退する」旨発言をした寺

西判事補が、戒告処分を争った事件につき、最高裁は、積極的政治運動とは「組織的、計画的または継続的な政治上の活動を能動的に行う行為で、裁判官の独立と中立・公正を害するおそれがあるもの」を言うとし、その禁止は「合理的で必要やむを得ない限度にとどまる」から違憲でないと解し、本件発言は個人の意見の表明の域を超え厳に避けるべきもので、積極的政治運動に当たる、と判断した(最大決平成一〇・一二・一民集五二巻九号一七六一頁)。それに当たらないとするなど、五裁判官の反対意見がある。

†堀越訴訟に見られる新傾向　堀越訴訟とは管理職ではなく裁量的権限のない公務員が職務時間外に自宅からは遠く離れた、公務員であることを知る者もいない地域で特定政党の政治的ビラを配布した行為が国家公務員法の禁止する「政治的行為」に該当するとして起訴された事件であり、多くの点で猿払事件と類似するが、猿払事件では提起されなかった争点、すなわち、本件禁止規定の保護法益(公務遂行の政治的中立性とそれに対する国民の信頼の保護)の侵害がない場合にまで「政治的行為」を規制しうるのかという争点が提起された点で猿払事件とは異なっていた。原審が法益侵害のないことを理由に「適用違憲」で無罪としたのに対し、最高裁は法の定める「政治的行為」を「公務員の職務の遂行の政治的中立性を損なうおそれが実質的に認められるもの」をいうと解釈し、本件行為はこの構成要件に該当しないと判断して原審とは別の理由で無罪判決の結論を維持した(最判平成二四・一二・七刑集六六巻一二号一三三七頁)。判旨は、本件は猿払事件とは事案を異にするから猿払判決とは矛盾しないと述べているが、審査手法においては猿払判決の提示した判断枠組(①規制目的の正当性、②目的との合理的関連性、③得られる利益と失われる利益の均衡)を踏襲せず、「よど号」判決の手法に依拠した点に特徴がある。

第三部　統治機構

第一四章　国　会

一　権力分立の原理

1　総　説

㈠　伝統的意味　近代憲法は、権利宣言と統治機構の二つの部分から成るが、統治機構の基本原理は国民主権と権力分立である。権力分立は、国家権力が単一の国家機関に集中すると、権力が乱用され、国民の権利・自由が侵されるおそれがあるので、国家の諸作用を性質に応じて立法・行政・司法というように「区別」し、それを異なる機関に担当させるよう「分離」し、相互に「抑制と均衡」を保たせる制度であり、そのねらいは、国民の権利・自由を守ることにある。権力分立がすぐれて「自由主義的な政治組織の原理」であると言われるのは、そのためである。

もっとも、民主主義ないし民主政(国民主権)は人権の保障を終極の目的とする原理ないし制度と解すべきであるから(第三章一2参照)、権力分立と民主政とは矛盾せず、融合して統治機構の基本を構成するものであること(だから、西欧型の民主政は「立憲民主主義」と呼ばれる)に注意しなければならない。

㈡ **歴史性**　権力分立制は歴史的に形成されてきたものであり、そのあり方は、時代により国により異なる。次の二つの点がとくに注目されよう。

(1) 第一は、国家の法作用は法の「定立」とその「執行」に大別されるが、執行を司る行政と司法との区別が、それぞれの国家における行政機関と裁判機関の関係や両者の国政に占める地位のいかんによって大きく左右されたことである。すなわち、君主制の伝統が強く、近代憲法制定時には政府と裁判所とがきびしく反目したり、裁判所に対する一般の信頼も低かったりしたフランスやドイツでは、「法の支配」の原理が支配し裁判所の権威の高かったイギリスや、その法制を受けついだアメリカと異なり、司法権は民事・刑事の裁判のみを意味し、行政裁判所の管轄する行政訴訟は行政権に属するものとされた(第一六章一2参照)。

(2) 第二は、近代立憲主義国家が生まれた際に国民代表としての議会が果たした役割の相違に応じて、三権を憲法の下で同格なものとみるアメリカ型と、議会を中心とする立法権優位の権力分立を考えるフランス型とを生んだことである。すなわち、アメリカ合衆国は、圧政的なイギリス議会の制定法と人権を侵害した州の法律に対する抗争を通じて形成されたので、立法権不信の思想が強く、その結果、三権は憲法の下に平等の地位を占めると考えられたが、ヨーロッパ大陸諸国(とくにフランス)では、圧政的な支配者であった君主と君主に従属して権力を振るった裁判所に対する抗争を通じて、近代立憲主義国家に生まれ変わったので、三権は同格ではなく立法権が中心的地位にあると考えられた。同じ権力分立原理が、大陸諸国では裁判所の違憲審査権を否認する最も大きな理論的根拠であったのに対して、アメリカではそれを支える大きな理論的・思想的支柱の一つであったのも、そのためである(第一八章二1参照)。

日本国憲法は、国会を「国権の最高機関」とし、内閣が国会に対し連帯して責任を負うことを大原則とする議院内閣制(第一五章三参照)を採用しながらも、裁判所の違憲審査権を認め、どちらかと言えば、アメリカ型に近い考え方をとっている。その意味で、国民主権(第三章二参照)と法の支配(第一章五参照)の原理が、権力分立と並んで、日本国憲法の統治機構を支えている、と言うことができる。

2　権力分立制の現代的変容

権力分立制は、現代国家においては、当初の形態から大きく変容している。その変化は、①二〇世紀の積極国家・社会国家の要請にともない、行政活動の役割が飛躍的に増大し、行政権が肥大化し、法の執行機関である行政府が国の基本政策の形成決定に事実上中心的な役割を営む「行政国家」の現象が顕著になっていること、②国民と議会を媒介する組織として政党が発達し、政党が国家意思の形成に事実上主導的な役割を演ずる「政党国家」の現象が生じており、伝統的な議会と政府の関係は、政府・与党と野党の対抗関係へと機能的に変化していること、この結果、伝統的な議院内閣制を特徴づける政府の議会に対する連帯責任や、国会による立法ないし行政監督の諸原則がもつ政治的意味は大きく変わり、規範と現実とは必ずしも一致せず、議会主義の再生が望まれていること、③裁判所による違憲審査制が導入され、司法権が議会・政府の活動をコントロールする「司法国家」の現象が進展していること、の諸点にみられる。

このような状況の下で、権力分立制のあり方は現代的に再検討されなければならないが、その場合でも、人権の確保という権力分立制の根本思想を維持し、国家権力の強大化を防止していくことが重要である。

権力分立を機能させるうえで決定的に重要な役割を果たすのが政党である。政党の数と構造は政治体制のあり方を左右する。

3 政党

もっとも、歴史的にみれば、諸国は政党に対して、はじめは敵視ないし無視の態度をとるのが例であった。やがて参政権の拡大と代議制の発達、それにつづく議院内閣制の確立(第一五章三参照)にともなって、政党の重要性が次第に増大し、その存在を承認しかつ多かれ少なかれ規制するようになってきた。第二次大戦後の一部の国には、政党を憲法制度の中に編入している憲法もある。*

日本国憲法は、政党について規定しそれに特別の地位を与えていないが、結社の自由を保障し議院内閣制を採用しているので、政党(ここに政党とは、現行法上の「政党その他の政治団体」を言う)の存在を当然のこととして予想している。たとえば、国会法の定める「会派」(四六条)は主として政党であり、公職選挙法も政党の存在を認めている(八六条の二―八六条の七等)。また、政治資金規正法は、「政治上の主義若しくは施策を推進し、支持し、又はこれに反対することを本来の目的とする団体」、「特定の公職の候補者を推薦し、支持し、又はこれに反対することを本来の目的とする団体」等を「政治団体」と呼び、そのうち、①当該政治団体に所属する衆議院議員又は参議院議員を五名以上有するもの、または、②直近に行われた選挙で当該政治団体の得票総数が当該選挙における有効投票の総数の一〇〇分の二以上であるものを「政党」と呼び、その政治活動の公明を図り、選挙の公正を確保するための規制(収支の公表、寄附の制限など)を定めている(一条・三条・二〇条―二二条の九等参照)。

とくに一九九四年、政治改革立法として、選挙制度の改革(衆議院議員選挙に小選挙区比例代表並立制の導入)、政治資金規制の強化(政治団体・公職の候補者の政治資金の収支報告書の提出、その要旨の公開、候補者個人への寄附の禁止、企業献金の制限、罰則の強化など)と並んで成立した政党助成法は、「議会制民主政治における政党の機能の重要性にかんがみ、国が政党に対し政党交付金による助成を行うこと」によって、政党への不明朗な資金の流れを断ち切り、「民主政治の健全な発展」を図ろうとするもので(一条)、政党の存在を承認するだけでなく、その公的な性格と機能を重視している。それは、政党が「議会制民主主義を支える不可欠の要素」であり、かつ、「国民の政治意思を形成する最も有力な媒体である」(最大判昭和四五・六・二四民集二四巻六号六二五頁)ことを具体化したとみることもできよう。もっとも、この種の助成によって、政党の自律的存在や運営が大きく阻害されたり、大政党のみが有利に取り扱われたりするようになれば、違憲の問題も生じる。

*政党の憲法への編入　この代表的な例として、一九四九年ドイツ連邦共和国基本法二一条が、「①政党は、国民の政治的意思の形成に協力する。その設立は自由である。その内部秩序は、民主的原則に適合しなければならない。政党は、その資金の出所及び使途について、並びにその資産について、公的に報告をしなければならない。②政党で、その目的又は党員の行為が自由で民主的な基本秩序を侵害若しくは除去し、又は、ドイツ連邦共和国の存立を危うくすることを目指すものは、違憲である。違憲の問題については、連邦憲法裁判所がこれを決定する。③詳細は、連邦法律でこれを定める」と規定し、一九五八年フランス第五共和制憲法四条が、「政党及び政治団体は、選挙による意思表明に協力する。それらは自由に結成され、かつ自由にその活動を行う。それらは国民主権と民主主義の原理を尊重しなければならない」と定めているのが、挙げられる。

このように、政党が憲法に編入され、公的機関の性格を強めると、国によって事情は異なるが、右に引用のドイツ基本法に示されるとおり、いわゆる「戦う民主主義」の名のもとに、法によって党内民主主義を規制したり、反民主主義政党を排除したりすることになる。その結果、民主主義の概念が多義的であるため、政党の自由かつ健全な発展が阻害されるおそれも出てくる。

二　国会の地位

日本国憲法は代表民主制を基本とする。これは、前文に「権力は国民の代表者がこれを行使し」とうたわれているところからも明らかであるが、代表民主制とは、議会を中心とする政治であり、議会制民主主義または議会主義とも呼ばれる。議会制民主主義において、国民の意思は議会に代表され、議会が公開の討論を通じて、国政の基本方針を決定する。この意味で、国会は、憲法上も政治の実際においても、きわめて重要な地位を占めている。

国会は、憲法上、①国民の代表機関、②国権の最高機関、③唯一の立法機関、という三つの地位を有する。

1　国民の代表機関

憲法四三条は、国会(両議院)が「全国民を代表する選挙された議員」で組織されると定める。しかし、「全国民の代表」の意味については、古くから種々の議論がある。

(一)　政治的代表

ここに言う代表とは、代表機関の行為が法的に代表される者(国民)の行為とみなされるという趣旨の法的な意味ではなく、国民は代表機関を通じて行動し、代表機関は国民意思を反映するものとみなされるという趣旨の政治的な意味だと解するのが、通説である。それは、具体的には、①議会を構成する議員は、選挙区ないし後援団体など特定の選挙母体の代表ではなく、全国民の代表であること、したがって、②議員は議会において、自己の信念に基づいてのみ発言・表決し、選挙母体である選挙区ないし後援団体等の訓令には拘束されないこと、すなわち、近代憲法成立以前の身分制議会(貴族・僧侶・庶民の三つの身分で構成されていた会議)の構成員のように、選挙母体の訓令に拘束され、訓令を守らないと召還される命令委任(強制委任)は禁止されること、を意味する。この表決の自由(自由委任の原則)が、政治的代表の本質的な特色である。*

しかし、政治的代表の考え方は、国民の意思と議員の意思との間に一致の関係が実際に存するかどうかを問題にしない。議員は国民のために活動する意思をもてば足りる。国民代表の理論が、国民の意思と議員の意思との間に不一致が存在するにもかかわらず、あたかも一致があるかのように説くことによって、実際上の不一致をおおい隠すイデオロギー的性格を濃厚にもっていたと評されるのは、そのためである。

*自由委任と党議拘束　政党政治が発達し、とくに政党紀律(party discipline)が強くなると、議員は事実上党議に拘束され、党の指図に従って行動することを強いられる。これは自由委任の思想に適合しないという見解もあるが、現代の政党国家においては、議員は所属政党の決定に従って行動することによって国民の代表者としての実質を発揮できるのであるから、党議拘束は「自由委任の枠外」の問題だと解するのが妥当であろう。ただ、議員の所属政党変更の自由を否認したり、党からの除名をもって議員資格を喪失させたりすることは、自由委任の原理に矛盾する。もっとも、議員の自発的な党籍の変更や離脱に限って議員資格を喪失させる規定を設けることは許される、と解する少数説もある。[二〇〇〇年の法律改正で、衆議院およ

び参議院の比例代表選出議員が当選後に所属政党を変更した場合には議員の地位を失うことになった(国会法一〇九条の二、公選法九九条の二)。この規定は、議員資格の喪失を自発的な党籍変更の場合に限定することとさえしておらず、自由委任の原理との関係で問題をはらんでいる。〕

この点と関連し、参議院(比例代表選出)議員選挙において、ある政党の候補者名簿に登載され次点で落選した者が、約一年後に党から除名されたため、その直後に右政党の参議院議員に二名の欠員が生じたにもかかわらず、下位の名簿登載順位の者が繰上げ当選とされたので、その中央選挙会の決定を争った事件で、最高裁が、除名処分の当否は司法の介入できない政党の自律的解決にゆだねられているとし、その不存在または無効を理由とする当選無効は認められない旨判示したことが、注目される(最判平成七・五・二五民集四九巻五号一二七九頁)。

(二) 社会学的代表

そこで、とくに第二次世界大戦後、経済の発展とともに社会構造が複雑化し国民の価値観も多元化したという状況を踏まえて、議員の地位の国民意思(具体的には選挙)による正当化が強調され、国民意思と代表者意思の事実上の類似が重視されるようになり、社会学的な観点を含めて代表の観念を構成する考え方が提唱されるようになった。日本国憲法における「代表」の観念も、政治的代表という意味に加えて、社会学的代表という意味を含むものとして構成するのが妥当である。したがって、具体的には、国民の多様な意思をできるかぎり公正かつ忠実に国会に反映する選挙制度が憲法上要請されることになる。*

＊半代表の理論　フランスでは、ナシオン主権を前提とする古典的な代表(純粋代表)の理論と区別して、議会は建前として人民の意思(民意)をできるだけ正確に反映し代弁すべきだという、直接民主制的な要素を加味した代表の考え方(これはプープル主権を前提とする)を半代表の理論と言う。必ずしも社会学的代表の概念と同じものではないが、両者は大きく重なり合う。

なお、国民意思の「公正かつ忠実」な反映と言っても、各政党の得票率と議席率との一致という点を重視するのか、世論の主要な動向の国会への反映という点を重視するのか、意見に大きな違いがあるので、具体的な選挙制度の憲法四三条適否を単純に決めることは難しい。

2 国権の最高機関

憲法四一条は、「国会は、国権の最高機関であ」ると定める。「最高機関」とは、国会が主権者である国民によって直接選任され、その点で国民に連結しており、しかも立法権をはじめ重要な権能を憲法上与えられ、国政の中心的地位を占める機関である、ということを強調する政治的美称である。国会は主権者でも統治権の総攬者でもなく、内閣の解散権と裁判所の違憲立法審査権によって抑制されていることを考えると、国会が最高の決定権ないし国政全般を統括する権能をもった機関であるというように、法的意味に解することはできない。もっとも、国会が国民を直接代表する高い権威を有するということは、どの国家機関に帰属するのか不明の法定立的権能は国会に属すると推定すべきであることの根拠になるが、それは、最高機関性に法的意味があることの理由にはならない。

3 唯一の立法機関

明治憲法においては、議会は天皇の立法権に協賛するにすぎなかったが、日本国憲法においては、国会は「国の唯一の立法機関である」(四一条)。これは立法権を国会が独占することを意味する。

(一) 立法の意味

およそ「立法」には、①国法の一形式である「法律」(国会が制定する法規範)の定立という意味（規範の中身が何であるかを問わず法律という形式だけを問題にする概念であるため、形式的意味の立法と言う）と、②「法規」*（Rechtssatz）という特定の内容の法規範の定立という意味（規範の形式が法律であると命令であるとを問わず中身を問題にする概念であるため、実質的意味の立法と言う）の二つの意味があるが、四一条に言う立法は②の実質的意味である。しかし、「法規」は、一九世紀の立憲君主制の時代には、「国民の権利を直接に制限し、義務を課する法規範」だと考えられたが、民主主義の憲法体制の下では、「実質的意味の法律」をより広く捉え、およそ一般的・抽象的な法規範をすべて含むと考えるのが妥当である。

この法律の一般性・抽象性（合わせて一般性とも言う）とは、法律が不特定多数の人に対して、不特定多数の場合ないし事件に適用される法規範であることを意味する。法律の受範者も、法律の規制が及ぶ場合ないし事件も、不特定多数であることによって、それは誰に対しても平等に適用され、事件の処理について予測可能性が充たされることになり、経済社会の発展が促されたのである。それは法治主義の思想に適合する観念であった。**

* 「法規」　伝統的・古典的な「法規」という概念は、一般的・抽象的な法規範のうちで国民の「自由と財産」を制限する法規範の制定だけを議会の権限として留保し、法律事項を狭く限定したドイツ立憲君主制憲法の特色を示す考え方である。当時のドイツの民主的勢力は弱体で、わずかに国民の利益に最も関係のある「自由と財産」に関する事項だけを、君主の手から奪って議会に移すことができたにすぎなかったのである。

** 処分的法律（措置法）　戦後、社会国家政策の進展にともなって、とくにドイツで、個別具体的な事件について法律が制定される例がかなり現われ、処分的法律ないし措置法（Maßnahmegesetz）と呼ばれ、大きな論議を呼んだ。これは、権力分立の核心が侵され議会・政府の憲法上の関係が決定的に破壊されることなく、また、社会国家にふさわしい実質的・合理的な取扱いの違いを設定する趣旨のものであれば、権力分立ないし平等原則にただちに違反するとみることはできない、とドイツの通説・判例は解している。わが国にも、同様の有力説がある。

㈡ 唯一の意味

国会が「唯一」の立法機関であるとは、実質的意味の立法は、もっぱら国会が(法律という形式で)定めなければならないことを言う。すなわち、①国会による立法以外の実質的意味の立法は、憲法の特別の定めがある場合(議院規則、最高裁判所規則)を除いて、許されないこと(国会中心立法の原則)、②国会による立法は、国会以外の機関の参与を必要としないで成立すること(国会単独立法の原則)を意味する。

明治憲法は、①の点では、議会の関与しない、しかし法律と同じ効力を有する行政権による立法(独立命令、緊急勅令)を広く認め(八条・九条)、②の点では、法律に国民を拘束する潜在的な効力を付与する裁可という権能を天皇に認めていた(六条)。しかし、日本国憲法の下では、内閣の発する政令は、法律を執行するためのもの(執行命令)か、法律の具体的な委任に基づくもの(委任命令)でなければならないし(個別的・具体的な委任があれば、その限度で実質的意味の立法を政令で定めることができる)*、天皇には裁可権はない。「法律案は、この憲法に特別の定のある場合を除いては、両議院で可決したとき法律となる」(五九条一項)**。

なお、内閣は法律の発案権を有するが、これは、憲法七二条前段の「議案」に法律案も含まれると解されること、議院内閣制の下では国会と内閣の協働が要請されており、また、国会は法律案を自由に修正・否決できること、などの理由から、違憲とは考えられない***。

＊委任立法　社会福祉国家においては国家の任務が増大し、①専門的・技術的事項に関する立法や、②事情の変化に即応して機敏に適応することを要する事項に関する立法の要求が増加し、また、③地方的な特殊事情に関する立法や、④政治の力が大きく働く国会が全面的に処理するのに不適切な、客観的公正のとくに望まれる立法の必要が増加した。委任立法(立法の委任とも言う)はこういう実際上の必要から条理上認められると解されるが、日本国憲法は七三条六号但し書に委任立法の存在を前提とする規定を置き、委任立法の形式的な根拠を明らかにしている。内閣法一一条は、「政令には、法律の委任がなければ、義務を課し、又は権利を制限する規定を設けることができない」と定める(国家行政組織法一二条四項[現行三項]も同旨)。

個別具体的な委任と言えるか否か争われた最も著名な例は、公務員の政治的行為を制限する国家公務員法一〇二条一項が、例示の定めはあるものの、「人事院規則で定める政治的行為をしてはならない」というような、禁止される「政治的行為」が何かをほとんどあげて規則(人事院規則一四―七)に一任していることである。最高裁は猿払事件判決(第一三章三4参照)で、「公務員の政治的中立性を損うおそれのある行動類型に属する政治的行為を具体的に定めることを委任するもの」で、合憲と判断したが、学説では、この委任はやはり白紙的だとみる見解が支配的である。

[他方で、委任に基づき定められた命令が、委任の範囲を逸脱していないかどうかという問題もある。たとえば、児童扶養手当法四条一項は支給対象となる児童として「父母が婚姻を解消した児童」、「父が死亡した児童」等を挙げた後、五号で「その他前各号に準ずる状態にある児童で政令で定めるもの」と規定し、これに基づいて児童扶養手当法施行令一条の二が「母が婚姻……によらないで懐胎した児童(父から認知された児童を除く。)」をその一事例として定めていた。この施行令により手当の支給を受けていたが、児童が父の認知を受けたために括弧書きが適用されて受給資格の喪失処分を受けた母が、この括弧書きを差別等の理由で争った事件で、最高裁は、法四条の趣旨は「世帯の生計維持者としての父による現実の扶養を期待することができないと考えられる児童」を支給対象にしようということであり、「父から認知されれば通常父による現実の扶養を期待することができるともいえない」から、施行令の括弧書きは法の委任の趣旨に反すると

判示した（最判平成一四・一一・三一民集五六巻一号二四六頁）。かりに委任の範囲を逸脱していないとすれば、次に差別の合理性が問題となりえた事例である。」

＊＊五九条と公布・施行の関係　「法律となる」とは、法律として確定したこと、したがって拘束する力が潜在的に生じたことを言う。現実に国民を拘束する力を発するのは、「施行」の日（それを具体的に決めるのは国会の議決である）からである。それには、一般国民に法令の内容を正確に知らせておく必要があるので、官報によって「公布」される。公布は天皇が内閣の助言と承認に基づいて行う（七条一号）。したがって、公布は施行の要件であるが、公布によって国民を拘束する力が発生するのではない。もっとも、公布即日施行の法律は、公布と施行が重なり合う。この場合、公布は、一般の希望者が閲覧・購入しようとすればなしえた最初の場所（大蔵省印刷局［現在は独立行政法人国立印刷局］官報課または東京都官報販売所）に官報が到達した時点と解されている（最大判昭和三三・一〇・一五刑集一二巻一四号三三一三頁）。

＊＊＊内閣提出法案　内閣法は、「内閣総理大臣は、内閣を代表して内閣提出の法律案、予算その他の議案を国会に提出し」と定め（五条）、内閣に法律案を発案し国会に提出する権限が存することを明らかにしている。内閣主導型の政党政治の発達と行政権の肥大化により、重要法案のほとんどすべてを内閣提出法案が占める傾向が顕著である。議員または委員会が作成する法律案を俗に議員立法と言う（その法律案が成立した場合の法律のことを議員立法と言う場合もある）。議員立法の強化が望まれている。

三　国会の組織と活動

1　二院制

㈠　類　型　国会は、衆議院と参議院によって構成される（憲法四二条）。各国の議会は、一院制をとるものと二院制をとるものとが相半ばするが、日本国憲法は、マッカーサー草案の一院制を改め、西欧型民主政の主流にならい、かつ、明治憲法の伝統を受けついで、二院制を採用した。二院制は、通常、民選議員によって構成される下院と、上院からなる。上院の構成は、①貴族院型(例、明治憲法)、②連邦型(例、アメリカ)、③民主的第二次院型(例、第三・第四共和制フランス)に大別され、わが国の参議院は③の型に属する。

㈡ **存在理由**　民主政にとっては、国民の意思を代表する機関は一つで足りるはずであるのに、第二院が設けられる理由としては、①議会の専制の防止、②下院と政府との衝突の緩和、③下院の軽率な行為・過誤の回避、④民意の忠実な反映、などが挙げられている。第二院の組織が、貴族院型から連邦型・第二次院型へ移行するという趨勢にともない、第二院の主要な存在理由は、①、②から③、④へと移ってきている。

㈢ **両院の関係**　衆議院と参議院の相互の関係について、日本国憲法は、内閣不信任決議権(六九条)、予算先議権*(六〇条一項)などを特別に衆議院に認め、法律・予算の議決、条約の承認および内閣総理大臣の指名の場合において衆議院の優越を認めている**(五九条・六〇条・六一条・六七条)。法律案、予算および条約、内閣総理大臣の指名などについて両議院の意見が対立した場合に、妥協案の成立をはかるため、両院協議会が設けられる(詳細については、国会法八四条—九八条参照)。

＊予算先議権　一九世紀の立憲君主制の時代から、予算は結局は国民の負担に帰するので、その使途に強い関心をもつ国民を直接代表する衆議院が先に審議する権限を有する、と考えられてきた。日本国憲法では、両議院とも公選の建前をとるが、議員の任期が異なり(四五条・四六条)、かつ衆議院にのみ解散制度が存在

し、衆議院のほうが国民意思をより直接に代表する機関であるので、これに予算先議権を認めたと解される。

＊＊法律上の優越性　この例として、国会の臨時会・特別会の会期の決定、国会の会期の延長（国会法一三条）、会計検査院の検査官の任命に対する同意（会計検査院法四条［一九九九年の改正で現在は両院対等］）などがある。

2 選挙制度

国会議員は選挙＊によって選出される。選挙区、投票の方法などの詳細は、公職選挙法で定められている。

㈠ **選挙区**　選挙人団を区分するための基準となる区域を言う。小選挙区（一人の議員を選出する選挙区）と大選挙区（二人以上の議員を選出する選挙区）に分けられる。わが国の衆議院議員選挙は、一つの選挙区から三人ないし五人の議員を選出する制度（中選挙区制と呼ばれるが、正確には大選挙区制の一種である）を長年採用してきたが、平成六年（一九九四年）の政治改革立法の一環として、比例代表制を加味した小選挙区制をとるに至った†（定数五〇〇人［平成一二年（二〇〇〇年）の改正で四八〇に、さらに平成二五年（二〇一三年）の改正で四七五に変更］のうち、三〇〇人［平成二五年の改正で二九五人に変更］を小選挙区、二〇〇人［平成一二年の改正で一八〇に変更］を比例代表によって選出する。公選法四条一項・一二条一項・一三条）。また、参議院議員選挙については、戦後から、各都道府県を単位とする地方区と、全国を一選挙区とする全国区を採用してきたが（いずれも単記投票）、昭和五七年（一九八二年）の改正で全国区制が名簿式比例代表制に改められ＊＊、従来の地方区選出議員は選挙区選出議員、全国区選出議員は比例代表選出議員と呼ばれるようになった（定数二五二人［二〇〇〇年の改正で二四二に変更］のうち、前者が一五二人、後者が一〇〇人である［二〇〇〇年の改正で前者を一四六、後者を九六に変更〕。公選法四条二項・一二条二項・一四条)。

＊選挙　憲法は、議員の任期満了または解散により新しく議員を選出するために行われる選挙を広く総選挙と呼んでいるが(七条四号)、公職選挙法は、衆議院の場合だけを総選挙と言い、参議院議員の任期満了にともなう選挙(半数改選)は通常選挙と呼んでいる(三一条・三二条)。

＊＊全国区制の改正問題　公選の原則の中で両議院を異質的に構成するために、戦後の選挙法で考案された参議院の全国区制は、①参議院が選挙の回を重ねるごとに政党化したため、全国区制に衆議院と異なる構成の議院を組織する機能を期待することが困難になったこと、この結果、参議院は衆議院の「出店」ないし「カーボンコピー」と言われるようになり、独自性が稀薄になったこと、②官僚・労働組合の出身者のように組織のバックがないと当選が難しくなり、参議院が利益代表化してきたこと、③莫大な選挙費を必要とすること、④選挙民が多数の候補者の中から一人を適切に選択して投票することは容易でないこと、など多くの問題が生じ、長年の議論の末、改正された。しかし、参議院について政党化を促進する比例代表制を採用することは、衆議院の選挙制度と考えあわせると、両院制の妙味を生かすうえで大きな問題である。〔なお、参議院の比例代表制は当初は拘束名簿式であったが、二〇〇〇年(平成一二年)の改正で非拘束名簿式に変更された。拘束名簿式においては、政党が予め順位をつけた候補者名簿を提出し、その順位に従って当選人が決定されるが、非拘束名簿式においては、名簿上の候補者の順位は予め決められておらず、各候補者の得票数に応じて決定される。この非拘束名簿式比例代表制に対しては、次のような憲法問題が提起された。①この制度においては、名簿上の特定候補者には投票したいが、その所属政党には投票したくない選挙人の投票も当該政党の得票と計算されることになるから、選挙人の投票意思に反する結果を生み出す点で選挙権(憲法一五条)を侵害するのではないか。②候補者が当選に必要以上の得票をした場合、その超過得票は同一名簿上の他の候補者のために流用されることになるから、直接選挙の原則(憲法四三条がその根拠とされる)に反するのではないか。これに対し最高裁は、①については、名簿式比例代表制は政党を選択する制度である

から、非拘束名簿式比例代表制の下で候補者名を記載しても政党に対する投票となるのは当然であり、選挙権の侵害とはいえないと判示し、②については、直接選挙かどうかは選挙人の意思と当選人の決定との間に他の意思が介在するかどうかで判断されるのであり、非拘束名簿式比例代表制においても選挙人の投票の結果自動的に当選人が決まるのであるから、直接選挙の要請は充たしていると判示した(最大判平成一六・一一・一四民集五八巻一号一頁)。〕

†小選挙区比例代表並立制　小選挙区に比例代表を加味した現行制度を、選挙人が小選挙区と比例代表に個別の投票を行うことから「小選挙区比例代表並立制」と呼んでいるが、この現行制度に対して次のような憲法問題が提起された。①そこでは拘束名簿式比例代表制が採用され、投票は政党に対して行われることになっているが、それは直接選挙の原則に反しないか。②小選挙区と比例代表の両方で同時に立候補者となることを認める重複立候補制度を採用したため、小選挙区で落選した場合でも比例選挙のほうで当選する可能性があるが、この仕組みは小選挙区選挙で示された選挙人の意思に反する結果を認めるものであり選挙権を侵害するのではないか。③小選挙区制は死票率が高いから国民代表の原理に反するのではないか。最高裁は、①に対しては、「名簿の順位に従って当選人を決定する方式は、投票の結果すなわち選挙人の総意により当選人が決定される点において、選挙人が候補者個人を直接選択して投票する方式と異なるところはない」、つまり、当選人は投票の結果自動的に決定され、投票後に政党の意思が介在するわけではないから直接選挙の原則に反しないと判示し、②に対しては、選挙制度の仕組みを具体的に決定することは国会の広い裁量にゆだねられているところ、同時に行われる二つの選挙に同一の候補者が重複して立候補することを認めるか否かは、右の仕組みの一つとして、国会が裁量により決定することができる事項であるといわざるを得」ず、かかる制度においては「一の選挙において当選人とされなかった者が他の選挙において当選人とされることがあることは、当然の帰結」であり、憲法一五条一項には反しないと述べ、選挙制度についての裁量を選挙権に優先させた(最大判平成一一・一一・一〇民集五三巻八号一五七七頁)。また、③に対しては、「小選挙区制の下においては死票を多く生む可能性があることは否定し難いが、死票はいかなる制度でも生ずるも

の」であること、「各選挙区における最高得票者をもって当選人とすることが選挙人の総意を示したものではないとはいえない」等の理由から「小選挙区制は、選挙を通じて国民の総意を議席に反映させる一つの合理的方法ということができ、これによって選出された議員が全国民の代表であるという性格と矛盾抵触するものではないと考えられるから、小選挙区制を採用したことが国会の裁量の限界を超えるということはできき」ないと判示した(最大判平成一一・一一・一〇民集五三巻八号一七〇四頁)。

現行制度には、選挙運動における不平等という問題もある。公職選挙法は小選挙区の立候補に関して、議員を五人以上有するか、あるいは、直近の国政選挙で有効投票の二パーセント以上を獲得した政党に自党の候補者を届け出ることを認めるとともに、このような候補者届出政党は、候補者本人のする選挙運動とは別に、一定の選挙運動を行うことができるほか、候補者本人はすることができない政見放送をすることができるものとしている。このため、候補者届出政党の公認候補者は、そうではない候補者と比較して、政党の選挙運動により支援を受ける点で有利となっているのである。これについて最高裁は、候補者と並んで候補者届出政党にも選挙運動を認めたのは、政策本位、政党本位の選挙制度を目指したからであり、そのような立法政策も裁量権の限界を超えるものとはいえず、そうだとすれば、その結果不可避的に生ずる選挙運動上の差異は国会の裁量の範囲を超えるものとはいえない、と判示した。もっとも、政見放送に関する差異については、その影響の大きさを考慮すると「候補者届出政党に所属する候補者とこれに所属しない候補者との間に単なる程度の違いを超える差異を設ける結果となる」ことを認めた。しかし、「政見放送は選挙運動の一部をなすにすぎず、その余の選挙運動については候補者届出政党に所属しない候補者も十分に行うことができるのであって、その政見等を選挙人に訴えるのに不十分とはいえないことに照らせば、政見放送が認められないことの一事をもって、選挙運動に関する規定における候補者間の差異が合理性を有するとは到底考えられない程度に達しているとまでは断定し難い」と判示した(最大判平成一一・一一・一〇民集五三巻八号一七〇四頁)。この争点については、「候補者届出政党に所属する候補者の受ける利益は、候補者届出政党にも選挙運動を認めたことに伴って不可避的に生じる程度にすぎないというのは、あまりにも過小な評価といわざるを得ず、候補者届出政党に所属する候補者と、これに所属しない候補者との間の選挙運動上の較差は、合理性を有するとは到底いえない程度に達している」とする五判事の反対意見が付されている。

(二) 代表の方法

選挙区と投票の方法の組み合わせにより代表の方法が変わり、議会への民意の反映のしかたが異なってくる。代表の方法としては、①選挙区の投票者の多数派から議員を選出させようとする多数代表制(小選挙区制のほか、大選挙区完全連記投票制)、②投票者の少数派からの議員の選出を可能とする少数代表制(大選挙区〔いわゆる中選挙区を含む〕単記投票制のほか、大選挙区制限連記投票制)がある。多数代表制は、多数派の議席独占を可能にし、多くの死票も出る。少数代表制には、少数派からの議員の選出に確実な保証はなく、いわゆる同志討ちの問題も生じる。その他の代表の方法として重要なのが、③多数派、少数派の各派に対して、得票数に比例した議員の選出を保障しようとする比例代表制*である。小選挙区制と比例代表制とを組み合わせた制度もある。これは、議員定数を小選挙区と比例代表区に二分し、選挙人は、前者については候補者個人に、後者については政党の提出した名簿に、投票する制度を言う(わが国では、二つの選挙区の選挙が、重複立候補はあっても、それぞれ独立に行われる場合を並立制と呼び、比例代表制による選挙で各政党の獲得議席数が決定され、その数の枠内で小選挙区制の当選人を優先的に議員とする、ただし、その数が枠を超えた場合は加算される、というドイツで行われている比例代表制中心の制度を併用制と呼んでいる。もっとも、並立制は日本の現行制度のように、小選挙区制が中心となる)。

＊比例代表制の方法　当選に必要かつ十分な基数(quota)の定め方と、基数を超えた票(死票)を他の候補者に移譲する方法との結びつき方によって、種々の方法があるが、(i)単記移譲式と(ii)名簿式に大別される。(i)は、選挙人が候補者に順位をつけて投票したものを、第一順位から計算して基数に達した者を当選人とし、

その死票を順位に従って移譲するという制度で、選挙人に選択の自由を認める長所はあるが、手続が複雑で国政選挙では実行は難しい。(ii)は、選挙人に政党その他の政治団体が順位を付して作成した候補者名簿に投票させ、各名簿の得票数に応じて当選者数を決定する制度(拘束名簿式)が一般的である。当選基数の定め方によって計算の方法は異なる。名簿式に選挙人の選択の自由を加味する(票の移譲はしない)制度もある。

(三) 選挙制度の比較

いかなる選挙制度が望ましいかは、国により政治の制度や伝統などが異なるので、一概には言えない。したがって、それぞれの国の政治・社会の具体的な環境との関係を深く考慮することなく、「多数代表は二党制を生み政治の安定をもたらすが、比例代表は政党を破片化し政権を不安定にする」とか、「小選挙区制の選挙では次期政権をどの政党に委ねるかが争われるので、政党中心の政策論争が盛んになる」とか、いう類いの公式を一般化して割り切るのは、きわめて問題である。ただ、選挙制度の当否の判断にあたって、①政治を安定させるという安定政権の論理と、②国民の意思を公正かつ効果的に国会に反映させるという民主的代表の論理、の二つがとくに考慮されなければならないことは確かである。そして①の点では、二大政党制の傾向を助成する機能をいとなむ小選挙区制に優れた側面も認められるが、比例代表制も多元的な国民意思を均衡させることによって、安定の前提条件を整える役割を果たす場合が少なくないことに、注意すべきである(イギリス・フランスを除く西欧諸国は何らかの形の比例代表制をとっている)。しかし、小選挙区制は、②の点に大きな問題があり(第三党以下の少数党にきわめて不利に働く)、イギリスのような社会の均質性の度合が比較的に強いところではともかく(そこでも近時多くの問題が指摘されているが)、国民の価値観が多元的に分かれている国においては、適切ではない。もっとも、小選挙区制でも、二回投票制の場合は別である。* 比例代表制(とくに厳格な拘束名簿式)の下では、名簿に登載される候補者の順位が党幹部の決定に委ねられ、党内規律が強く、選挙民の選択の自由がなくなるので、場合によると、政治への関心が薄れるおそれも生じる。

＊小選挙区二回投票制　一回目の投票で過半数を獲得した候補者がいない場合には、二回目の投票を行う制度。伝統的にフランスで用いられているが、二回目の投票では相対多数の得票候補者が当選人とされるので、政党間の選挙協力が必要となる。一回投票制と異なり、多党制をもたらす傾向があると言われる。

3　国会議員の地位

国会議員は、全国民の代表者としてきわめて重要な権能を行使するので、多くの特典が認められている。古くから諸国の法制にほぼ共通してみられるのは、次の二つである(地方議会議員には認められない)。

(一)　不逮捕特権

憲法五〇条は、「両議院の議員は、法律の定める場合を除いては、国会の会期中逮捕されず、会期前に逮捕された議員は、その議院の要求があれば、会期中これを釈放しなければならない」と定める。この特権の保障の目的には、①議員の身体の自由を保障し、政府の権力によって議員の職務の執行が妨げられないようにすることと、②議院の審議権を確保すること、の二つがある。いずれか一方に限定するのは、諸外国の考え方を参考にして考えると、狭きに失する。

「法律の定める場合」とは、院外における現行犯の場合(不当逮捕の可能性が少ない)と、議員の所属する議院の許諾のある場合である(国会法三三条・三四条)。＊

＊期限付逮捕許諾　逮捕は許諾するがそれを一定の期間に制限する期限付許諾が認められるか否かについては、見解が分かれる。多数説は、(i)不逮捕特権保障の目的を、不当な逮捕から議員の人権が侵害される危険を防ぐこと(本文①の目的)にあると解しつつ、(ii)逮捕許諾の請求に対して議院はそれを全面的に拒むことが

できる以上、期限または条件をつけることも必ずしも違法ではない、とするが、(i)の解釈をとる以上、(ii)は認められず、許諾は無条件でなければならない、という説も有力である。特権保障の目的を審議権の確保に重点を置いて考える立場は、期限付逮捕許諾は許される、という解釈と結びつく可能性が大きい。東京地決昭和二九・三・六判時二二号三頁は消極説をとる。それが妥当な解釈であろう。

(二) 発言の免責特権

憲法五一条は、「両議院の議員は、議院で行つた演説、討論又は表決について、院外で責任を問はれない」と定める。この規定の目的は、議員の職務の執行の自由を保障することにある。したがって、特権の保障は、厳密な意味の「演説、討論又は表決」に限定されない。議員の国会における意見の表明とみられる行為や、職務行為に付随する行為にも及ぶ。もっとも、暴力行為はそれに含まれない。*なお、「責任」は、民事・刑事の責任のほか、弁護士等の懲戒責任をも含むが、政党が党員たる議員の発言・表決について、除名等の責任を問うことは、差しつかえない。また、議員が職務と無関係に違法または不当な目的をもって事実を摘示し、あるいは、あえて虚偽の事実を摘示して、国民の名誉を毀損したと認められる特別の事情がある場合には、国家賠償法一条一項に基づいて、国の賠償を求めることができる場合もある、と解される(最判平成九・九・九民集五一巻八号三八五〇頁)。

＊議院の告発の要否　かつて第一次国会乱闘事件(東京地判昭和三七・一・二二判時二九七号七頁)と第二次国会乱闘事件(東京地判昭和四一・一・二一判時四四四号一九頁、東京高判昭和四四・一二・一七高刑集二二巻六号九二四頁)で、議員の職務行為に付随して行われた犯罪(暴力行為)について、その訴追に議院の告発が必要か否か争われた。議院の自律権を尊重し積極に解する説も有力であるが、それは新しい特権を議院に認めることになり、妥当ではない。右判決も消極に解する。

4　国会の活動

(一) 会　期

(1) 国会が憲法上の権能を行使するのは、一定の限られた期間である。この期間を会期と言う。会期として、日本国憲法は、常会（毎年一回定期に召集される会）、臨時会*（臨時の必要に応じて召集される会）、特別会（衆議院が解散され総選挙が行われたのちに、召集される会）の三つを区別している（五二条・五三条・五四条一項）。会期の延長は、常会については一回、臨時会と特別会については二回に限り、両議院一致の議決で認められる（国会法一二条）。

各会期は独立して活動するのが建前で、会期中に議決されなかった案件**は後会に継続しないとする会期不継続の原則が、国会法で定められている（六八条）。この原則は、国会法で定められた原則であるから、諸外国にならって、総選挙から総選挙までを一つの「立法期」ないし「選挙期」と考え、その間の一つひとつの会期を独立して考えない制度に改めることは、可能である。

(2) 会期制をとって国会の活動できる期間を限定すると、会期を延長しなければならない場合が生じる。この延長をめぐって起こりがちな混乱を避けるため会期の数を増やしたり、会期の長さを長期化したりすれば、常設制（国会が活動期間を自由意思で決定できる制度）と変わらなくなる。しかし常設制には、①政党間の争いが激化し、②議会での討論が国内の政治的動揺を永続化させ、③立法が多くなり、④行政能率を低下させる、などの問題点が指摘されている。そこで、会期延長をめぐる国会の混乱に対処するために、会期不継続の原則をあまり厳格に適用しないで、議案の後会継続を認めるとともに（国会法六八条但し書は、常任委員会および特別委員会が各議院の議決でとくに閉会中審査した「議案及び懲罰事犯の件」に限り、後会に継続するものとする)、会期延長については、少なくとも主要政党が一致した場合に限って認めるという慣行を確立することが望ましい。

＊臨時会　会期制をとる国では、通常、常会のほかに臨時会を認める。ただ日本国憲法では、国会の実質的な召集権は内閣にあるので(七条二号)、会期について少数派の意向を尊重するため、ワイマール憲法などの例にならい、「総議員の四分の一以上の要求があれば、内閣は、その召集を決定しなければならない」と定めている(五三条後段)。したがって、臨時会の召集要求があった場合、内閣が議案の準備が整っていないとか、その他政治的な理由で召集を不当に延期することは、制度の趣旨に反するであろう。かつて「国会閉会の翌日から五〇日以内は要求書を提出できない」旨の制約を設ける国会法改正案の提案があったが、こういう制限を加えることも憲法上認められないと解される。

＊＊案件　議院において審議の対象となるすべての事項。議案(通常、案を備え議院の議決の対象となるもの。内閣不信任決議案のように、一院の議決の原案も含まれる)と動議(通常、案を備えることを要しないもので、議事運営上必要な事項に関し議員が発議し、討論採決に付されるもの。たとえば、議案修正の動議、議員を懲罰委員会に付する動議、会議の公開を停止する動議など)のほか、請願も含まれる。

(二)　**緊急集会**　衆議院が解散されて総選挙が施行され、特別会が召集されるまでのあいだに、法律の制定・予算の改訂その他国会の開会を要する緊急の事態が生じたとき、それに応えて国会を代行するのが参議院の緊急集会の制度である。

(1)　緊急集会は内閣のみ求めることができる(憲法五四条二項)。集会の手続、集会中の議員の不逮捕特権、議員の議案発議・請願の権能、終会の宣告などについては、具体的に国会法で定められている(九九条以下)。

(2)　緊急集会でとられた措置は、臨時のもので、「次の国会開会の後十日以内に、衆議院の同意がない場合には、その効力を失ふ」(憲法五四条三項)。

(三)　会議の原則

(1)　定足数　合議体が活動するために必要な最小限の出席者の数を定足数と言う。合議体として会議を開いて審議を行うために必要な議事の定足数と、合議体としての意思を決定するために必要な議決の定足数とがある。日本国憲法は、明治憲法(四六条)と同じく、議事・議決の定足数を「総議員」の三分の一と定める*(五六条一項)。

総議員の意味については、①死亡、辞職、除名等により欠員となった者を含めると、欠員者が議事・議決に一定の態度をとったのと同じ効果が生じ妥当でないので、欠員者を差し引いた現に在任する議員数であるとする説と、②定足数を定める趣旨は少数の議員で事を決することを防止することにあるので、諸外国に比べ比較的緩やかな三分の一を定足数とする日本国憲法の下では、厳格に法定の議員数であると解すべきだとする説が、対立している。両議院の先例は②説に従っている。

＊委員会等の定足数　委員会は「その委員の半数」、両院協議会は各議院の協議委員の三分の二である(国会法四九条・九一条)。

(2)　表決数　憲法で特別の定めのある場合(五五条・五七条一項・五八条二項・五九条二項・九六条一項)を除き、表決はすべて「出席議員の過半数」による。可否同数のときは、議長の決するところによる(五六条二項)。

ここに言う「出席議員」に棄権者、白票、無効票が算入されるか否かについては、積極・消極の両説がある。算入されるとすれば、棄権者等をすべて反対の表決をした者と同じに扱うことになってしまうが、算入されないとすれば、出席して議事に参加した者を欠席者や退場者と同じに扱うことになり、いずれが妥当か速断できない。学説の多数および先例は算入されるという積極説をとる。

(3) 公　開　両議院の会議は「公開」である。ただし、出席議員の三分の二以上の多数で議決したときは、秘密会を開くことができる(憲法五七条一項)。公開とは、傍聴の自由はもとより、報道の自由が認められることを言う。本会議と異なり、委員会は、完全な公開が原則ではない(国会法五二条)。会議公開の趣旨に基づき、両議院は「その会議の記録を保存し、秘密会の記録の中で特に秘密を要すると認められるもの以外は、これを公表し、且つ一般に頒布しなければならない」(憲法五七条二項)。

㈣ 委員会制度　わが国の国会運営の大きな特徴は、明治憲法下の本会議中心主義から、アメリカの国会制度にならって委員会中心主義(委員会の審議が原則として議案の成否を左右する制度)に変わったことである。委員会には常任委員会と特別委員会とがあるが、詳細は国会法(四〇条以下)に定められている。

四　国会と議院の権能

国会の権能は、日本国憲法においてはきわめて強化されている。主要な権能として、憲法改正の発議権(九六条)、法律の議決権(五九条)、条約の承認権(六一条・七三条三号)、内閣総理大臣の指名権(六七条)、弾劾裁判所の設置権(六四条)、財政の監督権(六〇条・八三条以下)、がある。

議院の権能も強化され、その主要なものに、法律案の提出権、議院規則制定権（五八条二項）、国政調査権（六二条）、議員の資格争訟の裁判権（五五条）、議員の懲罰権（五八条二項）、などがある。

1　国会の権能

㈠　**憲法改正の発議権**　後にふれる（第一八章三1参照）。

㈡　**法律の議決権**　先に述べた（本章二3参照）。

㈢　**内閣総理大臣の指名権**　後にふれる（第一五章二3参照）。

㈣　**弾劾裁判所の設置権**　両議院の議員で組織された訴追委員会から罷免の訴追を受けた裁判官を裁判するために、同じく両議院の議員によって構成される弾劾裁判所が設置される（詳細については国会法一二五条―一二九条、裁判官弾劾法参照。なお第一六章二3参照）。

㈤　**財政監督権**　後にふれる（第一七章一参照）。

㈥　**条約承認権**

(1)　条約とは、文書による国家間の合意を言うが、*この条約の締結は、内閣の権能とされている（憲法七三条三号）。これは、従来、外交関係は政府（かつては君主）の専権とされてきたという伝統と、実際に相手国との交渉を行うについて最も適しているのは政府であるということ、に基づく。内閣の条約締結行為は、内閣の任命する全権委員の「調印」（署名）と内閣の「批准」（成立した条約を審査し、それに同意を与え、その効力を最終的に確定する行為。文書で行う）によって完了するのが原則である。

(2)　しかし、内閣が条約を締結するには、「事前に、時宜によつては事後に、国会の承認を経ることを必要とする」(七三条三号)。この国会の承認は、国内法的かつ国際法的に、条約が有効に成立するための要件であると解される。その意味では、条約締結は内閣と国会の協働行為だと言うことができる。**

(3) もっとも、「事後に」(つまり、署名によって成立する条約は「署名後に」、批准によって成立する条約は「批准後に」)国会の承認が得られなかった条約の効力については、①法的には有効に成立し、ただ、内閣の政治責任が生ずるのみであるとする説、②国内法的には無効であるが、国際法的には有効であるとする説、③国内法的にも国際法的にも無効であると解する説、④国会の承認権の規定の具体的な意味が諸外国にも「周知の」要件と解されているような場合には、国際法的にも無効であるとする説など、種々の見解が対立している。

この対立の当否の判断は難しいが、条約承認権の意義を重視しつつ、国内法と国際法とのバランスをとる④説(条件付無効説)が最も妥当であると思われる。

なお、「条約法に関するウィーン条約」(一九八一年日本について発効)四六条は、「いずれの国も、条約に拘束されることについての同意が条約を締結する権能に関する国内法の規定に違反して表明されたという事実を、当該同意を無効にする根拠として援用することができない。ただし、違反が明白でありかつ基本的な重要性を有する国内法の規則に係るものである場合は、この限りでない」と定めている。これは条件付有効説の規定であるが、その趣旨は結論的には、④説とほぼ同様の立場に立っていると解される。

*条約の意味　憲法七三条三号により国会の承認に付される条約は、条約という名称の有無にかかわらずいわゆる実質的意味の条約をすべて含むが(一九七四年二月の政府見解によれば、法律事項・財政事項を含む国際約束と、「わが国と相手国との間あるいは国家間一般の基本的な関係を法的に規定するという意味にお

いて政治的に重要な国際約束であって、それゆえに、発効のために批准が要件とされているもの」だとされる)、それらの条約を執行するために必要な技術的・細目的な協定や、条約の具体的な委任に基づいて定められる政府間取極め(行政協定と通常言われるもの)は、原則として含まれない。憲法九八条二項の「条約」はそれらを含む広義の概念である。なお、同項の「確立された国際法規」とは、成文・不文を問わず、現に国際社会において一般に承認され、実効性を有する国際法規を言う。

＊＊国会の条約修正権　条約締結行為に対する国会の関与の程度が著しく強化された憲法のもとでは、国会は承認権を行使するに際し、条約に修正を加えることも許されると解される。もっとも、条約は相手国との合意によって成立するものであるから、国会の修正といっても、内閣を一応義務づけるにとどまる。したがって、①事前承認の手続で修正が行われた場合、内閣が相手国と交渉して国会の修正を実現するよう努力しても相手国がそれに応じなければ、国会の承認が得られなかったことになるので、条約は不成立となり、②事後承認の手続で修正が行われた場合、内閣が成立した条約の改定を申し入れても相手国がそれに応じなければ、条約はそのまま成立することになる。②の場合、修正が重要事項か広汎にわたるものであるときは、内閣は不承認とみなすこともできると解される。その場合の条約の効力については、本文(3)を参照。

2　議院の権能

(一)　議院自律権

各議院が内閣・裁判所など他の国家機関や他の議院から監督や干渉を受けることなく、その内部組織および運営等に関し自主的に決定できる権能を言う。

(1)　内部組織に関する自律権　①会期前に逮捕された議員の釈放要求権(本章三3(一)参照)、②議員の資格争訟の裁判権(憲法五五条)、③役員選任権(同五八条一項)などがこれに属する。②の裁判権は、議員の資格の有無についての判断をもっぱら議院の自律的な審査に委ねる趣旨のものであるから、その結論を通常裁判所で争うことはできない。③の権限については、「役員」の意味が問題である。議院運営上重要な地位にある者のみを言うのか、広く議院の職員一般を指すのか、必ずしも明確ではない。

(2) 運営に関する自律権　これは、議院自律権の中心的な内容をなすと言われる。議院規則制定権および議員懲罰権(同五八条二項)が最も重要である。

① 議院規則制定権　各議院が内部事項について自主的に議事規則を定めることができることは、各議院が独立して議事を審議し議決する以上、当然であり、一九世紀以降の諸国の憲法で認められてきた。日本国憲法は、「会議その他の手続及び内部の規律に関する」事項を、憲法上法律の所管とされたものを除き、両議院の自主的な立法にゆだね、国会法の存在を予定していない点で、明治憲法の考え方と根本的に異なる(同憲法五一条は「両議院ハ此ノ憲法及議院法ニ掲クルモノ、外内部ノ整理ニ必要ナル諸規則ヲ定ムルコトヲ得」と規定する)。

ところが、実際には国会法が制定され、*しかもそこには、両議院の政府等外部に対する関係や相互の関係に関する事項のみならず、規則固有の所管に属する議院内部の事項も定められている。そのため、国会法と規則とが矛盾・抵触した場合の効力関係をいかに考えるか、という問題が生じる。規則優位説も有力であるが(この中にも、一般国民の権利義務に関する事項については、法律が優位すると説く見解もある)、法律優位説が支配的である。しかし、いずれかに割り切って考えるべきではなく、法律が優位するとしても、国会法の改正には衆議院優越の原則を適用しない慣行と、規則固有の所管に属する内部事項については規則を尊重し、法律をそれに適合するよう改訂する慣行を樹立すべきであろう。

② 議員懲罰権　両議院は「院内の秩序をみだした議員を懲罰することができる」。この懲罰は、各

議院が組織体としての秩序を維持し、その機能の運営を円滑ならしめるために、自律的に科す懲戒罰である。懲罰の事由にあたる行為は国会法(一一六条・一一九条・一二〇条・一二四条)、議院規則(衆規二三八条・二四四条・二四五条、参規二三五条・二三六条・二四四条・二四五条)で定められているが、それにつきるものではない。「院内」とは議事堂という建物の内部に限られず、議場外の行為でも、会議の運営に関連し、または、議員として行った行為で、議員の品位を傷つけ、院内の秩序をみだすことに相当因果関係のあるものは、懲罰の対象となる。したがって、議場外の行為で会議の運営と関係のない個人的行為は懲罰の事由にならない。

＊国会法の制定　マッカーサー草案は一院制をとったため国会法の制定を予想していなかったが、両院制が設けられることになると、両院協議会など両院に共通するルールを定める必要が生じたこと、それに明治憲法の議院法的意識が働いたこと、などが国会法の制定を促した理由である。

(3)　議院自律権と司法審査との関係　後にふれる(第一六章一4(一)参照)。

(二)　国政調査権

憲法六二条は、「両議院は、各々国政に関する調査を行ひ、これに関して、証人の出頭及び証言並びに記録の提出を要求することができる」と定める。明治憲法には国政調査権の規定はなく、また、実際の国政調査にもさまざまの制約があった。日本国憲法は、議院の権能として、国政調査権を新たに認め、しかも証言ないし記録の提出を求める強制権の裏づけを与えて、それを強化している。もっとも、この権能の性質や範囲・限界については、種々の問題がある。

(1)　国政調査権の性質　第一は、国政調査権は、憲法四一条の「国権の最高機関」性に基づく、国権統括のための独立の権能であるのか、それとも議院に与えられた権能を実効的に行使するために認められた補助的な権能であるのか、という問題である。この両説の当否は、一九四九年（昭和二四年）の浦和事件*を契機に論議された。

しかし、国会を統括機関とみる考え方は正当ではないし、また、補助的権能説は、英米独仏の学説・判例を通じてひとしく認められている原則であるから、そのような沿革およびそれをわが国が継受した経緯を考慮すれば、諸外国と異なる解釈を行う積極的な理由がないかぎり、わが国でも同じに解するのが妥当である。そのように解しても、国会の権能、とくに立法権は広汎な事項に及んでいるので、国政に関連のない純粋に私的な事項を除き、国政調査権の及ぶ範囲は国政のほぼ全般にわたる。

＊浦和事件　夫が生業を顧みないので前途を悲観して親子心中をはかり、子どもを殺したが自分は死に切れず、自首した母親（浦和充子《みつこ》）に対して、浦和地裁が懲役三年・執行猶予三年の判決を下したところ、当時「検察及び裁判の運営に関する調査」を行っていた参議院の法務委員会がそれを取りあげ、量刑が不当である（軽すぎる）という決議を行った。最高裁は、法務委員会の措置は「司法権の独立を侵害し、まさに憲法上国会に許された国政に関する調査の範囲を逸脱する」ものだとして、強く抗議した。法務委員会は、国権の最高機関性の規定に基づいて行使される国政調査権は司法権に対しても監督権を有すると反論したが、学説はほとんどすべて最高裁を支持した。

(2)　国政調査権の範囲と限界　もっとも、第二の論点として、調査権には一定のきびしい限界があることに注意しなければならない。国政調査権は補助的権能であるから、調査の目的は立法、予算審議、行政監督など、議院の憲法上の権能を実効的に行使するためのものでなければならないし*、調査の対象と方法にも、次のように、権力分立と人権の原理からの制約がある。

＊報道目的の調査　国会の最高機関性を根拠に、国民主権の意義を強調し、国民に情報を提供する目的で行われる国政調査も許されるとする説がある。国民の知る権利に応える国政調査の「機能」を強調する趣旨ならばともかく、調査権の「法的性質」として、議院の憲法上の権能と直接関係のない情報提供を目的とする国政調査まで認めるのは、妥当でない。

① 司法権との関係　この点については、司法権の独立の意味をどう解するかによって、著しい見解の対立が生まれる。しかし、司法権の独立とは、裁判官が法上、他の国家機関の指揮・命令に服することを否定する原則であるだけでなく、裁判官が裁判をなすにあたって、他の国家機関から事実上重大な影響を受けることを禁ずる原則である点に最も重要な意味がある(第一六章三参照)。そう考えれば、現に裁判が進行中の事件について裁判官の訴訟指揮などを調査したり、裁判の内容の当否を批判する調査をしたりすることは許されないとみるべきである。ただし、裁判所で審理中の事件の事実(とくに刑事裁判の基礎となっているものと同じ事実)について、議院が裁判所と異なる目的(立法目的・行政監督の目的など)から、裁判と並行して調査することは、司法権の独立を侵すものではない(たとえば、ロッキード事件＊)。

② 検察権との関係　検察事務は行政権の作用であるから、国政調査権の対象となる。もっとも、検察作用は裁判と密接にかかわる準司法的作用であるから、司法権に類似する独立性が認められなければならない。したがって、(i)起訴・不起訴について、検察権の行使に政治的圧力を加えることが「目的」と考えられる調査、(ii)起訴事件に直接関係する事項や、公訴追行の内容を「対象」とする調査、(iii)捜査の続行に重大な支障を及ぼすような「方法」による調査(たとえば、起訴勾留中の被告人の喚問、接見を禁止して取調べ中の被疑者の喚問)などは、違法ないし不当である。もっとも、事件担当の検察官が議院の委員会の要

求に応じ、捜査機関の見解を表明した報告書を提出したり、証言したりし、それが委員会の議事録等に公表されても、ただちに裁判官に予断を抱かせ裁判の公平を害するものではない(東京地判昭和三一・七・二三判時八六号三頁)。

③　一般行政権との関係　公務員の職務上の秘密に関する事項には、調査権は及ばない(議院証言法五条参照)。しかし、行政府は国会に従属するのが憲法の定める統治の基本原則であるから、職務上の秘密の範囲はできるかぎり限定して考えなければならない。国会法一〇四条が、秘密を理由として記録等の提出を拒否する権利を行政権に認めず、また、議院証言法五条が、職務上の秘密を理由に行政権が証言・書類の提出を拒否した場合、理由の疏明・内閣声明という二段の追及手段**を議院もしくは委員会に認めているのは、その趣旨である。

④　人権との関係　基本的人権を侵害するような調査が許されないのは当然である。たとえば、思想の露顕を求めるような質問については、証人は証言を拒絶することができる。また、憲法三八条の黙秘権(自己に不利益な、すなわち、有罪となりうるような供述を強要されない権利)の保障は、国政調査の領域においても妥当すると解されている。また、国政調査権の性質から言って、委員会に住居侵入、捜索、押収、逮捕のごとき刑事手続上の強制力が認められないことは(札幌高判昭和三〇・八・二三高刑集八巻六号八四五頁)、言うまでもない。

*ロッキード事件　一九七六年(昭和五一年)二月、アメリカの上院外交委員会において、ロッキード社が丸紅の社長らを通じ、全日空にロ社製航空機を選定・購入させるよう七二年八月当時の内閣総理大臣(田中角栄)に依頼し、成功報酬として五億円を七三年八月から翌年にかけて供与したことが明らかにされ、それが

端緒となって東京地検の捜査が進められ、総理および社長ら関係者が贈収賄罪で起訴された事件。この事件で争われた総理の職務権限の範囲につき、第一五章二3参照。

＊＊造船汚職事件　一九五四年(昭和二九年)衆議院決算委員会が、造船融資に関わる汚職事件に際し、佐藤栄作自由党幹事長の逮捕許諾請求を犬養健法務大臣が検察庁法一四条の指揮権を発動して拒否したことなどにつき、検事総長・東京地検検事正等の首脳陣を喚問して証言を求めたが、多くの論点について証言を拒否された。これを不服とする委員会の要求に応えて、法務大臣から、①公訴維持に多大の支障を来す、②裁判所に予断を与え裁判の公正を保つうえに重大な障碍を来す、③現在および将来の検察運営に重大な支障を来す、などのおそれがある旨の疏明が出されたが、委員会は受諾できないとして内閣声明を要求し、疏明と同旨の声明が発せられた。

第一五章　内　　閣

一　行政権と内閣

国家作用のうちで、最も大きな組織・人員を擁して国民生活に密着した多様な活動を行うのは、行政作用である。とくに現代の社会国家ないし福祉国家においては、国民生活の全般について積極的に配慮する行政活動が要請されている。その行政活動全体を統括する地位にあるのが、内閣である。

明治憲法においては、天皇が統治権を総攬し、「国務各大臣ハ天皇ヲ輔弼シ其ノ責ニ任ス」(五五条)るものとされ、内閣については憲法の規定すらなかった。これに対して、日本国憲法は、第五章「内閣」において、①内閣に行政権の主体としての地位を認め、②内閣総理大臣に首長としての地位と権能を与え、③国会と政府との関係について議院内閣制を定めている。

1　行政権の概念

「行政権は、内閣に属する」(憲法六五条)。ここに言う「行政権」とは、すべての国家作用のうちから、立法作用と司法作用を除いた残りの作用である、と解するのが通説である。これは控除説または消極説と呼ばれる。

国家作用の分化の過程を歴史的にみると、包括的な支配権のうちから、立法権と執行権がまず分化し、その執行権の内部で、行政・司法が分けられた。控除説は、このような沿革に適合し、さまざまな行政活動を包括的に捉えることができる点で妥当であるが、現代福祉国家における行政概念としては、消極に失するうらみがある。そこで、行政概念を積極的に定義しようとする見解(たとえば、田中二郎の「法の下に法の規制を受けながら、国家目的の積極的な実現をめざして行われる全体として統一性をもった継続的な形成的活動」という定義)も有力である。ただその新しい試みは、行政の特徴や傾向の大要を示すにとどまり、必ずしも多様な行政活動のすべてを捉えきれていないのではないか、という問題がある。控除説が妥当であろう(行政権の活動の具体的内容につき、本章二4参照)。

2　独立行政委員会

行政権は内閣に帰属するが、それは、あらゆる行政を内閣が自ら行うということではない。一般的には、行政権は行政各部の機関が行使し、内閣は行政各部を指揮監督し、その全体を総合調整し統括する地位に立つ。そこで、人事院、公正取引委員会、国家公安委員会など、内閣から多かれ少なかれ独立して活動している行政委員会の合憲性が問題となる。

行政委員会の制度は、戦後の民主化の過程において、政党の圧力を受けない中立的な立場で公正な行政を確保することを目的とし、アメリカの例にならって導入されたものであり、その任務は、裁決・審決という準司法的作用、規則の制定などの準立法的作用、および人事・警察・行政審判などのような政治的中立性が高度に要求される行政作用を行うというものである。これらの行政委員会は、内閣または内閣総理大臣の「所轄*」の下にあるとされながら(国家公務員法三条一項、独占禁止法二七条二項、警察法四条参照)、その職務を行うにあたっては内閣から独立して活動している。

しかし、憲法六五条は、内閣が行政全般に統括権をもつことを意味するが、すべての行政について直接に指揮監督権をもつことまで要求しているわけではない。内閣から独立した行政作用であっても、とくに政治的な中立性の要求される行政については、例外的に内閣の指揮監督から独立している機関が担当することは、最終的にそれに対して国会のコントロールが直接に及ぶのであれば、合憲であると解してよい(内閣の人事権・予算権という形式的な理由だけで合憲とする見解もあるが、それだけの理由では不十分である)。そう考えると、裁決や審決などの準司法作用は、そもそも国会のコントロールに親しまない作用であるから、それが内閣の監督を受けないとしても、差し支えないが、問題は、国会のコントロールになじむ行政委員会の行政作用が内閣の監督から独立していることである。とくに、たとえば人事院のように、国会が人事権・予算権について間接的に関与するにすぎないものについては、疑問も生ずる。しかし、それも人事行政の中立性の要請という特殊性を重視すれば、合憲と解することは十分可能である。

以上のように、行政委員会の合憲性は、制度の沿革、作用の中立性・非政治性、民主的コントロールの方法、行政権との関係などを総合的に考えて判断しなければならない。

＊所轄の意味　行政機関で上級・下級の監督関係について、①管理、②監督、③所轄の三つの型があるが、コントロールの度合は、①が最も強く、③は内閣が人事(任免)権と予算権を有する程度の関係で、監督権は

ほとんど働かない。

二　内閣の組織と権能

1　内閣の組織

内閣は、首長たる内閣総理大臣およびその他の国務大臣でこれを組織する合議体である(憲法六六条一項)。内閣総理大臣およびその他の国務大臣は、合議体としての内閣の構成員であるとともに、各省庁の大臣でもあるのが通例であるが、無任所の大臣(行政事務を分担管理しない大臣)が存在することを妨げるものではない(内閣法三条)。国務大臣の数は、現行法上、二〇人以内とされている[省庁再編に伴う一九九九年(平成一一年)改正により原則一四人以内、最大一七人に改正され、二〇〇一年より施行された](同二条)。

2　文民

内閣構成員の資格として、憲法は、内閣総理大臣その他の国務大臣は文民でなければならないという要件と、国務大臣の過半数は国会議員でなければならないという要件の二つを定める(六六条二項・六八条)。

ここに言う「文民」の意味については、①現在職業軍人でない者、②これまで職業軍人であったことがない者、③現在職業軍人でない者と、これまで職業軍人であったことがない者、という三つの説がある。言葉の本来の意味は①が正しいが、そう解すると戦前の職業軍人も文民ということになるので、憲法九条が軍隊の保持を禁止している趣旨を徹底させる意味から、その後、②説が多数説となった(もっとも、職業軍人の経歴はあっても、軍国主義に深く染まった人でなければよい、という見解もあった)。しかし、自衛隊の成長とともに、自衛官も文民でないとする③説が有力になっている。この説は、自衛隊の合憲・違憲論とも関係するので、問題がないわけではないが、シビリアン・コントロール*(civilian control)の趣旨を徹底しようとする意義は認められよう。

＊文民統制の原則　軍事権を議会に責任を負う大臣(文民)によってコントロールし、軍の独走を抑止する原則のこと。

3　内閣総理大臣

内閣総理大臣は、国会議員の中から国会の議決で指名し、天皇が任命する(六七条・六条)。内閣という合議体の「首長」(head)である。明治憲法においては、内閣総理大臣は、「同輩中の首席」にすぎず、他の国務大臣と対等の地位にあるにすぎなかったため、閣内の意見不統一の場合は、衆議院を解散するか、総辞職せざるを得なかった。そこで、日本国憲法は、内閣総理大臣に首長としての地位を認め、それを裏づける国務大臣の任免権*(とくに罷免権は重要)のほか、「内閣を代表して議案**を国会に提出し、一般国務及び外交関係について国会に報告し、並びに行政各部を指揮監督する」権限を与えている(六八条・七二条。なお、「内閣総理大臣は、閣議にかけて決定した方針に基いて、行政各部を指揮監督する」と定める内閣法六条参照)。ここに言う指揮監督権について、判例は、閣議にかけて決定した方針が存在しない場合でも、「少なくとも、内閣の明示の意思に反しない限り、行政各部に対し、随時、その所掌事務について一定の方向で処理するよう指導、助言等の指示を与える権限を有するもの」と解している(最大判平成七・二・二二刑集四九巻二号一頁。学説には賛否両論がある)。

このように、内閣総理大臣の地位と権限が強化されたのは、内閣の一体性と統一性を確保し、内閣の国会に対する連帯責任の強化を図るもので、議院内閣制の確立と密接に関連する。***

*任免権と副総理の権限　任免権は一身専属的で代理に親しまず、副総理(内閣法九条の定める内閣総理大臣臨時代理)も代行できないというのが、先例である。衆議院解散権は総理の一身専属的な権限ではない。

議案　この意味については第一四章三4(一)の「案件」参照。これに憲法上明文の根拠のある、条約の締結について承認を求める議案(七三条三号)、予算(八六条)のほかに、明文の根拠のない法律案・憲法改正案が含まれるかについては争いがある。ただし、法律案については、内閣法で認められている(第一四章二3(二)***参照)。

***内閣総理大臣のその他の権能　憲法上の権能として、法律・政令に主任の国務大臣として署名し、または、主任の国務大臣とともに連署すること(七四条)、国務大臣の訴追に対して同意を与えること(七五条)。前者は、執行責任を明確にするため、後者は、訴追が慎重に行われることを担保するとともに、総理の首長的地位を確保するための規定である。法律上の権能として、内閣法は、閣議を主宰すること、[内閣の重要政策に関する基本的な方針その他の案件を閣議に発議すること]、主任の大臣の間における権限についての疑義を裁定すること、行政各部の処分または命令を中止せしめ内閣の処置を待つこと、などを定めている(四条二項・七条・八条)。

4　内閣の権能と責任

(一)　内閣の職権　内閣は、行政権の中枢として、広汎な行政権を行使する。その主要なものは、①法律の誠実な執行と国務の総理、②外交関係の処理、③条約の締結、④官吏に関する事務の掌理、⑤予算の作成と国会への提出、⑥政令の制定、⑦恩赦の決定、のほか、一般の行政事務である(憲法七三条)。さらに、七三条以外の規定に定められている権能として、天皇の国事行為に対する助言と承認(三条・七条)、最高裁判所長官の指名(六条二項)、その他の裁判官の任命(七九条一項・八〇条一項)、国会の臨時会の召集(五三条)、予備費の支出(八七条)、決算審査および財政状況の報告(九〇条一項・九一条)などがある。

内閣が右の職権を行うのは、閣議*による(内閣法四条一項)。

＊閣議　国務大臣全体の会議。議事に関する特別の規定はなく、すべて慣習による。なかでも重要な点は、議事が全会一致で決められること、閣議の内容について高度の秘密が要求されることの二つである。

(二) 内閣の責任

憲法は、天皇の国事行為に対する内閣の「助言と承認」に関する責任(三条)のほか、「内閣は、行政権の行使について、国会に対し連帯して責任を負ふ」(六六条三項)と定め、内閣の責任についての一般原則を示している。明治憲法においては、「国務各大臣ハ天皇ヲ輔弼シ其ノ責ニ任ス」と規定し、その責任は、天皇に対して、国務各大臣が単独に負うものとされていたので、民主的責任政治の実現は困難であった。日本国憲法においては、内閣は、行政権全般について、国会に対し連帯して責任を負うことになった。

(1)　この「責任」は政治責任を意味する。ただ、憲法六九条により衆議院において内閣不信任決議案が可決されたとき、内閣が解散か総辞職かの二者択一を迫られ、やむを得ず引責辞職するという場合は、法的責任の色彩もかなり濃い。*

(2)　また、ここに言う責任は「連帯責任」であるから、内閣を組織する国務大臣は一体となって行動しなければならない。閣議と異なる意見をもつ大臣は、それを外に向かって発表することは許されず、辞職すべきである。

(3) もっとも、特定の国務大臣が、個人的理由に基づき、またはその所管事項に関して、単独の責任(個別責任)を負うことは、憲法上否定されているわけではない。したがって、個別の国務大臣に対する不信任決議は、直接辞職を強制する法的効力はもたないが、衆議院はもとより、参議院にも認められる。

＊参議院の問責決議　参議院も国会の一院として、内閣の責任を追及することはできる。しかし、この問責決議は、衆議院の不信任決議と異なり、あくまでも政治的な意味をもつにとどまる。

5 総辞職

内閣は、その存続が適当でないと考えるときは、いつでも総辞職することができる。ただし、①衆議院が不信任の決議案を可決し、または信任の決議案を否決したとき、一〇日以内に衆議院が解散されない場合、②内閣総理大臣が欠けた場合、③衆議院議員総選挙の後に初めて国会の召集があった場合は、必ず総辞職しなければならない(憲法六九条・七〇条)。

ここに「内閣総理大臣が欠けたとき」とは、死亡した場合、総理大臣となる資格を失ってその地位を離れた場合のほか、辞職した場合を含む。病気または生死不明の場合は、暫定的な故障なので、いわゆる副総理が臨時に職務を代行することになる。総辞職した内閣は、「あらたに内閣総理大臣が任命されるまで引き続きその職務を行ふ」(同七一条)＊。

＊内閣更迭の手続　新内閣が成立するまでの手続は次のとおりである。総辞職の決定→その旨の衆参両院への通知(国会法六四条)→国会による新内閣総理大臣の指名(憲法六七条)→組閣→その旨の旧内閣総理大臣への通告→旧内閣の閣議(これにより新内閣総理大臣の任命についての助言と承認)→新内閣総理大臣・新国務大臣の任命および認証(皇居における任命式および認証式)→これにより旧内閣総理大臣・旧国務大臣は当然に地位を喪失→新内閣の成立の国会への通告(組閣が長引けば、内閣総理大臣の任命だけを先にすることがある。総理大臣は内閣が成立するまで他の国務大臣の職務を臨時に行う)。

三　議院内閣制

立法権(議会)と行政権(政府)との関係については、各国においてさまざまな型がある。その主要なものは、①議会と政府とを完全に分離し、政府の長たる大統領を民選とするアメリカ型(大統領制と呼ばれる)、②君主制の下で、政府は君主に対して責任を負い、議会に対しては何の責任も負わないドイツ型(超然内閣制とも呼ばれる。明治憲法の制度はこれに属する)、③政府がもっぱら議会によって選任され、その指揮に服するスイス型(会議政〔assembly government〕ないし議会統治制と呼ばれる。内閣は議会の一委員会にしかすぎない)、④議院内閣制をとるイギリス型、である。

1　議院内閣制の本質

議院内閣制は、議会政(parliamentary government)とも称され、一八世紀から一九世紀初頭にかけてイギリス憲政史において、自然発生的に成立した政治形態である。その主要な特徴は、①行政権が元首(君主）と内閣とに分属し（二元的行政権）、内閣は相対する元首と議会のあいだに介在してその双方に対して責任を負うこと、②議会の内閣不信任決議権と元首（実際はそれに助言と承認を与える内閣）の議会解散権という相互の抑制手段によって二つの権力が均衡を保ちながら協働（collaboration）の関係にあること、とされた。

ところが、一九世紀中葉以降、君主または大統領の権限が名目化し行政権が内閣に一元化する傾向が強まり、その内閣が議会の信任を在職の要件とするという側面が重視されるにともなって、議院内閣制は議会優位の政治制度に変わってきた。とくにフランス第三共和制憲法（一八七五—一九四〇年、議会の優位が確立した時代）における議院内閣制では、議会の解散権は、法上の定めがあったにもかかわらず、ほとんど行使されず、議会による政府（内閣）の民主的コントロールが最優先された。

これらの歴史的沿革を踏まえて議院内閣制の本質的要素を挙げるならば、①議会（立法）と政府（行政）が一応分立していること（この点でスイス型と異なる）、②政府が議会（両院制の場合には主として下院）に対して連帯責任を負うこと（この点でアメリカ型と異なる）、の二点であると考えられる。学説では、古典的なイギリス型の権力の均衡の要素を重視して、③内閣が議会の解散権を有すること、という要件を加える説もなお有力である。

たしかに、議院内閣制は、元来立憲君主制の下で、君主と議会との権力の均衡をねらって成立した政治形態である。しかし、民主主義の発展とともに、それぞれの国の歴史と伝統、とくに政党制のあり方に応じて、その性格が変化することは免れ難い。事実、第一次世界大戦後、「議会の世紀」*と言われるほど議院内閣制が普遍化したが、そこには会議政に近いもの、大統領制の要素を加味するものなど、さまざまな形態が生まれている。それらに共通する本質的要素は政府の議会に対する(それを通じて国民に対する)責任である。権力均衡(具体的には内閣の自由な解散権)の要素は、国民に政治のあり方を決定する機会を提供する重要な意味をもつとしても、議会政に本質的なものではない、と解するのが妥当であろう。

＊大統領制的議会政　国民によって直接選挙される大統領と議会とが対抗関係にあるが、純粋の大統領制(アメリカ型)と異なり、大統領は議会の解散権を有する(さらにワイマール憲法の場合は、議会が三分の二の多数決で大統領の解職を問う国民投票を行うことができた)。総理大臣は大統領によって任命されるが、議会の信任を在職の要件とする。このように行政権が強力な大統領と内閣に分属する二元的執行府の下で議院内閣制をとる、典型的な戦後の憲法は、一九五八年のフランス第五共和制憲法である。大統領が存在しても、その権力が名目的である場合は(たとえばドイツ連邦共和国憲法)、ここに言う大統領制的議会政ではない。

2　日本国憲法における議院内閣制

日本国憲法が議院内閣制を採用していることは、明らかである。まず、最も中心的な内閣の連帯責任の原則(六六条三項)、および内閣不信任決議権(六九条)が定められているほかに、内閣総理大臣を国会が指名すること(六七条)、内閣総理大臣および他の国務大臣の過半数は国会議員であること(六七条・六八条)、などの細かな規定が成文化されている。

日本国憲法における議院内閣制が、均衡を重視する古典的なイギリス型か、民主的コントロールを重視する第三ないし第四共和制フランス型か、については、憲法上は明確ではない。運用の実態からすれば、内閣に自由な解散権が認められているのでイギリス型であるが、解散権の所在が憲法上必ずしも明らかでなく、六九条の場合しか解散できないという解釈の余地が存するかぎり、フランス型とみることもできる。

もっとも、古典的なイギリス型で重視された均衡の要件は、あくまでも建前であって、実際には、この建前は君主の権力の名目化、すなわち行政権の一元化と、二大政党制の確立にともなって崩れ、多数党を基盤として成立する内閣が優位する議会政(cabinet government)と呼ばれるものに変容している。政権交代のない自民党支配体制の下にあった時代の日本の議院内閣制も、実態はそれと異ならなかった。*

＊議会政の国民内閣制的運用論　内閣が優位する議会政といっても、わが国の場合は、政策決定が官(官僚)主導で行われ、政(内閣・与党)に官僚制をコントロールする力が欠除していたこと、政権担当能力を有する健全な野党が存在しなかったことなどの点において、欠陥の多い議会政であった。そこで、①内閣を強化し、政が政策決定(統治)を行い官がそれを執行し、議会(野党)は内閣をコントロールする役割を担う、というシステムを確立する、②そのために、国民の多数派が国政の中心に置かれる内閣(首班)を直接に選び国の政治プログラムを決定するという機能を選挙が果たすことのできるよう、二党制ないし二極化した多党制(複数の体制内政党の存在)を助成する選挙制度を整備しなければならない旨説く見解が、有力説として提唱されている。この議会政の国民内閣制的運用論と呼ばれる見解は、注目に値するが、しかし、①に言う政・官・野党の役割ないし関係が果たして妥当か、期待しうるか、妥当だとしても、①に言うシステムを②に言う選挙制度(とくに小選挙区制)と直結させてよいかどうか、については異論も少なくない。内閣(首班)を国民の多数派が直接に選ぶといっても、選挙が二つの政治プログラムのうち一つを国民が選択する形で争われることになるかどうかは予測できず、また小選挙区制をとれば、第一党は通常四〇%前後の得票率で六〇%程度の議席を獲得するのに対して、第三党以下は切り捨てられる可能性があるので、国民の多数意思に支えられた内閣が誕生するという保証はないことなど、検討を深めることを要する問題も多く残されている。
もっとも、中央省庁等改革基本法(平成一〇年法一〇三号)は、「内閣機能の強化」の基本理念にのっとり、

「内閣」の機能強化、内閣総理大臣の指導性の明確化、内閣および内閣総理大臣の補佐・支援体制の強化という三つの基本方針を打ち出し、国の行政機関の再編成の骨組みも明らかにしている。［この基本法を具体化するために、内閣官房の強化・内閣府の設置・省庁再編を内容とする中央省庁改革関連法が制定され、二〇〇一年(平成一三年)四月に実施された。］しかし、この基本法の理念・方針がどのように具現されるかも、議院内閣制の具体的な運用いかんに大きくかかわる。

3　衆議院の解散

解散とは、任期満了前に議員の資格を失わせる行為である。それは、政治的には、解散に続く総選挙によって主権者としての国民の審判を求めるという民主的な契機を含む。ただ、発生史的には、解散は、国王が議会に対して懲罰を課するという意味をもっていた。

日本国憲法には、内閣の解散権を明示した規定はない。七条三号は、天皇の国事行為の一つとして衆議院の解散を挙げているが、天皇が実質的に決定するわけではない。六九条の内閣不信任決議に基づく解散も、解散権を正面から規定したものではない。そこで、一九四〇年代後半から五〇年代にかけて、いわゆる解散権論争が活発に行われたが、現在では、七条によって内閣に実質的な解散決定権が存するという慣行が成立している。この点については先に述べたとおりである(第三章三3㈢参照)。もっとも、七条により内閣に自由な解散権が認められるとしても、解散は国民に対して内閣が信を問う制度であるから、それにふさわしい理由が存在しなければならない。*

なお、衆議院の解散決議による解散も可能だという説もあるが、自律的解散は、多数者の意思によって、少数者の議員たる地位が剥奪されることになるので、明文の規定がない以上、認められない。

＊解散権の限界　解散は、憲法六九条の場合を除けば、①衆議院で内閣の重要案件（法律案、予算等）が否決され、または審議未了になった場合、②政界再編成等により内閣の性格が基本的に変わった場合、③総選挙の争点でなかった新しい重大な政治的課題（立法、条約締結等）に対処する場合、④内閣が基本政策を根本的に変更する場合、⑤議員の任期満了時期が接近している場合、などに限られると解すべきであり、内閣の一方的な都合や党利党略で行われる解散は、不当である。［二〇〇五年八月に参議院で郵政民営化法案が否決されたのを受けて小泉内閣が行った衆議院の解散については、憲法五九条が想定する両議院の協議会の開催あるいは衆議院による三分の二以上の多数による再議決を要求することなく行われたことなどを理由に違憲とする見解と、政党政治の現状を前提にすればこれらの手続を経ることを要求するのは形式論にすぎ、実質的には内閣の重要法案が衆議院により否決（三分の二以上の賛成をえられなかった）された場合と同視しうるから合憲であるとする見解が対立している。］

第一六章　裁　判　所

日本国憲法は、司法権を行使する裁判所に関しても、明治憲法と比べると、①司法の範囲を広げ、②司法権の独立を強化し、③裁判所に違憲審査権を与えた点で、顕著な特色を有する。このうち、③については第一八章で扱うので、以下、①、②につき説明しよう。

一　司法権の意味と範囲

憲法は、「すべて司法権は、最高裁判所及び法律の定めるところにより設置する下級裁判所に属する」と定めている(七六条一項)。明治憲法では、司法権は天皇に属し、裁判所は「天皇ノ名ニ於テ」司法権を行うものとされていたが、日本国憲法では、司法権は名実ともに「裁判所」に属することになった。

1　司法権の概念

司法とは、「具体的な争訟について、法を適用し、宣言することによって、これを裁定する国家の作用」だと考えられてきた。これをより厳密に定義すれば、「当事者間に、具体的事件に関する紛争がある場合において、当事者からの争訟の提起を前提として、独立の裁判所が統治権に基づき、一定の争訟手続によって、紛争解決の為に、何が法であるかの判断をなし、正しい法の適用を保障する作用」と言うことができる。

この司法の概念を構成する重要な要素は、①「具体的な争訟」が存在すること、②適正手続の要請等に則った特別の手続(たとえば口頭弁論、公開主義など、伝統的に認められてきた公正な裁判を実現するための諸原則)に従うこと、③独立して裁判がなされること、④正しい法の適用を保障する作用であること、の諸点である。* このうち①の要素は、司法権の概念の核心にあたり、その意味について種々の問題もあるので、後に詳しく説明する(後述3参照)。

*適正手続と法の解釈・適用　司法と裁判とは、歴史的に異なる意味に用いられたこともあるが、日本国憲法の解釈に関するかぎり、両者をとくに区別する必要はない。したがって、憲法三二条に言う「裁判」も紛争解決にふさわしい手続的保障をともなうことが要請される(刑事裁判については、三七条二項に特別の規定がある)。さらに三二条の「裁判」に非訟事件の裁判も含まれるという立場をとれば(判例は含まれないと言う)、その裁判も、八二条の公開・対審の原則を指導原理として、それぞれの事件の性質・内容に相応した適正な手続の保障をともなうものでなければならない(第一二章一2(3)参照)。なお、司法は具体的な争訟について、事実を認定し、それに法を解釈・適用する作用だといっても、一八世紀から一九世紀の時代にヨーロッパ大陸諸国で一般に説かれていたような、法律の単純かつ機械的な適用作用の意味に解すべきではない。裁判には法創造ないし法形成の機能を一定の範囲内で積極的に営むことが期待されているのである。その意味で、司法は一定の立法的な作用を含む。

2　司法権の範囲

明治憲法は、司法権の範囲については、民事裁判(私法上の権利義務に関する争いについての裁判)、および刑事裁判(刑事法を適用して刑罰を科する裁判)のみを「司法権」として通常裁判所に属せしめ、行政事件の裁判(行政処分によって違法に権利・利益を害された者と行政機関との間の公法上の権利義務に関する争いについての裁判)は、通常裁判所とは別系統の行政裁判所(これは形式上は行政府に属するとされたが、内閣から独立の地位を有すると解された)の所管とした(六一条)。このような制度は、フランス、ドイツなどのヨーロッパ大陸諸国でとられてきたものである。

これに対して、日本国憲法は、行政事件の裁判も含めてすべての裁判作用を「司法権」とし、これを通常裁判所に属するものとした。この趣旨は、憲法七六条二項が、特別裁判所の設置を禁止し、行政機関による終審裁判を禁止しているところに、示されている。行政裁判所を設けず、すべての事件を通常裁判所に属せしめる制度は、英米で発達してきたもので、日本国憲法は、それにならったのである。この結果、司法権の範囲は、著しく拡大されることとなった。

このように、司法の観念が国により時代により異なる歴史的なものであることに注目しなければならない。

3　法律上の争訟

司法権の概念の中核をなす「具体的な争訟」という要件は、具体的事件性(または事件性)の要件と言われることも多い。裁判所法三条の「一切の法律上の争訟」も同じ意味である。判例は、「法律上の争訟」

の意味について、①当事者間の具体的な権利義務ないし法律関係の存否（刑罰権の存否を含む）に関する紛争であって（したがって、裁判所の救済を求めるには、原則として自己の権利または法律によって保護される利益の侵害という要件が必要とされる）、かつ、②それが法律を適用することにより終局的に解決することができるものに限られる、と説明している。

このような「法律上の争訟」にあたらず、裁判所の審査権が及ばない場合または事項として、次のようなものがある。

(1) 第一は、具体的事件性もないのに（つまり権利侵害の要件もなく）、抽象的に法令の解釈または効力について争うことである。たとえば、警察予備隊令（昭和二五年）とそれに基づいて設置された警察予備隊の違憲性を争った事件で、裁判所が訴えを却下したのは（第一八章二2＊参照）典型的な例である。もっとも、民衆訴訟＊と言われる制度（たとえば、公職選挙法二〇三条・二〇四条の選挙訴訟、地方自治法二四二条の二の住民訴訟）のように、具体的事件性を前提とせずに出訴する制度をとくに法律で設けている場合があることに、注意しなければならない。この制度は、法律で例外的に認められた訴訟であるから許される、と一般に説かれてきた。しかし、この訴訟は何らかの具体的な国の行為を争う点では、法律の純粋な抽象的審査ではなく、国の行為と提訴権者の権利・利益の侵害との間に一定の関係があると考えることもできるとし、司法権に含まれる作用だと解する有力説もある。

＊民衆訴訟　行政事件訴訟法は、民衆訴訟とは「国又は公共団体の機関の法規に適合しない行為の是正を求める訴訟で、選挙人たる資格その他自己の法律上の利益にかかわらない資格で提起するもの」だとし（五条）、これと機関訴訟、すなわち「国又は公共団体の機関相互間における権限の存否又はその行使に関する紛争に

ついての訴訟」(六条)は、「法律に定める場合において、法律に定める者に限り、提起することができる」と定めている(四二条)。民衆訴訟と機関訴訟とを合わせて学説上客観訴訟と言われる。

(2) 第二は、単なる事実の存否、個人の主観的意見の当否、学問上・技術上の論争などである。たとえば、国家試験における合格・不合格の判定は、学問または技術上の知識、能力、意見等の優劣、当否の判断を内容とする行為であるから、試験実施機関の最終判断に委せられ、裁判の対象にならない(最判昭和四一・二・八民集二〇巻二号一九六頁)。

これは、前記①の要件を充たさず、また、法令の適用によって終局的に解決することができない紛争であって②の要件も充たさないので、法律上の争訟とは言えないのである。

(3) 第三は、純然たる信仰の対象の価値または宗教上の教義に関する判断自体を求める訴え、あるいは単なる宗教上の地位(たとえば、住職たる地位)の確認の訴えである。これらは具体的な法律関係に関する問題でなく、法規の適用によって終局的に解決すべき法律上の争訟に当たらない。

もっとも、宗教問題が前提問題として争われる場合には、(i)紛争の実体ないし核心が宗教上の争いであって紛争が全体として裁判所による解決に適しない場合と、(ii)紛争自体は全体として裁判所による解決に適しないとは言えない場合の二つがあり、後者(ii)の場合は訴えは却下されず、裁判所の審査が行われるが、当該争点については宗教団体の自律的判断が尊重される。したがって、宗教上の教義の解釈にわたるなど本来その自治によって決定すべき事項については裁判所は実体的な審理判断を行わず、自治に対する介入にわたらない、たとえば住職の選任ないし罷免の手続上の問題についてのみ、審理判断することが許される(この点に関するかぎり、後述4(四)の場合と同じである)。前者(i)の場合の代表的なケースに創価学会「板まんだら」事件*がある。

＊「板まんだら」事件　創価学会の元会員である原告が、創価学会に対して寄付金の返還を求めた訴訟。その理由として、寄付は、「正本堂」建立資金のためであったが、正本堂に安置すべき本尊たる「板まんだら」は偽物であり、寄付行為には要素の錯誤があったことなどを挙げた。最高裁は、訴訟は形式的には具体的な権利義務ないし法律関係に関する紛争であるが、その前提として信仰の対象の価値または宗教上の教義に関する判断を行わなければならず、結局、訴訟は実質的には法令の適用による終局的な解決の不可能なものであるから、法律上の争訟にあたらない、と判示した(最判昭和五六・四・七民集三五巻三号四四三頁)。

この判決の趣旨を宗教上の教義、信仰を理由とする住職に対する擯斥《ひんせき》処分(懲戒処分のこと)に及ぼした日蓮正宗蓮華寺事件の判決(最判平成元・九・八民集四三巻八号八八九頁)も、「宗教団体内部においてなされた懲戒処分の効力が請求の当否を決する前提問題となっており、その効力の有無が当事者間の紛争の本質的争点をなすとともに、それが宗教上の教義、信仰の内容に立ち入ることなくしてその効力の有無を判断することができず、しかも、その判断が訴訟の帰趨を左右する必要不可欠のものである場合には、右訴訟は、その実質において法令の適用による終局的解決に適しない」と述べ、上告を棄却した。

4　司法権の限界

以上のとおり、裁判所は、「一切の法律上の争訟を裁判」する(裁判所法三条)が、この原則には、いくつかの例外もある。それは、①議員の資格争訟の裁判(憲法五五条)、裁判官の弾劾裁判(同六四条)のように、憲法が特別の理由から明文で認めたもの、②国際法上の治外法権や、条約による裁判権の制限のような国際法によって定められたもののほか、③国会ないし各議院の自律権(ないしは自主権)に属する行為、行政機関ないし国会の自由裁量に属する行為、およびいわゆる統治行為など、法律上の係争ではあるが、事柄の性質上裁判所の審査に適しないと認められるもの、がそれである。このうちで、最も問題となるのは③の諸行為である。

㈠　**自律権に属する行為**　自律権とは、懲罰や議事手続など、国会または各議院の内部事項については自主的に決定できる権能のことを言う（第一四章四2㈠参照）。判例は、国会内部での議事手続について裁判所は審査できないと解している。*

*警察法改正無効事件　昭和二九年に成立した新警察法は、その審議にあたり、野党議員の強硬な反対のため、議場混乱のまま可決されたものとされたが、その議決が無効ではないかが争われた。最高裁は、警察法が「両院において議決を経たものとされ適法な手続によって公布されている以上、裁判所は両院の自主性を尊重すべく同法制定の議事手続に関する……事実を審理してその有効無効を判断すべきでない」と判示した（最大判昭和三七・三・七民集一六巻三号四四五頁）。

㈡　**自由裁量行為**　政治部門の自由裁量に委ねられていると解される行為は、当・不当が問題となるだけで、裁量権を著しく逸脱するか、著しく濫用した場合でないと、裁判所の統制は及ばない。近時、①社会経済政策立法、②社会権、とりわけ福祉の問題、③選挙に関する立法、について、立法府の裁量（立法裁量）がとくに問題となっている。②、③に関する裁量を広く認める傾向にある判例（たとえば、第七章二4**の堀木訴訟、第七章二7*の議員定数不均衡裁判参照）には、異論も少なくない。裁量は、権利・自由の性質上の相違により、広い場合と狭い場合に分けて具体的に考えるべきである。

㈢　**統治行為**　最も大きな議論のあるのは、いわゆる統治行為である。統治行為とは、一般に、「直接国家統治の基本に関する高度に政治性のある国家行為」で、法律上の争訟として裁判所による法律的な判断が理論的には可能であるのに、事柄の性質上、司法審査の対象から除外される行為を言い、アメリカでは政治問題(political question)と呼ばれる。最高裁判所は、砂川事件判決(第四章五3＊参照)では、安保条約のような「主権国としてのわが国の存立の基礎に極めて重大な関係をもつ高度の政治性を有する」条約が違憲か否かは、内閣・国会の「高度の政治的ないし自由裁量的判断と表裏をなす点がすくなくない」ので、「一見極めて明白に違憲無効であると認められない限りは、裁判所の司法審査権の範囲外のものである」と判示し、「一見極めて明白に違憲無効」の場合には司法審査は可能であるとしたので、純粋の統治行為論ではなく自由裁量論の要素を多分に加味した、すっきりしない立場をとったが、衆議院解散の効力が争われた事件＊では、先に述べたような行為は、「裁判所の審査権の外にあり、その判断は主権者たる国民に対して政治的責任を負うところの政府、国会等の政治部門の判断に委され、最終的には国民の政治判断に委ねられている」と判示し、学説の言う統治行為の存在を真正面から是認した。

このような統治行為を認めることは、日本国憲法のように徹底した法治主義(法の支配)を原則とする憲法の下では許されない、という考え方も有力である。たしかに、自律権に属する行為、自由裁量に委ねられた行為を除くと、そのほかに統治行為と考えられるものはきわめて限定されてしまうであろう。しかし、日本では、多数の学説がなお、統治行為の存在そのものは是認している。問題は、それを認める論拠とその範囲である。

＊苫米地《とまべち》判決　衆議院議員苫米地義三が、一九五二年八月二八日のいわゆる抜き打ち解散の効力につき、①解散は憲法六九条にいう内閣不信任決議を前提とすべきであるのに右解散は七条を根拠に行われたこと、②右解散の決定には適法な閣議を欠いていたこと、を理由として争った事件。最高裁は、衆議院の解散が統治

行為に当たるとし、この「司法権に対する制約は、結局、三権分立の原理に由来し、当該国家行為の高度の政治性、裁判所の司法機関としての性格、裁判に必然的に随伴する手続上の制約等にかんがみ、特定の明文による限定はないけれども、司法権の憲法上の本質に内在する制約と理解すべきものである」と判示した(最大判昭和三五・六・八民集一四巻七号一二〇六頁)。もっとも、学説には、解散事由(六九条の場合か七条か)の問題は裁量論、閣議決定の方式(助言と承認の有無、持廻り閣議の適否)の問題は自律権論として処理しうるので、統治行為論をもちだす必要はない、という見解もある。

(1) 論　拠　統治行為に対して司法審査を行うことによる混乱を回避するために裁判所が自制すべきであるとする自制説と、高度の政治性を帯びた行為は、政治的に無責任な(国民によって直接選任されていない)裁判所の審査の範囲外にあり、その当否は国会・内閣の判断に委ねられているとする内在的制約説とがある。判例は内在的制約説をとるが、しかし、統治行為は事件に応じて具体的にその論拠が明らかにされなければならないので、自制の要素をも加味して考えることが適当であろう。

(2) 範囲と限界　統治行為を認めるとしても、その概念と範囲を厳しく限定して用いなくてはならない。とくに、以下の諸点に注意することが必要である。①統治行為は憲法の明文上の根拠もなく、内容も不明確な概念であるから、機関の自律権・自由裁量権などで説明できるものは除外すること、②統治行為の根拠が民主政の理論(国民の意思の尊重)にある以上、基本的人権、とりわけ精神的自由権の侵害を争点とする事件には、適用すべきでないこと(民主政は人権の尊重を目的とし、その確立した社会に開花する政治形態である)、③その他、権利保護の必要性、裁判の結果生ずる事態、司法の政治化の危険性、司法手続の能力の限界、判決実現の可能性などの具体的事情を考慮しつつ、事件に応じてケース・バイ・ケースに判断すること。

㈣　団体の内部事項に関する行為　地方議会、大学、政党、労働組合、弁護士会等々の自主的な団体の内部紛争に対して、司法審査が及ぶかどうかも、しばしば問題となる。法律上の争訟であれば司法審査に服するのが原則であるが、純粋に内部的事項の場合には、事柄の性質上、それぞれの団体の自治を尊重して、司法審査を控えるべき場合が生じる。その点は統治行為の場合と同様である。

もっとも、これらの団体を「一般市民社会の中にあってこれとは別個に自律的な法規範を有する特殊な部分社会」であるとし、それを理由に、その内部紛争はすべて司法審査の対象にならない、と解する見解もある。しかし、このような法秩序の多元性を前提とする一般的・包括的な部分社会論は妥当ではない。それぞれの団体の目的・性質(たとえば、強制加入か任意加入かの区別)・機能はもとより、その自律性・自主性を支える憲法上の根拠も、宗教団体(二〇条)、大学(二三条)、政党(二一条)、労働組合(二八条)、地方議会(九三条。地方自治法一三四条―一三七条参照)などで異なるので、その相違に即し、かつ、紛争や争われている権利の性質等を考慮に入れて個別具体的に検討しなければならないからである。

(1)　地方議会　地方議会議員に対する三日間の出席停止の懲罰議決の効力が争われた事件で、最高裁は、「自律的な法規範をもつ社会ないし団体に在っては、当該規範の実現を内部規律の問題として自治的措置に任せ、必ずしも、裁判にまつを適当としないものがある」とし、本件懲罰はそれに当たると解した。ただし、除名処分は「議員の身分の喪失に関する重大事項で、単なる内部規律の問題に止らない」(すなわち、市民法秩序につながる問題である)から、司法審査が及ぶとした(最大判昭和三五・一〇・一九民集一四巻一二号二六三三頁)。

(2) 大　学　大学の自律性は、大学の自治の保障によって裏づけられる。ただ、最高裁は、国立大学の単位不認定処分が争われた富山大学事件で、大学は国公立であると私立であるとを問わず、「一般市民社会とは異なる特殊な部分社会を形成している」とし、「単位授与(認定)行為は、他にそれが一般市民法秩序と直接の関係を有するものであることを肯認するに足りる特段の事情のない限り、純然たる大学内部の問題として大学の自主的、自律的な判断に委ねられるべきものであって、司法審査の対象にはならない」と判示した(最判昭和五二・三・一五民集三一巻二号二三四頁)。したがって、最高裁によれば、学生が専攻科修了の要件を充足したにもかかわらず、大学がその認定をしないときは(認定には格別教育上の見地からの専門的な判断を要しない)、一般市民として有する公の施設を利用する権利が侵害されることになるので、司法審査の対象になる(同上二八〇頁)。

(3) 政　党　党員の除名処分の効力が争われた共産党袴田事件で、最高裁が、政党は結社の自由に基づき任意に結成される政治団体であり、かつ、議会制民主主義を支えるきわめて重要な存在であるから、「高度の自主性と自律性を与えて自主的に組織運営をなしうる自由を保障しなければならない」とし、次のように判示したのが注目される(最判昭和六三・一二・二〇判時一三〇七号一一三頁)。政党の党員処分が「一般市民法秩序と直接の関係を有しない内部的な問題にとどまる限り、裁判所の審判権は及ばない」が、「一般市民としての権利利益を侵害する場合であっても、右処分の当否は、当該政党の自律的に定めた規範が公序良俗に反するなどの特段の事情のない限り右規範に照らし、右規範を有しないときは条理に基づき、適正な手続に則ってなされたか否かによって決すべきであり、その審理も右の点に限られる」。

(4) 宗教団体　これについては、前述3(3)参照。

二　裁判所の組織と権能

1　裁判所の組織

日本国憲法の下で司法権を行使する裁判所は、最高裁判所と下級裁判所に大別される。下級裁判所には、高等裁判所、地方裁判所、家庭裁判所、簡易裁判所の四種がある(裁判所法二条)。事件は、一般的には、地裁、高裁、最高裁の順に上訴される(三審制)。家裁は、家庭事件や少年事件の審判などを行うためにとくに設けられた裁判所であり、地裁と同等の位置に立つ。簡裁は、少額軽微な事件を簡易かつ迅速に裁判する第一審裁判所である。[なお、特許権などの知的財産に関する事件を専門的に扱う知的財産高等裁判所が東京高裁の特別の支部として二〇〇五年四月に発足した。]

2　特別裁判所の禁止

このように、司法権はすべて通常の司法裁判所が行使するので、「特別裁判所は、これを設置することができない」(憲法七六条二項)。ここに言う特別裁判所とは、特別の人間または事件について裁判するために、通常裁判所の系列から独立して設けられる裁判機関であり、戦前の軍法会議がその典型である。

もっとも、裁判所の裁判の前審として、行政機関が行政処分についての審査請求や異議申立てに対して裁決ないし決定を下すことは、差しつかえない(七六条二項後段参照)。[ちなみに、異議申立ては二〇一四年の行政不服審査法の全面改正により廃止され、二年後から施行されることになっている。]

ただし、わが国では、法律上の争訟を裁判する権限には、法令の適用の前提としての具体的事件における事実の認定も含まれると解されているので、行政機関の認定した事実が裁判所を絶対的に拘束し、訴訟では法令の適用が審理されるだけだとすれば、憲法三二条および七六条二項に違反する疑いが生じる。この点で、アメリカ法にならって独立行政委員会の準司法手続に導入された、いわゆる実質的証拠の法則が、問題となる。しかし、わが国では、たとえば独占禁止法違反の事件においては、公正取引委員会の認定した事実は、これを立証する実質的証拠があるときには、裁判所を拘束するとされているが(独占禁止法八〇条一項)、その場合でも、その実質的証拠の有無の判断は裁判所が行うものとし(同二項)、それがない場合、裁判所は審決を取り消すことができることになっている。† 電波監理審議会(電波法九九条)、公害等調整委員会の裁定(鉱業等に係る土地利用の調整手続等に関する法律五二条)にも、同様の規定がある。人事院については、条文は異なるが(国家公務員法三条四項)、同じ趣旨に解すべきであろう。

†平成二五年(二〇一三年)の独禁法改正により公正取引委員会による審判制度が廃止され、これに伴って実質的証拠法則も廃止された。本改正法は、平成二五年一二月一三日に公布されており、平成二七年四月一日から施行されることになっている。

3 下級裁判所の裁判官

これらの裁判所を構成する裁判官のうち、「下級裁判所の裁判官は、最高裁判所の指名した者の名簿によつて、内閣でこれを任命する。その裁判官は、任期を十年とし、再任されることができる」(憲法八〇条一項)。ここで、裁判官の任期が一〇年とされ、「再任されることができる」とされている趣旨がいかなるものであるかについては、意見が分かれている。①裁判官は再任される権利を有するという説もある。しかし、②再任が原則であるとしても、その例外として、裁判官の弾劾事由に該当する場合、*心身の故障に基づく職務不能の場合のほか、成績不良など不適格者であることが客観的に明白である場合には、再任を拒否できると解するのが、妥当であろう。③実際の取扱いでは、再任は任命権者の裁量に委ねられているとされている。**

*弾劾事由　憲法七八条の「公の弾劾」(弾劾とは、訴追すなわち罷免の請求に基づき公権力が公務員を罷免する制度を言う)の具体的な手続等は、裁判官弾劾法に定められている。弾劾の事由は、憲法の趣旨に則って、「職務上の義務に著しく違反し、又は職務を甚だしく怠つたとき」と、「その他職務の内外を問わず、裁判官としての威信を著しく失うべき非行があつたとき」の二つの場合とされている(二条)。

**宮本裁判官再任拒否事件　一九七一年、一〇年の任期を終えた宮本康昭判事補が再任されなかった事件。最高裁は、再任制度について裁量行為説の立場に立ったが、その再任拒否理由が明確ではなく、宮本判事補が当時革新的な団体として最高裁から問題にされていた青年法律家協会の会員であったので、思想信条による差別ではないかが問題とされた。

4　最高裁判所の構成と権限

㈠　構　成

最高裁判所は、最高裁判所長官一名および最高裁判所判事一四名で構成される(憲法七九条一項、裁判所法五条)。長官は、内閣の指名に基づいて、天皇が任命し(憲法六条二項)、判事は、内閣が任命し天皇がこれを認証する(同七九条一項、裁判所法三九条)。国民審査制によって民主的なコントロールを受ける(後述5参照)。

(二) 権 限

最高裁判所は、①上告および訴訟法でとくに定める抗告*についての一般裁判権、②国家行為の合憲性審査権（第一八章二参照）、③最高裁判所規則の制定権、④下級裁判所の裁判官指名権、⑤下級裁判所および裁判所職員を監督する司法行政監督権（裁判所法八〇条）。裁判官会議の議によって行う。同一二条）などの権能を有する。このうち、③は実質的な意味の立法権であり（後述6参照）、また、④、⑤は明治憲法では司法省（現在の法務省）の所管に属していた行政事務である。これを①、②の裁判作用とあわせ行使する点で、最高裁判所の地位と権能は、戦前の大審院と大きく異なる。

最高裁判所は、大法廷（一五名全員の裁判官の合議体）または小法廷（五名の裁判官の合議体）で、審理・裁判する。大法廷と小法廷のどちらで審理・裁判するかは、最高裁判所の決定によるが、憲法適合性を判断するとき、または判例を変更するときなど、一定の場合には、大法廷で裁判することが必要とされている（裁判所法一〇条参照）。

＊最高裁判所の抗告裁判　民事訴訟法の定める特別抗告・許可抗告（三三六条・三三七条）と刑事訴訟法の定める特別抗告（四三三条・四三四条）。抗告とは決定または命令という裁判に対する上訴の方法。

5　最高裁判所裁判官の国民審査

(1)　最高裁判所の裁判官については、とくに、国民審査の制度が設けられている（憲法七九条二項）。この制度は、最高裁判所の地位と権能（とくに違憲審査権）の重要性にかんがみ、アメリカのミズーリ州など若干の州で行われていた制度にならって定められ、裁判官の選任に対して民主的コントロールを及ぼすことを目的としている。審査の性質をリコール制（解職制）と解するのが通説・判例であるが、任命後第一回の国民審査がなされる裁判官については、その審査は内閣の任命を国民が確認する意味も含まれていると解するのが、妥当であろう。

(2) 国民審査は、現行法上、罷免を可とすべき裁判官に×印を付し、そうでない場合には何も記入しないという投票方法によっているが、その方法には、たとえば、罷免の可否について不明の者の票を罷免を可としない票に数えることになるなど、いくつかの問題点がある。最高裁は、国民審査の性質はリコール制であることを理由に、積極的に罷免を可とする投票以外は罷免を可としないものとして扱うことはむしろ適当である、と判示している(最大判昭和二七・二・二〇民集六巻二号一二二頁)。しかし、現行法の方式が違憲だとは言えないとしても、信任は○、不信任は×、棄権は無記入、という方法がより適当である、とする意見が有力である。

(3) 国民審査の制度は、現実には、多額の費用を使って全国的に行われるにもかかわらず、制度の本来の趣旨は必ずしも生かされてきていない。そのため、国費の無駄使いであるとか、国民が裁判官としてふさわしいか否か判断するのは困難であるとか、罷免を可とする投票が総投票数の過半数になる可能性はほとんど考えられないという理由で、廃止すべきであるという見解も有力である。しかし、国民による民主的なコントロールの手段としての重要性を考えるならば、安易に制度を廃止すべきではない。この制度の目的が裁判官の法律家としての適否を判断することではなく、裁判官のものの考え方ないし意識と民意との間のずれを是正することにあることを評価し、より実効的な制度にするよう、活性化を図ることが適当であろう。

6　最高裁判所規則制定権

(1)　憲法七七条一項の定める規則制定権は、違憲審査権とともに、英米法にならって新しく認められた権限であり、そのねらいは、権力分立の見地から裁判所の自主性を確保し、司法部内における最高裁判所の統制権と監督権を強化すること、および、実務に通じた裁判所の専門的な判断を尊重することにある。

(2)　規則で定められる事項は、「裁判所の内部規律及び司法事務処理に関する事項」のような、裁判所の自律権にかかわる純粋の内部的事項と、「訴訟に関する手続、弁護士……に関する事項」のような、一般国民が訴訟関係者たるかぎりそれに拘束される主たる当事者となる事項とがある。

(3)　この規則事項は、同時に、法律でも定めることができる。もっとも、少なくとも裁判所の自律権にかかわる内部事項は、規則によってのみ定めることができる(すなわち、規則の専属的所管事項である)、と解する有力説もある。問題は、刑事手続について、憲法三一条が「法律」で定めることを要求しているにもかかわらず、規則で定めることが可能か否か、である。この点については、①刑事手続の基本構造および被告人の重要な利益に関する事項は法律の所管に属するが、訴訟手続の技術的・細目的事項は規則の所管として認められる、と解する説(これによれば、「弁護士に関する事項」も、弁護士の資格・職務・身分を制限するには、憲法二二条の職業の自由の保障との関係から言って、法律によることが必要である、と言うことになる)と、②法律事項についても、法律で規定されないかぎり、規則で定めることができる、と解する説とが、対立している。いずれが妥当か速断は難しいが、憲法が規則事項をなんらの留保なしに定めている点を重視する②説が、より七七条の趣旨に合致すると考えられる。

(4)　規則制定権の範囲内の事項について法律と規則が競合的に制定された場合、両者が矛盾するときの効力関係については、争いがある。

規則に法律より強い効力を認める規則優位説も有力であり、また、両者の効力は「後法は前法を廃する」の関係に立つとする両者同位説もあるが、憲法四一条の趣旨に照らして、法律優位説が妥当とされよう(通説)。ことに刑事訴訟については、そう解することが憲法三一条によって要請される。もっとも、実際の取扱いとしては、規則事項はなるべく規則で規定し、もし法律と矛盾する規則が制定された場合は、規則事項を規則のために解放するよう措置することが望ましい(かつて裁判所法一〇条一号に抵触する最高裁判所裁判事務処理規則九条四項につき、法律のほうに事後修正を加えたことがある)。

7 裁判の公開

裁判の公正を確保するためには、その重要な部分が公開される必要がある。憲法八二条は、「裁判の対審及び判決は、公開法廷でこれを行ふ」と定めるとともに、「政治犯罪、出版に関する犯罪又はこの憲法第三章で保障する国民の権利が問題となつてゐる事件」を除き、公序良俗を害するおそれがある場合には、例外として、公開停止も許される旨規定している。

ここに「対審」とは、裁判官の面前で当事者が口頭でそれぞれの主張を述べることを言う。民事訴訟における口頭弁論手続および刑事訴訟における公判手続がこれに当たる。「公開」とは、まず傍聴の自由を認めることを意味する。* もとより、傍聴席の数に制限があることや、裁判長が法廷の秩序を維持するため必要あると認めたとき一定の制約を加えること(裁判所傍聴規則一条、裁判所法七一条二項など)は、公開原則に反するものではない。

傍聴の自由は、報道の自由を含む。ただし、刑事訴訟では写真撮影、録音、放送が(刑事訴訟規則二一五条)、民事訴訟ではさらに速記〔、録画〕も(民事訴訟規則七七条)、裁判所の許可を得なければ行うことはできない。これを判例は、法廷の秩序維持と被告人等の利益保護のため必要と解し、合憲としている(最大決昭和三三・二・一七刑集一二巻二号二五三頁)。

＊公開原則とメモの採取　法廷メモ採取事件(最大判平成元・三・八民集四三巻二号八九頁)において最高裁は、憲法八二条により「裁判の公開が制度として保障されていることに伴い、各人は、裁判を傍聴することができる」が、それは、「各人が裁判所に対して傍聴することを権利として要求できることを認めたものでない」し、「傍聴人に対して法廷においてメモを取ることを権利として保障しているもので〔も〕ない」と判示した。メモ行為と表現の自由との関係に関する判旨につき、第九章二1(二)(1)参照。

8　陪審制

一般国民の中から選任された陪審員が、正式起訴をするかを決定したり(大陪審と言う)、審理に参加し評決したりする(小陪審と言う)制度は、英米で発達したもので、ヨーロッパ大陸諸国に多い参審制(一般国民の中から選任された参審員が、職業裁判官とともに合議体を構成して裁判する制度)と並んで、司法に対する国民参加の制度†である。

明治憲法のもとで一九二三年(大正一二年)に制定された陪審法は、犯罪構成事実の有無を答申する(ただし、裁判長はそれに拘束されない)刑事小陪審を定めていたが、あまり活用されず、一九四三年(昭和一八年)以来停止されている。日本国憲法のもとでも、裁判官が陪審の評決に拘束されないものであるかぎり、陪審制を設けることは可能と解される(通説)。裁判所法も、「刑事について、別に法律で陪審の制度を設けることを妨げない」(三条三項)と規定している。もっとも、日本国憲法がアメリカ法の強い影響を受けていること、陪審制に一定の合理性が認められること、に照らして、陪審の事実認定の適正を確保するため裁判官が一定の役割を果たすようにするなどの条件があれば、評決に拘束力を認めても「裁判所」に司法権を与える憲法の趣旨に反しない、と解する説もある(この説は、司法権が事実認定を含むとすれば、前述2の趣旨からの問題が残る)。

†裁判員制度　二〇〇四年五月に「裁判員の参加する刑事裁判に関する法律」が制定・公布され、五年後の二〇〇九年に裁判員制度が実施された。ここで採用された「裁判員制度」においては、原則として六名の裁判員が三名の職業裁判官と共に裁判所を構成し、共同して有罪決定と量刑を行うものとされており、したがって陪審制ではなく、量刑まで行う点に通常の参審制には見られない特殊性はあるものの基本的には参審制の一種である。裁判員は、有権者の中からくじで選んで作成した名簿に基づき、一定の手続を経て選定される。この制度が適用されるのは、重罪事件(死刑又は無期の懲役・禁錮に当たる罪の場合、あるいは、短期一年以上の有期懲役・禁錮に当たる罪を犯し故意に被害者を死亡させた場合)に限られ、裁判員と裁判官が合同で「双方の意見を含む合議体の員数の過半数」をもって事実の認定・法令の適用・刑の量定を行う。「双方の意見」を含まねばならないから、有罪とするには裁判員だけの過半数では足りず、少なくとも一人の裁判官の賛成が必要である。なお、法令の解釈については、裁判官が決定し、裁判員もその解釈に従う。裁判員は、職務上知りえた秘密を保持する義務を負う。

この裁判員制度の合憲性が争われた事件で、①裁判員が加わった裁判所は、憲法三二条、三七条一項の保障する「裁判所による裁判」といえるのか、②裁判官が裁判員の意見に拘束されるのは、裁判官の職権行使の独立を保障した七六条三項に反するのではないか、③国民に裁判員となることを強制するのは、「苦役」

を課すものであり、一八条後段に反するのではないかなどが問題となった。これに対し最高裁は、①については、憲法は下級裁判所が裁判官のみにより構成されることを命じてはいない、②については、裁判員の多数の意見が裁判官の多数の意見と異なることがあるとしても、国民の司法参加を認めた結果であり、しかも多数決で有罪とするには少なくとも一人の裁判官の賛成が必要とされており被告人の人権に対する配慮もされているから、裁判員制度を定める法律は合憲であり、裁判官は合憲の法律に拘束されるにすぎず職権行使の独立性は侵害されない、③については、裁判員の職務は参政権と同様の権限を国民に付与するものであり「苦役」とは言えないなどと述べ、裁判員制度は合憲と判断した(最大判平成二三・一一・一六民集六五巻八号一二八五頁)。

三　司法権の独立

日本国憲法の定める司法制度の第二の特徴は、司法権の独立が著しく強化されたことである。

1　司法権独立の意義

裁判が公正に行われ人権の保障が確保されるためには、裁判を担当する裁判官が、いかなる外部からの圧力や干渉をも受けずに、公正無私の立場で職責を果たすことが必要である。そのため、司法権独立の原則は、近代立憲主義の大原則として、諸外国の憲法において広く認められてきた。

司法権の独立が要求される理由として、①司法権は非政治的権力であり、政治性の強い立法権・行政権から侵害される危険性が大きいこと、②司法権は、裁判を通じて国民の権利を保護することを職責としているので、政治的権力の干渉を排除し、とくに少数者の保護を図ることが必要であること、などが挙げられる。

2　司法権独立の内容

司法権独立の原則には、二つの意味がある。一つは、司法権が立法権・行政権から独立していることである（広義の司法権の独立）。もう一つは、裁判官が裁判をするにあたって独立して職権を行使することで、裁判官の職権の独立とも呼ばれる。この職権の独立こそ、司法権独立の核心と言ってよい。これを側面から強化するものが、憲法七八条等で規定されている裁判官の身分保障であるが、そのほか、八〇条（下級裁判所裁判官の指名）、七七条（規則制定権）、七八条（行政機関による裁判官の懲戒処分の禁止）などにあらわれている司法部の自主性を確保する諸制度も、独立の強化に仕える（なお、本章二4㈡参照）。

憲法七六条三項は、「すべて裁判官は、その良心に従ひ独立してその職権を行ひ、この憲法及び法律にのみ拘束される」と定め、裁判官の職権の独立の原則を宣言している。ここに言う「良心」とは、裁判官個人の主観的な良心ではなく、客観的良心、すなわち、裁判官としての良心であると解されている。また、「独立してその職権を行ひ」とは、他の何ものの指示・命令をも受けずに、自らの判断に基づいて裁判を行うことである。立法権・行政権はもとより、司法部内の指示・命令もまた排除される。

裁判官の職権の独立は、単に、他の指示・命令に拘束されないというだけでなく、事実上、他の機関から裁判について重大な影響を受けないという要請をも含んでいる。裁判官の自由な判断形成に対して事実上重大な影響を及ぼす行為は、司法権の独立を侵す。

司法権の独立は、従来、何回か脅かされた。* その侵害は、外部勢力によるものもあるが、司法部内において生ずることも稀ではない。また、一般国民やマス・メディアによる裁判批判が司法権の独立を害するのではないかという議論もある（ただ、これは表現の自由の問題であるから、裁判批判が制限されるのは、裁判の公正確保に対して「明白かつ現在の危険」を及ぼすような場合に限られよう）。

＊司法権独立の侵害が問われた事件

(1) 大津事件　一八九一年（明治二四年）、滋賀県大津で巡査津田三蔵が来遊中のロシア皇太子に傷を負わせた事件で、政府は外交上の考慮から、死刑判決を下すように大審院に働きかけたが、当時の大審院長児島惟謙はそれに抵抗し、結局、大審院は津田を無期徒刑に処した。政府の干渉は排除されたが、児島が事件担当裁判官を説得した点がかなり問題とされた。しかし、強大な政府の圧力から司法部全体の独立を守るという見地から児島は説得したのであるから、緊急避難的性格をもつもので違法性は阻却されると考えることもできる。

(2) 浦和事件　一九四九年、裁判所の下した量刑を批判した参議院法務委員会の国政調査が、司法権の独立を害しないかが問題となった事件（第一四章四2(二)＊参照）。

(3) 吹田黙禱《もくとう》事件　一九五三年、いわゆる吹田騒擾《そうじょう》事件（大阪府吹田駅付近で朝鮮戦争・軍需輸送に反対する労働者等の集団と警官隊が衝突、一一一名が刑法一〇六条の騒擾罪〔現在の騒乱罪〕で起訴された事件）の裁判にあたり、担当の大阪地裁佐々木哲蔵裁判長が、法廷内で被告人らの朝鮮戦争戦死者への黙禱を制止しなかった訴訟指揮の当否が問題となった事件。その訴訟指揮の当否に関して、①国会の裁判官訴追委員会が担当裁判官の訴訟指揮の当否に関する調査を行うことを決定したこと、とくに、②最高裁判所が「吹田事件の裁判にいかなる影響をも及ぼすものではない」と最後に断りつつも、吹田事件の訴訟指揮は「まことに遺憾」だとし、法廷の威信をそこない法の権威を失墜することのないよう自戒を求める「法廷の威信について」という通達を出したこと、が司法権の独立を侵すものではないか問題となった。

(4) 平賀書簡事件　一九六九年、長沼事件(第四章三3(1)＊(2)参照)に関連して、当時の平賀健太札幌地裁所長が、事件担当の福島重雄裁判長に対して、判断の一助にしてほしいとの前おきのもとに、国側の裁量判断を尊重して自衛隊の違憲判断は避けるべきである旨を示唆する内容の「書簡」を私信として送った事件。札幌地裁裁判官会議は明らかに裁判に対する干渉に当たるとして平賀所長を厳重注意処分に付した。また最高裁判所は、同所長を注意処分に付し、東京高裁に転任させた。

第一七章　財政・地方自治

一　財　政

1　財政民主主義

国家が活動していくには、莫大な金を必要とするが、それは結局、国民が負担しなければならない。したがって、財政の適正な運営は国民の重大な関心事である。立憲政治が、国王の課税に対する国民の承認という財政問題を契機にして発展したことにも、その重要性が示されている。日本国憲法は、行政権の主体は内閣であると定める一方で、財政についてとくに一章を設け、国会のコントロールを強く認めている。「国の財政を処理する権限は、国会の議決に基いて、これを行使しなければならない」(八三条)という規定は、財政の基本原理を明らかにしたものである。

2　租税法律主義

「あらたに租税を課し、又は現行の租税を変更するには、法律又は法律の定める条件によることを必要とする」(憲法八四条)。これは、租税は国民に対して、直接負担を求めるものであるから、必ず国民の同意を得なければならないという原則である。イギリスで古くから説かれた「代表なければ課税なし」という政治原理に由来する。

(1) ここに「租税」とは、国または地方公共団体が、その課税権に基づいて、その使用する経費に充当するために、強制的に徴収する金銭給付のことを言う。

もっとも、形式的に租税と言われなくても、国民に対して強制的に賦課される金銭、たとえば専売品の価格、営業許可に対する手数料や、各種の検定手数料、〔二〇〇七年の郵政民営化実施以前の〕郵便・郵便貯金・郵便為替などの料金等についても、租税法律主義の原則の趣旨からして、国会の議決が必要であると一般に解されている。この解釈によれば、「租税を除く外、国が国権に基いて収納する課徴金及び法律上又は事実上国の独占に属する事業における専売価格若しくは事業料金については、すべて法律又は国会の議決に基いて定めなければならない」と規定する財政法三条は、憲法八三条または八四条から生ずる結論を確認し表明したものということになる。しかし、八三条との関係で「国会の議決」を要するとしても、右手数料等をすべて八四条に言う「租税」に含めて解するのは、妥当ではない。租税は、特別の給付に対する反対給付の性質をもたないので、右手数料等とは区別して考えるべきである。〔「特別の給付に対する反対給付としてではなく、一定の要件に該当するすべての者に対して課する金銭給付は、その形式のいかんにかかわらず、憲法八四条に規定する租税に当たる」が、国民健康保険の保険料は「保険給付を受け得ることに対する反対給付として徴収されるもの」であるから、憲法八四条は直接に適用されるものではないとした最大判平成一八・三・一民集六〇巻二号五八七頁参照。〕

(2) 「法律」による議決を要する事項は、納税義務者、課税物件、課税標準、税率等の課税要件と、税の賦課・徴収の手続である(最大判昭和三〇・三・二三民集九巻三号三三六頁)。これによって、法的安定性ないし予測可能性が確保される。

もっとも、法律上は課税できる物品であるにもかかわらず、実際上は非課税として取り扱われてきた物品を、通達によって新たに課税物件として取り扱うことも、「通達の内容が法の正しい解釈に合致するもの」であれば、違憲でない、と解されている(最判昭和三三・三・二八民集一二巻四号六二四頁)。

3 予算

国の収入および支出が、毎年、予算という形式で、国会に提出され、審議・議決されるのは近代国家に通ずる大原則である。予算とは、一会計年度における国の財政行為の準則であり、それに従って、国の財政が運用される。憲法は、予算について、「内閣は、毎会計年度の予算を作成し、国会に提出して、その審議を受け議決を経なければならない」(八六条)と定めている(衆議院の予算先議権および予算議決に関する優越性につき、第一四章三1㈢参照)。

㈠ 法的性格　予算は単なる歳入歳出についての「見積表」ではなく、政府の行為を規律する法規範である。しかし、予算を、「予算」という独自の法形式であるとみる(こう解する説を予算法形式説ないし予算法規範説と言う)か、あるいは法律の一種とみる(こう解する説を予算法律説と言う)かについては、学説上争いがある。欧米諸国では、通常、予算と法律を形式上区別しないが、わが国では、多数説は、予算が政府を拘束するのみで、一般国民を直接拘束しないこと、予算の効力は一会計年度に限られていること、内容的に計算のみを扱っていること、などの理由のほか、提出権が内閣に属すること(憲法七三条五号・八六条)、衆議院に先議権があること、衆議院の再議決制が認められていないこと(同六〇条一項・二項)、などの理由もあげて、予算を法律と異なる特殊の法形式であると解している。実際にも、明治憲法時代から予算と法律とは別のものとして扱われており、そのため、予算と法律との不一致の問題*も生ずる。

*予算と法律の不一致　①予算は成立したのに、その支出を命じ認める法律が制定されないとか、②法律は制定されたのに、その執行に必要な予算がない場合を言う。このような不一致が起こることを回避するため、一九五五年の国会法および議院規則の改正により、予算をともなう法律案の発議や予算の増額をともなう法律案の修正等について、一定数の議員の賛成を要することとしたり、内閣に意見を述べる機会を与えたりすることにした(国会法五六条一項・五七条・五七条の三参照)。しかし、法律と予算の提出権者、議決手続・要件が異なる以上、不一致が生じるのは避けられない。その場合には、①のケースについては、内閣は法律案を提出し国会の議決を求めるしかないが、国会には法律制定の義務はない。②のケースについては、内閣は「法律を誠実に執行」する義務を負っているので(憲法七三条一号)、補正予算、経費流用、予備費支出(財政法二九条・三三条二項・三五条)のほか、法律の施行の延期等の方法で対処することが求められる。

(二)　**増額修正**　予算は内閣によって作成され、国会の審議・議決を受ける。国会は議決に際し、原案にあるものを廃除削減する修正(マイナス修正)はもとより、原案に新たな款項を設けたり、その金額を増加する修正(プラス修正)を行うことができる。プラス修正は内閣の予算提出権を侵すから許されないという説もあるが、その解釈は、国権の最高機関としての国会の憲法上の地位や財政民主主義の基本原則から考えると、妥当ではない。現行法にも増額修正を予想する規定がある(財政法一九条、国会法五七条の三参照)。

もっとも、プラス修正は、予算の性質上、必ずそれに相当する財源をともなうものでなければならない。それに加えて、予算の同一性を損なうような大修正はできないと解するか、そのような限界は法的にはないと解するか、学説は分かれている。*

＊予算修正権に関する諸説　政府は、一九七七年の統一見解において、新たな支出の追加(歳出予算の「項」の追加)は許されないという従来の見解に若干の修正を加え、「項」を新設する修正もありうる旨の立場を明らかにしたが、「国会の予算修正は、内閣の予算提出権を損なわない範囲内において可能」という限界説を維持している。しかし、提出権を損なうかどうか、同一性を損なうかどうかは、具体的にはきわめて不明確なので、予算法規範説をとりつつ国会の予算修正権に限界はないとする有力説もある。予算法律説をとれば、条理上の制約は別として、修正権に制限は存しないことになる。

㈢　**暫定予算**　会計年度が開始する時までに当該年度の予算が成立しない場合は、前年度の予算を施行することも考えられるが(明治憲法七一条)、日本国憲法の下では、財政民主主義の原則を重視し、財政法で暫定予算制を採用している(三〇条)。

4　決算審査

国の収入支出の決算はすべて毎年会計検査院(内閣に対し独立の地位を有する)がこれを検査し、「内閣は、次の年度に、その検査報告とともに、これを国会に提出しなければならない」(憲法九〇条)。

ここに「国会に提出」するというのは、国会が提出された決算を審議し、それを認めるか否か議決することを要する、という趣旨である。もっとも、両議院一致の議決は必要ではない。また、各議院の議決は決算の効力には関係ない。

5　公金支出の禁止

国または地方公共団体の所有する公金その他の公の財産は、国民の負担と密接にかかわるので、それが適正に管理され、民主的にコントロールされることが必要である。憲法が、公金・公財産は「宗教上の組織若しくは団体の使用、便益若しくは維持のため、又は公の支配に属しない慈善、教育若しくは博愛の事業に対し、これを支出し、又はその利用に供してはならない」(八九条)と定めているのは、その趣旨を表わす(地方自治法二四二条参照)。

本条の前段は、「宗教上の組織若しくは団体」*への公金の支出を禁止することによって、政教分離の原則を財政面から保障することを目的とするが、後段の趣旨・目的は必ずしも明確ではない。大別して、①私的な事業への不当な公権力の支配が及ぶことを防止するための規定と解する立場と、②公財産の濫費を防止し、慈善事業等の営利的傾向ないし公権力に対する依存性を排除するための規定と解する立場とがある。この対立が、「公の支配」の解釈の相違と結び合って、具体的問題の解決の仕方を大きく左右する。

すなわち、①の立場は、一般に「公の支配に属する」を、「その事業の予算を定め、その執行を監督し、さらにその人事に関与するなど、その事業の根本的方向に重大な影響を及ぼすことのできる権力を有すること」と言うように、厳格かつ狭義に解するので、監督官庁が事業の自主性が失われる程度に達しない権限(たとえば私立学校振興助成法一二条、社会福祉事業法五六条[現行社会福祉法五八条]の定める、報告を徴したり勧告したりする権限)を有するだけでは、「公の支配に属する」と言えず、その事業に対する助成は違憲の疑いがあることになる。

これに対して、②の立場は、一般に「公の支配に属する」を、「国または地方公共団体の一定の監督が及んでいることをもって足りる」というように、緩やかに、かつ広義に解するので、業務や会計の状況に関し報告を徴したり、予算について必要な変更をすべき旨を勧告する程度の監督権をもっていれば、助成は合憲とされることになる(もっとも、私学助成の合憲性を基礎づけるには、教育のもつ「公の性質」や憲法二六条の言う教育の機会均等の原則などを考慮に入れることも必要であろう)。

＊「宗教上の組織若しくは団体」の意味　組織と団体の意味を区別する説もあるが、両者を厳格に区別せず、「宗教上の事業もしくは活動を行う共通の目的をもって組織された団体」の意に解する説(甲説)が有力である。より狭く「特定の信仰を有する者による、当該宗教目的を達成するための組織体」の意に解する説(乙説)もある。日本遺族会は、甲説によれば「宗教団体」になるが、乙説によればその定義に合致しない。しかし、甲乙両説の概念は、いずれも、宗教法人法二条の定義する「宗教団体」(すなわち、「宗教の教義をひろめ、儀式行事を行い、及び信者を教化育成することを主たる目的」とする「礼拝の施設を備える神社、寺院、教会、修道院その他これらに類する団体」、およびそれらの団体を「包括する教派、宗派、教団、教会、修道会、司教区その他これらに類する団体」)よりも、その範囲は広い。判例は、「特定の宗教の信仰、礼拝又は普及等の宗教的活動を行うことを本来の目的とする組織ないし団体」と解し、遺族会はそれに当たらないとする(最判平成五・二・一六民集四七巻三号一六八七頁)。

二　地方自治

統治機構は民主主義と権力分立原理に基づいて組織されるが、それには、まず、地方の政治は住民の自治によるという原理が認められねばならない。「地方自治は民主主義の小学校である」と言われ、あるいは、地方自治は中央の統一権力の強大化をおさえて、権力を地方に分散させるという重要な意義があると説かれるのは、そのためである。

地方自治をどのように法的に保障していくかについては、各国によって異なる。明治憲法は、憲法で規定せず、すべて法律で定めた。この地方自治制は著しく官治的な色彩が濃かった。これに対して、日本国憲法は、とくに第八章に「地方自治」の章を設け、憲法上の制度として厚く保障している。この保障の性質をどう解するかについては諸説あるが、一般に、地方公共団体の自然権的・固有権的な基本権の保障ではなく、地方自治という歴史的・伝統的制度の保障(いわゆる制度的保障)と解されている。

1　地方自治の本旨

地方自治の一般原則として、憲法は、「地方公共団体の組織及び運営に関する事項は、地方自治の本旨に基いて、法律でこれを定める」(九二条)と規定した。

ここに言う「地方自治の本旨」には、住民自治と団体自治の二つの要素がある。住民自治とは、地方自治が住民の意思に基づいて行われるという民主主義的要素であり、*団体自治とは、地方自治が国から独立した団体に委ねられ、団体自らの意思と責任の下でなされるという自由主義的・地方分権的要素である(憲法九四条参照)。したがって、地方公共団体そのものを廃止したり、地方議会を諮問機関としたりすることは、「地方自治の本旨」に反する措置として違憲となる。

＊住民自治の諸制度　憲法は住民自治の原則を具体化するため、地方公共団体の長、議会の議員を住民が直接選挙すること(九三条二項)、「一の地方公共団体のみに適用される特別法」(政府は「特定の地方公共団体の組織、運営、権能、権利、義務についての特例を定める法律」を意味する、と言う)は住民投票に付されること(九五条)を定めるが、地方自治法は、さらに、直接請求の諸制度(条例の制定・改廃請求につき七四条―七四条の四、監査請求につき七五条、議会解散請求につき七六条―七九条、議員・長の解職請求につき八〇条―八八条)を設け、そのうち、解散請求と解職請求に対して住民投票を認めている。

2　地方公共団体の機関

地方公共団体には議会が設置され、また、地方公共団体の長、議会の議員等は住民(その意義・権利義務につき、地方自治法一〇条参照)の選挙によらなければならない(憲法九三条)。これは、地方自治の民主化を徹底しようとするものである。ここに言う「地方公共団体」とは、地方自治の沿革や実態を考え併せると、都道府県・市町村という標準的な二段階の地方公共団体(地方自治法一条の二[現行一条の三]に言う「普通地方公共団体」)を指すと解される。＊すべての地方公共団体を意味するわけではない。東京都の特別区(地方自治法一条の二[現行一条の三]に言う「特別地方公共団体」)が憲法上の地方公共団体であるかどうかが争われた事件で、最高裁は、特別区は沿革的にも実質的にも「地方公共団体」とは言えない、と判示した＊＊(最大判昭和三八・三・二七刑集一七巻二号一二一頁)。

＊府県制廃止は合憲か　本文は、府県制の廃止が憲法上許されないという趣旨ではない。たしかに、都道府県は判例の言う基準(＊＊参照)を充足する。また戦後の地方自治が、官選知事制を公選知事制に改め、都道府県を完全自治体とすることを重要な柱とした沿革も、考慮に値する。しかし都道府県は、現在なお、「基

礎的な地方公共団体」（地方自治法二条四項〔現行二条三項〕）たる市町村と国とを媒介する中間的な団体であるから、「地方自治の本旨」を生かすために広域化する必要があるとすれば、現在の二段階制を維持しつつ都道府県制をいわゆる道州制に再編するか否かは、立法政策の問題だと解することも許されるであろう。もっとも、都道府県を廃止し市町村のみを「地方公共団体」とする制度（一段階制）に改めても、立法政策上の当否はともかく、合憲であるとする有力説もある。

＊＊特別区は憲法上の地方公共団体か　最高裁は、憲法九三条の地方公共団体と言いうるためには、「事実上住民が経済的文化的に密接な共同生活を営み、共同体意識をもっているという社会的基盤が存在し、沿革的にみても、また現実の行政の上においても、相当程度の自主立法権、自主行政権、自主財政権等地方自治の基本的権能を附与された地域団体であることを必要とする」とし、特別区はこの基準に当たらないので、区長の公選制を廃止した昭和二七年の地方自治法改正は違憲ではない、と判示した（公選制は同四九年の改正で復活している）。

3　条　例

㈠　性　質　地方公共団体は、さまざまの事務を行うが（地方自治法二条）、この自治事務†と言われるものを実施するに際して、条例を制定できる（憲法九四条）。条例とは、地方公共団体がその自治権に基づいて制定する自主法である。実質的な意味においては、長の制定する規則（地方自治法一五条）や各種委員会（教育委員会、公安委員会、人事委員会）の制定する規則（同一三八条の四）を含むが、形式的な意味においては、議会が地方自治法二条二項の事務および法律の特別の委任ある事項について定める法規を言う（同一四条・九六条）。

「自主法」とは、法律・命令等の「国家法」に対する観念で、具体的には、①条例は、地方公共団体の事務(自治事務)に関する事項しか規律できないが、②その範囲内では、国家法とは原則として無関係に、独自に規定を設けることができる、ことを意味する。

†ここでいう自治事務とは、地方公共団体が処理する事務(広義の自治事務)をいう(地方自治法二条二項参照)。地方公共団体が行う事務として、かつては自治事務と機関委任事務が区別されていた。機関委任事務とは、法律で国の事務と定めたものにつき、その執行を地方公共団体の機関である「長」(都道府県知事・市町村長)に委任した事務をいう。国の事務という理由から、中央の管轄官庁がその執行方法の詳細を通達等で定めて長を統制し、かつ、地方議会のコントロール権の及ばないものと主張した。このような機関委任事務が次第に増大し、地方公共団体の長が行う事務の半分以上を占めるに至ったため、地方自治が著しく形骸化されていると批判されるようになり、一九九九年の法律改正により機関委任事務の制度は廃止され、その多くは自治事務に組み替えられた。現行法では、地方公共団体の処理する事務として自治事務と法定受託事務が区別されているが、事務配分のあり方としては自治事務が原則であり、国あるいは広域自治体(都道府県)によるある程度のコントロール(国あるいは都道府県による「関与」)が必要な事務に限り法律で法定受託事務とすることができるとされ、かつての機関委任事務の弊害の再発を防ぐ配慮がなされている(地自法二条)。

(二) 範囲と限界

(1) 条例制定権には、第一に、[広義の]自治事務に関するものでなければならないという限界がある。しかし、自治事務であれば、住民の基本的人権に制約を課すことも許される。したがって、公安条例による表現の自由の制限をそれ自体ただちに違憲と言うことはできない。

ただ、憲法上法律に留保されている事項について、条例による規制が可能かどうか、可能であるとしてその理由は何か、については争いがある。なかでも次の三点が重要である。

①　一つは、憲法二九条二項との関連で、条例による財産権の内容の規制が許されるか否かの問題である。財産権の内容の規制は法律による必要があるが、財産権の行使の規制は条例によることも可能である、という説もあるが、内容と行使を截然と区別することはきわめて困難であるから、むしろ、条例は住民の代表機関である議会の議決によって成立する民主的立法であり、実質的には法律に準ずるものであるという点に、条例による内容の規制も許される根拠がある、と解するのが妥当である。* もちろん、当該財産権が一地方の利害を超えて全国民の利害にかかわるものであったり、全国的な取引の対象となりうるものであるような場合には、その内容の規制は原則として法律によらなければならない。

②　次は、法律によらない科刑を禁止する憲法三一条、および法律の委任なくして政令に罰則を設けることを禁止する七三条六号との関連で、条例にその違反に対する制裁として罰則を定めることができるか否かの問題である。この点についても諸説があるが、右①の場合と同じ理由で積極に解するのが妥当とされよう。地方自治法一四条五項［現行一四条三項］はそれを確認し、刑罰の最高限（二年以下の懲役若しくは禁錮、一〇〇万円以下の罰金、拘留、科料又は［若しくは］没収の刑［又は五万円以下の過料］）を定めたもの、と解されている。**

③　また、租税法律主義の原則を定める憲法八四条との関連で、条例による地方税の賦課徴収が許されるか否かも問題であるが、地方公共団体は自治権の一つとして課税権を有し、八四条の「法律」には条例も含まれる、と一般に解されている。地方税法三条が、条例により「税目、課税客体、課税標準、税率その他賦課徴収について定をする」旨規定しているのは、憲法の右趣旨を確認したものと言うことができる。

［判例も、地方公共団体は憲法上「課税権の主体となることが予定されて」おり、法律の範囲内で条例により課税することができるとしている（最判平成二五・三・二一民集六七巻三号四三八頁）。］

＊条例による財産権の制限　これに関する判例につき第一〇章三3㈡＊の奈良県ため池条例事件参照。

＊＊条例における罰則　大阪市の「街路等における売春勧誘行為等の取締条例」に違反した者が右条例の憲法三一条違反を争った訴訟で、最高裁は、刑罰を法律の授権によって法律以下の法令によって定めることもできる（このことは同七三条六号但し書によっても明らかである）とし、「条例は、法律以下の法令といっても、公選の議員をもって組織する地方公共団体の議会の議決を経て制定される自治立法であって、行政府の制定する命令等とは性質を異にし、むしろ国民の公選した議員をもって組織する国会の議決を経て制定される法律に類するものであるから、条例によって刑罰を定める場合には、法律の授権が相当な程度に具体的であり、限定されておればたりると解するのが正当である」と判示した（最大判昭和三七・五・三〇刑集一六巻五号五七七頁）。

(2)　条例制定権には、第二に、法律に反してはならないという限界がある。＊　これは、憲法九四条が、「法律の範囲内で」条例制定権を認めており、したがって、条例の効力は法律に劣る（地方自治法一四条一項で「法令に違反しない限りにおいて」とされていることから、命令にも劣る）からである。しかし、法令に明示もしくは黙示の禁止規定がないかぎり、すでに法律による規制が定められている場合でも、法律の特別の委任なくして条例を制定できる。この点で大いに問題となったのが、公害規制における「上乗せ条例」（法律の定める規制基準よりも厳しい基準を定める条例）の適法性である。学説の一般的な傾向は、法律に反してはならないという条件をゆるやかに解し、法律の趣旨からして、より厳しい規制基準を条例で定めることをとくに排除しているのでなければ、地方の実情に応じて別段の規制を定める上乗せ条例は適法であると解している。最近の法律にはその趣旨を明文で定めているものもある(大気汚染防止法四条一項、騒音規制法四条二項等)。

＊「法令に違反しない限り」の意味　最高裁は、徳島市公安条例事件(第九章三3＊参照)において、集団行進の道交法による規制と公安条例による規制の競合が問題にされた際、両者の関係について次のように判示した。「条例が国の法令に違反するかどうかは、両者の対象事項と規定文言を対比するのみでなく、それぞれの趣旨、目的、内容及び効果を比較し、両者の間に矛盾抵触があるかどうかによってこれを決しなければならない。例えば、ある事項について国の法令中にこれを規律する明文の規定がない場合でも、当該法令全体からみて、右規定の欠如が特に当該事項についていかなる規制をも施すことなく放置すべきものとする趣旨であると解されるときは、これについて規律を設ける条例の規定は国の法令に違反することとなりうるし、逆に、特定事項を規律する国の法令と条例が併存する場合でも、後者が前者と別の目的に基づく規律を意図するものであり、その適用によって前者の規定の意図する目的と効果をなんら阻害することがないときや、両者が同一の目的に出たものであっても、国の法令が必ずしもその規定によって全国的に一律に同一内容の規制を施す趣旨ではなく、それぞれの普通地方公共団体において、その地方の実情に応じて、別段の規制を施すことを容認する趣旨であると解されるときは、国の法令と条例との間にはなんら矛盾抵触はなく、条例が国の法令に違反する問題は生じえない」(最大判昭和五〇・九・一〇刑集二九巻八号四八九頁)。

この判決は、①国の法令の規制の趣旨が全国一律の均一的な規制をめざしていると解される場合には、条例によって、(i)法令が規律の対象としていない事項を法令と同一の目的で規制したり、(ii)法令が規律の対象としている事項をより厳しく規制したりすることは、許されないが、②法令が全国的な規制を最低基準として定めていると解される場合には、(i)(ii)ともに許される旨を判示したもので、一般論としては妥当であろう。

第一八章　憲法の保障

一　憲法保障の諸類型

憲法は、国の最高法規であるが、この憲法の最高法規性は、ときとして、法律等の下位の法規範や違憲的な権力行使によって脅かされ、ゆがめられるという事態が生じる。そこで、このような憲法の崩壊を招く政治の動きを事前に防止し、または、事後に是正するための装置を、あらかじめ憲法秩序の中に設けておく必要がある。その装置を、通常、憲法保障制度と言う。

憲法保障制度を大別すると、①憲法自身に定められている保障制度と、②憲法には定められていないけれども超憲法的な根拠によって認められると考えられる制度がある。①の例を日本国憲法で示すと、憲法の最高法規性の宣言(九八条)、公務員に対する憲法尊重擁護の義務づけ(九九条)、権力分立制の採用(四一条・六五条・七六条)、硬性憲法の技術(九六条)などのほか、事後的救済としての違憲審査制(八一条)がある。②の例としては、抵抗権と国家緊急権が挙げられる。その他に、法律レベルでも、刑法の内乱罪(七七条)、破壊活動防止法等の規定により、憲法秩序の維持が図られている。

以下、まず②を概説し、①については、世界的に最も重要な憲法保障制度となった違憲審査制の意義と機能を検討し、憲法改正の問題を扱うことにしたい。

1 抵抗権

国家権力が人間の尊厳を侵す重大な不法を行った場合に、国民が自らの権利・自由を守り人間の尊厳を確保するため、他に合法的な救済手段が不可能となったとき、実定法上の義務を拒否する抵抗行為を、一般に抵抗権と言う。抵抗権の考えは古くからあり、人権思想の発達に大きな役割を演じたが、それが実際に重要な意味をもったのは近代市民革命の時代であった。自然権の思想と結び合って、「圧政への抵抗」の権利が強調され、若干の人権宣言の中にもうたわれた(一七八九年・一七九三年のフランス人権宣言参照)。その後、近代立憲主義の進展とともに、憲法保障制度が整備され、抵抗権は人権宣言から姿を消してしまう。それは、抵抗権が本来、個人の権利・自由として実定化されることになじまない性格をもっているからである。たしかに、第二次世界大戦時におけるファシズムの苦い体験を経て、戦後、抵抗権思想が復活し、それを再び人権宣言の中に規定する憲法も現われるようになったが、それは本来の抵抗権をすべてカバーするものではない。抵抗権の本質は、それが非合法的であるところにあり、制度化にはなじまないと解される。一定の内容の実定化が可能であるにとどまる。

日本国憲法が国民の抵抗権を認めているかどうかは、抵抗権の意味・性格をどのように理解するか、とくに抵抗権は自然法上の権利か実定法上の権利か、という難しい問題とかかわるので、簡単に結論を出すことはできない。基本的人権を国民は「不断の努力によつて」保持しなくてはならないこと(一二条)から、ただちに実定法上の権利としての抵抗権を導き出すことは、きわめて困難であるが、憲法は自然権を実定化したと解されるので、人権保障規定の根底にあって人権の発展を支えてきた圧政に対する抵抗の権利の理念を読みとることは、十分に可能である。

2 国家緊急権

戦争・内乱・恐慌・大規模な自然災害など、平時の統治機構をもっては対処できない非常事態において、国家の存立を維持するために、国家権力が、立憲的な憲法秩序を一時停止して非常措置をとる権限を、国家緊急権と言う。この国家緊急権は、一方では、国家存亡の際に憲法の保持を図るものであるから、憲法保障の一形態と言えるが、他方では、立憲的な憲法秩序を一時的にせよ停止し、執行権への権力の集中と強化を図って危機を乗り切ろうとするものであるから、立憲主義を破壊する大きな危険性をもっている。したがって、実定法上の規定がなくても、国家緊急権は国家の自然権として是認される、とする説は、緊急権の発動を事実上国家権力の恣意に委ねることを容認するもので、過去における緊急権の濫用の経験に徴しても、これをとることはできない。超憲法的に行使される非常措置は、法の問題ではなく、事実ないし政治の問題である。この点で、自然権思想を推進力として発展してきた人権、その根底にあってそれを支えてきた抵抗権と、性質を異にする。

そこで、一九世紀から二〇世紀にかけての西欧諸国では、非常事態に対する措置をとる例外的権力を実定化し、その行使の要件等をあらかじめ決めておく憲法も現われるようになった。それには、①緊急権発動の条件・手続・効果などについて詳細に定めておく方式と、②その大綱を定めるにとどめ、特定の国家機関(例、大統領)に包括的な権限を授権する方式の二つがある。しかし、危険を最小限度に抑えるような法制化はきわめて困難であり、二つの方式のいずれも、多くの問題点と危険性をはらんでいる。とくに②は、濫用の危険が大きい(例、ワイマール憲法四八条の定める大統領の非常措置権)。

わが国では、明治憲法は緊急権に関する若干の規定を設けていたが(八条の緊急命令の権、一四条の戒厳宣告の権、三一条の非常大権など)、日本国憲法には、国家緊急権の規定はない。

二 違憲審査制

西欧型の立憲主義憲法において憲法保障制度として最も重要な役割を果たしているのが、違憲審査制である。かつてヨーロッパ大陸諸国では、裁判所による違憲審査制は民主主義ないし権力分立原理に反すると考えられ、制度化されなかったが、第二次世界大戦中に経験した独裁制に対する深刻な反省から、人権は法律から保障されなければならないと考えられるようになり、戦後の新しい憲法によって広く違憲審査制が導入されるに至った。日本国憲法は、「最高裁判所は、一切の法律、命令、規則又は処分が憲法に適合するかしないかを決定する権限を有する終審裁判所である」と定め(八一条)、通常裁判所に違憲審査権を認めている。

1 違憲審査権の根拠

この違憲審査制は、理論的には、主として次の二つの根拠に支えられている。

第一は、憲法の最高法規性の観念である。憲法は、国の最高法規であって、それに反する法律、命令その他の国家行為は違憲・無効であるが、それは、国家行為の合憲性を審査・決定する機関があってはじめて、現実に確保される。第二は、基本的人権尊重の原理である。基本的人権の確立は近代憲法の目的であり、憲法の最高法規性の基礎となる価値でもあるが、その基本的人権が立法・行政両権によって侵害される場合に、それを救済する「憲法の番人」として、裁判所ないしそれに類する機関による違憲審査制が要請されるのである。

もっとも、第三に、通常裁判所に違憲審査権を認める制度は、憲法の下に三権が平等に併存すると考えるアメリカ的な権力分立の思想をも大きな理論的根拠としている(第一四章一1(二)参照)。この思想によれば、司法は独自の立場で係争の法令を解釈し、違憲と解される場合には事件に適用することを拒否する責務を負い、かつ、立法・行政の違憲的な行為を司法が統制し、権力相互の抑制と均衡を確保する必要がある、からである。

2 違憲審査権の性格

いかなる機関が違憲審査を行うかはさまざまである。一九世紀のヨーロッパ大陸諸国や明治憲法時代の日本では、法律と質的に区別された憲法の最高法規性の観念がなく、人権は議会の制定する法律によって保障されるという考え方が強かったので、裁判所による法律の合憲性の審査は否定された。その伝統を受けて、戦後のフランス第四共和制憲法のように、違憲審査を行う独立の政治機関(「憲法委員会 comité constitutionnel」。第五共和制憲法の「憲法院 conseil constitutionnel」も当初は同じ性格の機関であったが、一九七〇年代以降、裁判機関としての性格を強く有するに至った)を設ける方式もある。しかし、最も一般的なのは、裁判所による違憲審査の方式である。

裁判所による違憲審査制にも、大別して、①特別に設けられた憲法裁判所が、具体的な争訟と関係なく、抽象的に違憲審査を行う方式(抽象的違憲審査制)と、②通常の裁判所が、具体的な訴訟事件を裁判する際に、その前提として事件の解決に必要な限度で、適用法条の違憲審査を行う方式(付随的違憲審査制)がある。①は、主として、立法権を中心に権力分立を考えてきたヨーロッパ大陸諸国(ドイツ、イタリア、オーストリア)で採用されている。②の典型はアメリカである。

わが国の制度がどちらに属するかは、憲法八一条の解釈に関連して争われたが、八一条は付随的審査制(付随的違憲審査制の意、以下同じ)を定めたものであると解するのが、通説・判例の立場*であり、それが妥当な考え方だと言えよう。その理由は、①八一条は「第六章司法」の章に定められているが、司法とは伝統的に具体的な権利義務に関する争い、または一定の法律関係の存否に関する争いを前提とし、それに法令を適用して紛争を解決する作用であり、違憲審査権はその作用に付随するものとして八一条に明記されたと解されること、②抽象的審査(抽象的違憲審査の意、以下同じ)が認められるためには、それを積極的に明示する規定、たとえば提訴権者・裁判の効力に関する規定等が憲法上定められていなければならないこと、に存する。

もっとも、八一条は必ずしも憲法裁判所としての権能を認めたものではないけれども、法律で憲法裁判権を最高裁判所に与えることを禁じてはいない(したがって、法律で訴訟手続等を定めるならば、最高裁判所は憲法裁判所として活動することが可能となる)、と解する説も有力である(司法の概念の歴史性を重視すれば、そのような解釈も、絶対に不可能とまでは言えないであろう)。

＊警察予備隊違憲訴訟　日本社会党の代表者であった鈴木茂三郎が、自衛隊の前身である警察予備隊が違憲無効であることの確認を求めて、最高裁判所を第一審として出訴した事件。最高裁は、「わが裁判所が現行の制度上与えられているのは司法権を行う権限であり、そして司法権が発動するためには具体的な争訟事件が提起されることを必要とする。我が裁判所は具体的な争訟事件が提起されないのに将来を予想して憲法及びその他の法律命令等の解釈に対し存在する疑義論争に関し抽象的な判断を下すごとき権限を行い得るものではない」と判示して、請求を却下した(最大判昭和二七・一〇・八民集六巻九号七八三頁)。

3　付随的違憲審査制の特質

付随的審査制は、伝統的な司法の観念に立脚するものであり、個人の権利保護を第一の目的とする(私権保障型と呼ばれる)。これに対して、抽象的審査制は、違憲の法秩序を排除して、憲法を頂点とする法体系の整合性を確保しようとする(憲法保障型と呼ばれる)。この両者は、本質的に違ったシステムであり、その果たす機能も大きく異なっていた。しかし、近年、両者はそれぞれ他の機能を合わせもつようになり、一定の限度で、歩み寄りの傾向がみられる。たとえば、抽象的審査制といっても、ドイツの憲法裁判所は、公権力による人権侵害を理由として個人が提訴する違憲訴訟を審判する権限(これはアメリカ型の付随的審査制と同じ制度で、はじめは法律に定められていたものであるが、ケースもきわめて多く重要性も著しく増大したので、憲法上の制度に改められた)をも有するし、付随的審査制も、実際には、個人の人権の保障を通じて憲法秩序そのものを保障するという意味を強く帯びるようになっている。したがって、わが国の問題を考えるときにも、伝統的な私権保障型の付随的審査制を基本としながらも、それが憲法保障の機能をもつべきであることにも十分に配慮しなければならない。

(一)　憲法判断回避の準則　以上のようなアメリカ型の審査制の下では、裁判所が審査権を行使する場合に従うべきいくつかの準則がある。その最も重要な一つが、憲法判断回避の準則である。これは、憲法判断は事件の解決にとって必要な場合以外は行わないという「必要性の原則」に基づいて準則化された一連のルールを言う。アメリカでは一九三六年のアシュバンダー判決(Ashwander v. TVA, 297 U. S. 288)のブランダイス裁判官補足意見で説かれたので、アシュバンダー・ルールとか、ブランダイス・ルールとも呼ばれる。その中でもとくに重要なのは、「裁判所は憲法問題が記録上適切に提起されていても、もし事件を処理することができる他の理由が存在する場合には、その憲法問題には判断を下さない」というルールと、「議会の法律の効力が問題になった場合は、合憲性について重大な疑いが提起されても、裁判所が憲法問題を避けることができるような法律の解釈が可能かどうかを最初に確かめることは基本的な原則である」というルール*である。これが具体的に問題となった著名な事件が恵庭事件**である。

憲法判断回避の準則は、アメリカの判例において形成されてきた理論であり、むげに否定すべきではない。しかし、それを絶対的なルールとして主張すると、違憲審査制の憲法保障機能に反する場合が生じる。そこで、裁判所は、事件の重大性や違憲状態の程度、その及ぼす影響の範囲、事件で問題にされている権利の性質等を総合的に考慮し、十分理由があると判断した場合は、回避のルールによらず、憲法判断に踏み切ることができると解するのが、妥当であろう。また、法律解釈による憲法判断の回避が是認されるためには、最小限、その法律解釈は法の文言と立法目的から判断して合理性をもつものでなくてはならない。

＊合憲解釈　ブランダイス・ルールに言う「憲法問題を避けることができるような法律の解釈」は、「法律の違憲判断を回避する」解釈と、「法律の合憲性に対する疑いを回避する」解釈という、やや異なる二つの類型に分かれる。前者は、字義どおりに解釈すれば違憲になるかも知れない広汎な法文の意味を限定し、違憲となる可能性を排除することによって、法令の効力を救済する解釈であり、そこには当該法令の合憲判断が原則として前提とされている。この例として、交通「事故の内容」の報告義務の規定に限定解釈を加えて、「違憲のかどはない」とした判例(第一一章三4(2)参照)、地方公務員法の争議行為禁止規定に「二重のしぼり」の限定を加え、法文を合憲としつつ、構成要件非該当を理由に被告人を無罪とした都教組判決(第一三章三3＊(2)参照)を挙げることができる。これに対して、後者は、ある法令の条項について、たとえば甲という解釈をとれば、合憲性について重大な疑いが生じるので、少なくともその解釈だけはとらない、という場合を言い、そこでは右法条に対する合憲判断は原則として前提されていない(その例として次の＊＊参照)。合憲か違憲かは未確定の状態にある。前者の「法律の違憲判断を回避する」解釈の手法を合憲解釈、または合憲限定解釈と言う。この手法も、アメリカでは「憲法判断回避」の準則に含めて説かれる。

＊＊恵庭《えにわ》事件　北海道恵庭町にある自衛隊演習場付近において、自衛隊の演習騒音に悩まされた被告人が、自衛隊の基地内の演習用電信線を切断して、自衛隊法一二一条の防衛用器物損壊罪違反で起訴された。裁判所(札幌地判昭和四二・三・二九下刑集九巻三号三五九頁)は、一二一条にいう「その他の防衛の用に供する物」は、「武器、弾薬、航空機」という「例示物件」と「同列に評価しうる程度の密接かつ高度な類似性のみとめられる物件を指称する」が、被告人の切断した電信線はそれに該当しない、と判示して、被告人を無罪とし、自衛隊の合憲性については、無罪の結論が出た以上は憲法判断に立ち入るべきではないとして、憲法判断を回避した。この判決は、違憲か合憲かの判断を一切しておらず、その意味では法律を厳格解釈して「法律の合憲性に対する疑い」を回避した判決である。

㈡　憲法判断の方法

(1)　付随的審査制は具体的事件を前提にするので、事件を解決する場合、「誰が、何を、いつ、どこで、いかに行ったか」という、当該事件に関する事実をまず調べることが必要である。この事実をアメリカ法にならって司法事実ないし判決事実(adjudicative facts)と言う。しかし憲法事件では、さらに、違憲か合憲かが争われる法律の立法目的および立法目的を達成する手段(規制手段)の合理性を裏づけ支える社会的・経済的・文化的な一般事実が、問題になる。法律が合憲であるためには、その法律の背後にあってそれを支えている右のような一般事実の存在と、その事実の妥当性が認められなければならない。この事実をアメリカ法にならって立法事実(legislative facts)と言う。立法事実を検証しないまま、ただ憲法と法律の条文だけを概念的に比較して違憲か合憲かを決める憲法判断の方法は、実態に適合しない形式的・観念的な説得力の弱い判決になる可能性がある。

この点で薬局距離制限を違憲とした最高裁判決(第一〇章一2＊(2)参照)が、それを合憲と主張する被上告人の論旨を「単なる観念上の想定にすぎず、確実な根拠に基づく合理的な判断とは認めがたい」と批判し、立法事実を踏まえた憲法判断を行っているのが、注目される。

(2)　立法事実をとくに検出し論証せず、法律の文面を検討するだけで結論を導き出すことができる場合もある。ある法律の定める事前抑制の措置が「検閲」に当たるかどうかが争われる事件とか、罪刑法定主義の原則によって要求される法文の明確性が争われる事件(第九章三3参照)が典型的な例である。

このような文面判断の手法によって裁判所が違憲の結論をとる場合には、アメリカ法では通常「文面上無効」(void on its face)という判決になる。これは、「いかなる人に対し、いかなる事情において適用されても、必ず違憲の結果を生ずるだろう」という趣旨の判決であるから、判決の効力は法的には当該事件だけに及ぶものであるが、実際には一般効力説的な意味をもち、立法府と行政府を事実上強く拘束する。もっとも、文面判断ないし文面審査は、法令の合憲性を一般的に判断・審査するという意味に解される場合もある。それに対応して、文面上無効という判決が、立法事実の検出と論証が要求される事件で、法令違憲の結論がとられた場合に下されることもある。このように文面審査ないし文面上無効の意味を捉えた場合には、わが国の法令違憲判決の多くはそれに属する、と解することができる。

4　違憲審査の主体と対象

㈠　主　体　違憲審査権は、憲法八一条の規定をみると、最高裁判所のみに与えられているようにみえるが、すべて裁判官は憲法と法律に拘束され、憲法を尊重し擁護する義務を負っているので、具体的事件に法令を適用して裁判するに当たり、その法令が憲法に適合するか否かを判断することは、憲法によって課せられた裁判官の職務と職権と言わねばならない。したがって、下級裁判所もまた、事件を解決するのに必要不可欠であるかぎり、司法権の行使に付随して、当然に違憲審査権を行使できる。判例もそのように解する(最大判昭和二五・二・一刑集四巻二号七三頁)。

㈡　対　象　違憲審査の対象は、八一条によれば、「一切の法律、命令、規則又は処分」である。

(1)　そこで、まず、条約が列挙から除かれている趣旨がどこにあるのか、問題になる。もし、条約が効力の点で憲法に優越するとする説をとれば、そもそも条約の違憲審査の問題は生じない。しかし、通説・判例は、①条約が憲法に優位すると解すると、内容的に憲法に反する条約が締結された場合には、法律よりも簡易な手続によって成立する条約(憲法六一条参照)によって憲法が改正されることとなり、国民主権ないし硬性憲法の建前に反すること、②条約優位説が強調する国際協調主義は戦後の国際社会の一般原則であり、たしかに日本国憲法を支える重要な原則であるが、そこからただちに条約が憲法に優位するという結論を導き出すことはできないこと、③条約優位説がその論拠の一つとする憲法九八条一項は、国内法秩序における憲法の最高法規性を宣言した規定であるから、条約が列挙から除かれているのは当然であること、また同二項は、過去における国際法の無視ないし違反という事態を繰り返さないよう、とくに遵守を強調し、正規に成立した条約は原則として特別の変型手続(立法措置)を要せず、公布によってただちに国内法としての効力が認められる趣旨を明らかにしたものと解すべきであること、などを論拠として、憲法が条約に優越するという立場(憲法優位説)をとるので、条約の違憲審査が可能かどうか問題となるのである。

もっとも、憲法優位説をとりながら、条約はとくに八一条の列挙から除外されていること、条約は国家間の合意という特質をもち、一国の意思だけで効力を失わしめることはできないこと、しかもきわめて政治的な内容をもつものが多いこと、などの理由から、審査できないと説く見解も有力である。しかし、条約は国際法であるけれども、国内では国内法として通用するのであるから、その国内法としての側面については、八一条の「法律」に準ずるものとして違憲審査の対象となる、と解するのが妥当であろう。判例も、砂川事件(最大判昭和三四・一二・一六刑集一三巻一三号三二二五頁)において、条約に対する違憲審査の可能性を認めている(第四章五3*参照)。

(2) 立法の不作為は違憲審査の対象となるか。憲法により明文上ないし解釈上一定の立法をなすべきことが義務づけられているにもかかわらず、正当な理由もなく相当の期間を経過してもなお国会が立法を怠ったような場合には、その不作為は違憲と言わざるを得ないが、それによってただちに裁判所による違憲審査が是認されるわけではない。たとえば、台湾人元日本兵の求めた損失補償請求事件で、二審（東京高判昭和六〇・八・二六判時一一六三号四一頁）は、立法不作為の違憲確認訴訟を行政事件訴訟法の定めるいわゆる無名抗告訴訟（三条一項）の一種として認め注目されたが、それが認められる条件として、①立法をなすべき内容が明白であること、②事前救済の必要性が顕著であること、③他に救済手段が存在しないこと、を挙げている。

また、重度身障者の在宅投票制度を廃止したままその復活を怠った不作為の違憲を理由とする国家賠償請求事件で、二審（札幌高判昭和五三・五・二四高民集三一巻二号二三一頁）は、立法不作為が違憲であることは認めたが、国家賠償法一条一項で要求される故意・過失の存在を否定し、最高裁は、「国会議員は、立法に関しては、原則として、国民全体に対する関係で政治的責任を負うにとどまり、個別の国民の権利に対応した関係での法的義務を負うものではないというべきであって、国会議員の立法行為（立法不作為を含む。）は、立法の内容が憲法の一義的な文言に違反しているにもかかわらず国会があえて当該立法を行うというごとき、容易に想定し難いような例外的な場合でない限り、国家賠償法一条一項の適用上、違法の評価を受けない」と述べ（最判昭和六〇・一一・二一民集三九巻七号一五一二頁）、立法不作為の違憲審査を否認するにひとしいほど厳しい制約を課した。しかし、右に挙げた①—③の要件に加え、相当の期間の経過の要件が存する場合には、立法不作為の違憲審査が認められることもありうる、と解するのが妥当であろ†う（ただし、社会権の場合は広汎な立法裁量が認められるので、立法不作為の憲法訴訟が成立することは、ほとんどあり得ない）。

†相当の期間の経過を理由に立法不作為の違憲を認めた判決として、在外日本国民選挙権訴訟判決(第一二章二3(一)††)参照。なお、在宅投票制度に関する最高裁判決以後はほとんどの判決がそれに従って国家賠償請求を否定してきたが、例外的に立法不作為を理由とする国家賠償を認めた下級審判決が存在した。関釜元慰安婦訴訟一審判決(山口地下関支判平成一〇・四・二七判時一六四二号二四頁)と熊本ハンセン病訴訟一審判決(熊本地判平成一三・五・一一訟月四八巻四号八八一頁)である。

5 違憲判断の方法と判決

(一) 法令違憲と適用違憲

違憲判断の方法には、大別して、法令そのものを違憲とする法令違憲の判決と、法令自体は合憲でも、それが当該事件の当事者に適用される限度において違憲であるという適用違憲の判決とがある。いずれの類型の判決もわが国では数少ない。前者の例としては、最高裁判決では、尊属殺重罰規定(第七章二6)、議員定数不均衡(同上7)、薬局適正配置規制(第一〇章一2)、森林法共有林分割制限(同上三3(一)[、特別送達郵便物損害賠償責任免除(第一二章一3)、在外日本国民の選挙権制限(第一二章二3(一)††)、生後認知児童国籍否認(第七章二5(四)†)、非嫡出子相続分規定(同上*)]に関する違憲判決[あるいは決定]を挙げることができる程度にすぎない(別に「処分」を違憲とした愛媛玉串料判決[、空知太神社判決]等がある。第八章二3(二)[*、]**参照)。後者の適用違憲判決には次のような類型がある。

(1) 第一は、法令の合憲限定解釈が不可能である場合、すなわち合憲的に適用できる部分と違憲的に適用される可能性のある部分とが不可分の関係にある場合に、違憲的適用の場合をも含むような広い解釈に基づいて法令を当該事件に適用するのは違憲である、という趣旨の判決。たとえば猿払事件一審判決(第一三章三4*参照)が、「国公法一一〇条一項一九号は……同法一〇二条一項に規定する政治的行為の制限に違反した者という文字を使っており、制限解釈(合憲限定解釈のこと)を加える余地は全く存しないのみならず、……人事院規則一四―七は、全ての一般職に属する職員にこの規定の適用があると明示している以上、当裁判所としては、本件被告人の所為に、国公法一一〇条一項一九号が適用される限度において、同号が憲法二一条および三一条に違反するもので、これを被告人に適用することができない」と判示したのは、その例である。

(2) 第二は、法令の合憲限定解釈が可能であるにもかかわらず、法令の執行者が合憲的適用の場合に限定する解釈を行わず、違憲的に適用した、その適用行為は違憲である、という趣旨の判決。たとえば公務員の政治的行為に対する懲戒処分が争われた本所郵便局事件一審判決(東京地判昭和四六・一一・一判時六四六号二六頁)が、原告の本件行為(メーデーに「ベトナム侵略に加担する佐藤内閣打倒」のプラカードを掲げて行進した行為)は、「形式上文理上は国公法一〇二条一項に違反するけれども、右各規定(人事院規則一四―七第五項四号、六項一二号)を合憲的に限定解釈すれば、本件行為は、右各規定に該当または違反するものではない。したがって、本件行為が右各規定に該当または違反するものとして、これに各規定を適用した被告の行為は、その適用上憲法二一条一項に違反する」と判示したのは、その例である。

(3) 第三は、法令そのものは合憲でも、その執行者が人権を侵害するような形で解釈適用した場合に、その解釈適用行為が違憲である、という趣旨の判決。たとえば教科書裁判第二次訴訟一審判決(第九章三2(三)参照)が、現行の検定制度の合憲性を前提としたうえで、それを家永教科書検定に適用した処分(不合格処分)を「検閲」に当たり違憲だとしたのは、その例である。

(4) 最高裁判決が下した違憲判決で適用違憲と解することができるものは、第三者所有物を当該所有者に告知、弁解、防禦の機会を与えず没収することを違憲とした判例(第一一章一2㈡＊参照)である。この判決の論理は、合憲限定解釈の余地のない法規(旧関税法一一八条一項)に基づいて行われた没収という司法処分を違憲とするものと解することができるので、そのかぎりでは第(1)類型の適用違憲の判決とも言えるが、第三者に告知・聴聞の機会を与えることなくして没収した処分は違憲だと判示しているので、その点からみれば第(3)類型の例と解することもできる。

もっとも、最高裁は、第(1)類型の例として右に引いた猿払事件の上告審判決(第一三章三4＊参照)において、一審判決を、「法令が当然に適用を予定している場合の一部につきその適用を違憲と判断するものであって、ひっきょう法令の一部を違憲とするにひとしい」と批判し、適用違憲の手法にかなり消極的な姿勢を示している。たしかに一審判決の言う適用違憲は、法令の一部違憲と実質的に区別しがたいほど類似するものであるが、法令の有効性が全面的に維持されている点から言えば、純粋な法令の一部違憲ではなく、一部違憲といっても、せいぜい当該法規の解釈として成立し得るいくつかの意味のうちの一つを違憲としたものであることに注意しなければならない。適用違憲の手法がもつ積極的な意義を認め、その活用をはかる必要があろう。

㈡ **違憲判決の効力**　裁判所が、ある事件である法律を違憲無効と判示した場合に、違憲とされた法律の効力はどうなるか。学説には、①客観的に無効となる(すなわち、議会による廃止の手続なくして存在を失う)とする一般的効力説、②当該事件に限って適用が排除されるとする個別的効力説、および③法律の定めるところに任せられている問題だとする法律委任説がある。

以上三説のうち、いずれの結論が正当であるか断定することは難しい。しかし、付随的審査制においては、当該事件の解決に必要な限りで審査が行われ、したがって、違憲判決の効力も当該事件に限って及ぶと解されるから、基本的には、②説が妥当であろう。* 一般的効力を認めると、それは一種の消極的立法作用であり、国会のみが立法権を行使する(したがって、法律の効力ないし存在を最終的に失わせる権限を有するのは国会である)という憲法四一条の原則に反することにもなる。

もっとも、付随的審査制においても、「文面上無効」の判決もあるし、また、個別的効力と言っても、他の国家機関は最高裁の違憲判決を十分尊重することが要求される。したがって、国会は、違憲とされた法律をすみやかに改廃し、政府はその執行を控え、検察はその法律に基づく起訴を行わない、などの措置** をとることを憲法は期待しているとみるべきである。このように解すれば、①説が②説に対して、「ある場合には違憲無効であるにもかかわらず他の場合にはそうでないということになり、法的安定性ないし予見性を害し、また不公平を生んで平等原則にも反する」、とする批判は、当たらないことになるであろう。アメリカでも判例・通説は、違憲判決に、法律を法令全書から削除するような強い効力までは認めない。違憲とされた法律も、執行できない状態――いわば冬眠状態――に置かれるだけで、国会で廃止の手続がとられないかぎり、判例が変更されれば、かつて違憲とされた法律がそのまま再び生き返る。

＊将来効判決　②説が正当だとすると、判決の効力を将来から発生させること(いわゆる将来効判決)は許されないはずであるが、議員定数不均衡違憲判決が事情判決の法理に「一般的な法の基本原則に基づく」要素も含まれているとしてそれを適用した考え方(第七章二7参照)を推し進めると、裁判所が選挙の違法を宣言するにとどまらず、選挙を無効とし、ただ、その効力を開会中の国会ないし近い将来開会される国会の会期終了末の時点から発生させる(その間に国会の自主的な是正を要求する)等の将来効判決を下すことも、少な

くとも定数不均衡訴訟については、例外的に可能であると解される。もっとも、その場合には、定数再配分が合憲となりうるための計数基準（例、二対一の基準）を判決で示しておくことが必要であろう。

＊＊違憲とされた法令の事後措置　薬局適正配置規制や森林法共有林分割制限の各条項は、違憲判決（第一〇章一2、同三3㈠参照）後まもなく、国会が廃止の手続をとったが、尊属殺重罰規定は、刑法改正（平成七年法九一号）が成立するまで違憲判決（第七章二6参照）後も、改廃の手続がとられなかった。ただし、その間、運用上は、法務省の通達で普通殺人罪の規定が適用されていた。

㈢ 判例の拘束力と変更

「判例」とは、広く裁判例（判決例）のことを言う場合もあるが、厳密には、判決の結論を導くうえで意味のある法的理由づけ、すなわち「判決理由」（レイシオ・デシデンダイ ratio decidendi）のことを言う。判決文中これと関係のない部分は「傍論」（オビタ・ディクタム obiter dictum）と呼ばれる。

「判決理由」の部分（判例）は、後に起こる別の事件で同じ法律問題が争点となったとき、その裁判の拠りどころとなりうる先例として扱われる。その意味で判例は「法源」（第二章四2）として機能する。ただ、この先例は後の裁判を事実上拘束するにとどまる、と解するのが通説である。これに対して近時、法上の拘束力と解すべきであるとか、「事実上の」「法上の」という概念ではなく、拘束力に「弱い」「強い」の区別があると考えるべきであるとか、いう有力な異説もある。

しかし、判例の拘束力をどのように解するにせよ、十分の理由がある場合には、判例の変更は可能と解されている。そのような理由として、①時の経過により事情が大きく変更した場合、②経験の教えに照らして調節が必要になった場合、③先例に誤りがある場合（先例を変更する新しい判決の論理のほうが先例よりもすぐれている場合のほか、変更される判例がそれ以後の同種の問題または関連する事項についての判決と矛盾するという場合)などが考えられる。判例を変更するには、大法廷によらなければならない(裁判所法一〇条参照)。

三　憲法改正の手続と限界

1　硬性憲法の意義

憲法には、高度の安定性が求められるが、反面において、政治・経済・社会の動きに適応する可変性も不可欠である。この安定性と可変性という相互に矛盾する要請に応えるために考案されたのが、硬性憲法(rigid constitution)の技術、すなわち、憲法の改正手続を定めつつ、その改正の要件を厳格にするという方法である。

これは、最高法規たる憲法を保障する制度として、重要な意義を有する。ただ、国によって事情は異なるが、あまり改正を難しくすると、可変性がなくなり、憲法が違憲的に運用されるおそれが大きくなるし、反対に、あまり改正を容易にすると、憲法を保障する機能が失われてしまう。日本国憲法は、「この憲法の改正は、各議院の総議員の三分の二以上の賛成で、国会が、これを発議し、国民に提案してその承認を経なければならない」とし、国民による承認は国民投票において、「その過半数の賛成を必要とする」と定める(九六条)。「各議院の総議員の三分の二以上の賛成」と、国民投票における「過半数の賛成」という要件は、他国に比べて、硬性の度合が強い。

2 憲法改正の手続

憲法の改正は、国会の発議、国民の承認、天皇の公布という三つの手続を経て行われる。

(一) 国会の発議

ここに「発議」とは、通常の議案について国会法などで言われる発議(それは原案を提出することを意味する)とは異なり、国民に提案される憲法改正案を国会が決定することを言う。

(1) 発　案　憲法改正を発議するには、改正案が提示されなければならない。この原案を提出する権能(発案権)が各議員に属することは言うまでもないが(通常の議案の場合は、国会法五六条一項により、衆議院では二〇人以上、参議院では一〇人以上の賛成を要するが、憲法改正案についてはとくに要件を加重すること も考えられる[。二〇〇七年の国会法改正で六八条の二が追加され、「衆議院においては議員百人以上、参議院においては議員五十人以上の賛成を要する」ことになった])、内閣にも存するか否かについては、争いがある。肯定説は、「国会の発議」は発案権者が議員に限られることを当然には意味しないこと、内閣の発案権を認めても国会審議の自主性は損なわれず、またそれは、議院内閣制における国会と内閣との「協働」関係からみて不思議なことではないこと、などを理由とする。これに対して否定説は、憲法改正は国民の憲法制定権力(制憲権とも言う)の作用であるから、国民の最終的決定の対象となる原案の内容を確定する行為(憲法で言う「発議」)を国会が行うのは、制憲権思想からいって当然の理であり、この理を貫けば、「発議」の手続の一部をなすとも考えられる「発案」すなわち原案提出権は、議員のみに属すると解するのが憲法の精神に合致すること、内閣に発案権を認めても国会の自主的審議権が害されることはないとはいえ、改正案の提出権を法律案の提出権と同じに考えるのは、憲法と法律との形式的・実質的な相違をあいまいにする解釈であること、などを理由とする。

いずれの説が妥当か、にわかに断じがたい。そのため、「憲法の本旨は、内閣の発案を認めるかどうかは、国会の意思による法律にゆだねるという程度のものと解する」説にも、一理がある。ただし、かりに否定説が妥当だとしても(私見はそれに傾くが)、内閣は実際には議員たる資格をもつ国務大臣その他の議員を通じて原案を提出することができるので、内閣の発案権の有無を論議する実益は乏しい。

(2) 審 議 憲法・国会法に特別の規定がないので、審議の手続は法律案の場合に準じて行うことができると解される[(現在は、国会法が改正され、第六章の二「日本国憲法改正の発議」、第十一章の二「憲法審査会」、八六条の二「憲法改正原案に関する両院協議会」が追加されている)]。ただ、定足数については、慎重な審議を要する案件であることにかんがみ、総議員の三分の二以上の出席が必要ないし望ましいとする説が有力である。しかし、三分の一以上とするか三分の二以上とするかは、法律の定めるところに委ねられていると解されるので、特別の規定がない以上は三分の一以上で足りる。

審議にあたり、国会が原案を自由に修正できることは、言うまでもない。

(3) 議 決 各議院において、それぞれ総議員の三分の二以上の賛成を必要とする「総議員」の意味については、法定議員数か現在議員数か二説あるが、定数から欠員を差し引いた数と解する後説が妥当であろう。

両議院で三分の二以上の賛成が得られたとき、国会の発議が成立する。議決のほかに、発議および国民に対する提案という特別の行為は必要とされない。

(二) 国民の承認

憲法改正は、国民の承認によって成立する。この承認は、「特別の国民投票又は国会の定める選挙の際行はれる投票」によって行われる。承認の要件とされる「過半数」の意味については、争いがあるが、有効投票の過半数と解するのが妥当であろう。法律により投票総数の過半数と定めることも可能と解される。

このような国民投票による憲法改正決定の方式は、国民主権の原理と最高法規としての憲法の国民意思による民主的正当化の要請とを確保する最も純粋な手段と言うことができる。もっとも現在まだ憲法改正国民投票法は制定されていない。*†

*国民投票法の問題点　第一は、投票方法である。同時に多くの改正案が発議される場合は、相互に不可分の関係にあるものを一括して記載することが必要であろう。第二は、承認の効力発生時期である。投票の効力を争う訴訟の出訴期間経過後、その間に訴訟があれば判決確定後、投票の結果が確定すると考えるのが妥当であろう。

†国民投票法(正式名は「日本国憲法の改正手続に関する法律」)が二〇〇七年に制定され、三年後の二〇一〇年五月一八日に施行され、二〇一四年六月二〇日にはその改正法が施行された。それによると、国会による改正の発議がなされると、その後六〇日から一八〇日の間に国民投票が行われる(同二条一項)。その間に国民への広報事務を担当する機関として国会に国民投票広報協議会が設置される(国会法一〇二条の一一、国民投票法一一条以下)。改正案に対する賛成・反対の「国民投票運動」は、選挙運動と比較すると相当規制が緩和されており、文書図画の規制、運動費用の規制、戸別訪問の禁止はない。公務員による運動をどうするかが問題となっていたが、裁判官・検察官・警察官等の「特定公務員」を除く一般の公務員については、個人的に行う賛成あるいは反対の投票等の勧誘行為や憲法改正に関する意見表明は原則的に自由とされた。ただし、公務員の組織により行われる勧誘運動・署名運動・示威運動を企画・主宰・指導すること等に対する規制のあり方については今後の検討課題として残されている。なお、放送広告による運動は規制される。

改正原案の発議は「内容において関連する事項ごとに区分して行う」(国会法六八条の三)ことになっており、区分された案につき個別的に国民投票を行うことになる。そして、投票総数の二分の一を超えたとき国民の承認があったとされる(国民投票法一二六条一項)。その場合の投票総数とは「憲法改正案に対する賛成の投票の数及び反対の投票の数を合計した数」(同九八条二項)とされている。承認の通知を受けると総理大臣は直ちに公布の手続きをとる(同一二六条二項)。公布を行うのは天皇である(憲法七条一号)。国民投票に関し異議のある投票人は三〇日以内に東京高裁に訴訟を提起できるが(国民投票法一二七条)、訴訟の提起があっても国民投票の効力は停止しない(同一三〇条)。なお、投票権者の年齢については、二〇一四年改正法により、本改正法施行後四年を経過するまでの間は満二〇歳以上とし、その後(二〇一八年六月二一日以降)は満一八歳以上とすると決められた。

(三) 天皇の公布

公布は「国民の名で」行われる。これは、改正権者である国民の意思による改正であることを明らかにする趣旨である。また、「この憲法と一体を成すものとして」とは、改正条項が「日本国憲法と同じ基本原理のうえにたち、同じ形式的効力をもつもの」であることを示す、と解する説が妥当であろう。アメリカ合衆国憲法と同じ増補の方式を要求する趣旨だという特別の意味は、そこには含まれていない。全部改正も、憲法改正権の限界を逸脱するものでないかぎり、必ずしも排除されているわけではないと解される。

3 憲法改正の限界

このような憲法改正手続に従えば、いかなる内容の改正を行うことも許されるかと言えば、けっしてそうではない。この問題は、憲法、人権、国民主権等の本質をどのように考えるか、という憲法の基礎理論と密接に関連する。

わが国では、国民の主権は絶対的である(制憲権は全能であり、改正権はその制憲権と同じである)と考える理論、ないし憲法規範には上下の価値の序列を認めることはできないと考える理論に基づいて、憲法改正手続によりさえすれば、いかなる内容の改正も法的に許されると説く無限界説もある。しかし、法的な限界が存するとする説が通説であり、かつ、それが妥当と解される。この限界説の論拠として説かれている理由で重要なものは、次の二つである。

(一) 権力の段階構造

民主主義に基づく憲法は、国民の憲法制定権力(制憲権)によって制定される法である。この制憲権は、憲法の外にあって憲法を作る力であるから、実定法上の権力ではない。そこで、近代憲法では、法治主義や合理主義の思想の影響も受けて、制憲権を憲法典の中に取り込み、それを国民主権の原則として宣言するのが、だいたいの例となっている。また、その思想は、憲法改正を決定する最終の権限を国民(有権者)に与える憲法改正手続規定にも、具体化されている(日本国憲法九六条の定める国民投票制はその典型的な例である)。憲法改正権が「制度化された憲法制定権力」とも呼ばれるのは、そのためである。

このように、改正権の生みの親は制憲権であるから、改正権が自己の存立の基盤とも言うべき制憲権の所在(国民主権)を変更することは、いわば自殺行為であって理論的には許されない、と言わなければならない。

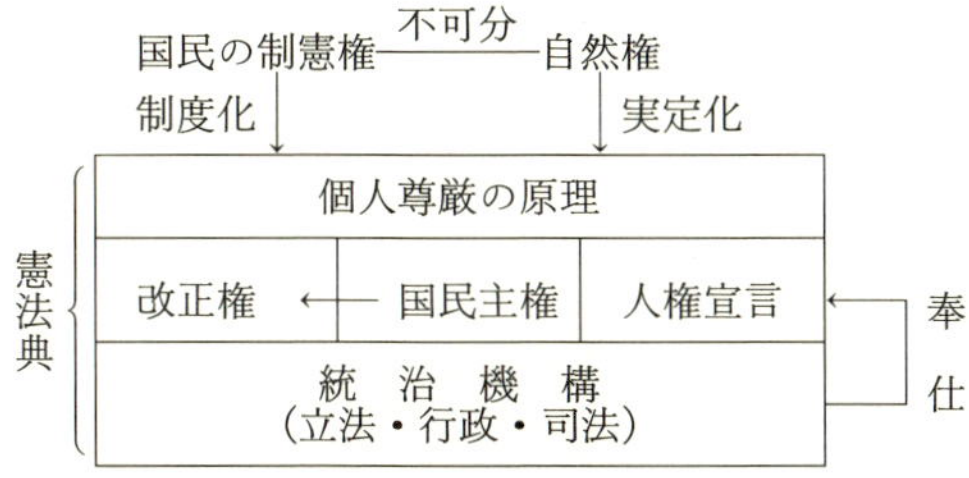

憲法の構造

(二) 人権の根本規範性

近代憲法は、本来、「人間は生まれながらにして自由であり、平等である」という自然権の思想を、国民に「憲法を作る力」(制憲権)が存するという考え方に基づいて、成文化した法である(第一章四2参照)。

この人権(自由の原理)と(一)にふれた国民主権(民主の原理)とが、ともに「個人の尊厳」の原理に支えられ不可分に結び合って共存の関係にあるのが、近代憲法の本質であり理念である(第三章一2参照)。したがって、憲法改正権は、このような憲法の中の「根本規範」とも言うべき人権宣言の基本原則を改変することは、許されない(前頁の図を参照)。もっとも、基本原則が維持されるかぎり、個々の人権規定に補正を施すなど改正を加えることは、当然に認められる。

(三) **前文の趣旨**　日本国憲法は、前文で、人権と国民主権を「人類普遍の原理」だとし、「これに反する一切の憲法、法令及び詔勅を排除する」と宣言している。これは、ただ政治的希望を表明したものではなく、以上のような、憲法改正に法的な限界があるという理論を確認し、改正権に対して注意をうながす意味をもっている。ドイツ連邦共和国憲法が、国民主権と人権の基本原則に影響を及ぼす改正は許されないと定め(七九条)、フランス第五共和制憲法が、共和政体を改正することはできないと定めている(八九条)のも、同じ趣旨である。

(四) **平和主義・憲法改正手続**　改正権に限界があるとすると、国内の民主主義(人権と国民主権)と不可分に結び合って近代公法の進化を支配してきた原則と言われる国際平和の原理も、改正権の範囲外にあると考えなくてはならない。もっとも、それは、戦力不保持を定める九条二項の改正まで理論上不可能である、ということを意味するわけではない(現在の国際情勢で軍隊の保有はただちに平和主義の否定につながらないから)、と解するのが通説である。

なお、憲法九六条の定める憲法改正国民投票制は、国民の制憲権の思想を端的に具体化したものであり、これを廃止することは国民主権の原理をゆるがす意味をもつので、改正は許されないと一般に考えられている。

4　憲法の変遷

憲法の保障にとってきわめて重要な問題は、憲法規範は改正されないのに、その本来の意味が国家権力による運用によって変化することである。

もっとも、憲法も変転する社会の動態の下で「生ける法」であるから、憲法規範の本来の意味に変化が起こり、その趣旨・目的を拡充させるような憲法現実が存在すること、これは当然の現象で、とくに問題とする必要はない。問題は、規範に真正面から反するような現実が生起し、それが、一定の段階に達したとき、規範を改正したのと同じような法的効果を生ずると解することができるかどうか、そういう意味の「憲法の変遷」が認められるか、ということである。

これについては、①一定の要件(継続・反復および国民の同意等)が充たされた場合には、違憲の憲法現実が法的性格を帯び、憲法規範を改廃する効力をもつと解する説と、②違憲の憲法現実は、あくまでも事実にしかすぎず、法的性格をもちえないと解する説とが、きびしく対立している。基本的には②説の立場をとりながら、政治的なルール(これをイギリス法にならって憲法の習律〔convention〕と言ってもよい)として国家機関(議会・内閣)を拘束する一種の弱い法的性格をもつことを認める考え方もある。

およそ、法が法としての効力をもつには、国民を拘束し、国民に遵守を要求する「拘束性」の要素と、現実に守られていなければならないとする「実効性」の要素が必要である。憲法変遷を肯定する説のうち問題であるのは、実効性が失われた憲法規範はもはや法とは言えない、という立場をとるものである。しかし、いかなる段階で実効性が消滅したと解することができるのか、その時点を適切に捉えることは容易ではない。また、実効性が大きく傷つけられ、現実に遵守されていなくとも、法として拘束性の要素は消滅しないと解することは可能であり、将来、国民の意識の変化によって、仮死の状態にあった憲法規定が息を吹きかえすことはありうる。①説の理論を安易に肯定することはできない。

参考文献

憲法に関する著書・論文は膨大な数にのぼり、それぞれ特色を有するので、主要な文献を選ぶのも困難であるが、本書の性質を考え、比較的に利用しやすい基礎的なものを掲記する。遺脱が少なくないことをお詫びする。

一　概説書

憲法を体系的に説明する概説書（教科書）は数多いが、自分に最も適切と思われるものを精読するのがよい。

大日本帝国憲法（明治憲法）については、美濃部達吉・憲法撮要（有斐閣、一九二三年、改訂五版一九三二年、改訂憲法撮要一九四六年）、同・逐條憲法精義全（有斐閣、一九二七年）、佐々木惣一・日本憲法要論（金刺芳流堂、一九三〇年、訂正五版一九三三年）、宮澤俊義・憲法略説（岩波書店、一九四二年）が参照に値しよう。

日本国憲法に関する標準的な概説書として、ここでは次のものを挙げておく（生年順）。

1　明治世代によるもの

美濃部達吉・日本國憲法原論（有斐閣、一九四八年）
佐々木惣一・日本国憲法論（有斐閣、一九四九年）
宮沢俊義・憲法〔改訂版〕（有斐閣、一九六二年）
宮沢俊義・憲法II〔新版〕（有斐閣、法律学全集、一九七一年）
清宮四郎・全訂憲法要論（法文社、一九六一年）
清宮四郎・憲法I〔第三版〕（有斐閣、法律学全集、一九七九年）
鈴木安蔵・憲法学原論（勁草書房、一九五六年）
大石義雄・日本憲法論（嵯峨野書院、一九七三年）

鵜飼信成・憲法〔岩波書店、全書、一九五六年〕
鵜飼信成・新版憲法〔弘文堂、一九六八年〕
田上穣治・新版日本国憲法原論〔青林書院、一九八五年〕
大西芳雄・憲法要論〔有斐閣、一九六四年〕

2 大正世代によるもの

佐藤 功・日本国憲法概説〔全訂五版〕〔学陽書房、一九九六年〕
和田英夫・新版憲法体系〔勁草書房、一九八二年〕
橋本公亘・日本国憲法〔改訂版〕〔有斐閣、一九八八年〕
伊藤正己・憲法〔第三版〕〔弘文堂、一九九五年〕
酒井吉栄・憲法学講義〔評論社、一九八八年〕
小林直樹・憲法講義(上)(下)〔新版〕〔東京大学出版会、一九八〇年・八一年〕
小林孝輔・憲法〔新版〕〔日本評論社、一九九八年〕
長谷川正安・憲法講話(1)〔新版〕・(2)〔法律文化社、一九八一年・八四年〕
覚道豊治・憲法〔改訂版〕〔ミネルヴァ書房、一九七七年〕
小嶋和司・憲法概説〔良書普及会、一九八七年〕
芦部信喜・憲法学Ⅰ憲法総論、Ⅱ人権総論、Ⅲ人権各論(1)〔有斐閣、一九九二年・九四年・九八年、Ⅲ増補版二〇〇〇年〕
芦部信喜編・憲法Ⅱ人権(1)、Ⅲ人権(2)〔有斐閣、大学双書、一九七八年・八一年〕
山本浩三・憲法〔改訂版〕〔評論社、一九八九年〕
榎原 猛・憲法〔法律文化社、一九八六年〕

3 昭和世代によるもの

阿部照哉＝池田政章＝初宿正典＝戸松秀典編・憲法(1)―(4)〔第三版〕(有斐閣、一九九五年・九六年)
阿部照哉・憲法〔改訂〕(青林書院、一九九一年)
尾吹善人・憲法教科書(木鐸社、一九九三年)
奥平康弘・憲法Ⅲ憲法が保障する権利(有斐閣、一九九三年)
杉原泰雄・憲法Ⅰ憲法総論、Ⅱ統治の機構(有斐閣、一九八七年・八九年)
清水　睦・憲法〔改訂新版〕(南雲堂深山社、一九七九年)
清水睦他・憲法講義(1)(有斐閣、一九七九年)
高野眞澄・現代日本の憲法問題〔改訂版〕(有信堂高文社、一九九五年)
手島　孝編・憲法新版(青林書院新社、一九八三年)
大須賀明他・憲法講義(2)(有斐閣、一九七九年)
樋口陽一・憲法〔第三版〕(創文社、二〇〇七年)
樋口陽一・憲法Ⅰ(青林書院、一九九八年)
上田勝美・新版憲法講義(法律文化社、一九九六年)
吉田善明・日本国憲法論〔第三版〕(三省堂、二〇〇三年)
佐藤幸治・日本国憲法論(成文堂、二〇一一年)
佐藤幸治編・憲法ⅠⅡ(成文堂、一九八六年・八八年)
山内敏弘＝古川純・憲法の現況と展望〔新版〕(北樹出版、一九九六年)
野中俊彦＝中村睦男＝高橋和之＝高見勝利・憲法ⅠⅡ〔第5版〕(有斐閣、二〇一二年)
長尾一紘・日本国憲法〔全訂第四版〕(世界思想社、二〇一一年)
浦部法穂・憲法学教室〔全訂第二版〕(日本評論社、二〇〇六年)
阪本昌成・憲法理論ⅠⅡⅢ(成文堂、一九九三―九五年、Ⅰ補訂第三版　二〇〇〇年)
戸波江二＝松井茂記＝安念潤司＝長谷部恭男・憲法(1)(2)(有斐閣、一九九二年)
戸波江二・憲法〔新版〕(ぎょうせい、一九九八年)

初宿正典・憲法2基本権〔第3版〕(成文堂、二〇一〇年)
長谷部恭男・憲法〔第6版〕(新世社、二〇一四年)

二 註釈書

概説書で不十分な点を詳しく知るには、註釈書(コンメンタール)を利用するのが便利である(刊行年順)。

法学協会編・註解日本国憲法(上)(下)(有斐閣、一九五三年・五四年)
宮澤俊義(芦部信喜補訂)・全訂日本国憲法(日本評論社、一九七八年)
佐藤　功・憲法(上)(下)〔新版〕(有斐閣、一九八三年・八四年)
樋口陽一＝佐藤幸治＝中村睦男＝浦部法穂・注釈日本国憲法(上)(下)(青林書院、一九八四年・八八年)
佐藤幸治編・要説コンメンタール日本国憲法(三省堂、一九九一年)
樋口陽一＝佐藤幸治＝中村睦男＝浦部法穂・憲法ⅠⅡⅢⅣ(青林書院、一九九四年・九七年・九八年・二〇〇四年)
小林孝輔＝芹沢斉編・憲法〔第五版〕(日本評論社、基本法コンメンタール、二〇〇六年)

三 解説書・演習書・判例

憲法を具体的な設問ないし事例および判例を通じて学習すること、また、重要な論点については立ち入った検討をこころみることは、知識を豊かにし、法律的なものの考え方を養ううえで、きわめて有益である。若干の文献を掲げておく(五十音順)。

芦部信喜・憲法の焦点1、2、3(有斐閣、一九八四年・八五年)
芦部信喜・憲法判例を読む(岩波書店、一九八七年)
芦部信喜・演習憲法〔新版〕(有斐閣、一九八八年)
芦部信喜編・憲法の基本問題(有斐閣、一九八八年)
芦部信喜＝池田政章＝杉原泰雄編・演習憲法(青林書院、一九八四年)
芦部信喜＝小嶋和司＝田口精一・憲法の基礎知識(有斐閣、一九六六年)

芦部信喜＝戸松秀典＝高見勝利＝戸波江二編著・ユーブンク憲法〔第二版〕（有斐閣、一九九七年）
阿部照哉・演習憲法（有斐閣、一九八五年）
阿部照哉＝池田政章＝初宿正典＝戸松秀典編・憲法判例〔第三版増補〕（有斐閣、一九九七年）
石村修・基本論点憲法〔新版〕（法学書院、一九九六年）
市川正人・ケースメソッド憲法〔第二版〕（日本評論社、二〇〇九年）
岩間昭道＝戸波江二編・憲法ⅠⅡ（日本評論社、一九九四年）
上田勝美編・ゼミナール憲法判例〔増補版〕（法律文化社、一九九四年）
内野正幸・憲法解釈の論点〔第4版〕（日本評論社、二〇〇五年）
浦田賢治＝大須賀明編・新・判例コンメンタール日本国憲法1、2、3（三省堂、一九九三年・九四年）
浦部法穂・事例式演習教室憲法〔第二版〕（勁草書房、一九九八年）
江橋崇＝戸松秀典・基礎演習憲法（有斐閣、一九九二年）
奥平康弘・杉原泰雄・憲法演習教室（有斐閣、一九八七年）
奥平康弘＝杉原泰雄編・憲法学(1)―(6)（有斐閣、一九七六年・七七年）
奥平康弘＝杉原泰雄編・憲法を学ぶ〔第四版〕（有斐閣、二〇〇一年）
清宮四郎＝佐藤功編・憲法講座(1)―(4)（有斐閣、一九六三年・六四年）
清宮四郎＝佐藤功＝阿部照哉＝杉原泰雄編・新版憲法演習1、2、3〔改訂版〕（有斐閣、一九八七年・八九年）
小嶋和司・憲法学講話（有斐閣、一九八二年）
小嶋和司編・憲法の争点〔新版〕（有斐閣、一九八五年）
小林武・演習講義憲法（法学書院、一九九五年）
小林直樹・憲法判断の原理上下（日本評論社、一九七七年・七八年）
佐藤幸治＝中村睦男＝野中俊彦・ファンダメンタル憲法（有斐閣、一九九四年）
杉原泰雄・憲法の歴史（岩波書店、一九九六年）
杉原泰雄＝野中俊彦編・新判例マニュアル憲法ⅠⅡ（三省堂、二〇〇〇年）

高橋和之編・新・判例ハンドブック憲法(日本評論社、二〇一二年)
手島　孝・憲法解釈二十講(有斐閣、一九八〇年)
中村睦男・憲法30講〔新版〕(青林書院、一九九九年)
中村睦男・論点憲法教室(有斐閣、一九九〇年)
野中俊彦＝浦部法穂・憲法の解釈ⅠⅡⅢ(三省堂、一九八九年—九二年)
野中俊彦＝江橋崇編・憲法判例集〔第一〇版〕(有斐閣、二〇〇八年)
長谷部恭男＝石川健治＝宍戸常寿編・憲法判例百選ⅠⅡ〔第六版〕(有斐閣、二〇一三年)
長谷部恭男編・リーディングズ現代の憲法(日本評論社、一九九五年)
樋口陽一編・ホーンブック憲法(改訂版)(北樹出版、二〇〇〇年)
樋口陽一＝野中俊彦編・憲法の基本判例〔第二版〕(有斐閣、一九九六年)
樋口陽一＝佐藤幸治他・考える憲法(弘文堂、一九八八年)
樋口陽一＝山内敏弘＝辻村みよ子＝蟻川恒正・新版憲法判例を読みなおす(日本評論社、二〇一一年)
棟居快行・憲法フィールドノート〔第3版〕(日本評論社、二〇〇六年)

四　憲法史

日本国憲法成立史にかかわるものとしては、次の諸文献が参照に値する(刊行年順)。

長谷川正安・昭和憲法史(岩波書店、一九六一年)
清水　伸編・逐条日本国憲法審議録第一—四巻(有斐閣、一九六二年—六四年)
佐藤達夫・日本国憲法成立史第一、二巻(有斐閣、一九六二年・六四年)
憲法調査会・憲法制定の経過に関する小委員会報告書(普及版＝時事通信社・日本国憲法制定の由来、一九六一年)
高柳賢三＝大友一郎＝田中英夫・日本国憲法制定の過程ⅠⅡ(有斐閣、一九七二年)
田中英夫・憲法制定過程覚え書(有斐閣、一九七九年)
古関彰一・日本国憲法の誕生(岩波書店、二〇〇九年)

佐藤達夫(佐藤功補訂)・日本国憲法成立史第三・四巻(有斐閣、一九九四年)
大石　眞・日本憲法史〔第二版〕(有斐閣、二〇〇五年)

五　論文集その他

憲法学の真髄にふれるには論文を読むことも必要である。その点で、有倉遼吉＝長谷川正安(編集代表)・文献選集日本国憲法(三省堂、一九七七年・七八年)は、憲法の基本原理、国民主権と天皇制、戦争の放棄、基本的人権、平等権、自由権、生存権、教育権、労働基本権、議会制民主主義、裁判と国民の権利、地方自治、憲法改正論、安保体制論、各国憲法論、憲法学説史という表題の一六巻から成り、各巻に主要な論文が収められ、今もなお有益である。憲法学者の還暦記念ないし古稀記念の論文集で読みごたえのある多くの論文に接することもできる。

また、基本的人権については、東京大学社会科学研究所編・基本的人権1—5(東京大学出版会、一九六八年・六九年)が、広い視野を拓く一つのよすがとなる。芦部信喜編・講座憲法訴訟1、2、3(有斐閣、一九八七年)も、憲法訴訟論や違憲審査の基準論を学ぶうえで参照に値しよう。小林直樹監修・現代憲法大系(法律文化社)一五巻のうち、今までに刊行された国民主権と天皇制(針生誠吉＝横田耕一、一九八三年)、平等の権利(阿部照哉＝野中俊彦、一九八四年)、生存権・教育権(中村睦男＝永井憲一、一九八九年)、憲法と行政権(手島孝＝中川剛、一九九二年)、憲法と裁判(樋口陽一＝栗城壽夫、一九八八年)、憲法と平和主義(山内敏弘＝太田一男、一九九八年)も有益である。杉原泰雄編・講座憲法学の基礎1—5(勁草書房、一九八三年—八九年)について、樋口陽一編・講座憲法学1—6、別巻(日本評論社、一九九四年・九五年)、佐藤幸治＝初宿正典＝大石眞編・憲法五十年の展望I II(有斐閣、一九九八年)が憲法学五〇年を総括する試みとして注目される。憲法理論研究会編・人権理論の新展開、人権保障と現代国家、憲法50年の人権と憲法裁判(敬文堂、一九九四年・九五年・九七年)、岩波講座現代の法一五巻(一九九七年・九八年)にも有益な論文がある。

なお、本書で述べた私の憲法論に関係する若干の(限られた)文献を次に挙げておくので、関心のある方は参照されたい(五十音順)。

1　憲法の基礎理論に関するもの
芦部信喜・憲法制定権力(東京大学出版会、一九八三年)
大石　眞・立憲民主制(信山社出版、一九九六年)
大隈義和・憲法制定権の法理(九州大学出版会、一九八八年)
内野正幸・憲法解釈の論理と体系(日本評論社、一九九一年)
川添利幸・憲法保障の理論(尚学社、一九八六年)
菅野喜八郎・国権の限界問題(木鐸社、一九七八年)
小林直樹・憲法秩序の理論(東京大学出版会、一九八六年)
杉原泰雄・国民主権と国民代表制(有斐閣、一九八三年)
杉原泰雄・国民主権の史的展開(岩波書店、一九八五年)
樋口陽一・近代立憲主義と現代国家(勁草書房、一九七三年)
樋口陽一・比較憲法〔全訂三版〕(青林書院、一九九二年)
樋口陽一・近代憲法学にとっての論理と価値(日本評論社、一九九四年)
樋口陽一＝森英樹＝高見勝利＝辻村みよ子編・憲法理論の50年(日本評論社、一九九六年)
宮沢俊義・憲法の原理(岩波書店、一九六七年)

2　人権論・平和主義に関するもの
青柳幸一・個人の尊重と人間の尊厳(尚学社、一九九六年)
芦部信喜・憲法訴訟の理論(有斐閣、一九七三年)
芦部信喜・現代人権論(有斐閣、一九七四年)
芦部信喜・憲法訴訟の現代的展開(有斐閣、一九八一年)
芦部信喜・司法のあり方と人権(東京大学出版会、一九八三年)
芦部信喜・人権と憲法訴訟(有斐閣、一九九四年)

芦部信喜・人権と議会政(有斐閣、一九九六年)
芦部信喜・宗教・人権・憲法学(有斐閣、一九九九年)
伊藤正己・法の支配(有斐閣、一九五四年)
伊藤正己・言論・出版の自由(岩波書店、一九五九年)
浦部法穂・違憲審査の基準(勁草書房、一九八五年)
大須賀明・生存権論(日本評論社、一九八四年)
奥平康弘・表現の自由ⅠⅡⅢ(有斐閣、一九八三年・八四年)
奥平康弘・なぜ「表現の自由」か(東京大学出版会、一九八八年)
奥平康弘・「表現の自由」を求めて(岩波書店、一九九九年)
小林直樹・現代基本権の展開(岩波書店、一九七六年)
佐藤幸治・現代国家と司法権(有斐閣、一九八八年)
田口精一・基本権の理論(信山社出版、一九九六年)
辻村みよ子・人権の普遍性と歴史性(創文社、一九九二年)
戸松秀典・立法裁量論(有斐閣、一九九三年)
中村睦男・社会権の解釈(有斐閣、一九八三年)
深瀬忠一・戦争放棄と平和的生存権(岩波書店、一九八七年)
松井茂記・二重の基準論(有斐閣、一九九四年)
棟居快行・人権論の新構成〔改版新装版〕(信山社出版、二〇〇八年)
山内敏弘・平和憲法の理論(日本評論社、一九九二年)

3　統治機構論に関するもの

芦部信喜・憲法と議会政(東京大学出版会、一九七一年)
鵜飼信成・憲法における象徴と代表(岩波書店、一九七七年)

奥平康弘・憲法裁判の可能性(岩波書店、一九九五年)
清宮四郎・権力分立制の研究(有斐閣、一九五〇年)
小嶋和司・憲法と政治機構(木鐸社、一九八八年)
小嶋和司・憲法と財政制度(有斐閣、一九八八年)
佐藤幸治・憲法訴訟と司法権(日本評論社、一九八四年)
高橋和之・国民内閣制の理念と運用(有斐閣、一九九四年)
高橋和之・憲法判断の方法(有斐閣、一九九五年)
手島　孝・憲法学の開拓線(三省堂、一九八五年)
戸松秀典・司法審査制(勁草書房、一九八九年)
野中俊彦・憲法訴訟の原理と技術(有斐閣、一九九五年)
宮沢俊義・憲法と政治制度(岩波書店、一九六八年)
宮沢俊義・憲法と裁判(有斐閣、一九六七年)

4　その他(雑誌特集)

日本国憲法——三〇年の軌跡と展望(ジュリスト六三八号、一九七七年)
憲法と憲法原理——現況と展望(ジュリスト八八四号、一九八七年)
象徴天皇制(ジュリスト九三三号、一九八九年)
議会一〇〇年と二つの憲法(ジュリスト九五五号、一九九〇年)
〈自由〉の問題状況(ジュリスト九七八号、一九九一年)
憲法状況の展望——世界と日本(ジュリスト一〇二二号、一九九三年)
違憲審査制の現在(ジュリスト一〇三七号、一九九四年)
日本国憲法五〇年の軌跡と展望(ジュリスト一〇八九号、一九九六年)
日本国憲法五〇年と二一世紀への展望(法律時報六八巻六号、一九九六年)
日本国憲法五〇年——回顧と展望(公法研究五九号、一九九七年)

憲　法　第六版

2015年3月5日　第1刷発行
2016年5月16日　第4刷発行

著　者　芦部信喜《あしべのぶよし》
補訂者　高橋和之《たかはしかずゆき》
発行者　岡本　厚
発行所　株式会社　岩波書店
〒101-8002　東京都千代田区一ツ橋2-5-5
電話案内　03-5210-4000
http://www.iwanami.co.jp/

印刷・精興社　製本・牧製本

ISBN978-4-00-022799-5　Printed in Japan

芦部信喜(あしべ のぶよし)

1923年，長野県に生まれる．1949年，東京大学法学部卒業．1963年，東京大学法学部教授．以後，学習院大学法学部教授，放送大学客員教授を歴任．1999年，逝去．

著書

『憲法訴訟の理論』(有斐閣)，『現代人権論』(有斐閣)，『憲法訴訟の現代的展開』(有斐閣)，『憲法と議会政』(東京大学出版会)，『憲法制定権力』(東京大学出版会)，『人権と憲法訴訟』(有斐閣)，『人権と議会政』(有斐閣)，『憲法判例を読む』(岩波書店)，『演習憲法〈新版〉』(有斐閣)，『憲法学』I・II・III(有斐閣)，『宗教・人権・憲法学』(有斐閣)等多数．

高橋和之(たかはし かずゆき)

1943年，岐阜県に生まれる．1967年，東京大学法学部卒業．1984年，東京大学法学部教授．2006年，東京大学名誉教授．

著書

『現代憲法理論の源流』『国民内閣制の理念と運用』『憲法判断の方法』『現代立憲主義の制度構想』『立憲主義と日本国憲法〈第3版〉』(以上，有斐閣)

事項索引

あ

アクセス権　121, 178
「悪徳の栄え」事件　190
旭川学テ事件　169, 204, 274, 275
朝日訴訟　270
新しい人権　38, 81, 104, 119, 121, 271
厚木基地公害訴訟　273
アメリカ独立宣言　80
案件　309, 327
安保条約→日米安全保障条約

い

委員会中心主義　312
家永訴訟→教科書裁判
イェリネク　21
違憲審査権(制)　257, 377
　――の性格　378
　下級裁判所の――　384
　抽象的――　379, 380
　付随的――　379, 380, 383
違憲審査の対象　384
違憲判決の効力　389
石井記者事件　184
萎縮的効果　179, 205
泉佐野市民会館事件　215
「板まんだら」事件　341
一元的外在制約説　99
一元的内在制約説　100
一事不再理　254
一人一票の原則　141, 265
一般的行為の自由　120
一般的・抽象的法規範　296
一票の重み　141
委任命令　297
委任立法　298
岩手教組学テ判決　280
岩手靖国訴訟　165
淫行処罰条例事件　207
インターネット上の表現の自由　188

う

ヴァージニア憲法　76
ウェストミンスター法　45
「宴のあと」事件　123
浦和事件　318, 358
上乗せ条例　372

え

営業の自由　224
営利的言論　85, 192, 195
恵庭事件　63, 382
愛媛玉串料訴訟　165, 387
LRA の基準　197, 210, 278, 281
エンドースメント・テスト　167

お

オウム真理教解散事件　159
大阪空港公害訴訟　272
大津事件　358
屋外広告物条例事件　211
押しつけ憲法論　25
オビタ・ディクタム→傍論
オブライエン・テスト　197

か

海外渡航の自由　231
会期　309
会議政　330
会議の公開　312

会期不継続の原則　309
会計検査院　364
外見的人権　77
外国人の人権　91
外在的制約　101,104
解散→衆議院の解散
解散権　49,331
――論争　334
外務省秘密漏洩事件　185
外面的精神活動の自由　83,168
閣議　328
学習権　274
核兵器拡散防止条約　63
学問の自由　168
確立された国際法規　13,315
学力テスト事件→旭川学テ事件
過度の広汎性のゆえに無効　205
髪形の自由　127
川崎民商事件　246,252
環境権　121,271
――裁判　272
間接選挙制　265
間接適用説　111,116
――の判例　113
官報　299

き

議案　297,312,327
議員懲罰権　316
議員定数不均衡　140,265,387
――裁判　142,342,390
議員の資格争訟の裁判権　313,315
議員の釈放要求権　315
議員の発言の免責特権　308
議員の不逮捕特権　307
議員立法　299
議院規則制定権　316
議院自律権　308,315,342
議院内閣制　8,330
議院の権能　313,315
議会君主制　8
議会主義　292
議会政　330,332,333
議会制民主主義　292
議会統治制→会議政
機関訴訟　339
儀式　48,52
議事手続の司法審査　342
貴族院　20,26
基地　68
基本権　75,83,256
基本的人権　12,35,75,378
――の限界　98
「君が代」ピアノ伴奏拒否事件　151
義務教育の無償　276
客観訴訟　340
宮廷費　53
教育権　275
教育の自由→教授の自由
教育を受けさせる義務　273
教育を受ける権利　273
教科書検定　169,202
教科書裁判　169,202,275,388
共産党袴田事件　346
教授の自由　169,267
行政委員会　323,348
強制委任→命令委任
行政協定　315
行政権　322
――による立法　297
――の肥大化　289
行政国家　289
行政裁判所　288,338
行政事件　338
行政手続　245
京都府学連事件　120,122
協約憲法　7
共和制　8
許可制　214,217,225
極東　68,69
極東委員会　25
居住・移転の自由　230

清宮四郎　10
起立斉唱拒否事件　153
緊急集会→参議院の緊急集会
緊急逮捕　247
緊急勅(命)令　297, 377
近代自然法　6
欽定憲法　7, 29
勤労の義務　276
勤労の権利　276

く

具体的な争訟　338
区長公選制　369
君主　47
　——主権　40
君主制　8, 330
軍隊　61

け

経済的自由権　83, 224
警察　61
警察比例の原則　225
警察法改正無効事件　342
警察予備隊　62
　——違憲訴訟　339, 380
刑事裁判　338
刑事補償　259
警備公安活動　172
警備隊　62
「月刊ペン」事件　191
決算　364
結社の自由　219
ケルゼン　10, 13
検閲　195, 198, 221
嫌煙権　121
厳格審査基準　105, 126, 134, 195
厳格な合理性の基準　105, 125, 132, 134, 226
検察権　319
現実的悪意の理論　192
元首　18, 47
原子力基本法　63
剣道実技拒否事件　158
憲法　3
　——と条約　384
　——の最高法規性　12, 374, 378
　——の自律性　27
　——の番人　378
　——の分類　7
　——の変遷　399
　——の法源　32
　——の保障　374
　近代的意味の——　5
　形式的意味の——　4
　固有の意味の——　4
　実質的意味の——　4, 32
　立憲的意味の——　5
憲法院　378
憲法改正　37, 392, 393
　——の限界　30, 37, 396
　——の発案権　393
憲法改正権　37, 397
憲法改正国民投票　84, 395
憲法改正草案→大日本帝国憲法改正案
憲法慣習　33
憲法規範の特質　9
憲法裁判所　379
憲法習律　34, 52, 399
憲法制定権力　11, 41, 393, 397
　制度化された——　42, 397
憲法判断回避の準則　381
憲法判断の方法　382
憲法保障制度　374
憲法優位説　385
権利章典　76
権利請願　76
権力分立(制)　287, 289, 379

こ

公安条例　216
　——事件　205, 218
皇位継承　46

公共の福祉　81, 98, 99, 100, 108, 278
　社会国家的——　100, 234
　自由国家的——　100, 234
公金支出の禁止　365
合憲(限定)解釈　280, 382, 387
合憲性推定の原則　226
抗告　350
広告の自由→営利的言論
皇室経費　52
高次の法　5
麹町中学内申書事件　151
公衆浴場距離制限事件　228
公人　190
硬性憲法　6, 12, 374, 392
公正取引委員会　323
交戦権　57, 67
　——の否認　54, 67
皇族　88
皇族費　53, 89
江沢民講演会参加者名簿提出事件　124
交通事故の報告義務　252, 382
行動をともなう表現　196, 210
公布　299
幸福追求権　119, 272
公務員　190, 260
　——の人権　108
　——の政治活動の自由　281
　——の労働基本権　108, 278
　——の労働基本権に関する判例　279
公務就任権　84, 92, 260
小売市場距離制限事件　227
合理性の基準　104, 226
合理的関連性　132, 282
「合理的関連性」の基準　196, 210
合理的期間→議員定数不均衡裁判
合理的根拠の基準　132
勾留理由開示　247
国際人権規約　79, 82, 92, 97, 156
国際法規
　確立された——　13
国事行為→天皇の国事行為
国政調査権　317
国籍離脱の自由　232
国体　23, 30
告知と聴聞　244, 389
国法秩序の段階構造　13
国民権　75, 76
国民主権　11, 32, 35, 39, 40, 42, 397
　——と天皇制　44
国民代表　292
国民投票制　43, 260, 392, 395
国民内閣制　333
国務請求権　85, 256
国務大臣の任免権　327
国連軍　65
国連平和維持活動→ PKO
個人権　98
個人情報　123
個人の尊厳(尊重)　10, 12, 122, 398
国家　3
国会　287, 292
　——に対する内閣の連帯責任　332
　——の活動　309
　——の権能　312
　——の召集　48
　——の条約修正権　315
　——の地位　292
国会議員　307
国会単独立法の原則　297
国会中心立法の原則　297
国会法　316
国会乱闘事件　308
国家緊急権　376
国家権力の最高独立性　40
国家公安委員会　323
国家三要素説　3
国家主権　32
国家神道→神社神道
国家と宗教の分離の原則→政教分離の原則
国家賠償　259
国家秘密　184, 185
国家法人説　3, 21, 41, 81, 111

国教分離の指令　154
国権　40
　——の最高機関　295, 317
　——の発動たる戦争　56
戸別訪問禁止規定　212
根本規範　10, 12, 397
根本法　5

さ

裁可　297
在外日本国民の選挙権　263, 387
在監者の人権　108
罪刑法定主義　205, 244
最高裁判所　349, 350
　——規則制定権　352
　——裁判官の国民審査　84, 350
最高法規　11
財産権　78, 233
　——の制限　234, 237
財政　360
　——民主主義　360
在宅投票制訴訟　264, 386
最低限度の生活　270
再入国の自由　95, 232
裁判　257
　——の公開→公開裁判
　——の法創造機能　337
　——を受ける権利　84, 257
　公開——　184, 250, 257, 353
　公正な——　183
　迅速な——　249
裁判員制度　355
裁判官の再任　348
裁判官の職権の独立　357
裁判官の弾劾　349
裁判官の良心　357
裁判規範　37
裁判所　336
　——の組織　347
　公平な——　249
裁判請求権　258
裁判批判　358
差別　129
　社会的身分・門地による——　136
　人種による——　134
　信条による——　113, 135
　性別による——　113, 135
サラリーマン税金訴訟　132
猿払事件　211, 282, 387, 389
参議院　299
　——の緊急集会　310
　——の問責決議　329
残虐刑の禁止　254
サンケイ新聞事件　179
参審制　354
参政権　83, 260
暫定予算　364

し

シェイエス　11
自衛官合祀拒否訴訟　163
自衛権　59, 62
自衛戦争　57, 58
自衛隊　59
　——裁判　38, 63
　——の海外出動　64
自衛力　59, 63
私学助成　366
死刑　255
事件性→具体的な争訟
施行　299
自己決定権　126
自己負罪の拒否　251
事後法の禁止　253
自主法　369
事情判決の法理　143
私生活の自由　221
自然権　6, 10, 11, 76, 375, 398
事前抑制の理論　198, 204
思想・良心の自由　149
自治事務　370
執行命令　297

実質的証拠の法則　348
実質的な合理的関連性の基準　133
質問検査権　246, 252
私的自治の原則　115
幣原喜重郎　23, 55
児童の権利に関する条約　79, 88
自白　253
死票　305
シビリアン・コントロール　326
司法権　319, 336
——の独立　318, 319, 356
——の独立の侵害が問われた事件　358
——の範囲　338
司法国家　289
司法書士会寄付事件　91
司法書士法違反事件　230, 236
指紋押捺拒否事件　97
社会学的代表　294
社会契約　6, 76
社会権　75, 78, 83, 115, 267, 272, 274
社会国家　15, 85, 128, 267, 296
社会的身分　136
謝罪広告強制事件　151
自由委任　293
集会の自由　213
衆議院　299
——の解散　48, 334
——の優越　300
住基ネット訴訟　124
宗教上の人格権　163, 166
宗教上の組織若しくは団体　159, 163, 365
宗教的結社の自由　155
宗教的行為に関する判例　157
宗教的行為の自由　155
宗教的中立性　159
宗教の意味　156
住居の不可侵　248
自由権　75, 79, 83, 115
自由国家　15, 81, 85
私有財産制　233
自由裁量行為　342
自由主義　10, 17
自由選挙　265
集団行動の自由　216
集団的自衛権　60, 69
自由と財産　296
自由と平等　127
自由の基礎法　10, 12
周辺事態　70
住民基本台帳→住基ネット訴訟
住民自治　367
住民訴訟　339
受益権→国務請求権
主権　18, 39, 43
取材源秘匿の自由　183
取材の自由　182
酒類販売免許制事件　229
準間接選挙制　266
純粋代表　294
常会　309
消極国家　15, 85
消極目的規制　132, 225, 226, 234
召集権　50
少数代表制　305
小選挙区(制)　301, 305, 333
小選挙区二回投票制　307
小選挙区比例代表並立制　303, 305
小選挙区比例代表併用制　305
肖像権　120
象徴　45
——天皇　45
象徴的表現　196
証人審問権・喚問権　250
少年犯罪報道の制限　182
情報公開法　177
小法廷　350
情報プライバシー権→プライバシー権
条約　13, 314, 384
——承認権　313
——の違憲審査　384

条約法に関するウィーン条約　314
条約優位説　384
上諭　29
将来効判決　390
条例　13, 369
　——における罰則　371
　——による財産権の制限　237, 371
昭和女子大事件　113
所轄　324
職業選択の自由　104, 224
　——に関する判例　227
嘱託証人尋問証言拒否事件　185
女子再婚禁止期間事件　136
女子差別撤廃条約　79, 135
処分的法律　296
所有権　233
白山ひめ神社訴訟　165
自律権→議院の自律権
自律的解散　334
知る権利　85, 109, 115, 175, 319
人格権　122, 124, 272
人格的自律権→自己決定権
人格不可侵の原則　10
信教の自由　153
人権　11, 36, 75, 80, 82, 83, 320, 397
　——と基本権　83
　——の観念　80
　——の国際化　79
　——の根拠　82
　——の私人間効力　111
　——の主体　87
　——の内容　83
　私人間における——　110
　特別な法律関係における——　106
人権宣言　75
信仰の自由　155
人事院　280, 323
神社神道　154
人種による差別　134
信条による差別　113, 135
信書の検閲　110
人身の自由　83, 94, 242
人身保護令状→ヘイビアス・コーパス
身体の自由→人身の自由
神勅　19, 44
神道指令→国教分離の指令
新聞記者の証言拒絶権　183
臣民権　19
侵略戦争　54, 57, 58
森林法事件　234, 387, 391
人類普遍の原理　36, 37, 398

す

吹田黙禱事件　358
砂川事件　70, 343, 385
スピーチ・プラス→行動をともなう表現

せ

生活権補償　241
生活保護　268
請願　310
請願権　84, 256
税関検査　200
　——事件　200, 206
政教分離に関する判例　162
政教分離の原則　159, 365
　——と制度的保障　87
制限規範　10
制憲権→憲法制定権力
制限選挙　262
政治献金　90, 91
政治団体　290
政治的代表　292
政治的表現　195
政治問題→統治行為
青少年保護条例　88, 199
　——事件　200, 207
精神的自由(権)　83, 104, 132, 149, 194, 224
生存権　268, 269
政党　219, 290
政党国家　289

政党助成法　291
政党の憲法への編入　291
制度的保障　86, 159, 171, 367
性表現　189, 195
　――判決　190
成文憲法　6
成文法　6, 32
性別による差別　113, 135
税理士会政治献金事件　90, 151
政令　298
世界人権宣言　79, 176
積極国家　16, 85
積極的差別解消措置　129, 131, 134
積極目的規制　132, 225, 226, 234
接受　47, 48, 51
摂政　50
前科照会事件　122, 126
選挙　261, 302
選挙運動規制事件　212
選挙区　301
選挙権　92, 261
　在外日本国民の――　263
　――の平等　141, 265
選挙制度　301
選挙訴訟　339
選挙人団　42, 261, 301
全国区制　302
全国民の代表　292
専制君主制　39
戦争　56
　――の放棄　56
戦争抛棄ニ関スル条約　54
全体の奉仕者　108, 278
全逓東京中郵事件　102, 104, 108, 279
全逓名古屋中郵判決　280
せん動罪規定の合憲性　208
全農林警職法事件　280, 281
前文　29, 35, 37, 55, 398
戦力　59, 60
　――の不保持　54, 57, 59

そ

争議行為の刑事(民事)免責　278
造船汚職事件　321
総選挙　302
相対的わいせつ概念　190
遡及処罰の禁止→事後法の禁止
即位の礼　163
訴訟事件　258
租税　361
　――法律主義　360, 371
措置法→処分的法律
空知太神社事件　164, 387
尊属殺重罰規定　139, 387, 391
　――違憲判決　140

た

大学の自治　168, 171
大権　19
第三者所有物没収事件　244, 388
大嘗祭　163
対審　250, 257, 353
大臣助言制　19, 20
大西洋憲章　55
大選挙区　301
大統領制　8, 330
大日本帝国憲法→明治憲法
大日本帝国憲法改正案　26
代表の方法　305
代表民主制　36, 42, 292
大法廷　350
台湾人元日本兵損失補償請求事件　386
高田事件　250
滝川事件　168
多数代表制　305
弾劾　349
　――裁判所　313
団結権　220, 277
男女雇用機会均等法　135
団体交渉権　277
団体行動権　277

団体自治　367
団体の内部紛争に対する司法審査　345

ち

地方議会議員懲罰事件　345
地方公共団体　368
地方自治　366
　──の本旨　367
チャタレイ事件　190
中選挙区　301
駐留軍　70
超然内閣制　330
徴兵制　243
直接請求制度　368
直接選挙　265
直接適用説　111, 115
直接民主制　42, 294
朕は国家なり　39
沈黙の自由　150

つ

通常選挙　302
通信の秘密　221
通信傍受法　223
通達課税　362
津地鎮祭事件　87, 162

て

定義づけ衡量　190
抵抗権　375
定住外国人　92, 95, 97
定足数　311
TBS ビデオテープ差押事件　183
適正手続　243, 337
適用違憲　283, 387
デモ行進　216
寺西判事補戒告事件　282
天皇　18, 88
　──の権能　47
　──の公的行為　51
　──の国事行為　48, 328
　──の人権　88
　──の人間宣言　44, 154
天皇機関説　21, 41, 168
天皇主権　18
天皇制　44
　世襲──　46, 88, 129
伝聞証拠禁止の原則　251

と

ドイツ立憲君主制　296
動議　310
党議拘束　293
等級選挙　265
東京都公安条例事件　218
東京都の特別区　368
統帥権の独立　19
当選基数　305
東大ポポロ事件　173
統治権　39
　──の総攬者　18, 23, 45, 46, 322
統治行為　64, 342
盗聴　222
同輩中の首席　326
投票価値の平等　141
道路交通法による集団行動の規制　219
都教組事件　279, 382
徳島市公安条例事件　205, 373
特定秘密の保護に関する法律　184
特別永住者　95, 97
特別会　309
特別権力関係論　106, 108
特別裁判所の禁止　338, 347
独立行政委員会→行政委員会
独立命令　297
特許制　225
届出制　218, 225
苫米地判決　343
富山大学事件　346
奴隷的拘束からの自由　242

な

内閣　322
　——の権能　327
　——の助言と承認　48, 328
　——の組織　325
　——の連帯責任　327, 332
内閣総辞職　329
内閣総理大臣　326
内閣総理大臣公式参拝違憲訴訟　166
内閣提出法案　299
内閣不信任決議　328, 332
内在・外在二元的制約説　99
内在的制約　101, 108, 220, 238
内廷費　53, 89
内面的精神活動の自由　83, 149
長沼事件　38, 63
ナシオン主権　43, 294
奈良県ため池条例事件　237
成田新法事件　207, 215, 245
軟性憲法　7

に

新潟県公安条例事件　218
二院制　299
西山記者事件→外務省秘密漏洩事件
二重の危険　253
二重の基準論　103, 105, 131, 193, 225, 278
二重のしぼり論　280, 382
日米安全保障条約　60, 67
日米相互防衛援助協定(MSA 協定)　62
日曜日授業参観事件　157
日産自動車事件　113
日照権　121
日本国憲法　4
　——成立の法理　27
　——の基本原理　35
　——の成立経過　22
　——の民定性　29
日本テレビビデオテープ押収事件　183
入国の自由　94
　再——　95, 232
人間の尊厳　37, 82
認証　47, 48

ね

念のため判決　270

の

納税の義務　276
農地改革事件　240

は

陪審制　354
破壊活動防止法　215, 220
博多駅(テレビフィルム提出命令)事件　102, 181
漠然性のゆえに無効　205
八月革命説　29
パブリシティの権利　124
判決事実　383
判決理由　391
半代表　294
判例　391
　——の変更　391
反論権　179

ひ

PKF(平和維持軍)　64
PKO(国連平和維持活動)　64
比較衡量論　102, 181
　判例における——　102
非核三原則　63
被疑者の権利　246
被告人の権利　249
批准　313
非訟事件　258, 337
非訟手続による家事審判　258
被選挙権　92, 263
非嫡出子相続分規定事件　137
非適用説　111

秘密会　312
秘密選挙　265
百里基地訴訟　64, 114
表決数　311
表現内容規制　195, 208, 212
表現内容中立規制　196, 210
表現の自由　175
表現の時・所・方法の規制　210
　――に関する判例　211
平等→法の下の平等
　――原則　129
　形式的――　128
　実質的――　128, 267
　相対的――　130
平等選挙　141, 265
平賀書簡事件　359
比例原則　105, 121
比例代表制　305
　単記移譲式――　305
　名簿式――　301, 305
広島市暴走族追放条例事件　207

ふ

プープル主権　43, 294
福祉国家　16, 128, 225, 267, 298
複数選挙　265
複選制→準間接選挙制
服装の自由　127
副総理　327, 329
不敬罪　44
婦人参政権　135, 263
不信任決議　328, 332
付随的制約　211, 282
不戦条約→戦争抛棄ニ関スル条約
普通教育　169
普通選挙　26, 263
部分社会論　345
不文法　32
プライバシー権　104, 121, 122
　情報――　123, 126
フランス人権宣言　5, 76, 81, 233
ブランデンバーグ法理　209
不利益な供述　251
武力なき自衛権　61
武力による威嚇　54, 56
武力の行使　54, 56
プログラム規定　269
文民　325
　――統制→シビリアン・コントロール
文面上無効　383

へ

ヘイト・スピーチ　196
ヘイビアス・コーパス　247
平和維持軍→ PKF
平和主義　35, 54, 398
平和的生存権　38, 121
弁護人依頼権　251

ほ

帆足計事件　232
保安隊　62
防衛力　60, 62
包括的基本権　84, 119
法規　296
防禦権　111
法源　32, 391
法実証主義　77, 81, 111
法人の人権　89
暴走族追放条例→広島市暴走族追放条例事件
放送の自由　186
法段階説　13
法治国家　14
　形式的――　15
　実質的――　15
法治主義　14, 397
　形式的――　20
傍聴の自由　353
法定受託事務　370
法廷メモ採取事件　184, 354
報道の自由　181

法の支配　13, 107, 257
法の適正な手続　243
法の下の平等　84, 127
法律上の争訟　338
法律の一般性　296
法律の留保　19, 86, 99
法律発案権　297
法令違憲　384, 387
傍論　391
補償　237
　——の要否　238
　正当な——　240
補償請求権　259
牧会活動事件　157
ポツダム宣言　22, 23, 55
「北方ジャーナル」事件　103, 105, 122, 182, 199, 200
輔弼　19, 20
堀木訴訟　132, 268, 271, 342
堀越訴訟　283
本会議中心主義　312
本所郵便局事件　388

ま

マグナ・カルタ　76
マクリーン事件　96
マス・メディア　178
マッカーサー三原則　24
マッカーサー草案　22, 25, 300
マッカーサー・ノート　24, 44, 55
松川事件　173
松本委員会　23

み

未成年者　88
三菱樹脂事件　113, 151
箕面忠魂碑訴訟　162
美濃部達吉　21, 99
宮沢俊義　17, 30, 100
宮本裁判官再任拒否事件　349
民事裁判　338
民衆訴訟　143, 339
民主主義　17, 37, 397
民主政の過程　194
民主政の理論　344
民主的法治国家　17
民定憲法　7, 29, 35

む

無任所大臣　325

め

明確性の理論　205, 231
明治憲法　18, 44, 99, 129, 150, 154, 257, 297, 322, 338
明白かつ現在の危険の基準　103, 195, 208
明白の原則　226
名簿式比例代表制　301
名誉毀損的表現　189, 195
名誉権　122
命令委任　293
免許制　228

も

目的・効果基準　160
黙秘権　252, 320
森川キャサリーン事件　95
門地　136

や

役員選任権　315
夜警国家　15, 81
靖国訴訟　165
薬局距離制限事件　103, 104, 227, 235, 383
薬局適正配置規制　387, 391
八幡製鉄事件　90

ゆ

唯一の立法機関　107, 295
「夕刊和歌山時事」事件　190

有事法制　71
郵便法違憲判決　259, 387
輸血拒否　127

よ

予算　362
　――修正権　364
　――先議権　300
　――と法律の不一致　363
「四畳半襖の下張」事件　191
「よど号」ハイ・ジャック新聞記事抹消事件　103, 109
予防接種被害の補償　239
より制限的でない他の選びうる手段の基準→LRA の基準

り

立憲君主制　8
立憲主義　15, 16, 375
　近代――　260
立憲民主主義　17, 104, 287
立候補の自由　263
立法　295
　――の委任→委任立法
　――の不作為の違憲確認　270, 385
　形式的意味の――　296
　実質的意味の――　296
立法裁量　133, 268, 342
立法事実　226, 383
両院協議会　300
良心の自由→思想・良心の自由
旅券　231
旅行の自由　231
臨時会　309

る

ルソー　6, 76

れ

レイシオ・デシデンダイ→判決理由
令状　247
　――主義　248
連座制　263
連帯責任→内閣の連帯責任

ろ

労働基本権　267, 276
老齢加算廃止違憲訴訟　271
ロッキード事件　320
ロック　6, 76

わ

わいせつ文書　190
ワイマール憲法　17, 78, 86, 233

判例索引

最高裁判所

最大判昭 23•3•12 刑集 2-3-191　**255**
最大判昭 23•5•5 刑集 2-5-447　**249**
最判昭 23•6•1 民集 2-7-125　**265**
最大判昭 23•6•30 刑集 2-7-777　**255**
最大判昭 23•7•19 刑集 2-8-952　**251**
最大判昭 23•7•29 刑集 2-9-1012　**253**
最大判昭 23•7•29 刑集 2-9-1045　**251**
最大判昭 23•12•27 刑集 2-14-1934　**251**
最大判昭 24•5•18 刑集 3-6-839　**209**
最大判昭 25•2•1 刑集 4-2-73　**384**
最判昭 25•3•6 刑集 4-3-308　**251**
最大判昭 25•9•27 刑集 4-9-1805　**254**
最大判昭 25•10•11 刑集 4-10-2037　**139**
最大判昭 25•10•25 刑集 4-10-2126　**139**
最大判昭 27•2•20 民集 6-2-122　**351**
最大判昭 27•6•25 刑集 6-6-808　**253**
最大判昭 27•8•6 刑集 6-8-974　**184**
最大判昭 27•10•8 民集 6-9-783　**380**
最大判昭 28•12•23 民集 7-13-1523　**240**
最大判昭 28•12•23 民集 7-13-1561　**214**
最判昭 29•7•16 刑集 8-7-1151　**252**
最大判昭 29•11•24 刑集 8-11-1866　**218**
最大判昭 30•1•26 刑集 9-1-89　**228**
最大判昭 30•2•9 刑集 9-2-217　**262**
最大判昭 30•3•23 民集 9-3-336　**362**
最大判昭 30•4•6 刑集 9-4-819　**212**
最大判昭 30•4•27 刑集 9-5-924　**248**
最判昭 30•11•22 民集 9-12-1793　**135**
最大判昭 30•12•14 刑集 9-13-2760　**247**
最大判昭 31•7•4 民集 10-7-785　**152**
最大判昭 32•3•13 刑集 11-3-997　**190**
最大判昭 32•6•19 刑集 11-6-1663　**94**
最大判昭 32•12•25 刑集 11-14-3377　**95**
最大決昭 33•2•17 刑集 12-2-253　**354**
最判昭 33•3•28 民集 12-4-624　**362**
最大判昭 33•9•10 民集 12-13-1969　**232**
最大判昭 33•10•15 刑集 12-14-3313　**299**
最大判昭 34•12•16 刑集 13-13-3225　**70, 385**
最大判昭 35•6•8 民集 14-7-1206　**344**
最大決昭 35•7•6 民集 14-9-1657　**258**
最大判昭 35•7•20 刑集 14-9-1243　**218**
最大判昭 35•10•19 民集 14-12-2633　**345**
最大判昭 36•2•15 刑集 15-2-347　**193**
最大判昭 37•3•7 民集 16-3-445　**342**
最大判昭 37•5•2 刑集 16-5-495　**252**
最大判昭 37•5•30 刑集 16-5-577　**372**
最大判昭 37•11•28 刑集 16-11-1593　**245**
最大判昭 38•3•27 刑集 17-2-121　**368**
最大判昭 38•5•22 刑集 17-4-370　**173**
最大判昭 38•6•26 刑集 17-5-521　**237**
最大判昭 39•2•5 民集 18-2-270　**141**
最大判昭 39•2•26 民集 18-2-343　**276**
最大決昭 40•6•30 民集 19-4-1089　**258**
最大決昭 40•6•30 民集 19-4-1114　**258**
最判昭 41•2•8 民集 20-2-196　**340**
最判昭 41•6•23 民集 20-5-1118　**191**
最大判昭 41•10•26 刑集 20-8-901　**104, 279**
最大判昭 42•5•24 民集 21-5-1043　**270**
最大判昭 43•11•27 刑集 22-12-1402　**239**
最大判昭 43•12•4 刑集 22-13-1425　**220, 263**
最大判昭 43•12•18 刑集 22-13-1549　**211**
最大判昭 44•4•2 刑集 23-5-305　**280**
最大判昭 44•6•25 刑集 23-7-975　**191**

最大判昭 44•10•15 刑集 23-10-1239　**190**
最大決昭 44•11•26 刑集 23-11-1490　**181**
最大判昭 44•12•24 刑集 23-12-1625　**120**
最大判昭 45•6•24 民集 24-6-625　**91, 291**
最大判昭 47•11•22 刑集 26-9-554　**246**
最大判昭 47•11•22 刑集 26-9-586　**227**
最大判昭 47•12•20 刑集 26-10-631　**250**
最大判昭 48•4•4 刑集 27-3-265　**140**
最大判昭 48•4•25 刑集 27-4-547　**280**
最判昭 48•10•18 民集 27-9-1210　**240**
最大判昭 48•12•12 民集 27-11-1536　**113**
最判昭 49•7•19 民集 28-5-790　**114**
最判昭 49•9•26 刑集 28-6-329　**140**
最大判昭 49•11•6 刑集 28-9-393　**282**
最大判昭 50•4•30 民集 29-4-572　**104, 227**
最大判昭 50•9•10 刑集 29-8-489　**206, 373**
最大判昭 51•4•14 民集 30-3-223　**142**
最大判昭 51•5•21 刑集 30-5-615　**169, 274, 275**
最大判昭 51•5•21 刑集 30-5-1178　**280**
最判昭 52•3•15 民集 31-2-234　**346**
最大判昭 52•5•4 刑集 31-3-182　**280**
最大判昭 52•7•13 民集 31-4-533　**162**
最決昭 53•5•31 刑集 32-3-457　**184**
最判昭 53•9•7 刑集 32-6-1672　**248**
最大判昭 53•10•4 民集 32-7-1223　**94, 97**
最判昭 54•12•20 刑集 33-7-1074　**213**
最決昭 55•3•6 判時 956-32　**185**
最判昭 55•11•28 刑集 34-6-433　**191**
最判昭 56•3•24 民集 35-2-300　**113**
最判昭 56•4•7 民集 35-3-443　**341**
最判昭 56•4•14 民集 35-3-620　**122**
最判昭 56•4•16 刑集 35-3-84　**191**
最判昭 56•6•15 刑集 35-4-205　**212**
最大判昭 56•12•16 民集 35-10-1369　**273**
最判昭 57•4•8 民集 36-4-594　**203**
最大判昭 57•7•7 民集 36-7-1235　**133, 271**
最判昭 57•9•9 民集 36-9-1679　**64**
最判昭 57•11•16 刑集 36-11-908　**219**
最判昭 58•3•8 刑集 37-2-15　**191**
最大判昭 58•4•27 民集 37-3-345　**145**
最大判昭 58•6•22 民集 37-5-793　**109**
最大判昭 58•11•7 民集 37-9-1243　**143**
最大判昭 59•12•12 民集 38-12-1308　**201**
最判昭 60•1•22 民集 39-1-1　**232**
最大判昭 60•3•27 民集 39-2-247　**133**
最大判昭 60•7•17 民集 39-5-1100　**144**
最大判昭 60•10•23 刑集 39-6-413　**207**
最判昭 60•11•21 民集 39-7-1512　**136, 386**
最判昭 61•2•14 刑集 40-1-48　**120**
最大判昭 61•6•11 民集 40-4-872　**105, 200**
最判昭 62•2•17 判時 1243-10　**142**
最判昭 62•3•3 刑集 41-2-15　**211**
最大判昭 62•4•22 民集 41-3-408　**234**
最判昭 62•4•24 民集 41-3-490　**179**
最大判昭 63•6•1 民集 42-5-277　**163**
最判昭 63•7•15 判時 1287-65　**152**
最判昭 63•12•8 民集 42-10-739　**280**
最判昭 63•12•20 判時 1307-113　**346**
最判平元•1•20 刑集 43-1-1　**229**
最決平元•1•30 刑集 43-1-19　**183**
最判平元•3•7 判時 1308-111　**229**
最大判平元•3•8 民集 43-2-89　**184, 354**
最判平元•6•20 民集 43-6-385　**114**
最判平元•9•8 民集 43-8-889　**341**
最判平元•9•19 刑集 43-8-785　**200**
最決平 2•7•9 刑集 44-5-421　**183**
最判平 2•9•28 刑集 44-6-463　**209**
最決平 3•9•24 判例集未登載　**165**
最大判平 4•7•1 民集 46-5-437　**207, 213, 215, 245**
最判平 4•11•16 裁集民事 166-575　**95**
最判平 4•12•15 民集 46-9-2829　**229**

最大判平 5•1•20 民集 47-1-67　**144**
最判平 5•2•16 民集 47-3-1687　**163, 366**
最判平 5•2•25 民集 47-2-643　**273**
最判平 5•3•16 民集 47-5-3483　**103, 204**
最判平 5•6•25 判時 1475-59　**227**
最判平 6•10•27 判時 1513-91　**110**
最大判平 7•2•22 刑集 49-2-1　**326**
最判平 7•2•28 民集 49-2-639　**92**
最判平 7•3•7 民集 49-3-687　**215**
最判平 7•5•25 民集 49-5-1279　**294**
最大決平 7•7•5 民集 49-7-1789　**137**
最判平 7•12•5 判時 1563-81　**136**
最判平 7•12•15 刑集 49-10-842　**97**
最決平 8•1•30 民集 50-1-199　**159**
最判平 8•3•8 民集 50-3-469　**158**
最判平 8•3•19 民集 50-3-615　**90**
最判平 8•7•18 判時 1580-92　**263**
最判平 8•7•18 判時 1599-53　**127**
最大判平 8•9•11 民集 50-8-2283　**146**
最判平 9•3•13 民集 51-3-1453　**263**
最判平 9•3•28 判時 1602-71　**265**
最大判平 9•4•2 民集 51-4-1673　**166**
最判平 9•8•29 民集 51-7-2921　**204**
最判平 9•9•9 民集 51-8-3850　**308**
最判平 10•3•24 刑集 52-2-150　**230**
最大判平 10•9•2 民集 52-6-1373　**147**
最大決平 10•12•1 民集 52-9-1761　**283**
最判平 11•1•22 判時 1666-32　**142**
最判平 11•2•23 判時 1670-3　**202**
最判平 11•2•26 判時 1682-12　**110**
最大判平 11•11•10 民集 53-8-1441　**144**
最大判平 11•11•10 民集 53-8-1577　**303**
最大判平 11•11•10 民集 53-8-1704　**304**
最判平 12•2•8 刑集 54-2-1　**230, 236**
最判平 12•2•29 民集 54-2-582　**127**
最判平 12•3•17 判時 1710-168　**280**
最大判平 12•9•6 民集 54-7-1997　**147**
最判平 14•1•29 民集 56-1-185　**191**
最判平 14•1•31 民集 56-1-246　**299**
最大判平 14•2•13 民集 56-2-331　**235**
最判平 14•4•25 裁判所時報 1314-1　**91**
最判平 14•6•4 判時 1788-160　**230**
最判平 14•7•11 民集 56-6-1204　**164**
最大判平 14•9•11 民集 56-7-1439　**259**
最判平 14•9•24 裁集民事 207-243　**190**
最判平成 14•11•22 判時 1808-55　**138**
最判平 15•3•14 民集 57-3-229　**182**
最判平 15•9•12 民集 57-8-973　**124**
最大判平 16•1•14 民集 58-1-1　**303**
最大判平 16•1•14 民集 58-1-56　**147**
最判平 16•4•13 刑集 58-4-247　**253**
最判平 16•7•15 民集 58-5-1615　**192**
最判平 16•11•25 民集 58-8-2326　**180**
最大判平 17•1•26 民集 59-1-128　**93**
最判平 17•4•14 刑集 59-3-259　**250**
最判平 17•4•26 判時 1898-54　**236**
最判平 17•7•14 民集 59-6-1569　**178**
最大判平 17•9•14 民集 59-7-2087　**264**
最大判平 18•3•1 民集 60-2-587　**361**
最判平 18•3•23 裁集民事 219-947　**110**
最判平 18•6•23 判時 1940-122　**167**
最判平 18•7•13 判時 1946-41　**264**
最決平 18•10•3 民集 60-8-2647　**186**
最大判平 18•10•4 民集 60-8-2696　**147**
最判平 19•2•27 民集 61-1-291　**153**
最判平 19•9•18 刑集 61-6-601　**207**
最判平 20•2•19 民集 62-2-445　**202**
最判平 20•3•6 民集 62-3-665　**125**
最判平成 20•4•11 刑集 62-5-1217　**198**
最大判平 20•6•4 民集 62-6-1367　**139**
最大判平 21•9•30 民集 63-7-1520　**147**
最決平成 21•9•30 裁集民事 231-753　**138**
最大判平 22•1•20 民集 64-1-1　**165**
最決平成 22•3•15 刑集 64-2-1　**189**
最判平成 22•7•22 裁集民事 234-337　**165**
最大判平成 23•3•23 民集 65-2-755　**145**
最判平成 23•4•28 民集 65-3-1499　**192**
最判平成 23•5•30 民集 65-4-1780　**153**
最大判平成 23•11•16 民集 65-8-1285　**356**

最判平成 24•1•16 裁集民事 239-1　**153**
最判平成 24•1•16 裁集民事 239-253　**153**
最判平成 24•2•2 民集 66-2-89　**124**
最判平成 24•2•28 民集 66-3-1240　**271**
最大判平成 24•10•17 民集 66-10-3357　**148**
最判平成 24•12•7 刑集 66-12-1337　**283**
最判平成 25•3•21 民集 67-3-438　**372**
最大決平成 25•9•4 民集 67-6-1320　**138**
最大判平成 25•11•20 民集 67-8-1503　**145**
最大判平成 26•11•26 民集 68-9-1363　**148**
最判平成 26•12•9 判例集未登載　**196**

高等裁判所

札幌高判昭 30•8•23 高刑集 8-6-845　**320**
東京高判昭 31•5•8 高刑集 9-5-425　**173**
東京高判昭 44•12•17 高刑集 22-6-924　**308**
名古屋高判昭 46•5•14 行裁例集 22-5-680　**162**
仙台高判昭 46•5•28 判時 645-55　**172**
大阪高判昭 50•11•10 行裁例集 26-10•11-1268　**268**
大阪高判昭 50•11•27 判時 797-36　**272**
東京高判昭 50•12•20 判時 800-19　**203**
東京高判昭 51•7•20 高刑集 29-3-429　**185**
札幌高判昭 51•8•5 行裁例集 27-8-1175　**64**
札幌高判昭 53•5•24 高民集 31-2-231　**386**
札幌高決昭 54•8•31 下民集 30-5～8-403　**186**
広島高判昭 57•6•1 判時 1063-3　**163**
東京高判昭 60•8•26 判時 1163-41　**386**
東京高判昭 61•3•19 判時 1188-1　**204**
大阪高判昭 62•7•16 行裁例集 38-6•7-561　**163**
東京高判平元•6•27 行裁例集 40-6-661　**203**
仙台高判平 3•1•10 行裁例集 42-1-1　**165**
福岡高判平 4•2•28 判時 1426-85　**166**
高松高判平 4•5•12 行裁例集 43-5-717　**166**
大阪高判平 4•7•30 判時 1434-38　**166**
東京高判平 4•10•15 高刑集 45-3-85　**222**
大阪高決平 4•10•15 判時 1446-49　**158**
東京高判平 4•12•18 高民集 45-3-212　**240**
東京高判平 5•10•20 判時 1473-3　**204**
大阪高判平 7•3•9 行集 46-2•3-250　**164**
東京高判平 9•11•26 判タ 960-79　**93**
福岡高判平 10•12•1 判例地方自治 188-51　**164**
大阪高判平 10•12•15 判時 1671-19　**164**
名古屋高判平 12•2•16 判時 1726-111　**178**
東京高判平 17•9•29 訟月 52-9-2970　**167**
大阪高判平 17•9•30 訟月 52-9-2979　**167**
名古屋高判平 20•4•17 判時 2056-74　**66**
大阪高判平成 25•9•27 判例集未登載　**262**

地方裁判所

東京地決昭 29•3•6 判時 22-3　**308**
東京地判昭 29•5•11 判時 26-3　**173**
東京地判昭 31•7•23 判時 86-3　**320**
東京地判昭 34•3•30•下刑集 1-3-776　**70**
東京地判昭 35•10•19 行裁例集 11-10-2921　**270**
東京地判昭 37•1•22 判時 297-7　**308**

東京地判昭 39・9・28 下民集 15-9-2317 **123**
東京地判昭 41・1・21 判時 444-19 **308**
札幌地判昭 42・3・29 下刑集 9-3-359 **382**
東京地判昭 42・5・30 判時 483-15 **218**
旭川地判昭 43・3・25 下刑集 10-3-293 **282**
東京地判昭 45・7・17 行裁例集 21-7-別冊 **169, 203**
東京地判昭 46・11・1 判時 646-26 **388**
札幌地判昭 48・9・7 判時 712-24 **64**
東京地判昭 49・1・31 判時 732-12 **185**
東京地判昭 49・7・16 判時 751-47 **204**
神戸簡判昭 50・2・20 判時 768-3 **157**
山口地判昭 54・3・22 判時 921-44 **163**
札幌地決昭 54・5・30 判時 930-44 **185**
大阪地判昭 57・3・24 判時 1036-20 **162**
大阪地判昭 58・3・1 判時 1068-27 **163**
東京地判昭 59・5・18 判時 1118-28 **240**
東京地判昭 61・3・20 行裁例集 37-3-347 **158**
盛岡地判昭 62・3・5 判時 1223-30 **165**
大阪地判昭 62・9・30 判時 1255-45 **240**
松山地判平元・3・17 行裁例集 40-3-188 **166**
東京地判平元・10・3 判時臨時平 2・2・15-3 **204**
神戸地判平 5・2・22 判タ 813-134 **158**
山口地判平 10・4・27 判時 1642-24 **387**
東京地判平 11・3・24 判時 1673-3 **164**
熊本地判平 13・5・11 訟月 48-4-881 **387**
東京地判平 13・9・12 判例集未登載 **178**
東京地判平 18・9・21 判時 1952-44 **274**
東京地判平成 25・3・14 判時 2178-3 **262**